Das Leben

der

Dichterin

Amalie von Helvig

geb. Freiin von Imhoff

von

Henriette von Bissing.

Mit einem Bilde.

Berlin

Verlag von Wilhelm Hertz

(Besfersche Buchhandlung)

1889.

Amalie von Imhoff mit ihrer Cousine Frl. von Meyern.

Nach einem Miniaturbild des Baron von Imhoff.

Ihren Königlichen Hoheiten

dem

Großherzog Carl Alexander

und der

Frau Großherzogin Sophie

von

Sachsen=Weimar=Eisenach

in tiefster Verehrung

zugeeignet.

Vorrede.

Die Dichterin Amalie von Helvig, geborne Freiin von Im=
hoff, verdankte ihren Ruf dem unter Schillers Autorität zuerst
erschienenen Gedichte „Die Schwestern von Lesbos" und der in
ihre reiferen Jahre fallenden Übersetzung der „Frithiof=Saga"
von Esaias Tegnér. Ihre übrigen Gedichte und Schriften sind
weniger bekannt, ohne diese Vergessenheit zu verdienen; von
ihren Schicksalen aber kennt man nur, was in den vielfachen
gedruckten Briefwechseln der Weimarischen Zeit etwa enthalten
ist. Sie war die Nichte der Frau von Stein, und wir be=
gegnen ihrem Namen schon deshalb öfter. Sie war später
die Freundin bedeutender Männer in den Zeiten der Frei=
heitskriege, aber es ist von dieser Seite her kaum Licht auf
sie gefallen. Sie war die Gattin eines höheren Offiziers, dessen
Bedeutung, so groß sie während seines Lebens gewesen ist, nach
seinem Tode allmälig zurücktrat. Ihr Leben hatte das allgemeine
Schicksal, der langsamen Vergessenheit anheim zu fallen, der nur
die Allerbedeutendsten sich auf längere Zeiträume zu entziehen
im Stande sind.

Nicht Wenige aber doch, deren Dasein sich so für immer
im Nebel zu verlieren drohte, sind durch den glücklichen Zufall
wieder in wärmeres Licht gebracht worden, daß Briefe und
Tagebücher, worin das Leben vergangener Tage sich abspiegelt,
plötzlich zum Vorschein kamen. In welch lebendiges Dasein
lassen die Briefe Goethes an Frau von Stein uns hinein=

blicken. Ganze Reihen von Menschen sind mit ihr selbst dadurch belebt worden. Die Verhältnisse von Familien, die uns sonst unbekannt und fremd geblieben wären, erweckten plötzlich Interesse, die Hofkreise von Weimar traten in neues Licht, der Verkehr zwischen Weimar und Jena, und was sonst umher liegt, erschien wichtig und inhaltreich.

Schon das muß Amalie von Helvig, oder wie sie damals noch hieß: von Imhoff, in unsern Augen Wichtigkeit verleihen, daß sie zu denen gehörte, welche Goethe und Schiller am nächsten kannten.

Mit den Berichten ihres in diese Tage fallenden Schicksals soll die nachfolgende Schilderung ihres Lebens beginnen, nachdem eine kurze Beschreibung ihrer Kindheit vorausgegangen ist. In der Folge werden wir dann sehen, wie sie mit ihrem Gatten nach Stockholm gelangt, 1816 mit ihm nach Deutschland zurückkehrt und ihre letzten Jahre in Berlin verbringt.

Ihr Leben liegt als ein vielbewegtes, äußerst inhaltreiches vor uns. Es wird nicht verfehlen, ebenso durch den eigenthümlich starken Charakter, der es formte, wie durch die äußeren Verhältnisse, durch welche sie hindurchging, diese Frau als eine Erscheinung vor uns hintreten zu lassen, die ein Recht darauf hatte, gekannt zu werden.

Inhalts-Verzeichniß.

Inhalts-Verzeichniß.

Dritter Theil.

I. Capitel.

Die Eltern.

Im Jahre 1773 ging Amaliens Vater, der Freiherr Carl von Imhoff aus Mörlach bei Nürnberg in englische Dienste nach Indien. Er stammte aus dem alten Nürnbergschen Geschlecht, dessen Reichthum an Kunstwerken in verschiedenen Jahrhunderten wohlbekannt war, und scheint mit allen Vortheilen begabt gewesen zu sein, welche die Herkunft aus einem solchen Hause, bei talentvollen Naturen, mit sich bringen kann. Er war ein schöner, eleganter junger Hauptmann, als er aus Württembergschen Diensten sich frei machend, so die Hand ergriff, die das Glück ihm durch Betheiligung am Krieg gegen die Indier zu bieten schien. Ihm folgte seine Frau, eine jugendlich schöne Französin, Marianne Chapusset, einer armen Emigrantenfamilie entsprossen, die er in Stuttgart kennen gelernt hatte. Zwei Söhne wurden ihm in Madras geboren, von welchen der eine jung starb und dort begraben liegt. Auf einer Urlaubsreise nach Deutschland ließ Imhoff die Gattin unter dem Schutz seines Freundes Warren Hastings, Generalgouverneur von Bengalen, zurück. Leidenschaftliche Neigung der schönen Marianne für den Hausfreund zerriß ein nur locker geknüpftes Band. Mariannens briefliches Bekenntniß veranlaßte die Scheidung von Imhoff und die Vermählung mit Hastings. Die betreffende Correspondenz, in der Marianne ihr strafbares Gefühl rückhaltlos eingesteht, war lange Zeit noch im Besitz der Imhoffschen Familie und ist von Schreiberin dieses eingesehen worden. Imhoff nahm als Major den Abschied und

kaufte mit dem Rest seines Vermögens das väterliche Gut von
seinen Brüdern. 1775 heirathete er Louise von Schardt, da=
mals Hofdame in Gotha, die jüngste unter drei Schwestern,
von denen Frau von Stein die älteste war. Aus erster Ehe
blieb nur ein Sohn am Leben und wurde, da Hastings' Ehe
kinderlos blieb, von diesem, mit Beibehaltung seines väterlichen
Namens, adoptirt. Derselbe, Sir Charles Imhoff, ist als eng=
lischer General, vermählt mit Lady Blund, im hohen Alter
auf seinem von Hastings ererbten Gute Daylesford House bei
Orford gestorben.

Freiherr von Imhoff hatte unter beschränkten Vermögens=
verhältnissen 1775 die Verwaltung seines Gutes Mörlach über=
nommen.

Nach achtzehn Monaten glücklicher Ehe reiste seine Frau
nach Weimar um im Elternhause ihr erstes Wochenbett zu
halten. Auszüge aus Briefen, in dieser Zeit an sie von Im=
hoff gerichtet, kennzeichnen das glückliche Verhältniß.

Carl Freiherr von Imhoff an seine Frau Louise,
geb. von Schardt.

Hohenstein, 15. Juni 1776.

„Mittwoch wie Du traurig weggingst und ich noch trauriger
zurückblieb, eilte ich in mein Zimmer, um wenigstens den Wagen
noch rasseln zu hören; der Ton verfolgte mich den Tag über,
ich wäre trostlos über die Trennung, wenn sie nicht für diesen
Zeitraum geboten schien, die Hoffnung, Dich als gute zärtliche
Mutter wieder zu sehen, giebt mir Muth meine Vereinsamung
zu tragen. Sonnabend bin ich in Coburg an Hof zu Tafel
geladen. Montag kehre ich nach Mörlach heim und meine
Schwägerin will mich mit ihren beiden Söhnen für ein paar
Tage dahin begleiten. Wir fahren bis Bamberg mit meines
Bruders Pferden und Dienstag von Erlangen bis Mörlach mit
meiner Equipage — von Haus aus werde ich Dir von der
Reise berichten, die sicher originell genug sein wird. Lasse unsre
Briefe nicht lesen, wenn Du schon nur unschuldige Briefe schreibst.
Sei heiter in Deinem Familienkreis, Du wirst mich dadurch

mit glücklich machen; soviel in Deinen Kräften steht, suche Deiner Umgebung gefällig zu sein — nichts wird Deinem Namen mehr Ehre bringen und nichts ist Gott wohlgefälliger und erweckt auch Dir die Liebe der Nächsten. Deiner verehrten Mama küsse ich ganz besonders die hilfreichen Hände. Tausend Küsse begleiten die Versicherung meiner Liebe.

Dein getreuer Imhoff."

Derselbe an dieselbe.
1. Juli.

„Heute sind es erst 14 Tage, daß Du von mir geschieden bist und mir scheint es ebensoviele Monate! wie soll das werden, ich habe meine Geduldkräfte überschätzt und spüre den Irrthum. Bei allem was ich unternehme und zu schaffen habe, fehlt mir Deine Gegenwart, Dein Beifall allein könnte mich aus meiner Abspannung retten. Ich habe meine gute Schwester[1] besucht und sie wohl schon auf ihrem Sterbebette gefunden, kaum 50 Jahre alt, hinterläßt sie vier unversorgte, noch unerzogene Kinder. Ihr Anblick schmerzte mich in tiefster Seele, wir werden uns der jüngsten Tochter annehmen, nicht wahr mein Engel? — täglich erwarte ich die Todesnachricht.

Hüte Dich vor den Herren und Frauen mit großen Geistern, sie möchten dafür sorgen, daß Du nicht zu viel Antheil an mir nimmst — der Frau Herzogin aber lege meinen Dank zu Füßen für jede Liebe und Gnade die sie Dir erweist. Dein Porträt von Goethe gezeichnet, ist so schön, daß ich beinah jaloux bin. Ich habe gestern das meinige in Miniatur begonnen in englischer Uniform, was freilich nicht so lieblich aussieht aber doch das Bild Deines besten Freundes ist, und eben so gut als irgend ein Götze in Menschengestalt! ich habe mich etwas verjüngt, damit es Dir recht gefallen soll. Für meine kleine Miniatur von Dir habe ich den Porträtring als Einfassung gegeben, den ich einst vom König von Württemberg erhielt, ich lasse sein Bild einfacher fassen. Du mein kostbarstes Juwel! Die Zeichnung Goethes von Frau

[1] Frau v. Meyern.

von Stein hat mich interessirt, weil wirklich eine Gleichheit
von Dir im Gesicht ist, die Du schwerlich zugestehen wirst, ich
will eine Miniatur danach machen, wenn Dein Porträtring
ähnlich gefunden wird. Hast Du den Reisewagen verkauft?
und hast Du Dir auch Deine selbständige kleine Wirthschaft
eingerichtet? zwei Sachen die ich gern wissen möchte. Grüße
Knebel und alle die sich meiner erinnern wollen. Über Deine
Entschuldigung über die . . . . . will ich nichts sagen als die
Frage: ob sie sich selbst in ihren Gedanken für ganz unschuldig
hält. — Aber schreibe mir weiter alle Neuigkeiten und Dinge
die Dich berühren, wie Du es mir versprochen hast. Denke oft
an Deinen armen Einsiedler in Mörlach der Dich tausendmal
in Gedanken küßt und Dir für ewig Dein treuer Freund bleibt.

Imhoff."

Mörlach, Juli.

    "Heute bin ich in Deine untere blaue Stube übergesiedelt
mit Sack und Pack. Habe nun meinen Schreibtisch so wie Du
den Deinigen zwischen die Fenster gestellt, daß es Dir gefallen
wird, in die schöne Filigranarbeit habe ich die blaue Glas=
schale eingepaßt, wodurch das Silber erst zur Geltung kommt.
Alles sollst Du in schönster Ordnung finden wenn — Du wieder
kommst. Auch unsere kleine Bibliothek habe ich aufgestellt und
nummerirt und aus Deinen Gebetbüchern „Seilers nützliche
Anwendung des Christenthums" mir als Gesellschaft in mein
Schlafzimmer genommen. Leider bin ich noch weit entfernt zu
sein, wie dieses Buch es verlangt und Du, mein Engel, es bist.
Aber ich erkenne die Lehren darin als ein Mittel an, das
Leben wünschenswerth zu machen und mich vor der Todesfurcht
zu schützen. Deine jetzigen Bekannten werden mich mit solchen
Gedanken für toll oder schwachsinnig halten, was ich beides
nicht bin, ja ich bin vielleicht in richtigerer Direction als sie. —
Aber ich bin einsam, fühle mich von aller Welt verlassen, ich
muß aufmerken, daß mich Gott nicht auch verläßt. Eben er=
halte ich Deinen lieben Brief worin Du mir schreibst, wie wohl
Du bist und wie glücklich Du Dich fühlst. Lasse Dich nur
nicht zu sehr in das gesellige Treiben von Weimar ein, Deine

Gesundheitsverhältnisse gebieten Ruhe. Der Brief muß mit der Rückgelegenheit fort, nächstens die Antwort weitläufiger. In zärtlicher Sehnsucht

Dein Imhoff."

Mörlach, 28. August.

„Mein Engels Louischen, ich weiß Dich Gott sei Dank geborgen unter der Obhut Deiner würdigen, gnädigen Mutter, aber freilich auch in der Gesellschaft der großen, unruhigen Schöngeister! warum klage ich? ist es nicht Glücks genug, zu Deinem Wohlbehagen beitragen zu können? wie ungenügsam der Mensch ist. — Ich kann nicht hoffen, daß meine Briefe, wenn sie so traurig lauten, Dir unterhaltend sind — aber Goethe ist ja da, mag er fröhlich sprechen! Jeder wie er empfindet. Trauern ist besser als Lachen — wenn mein Herz jetzt nicht besser wird, so hat sich Salomo mit seiner Weisheit geirrt. Die Schrift von Goethe habe ich erhalten und ich will sie lesen, wenn ich bei guter Laune bin, sie wird mir schwerlich gefallen. Mir träumte vor ein paar Tagen daß er Dir den Hof mache und Du ihm Dein Bild gabst was ich gemalt, Du verbotest ihm es mir zu sagen, weil ich schon eifersüchtig sei — So ein Traum ist kein Spaß bei meiner Anlage und in meiner Einsamkeit. Ich weiß aber daß es nur ein Traum war und für Deine Frau Schwester wünsche ich, daß es nur ein Traum gewesen und sie im Wachen steht. Um Deinetwillen möchte ich noch lange leben, aber nicht länger als Du mich liebst.

Dein Imhoff."

„Gestern hatte ich das Glück einen Brief von Deiner gnädigen Mutter zu erhalten, mit der freudigen Nachricht der Geburt unsers Töchterchens und gleichzeitig mit der Lobpreisung über Dein verständiges Benehmen in der Wochenstube und Deine Zärtlichkeit für die Kleine, die hoffentlich so klug ist Dir zu gleichen, ich freue mich daß Du sie keiner Amme über= giebst, so wird sie auch Dein gutes Temperament erben und einsaugen und Gott wird Deine Aufopferung segnen. Mein

Haus ist voll von Gästen, mein Kopf ebenso voll von Gedanken an Dich, das verträgt sich schlecht mit den Hausherrnpflichten und ich bin froh wenn sie von Dir sprechen und dann meine Zerstreutheit aufhört. Meine Schwester von Hallen mit ihrem Mann und den zwei ältesten Töchtern ist hier, Obrist von Imhoff mit Frau und Sohn dem kleinen geschickten Klavierspieler. Alle empfehlen sich Deiner Freundschaft. Der Oberst mit Familie kehrt morgen mit meinem Wagen heim, aber durch diese Gelegenheit kommt Merkel aus Nürnberg mit Frau. Meinen Gästen hat Mörlach sehr gefallen und behagt. Empfiehl mich dankend Deinen gnädigen Eltern. Ich umarme Dich sammt der Kleinen mit der größten Zärtlichkeit, in Gedanken. Schreibe bald Deinem

glücklichen Imhoff."

II. Capitel.

Kindheit.

Am 16. August 1776 kam Amalie in Weimar zur Welt. Die Herzogin Amalie war Pathe; von ihr hat sie den Namen erhalten. Nach sechs Wochen holte Imhoff Frau und Kind in das neu umgestaltete Heim. Er hatte während ihrer Abwesenheit den steif angelegten französischen Garten zu einem englischen Park umgeschaffen und dadurch einen damals vereinzelten Geschmack bekundet. Die unbeschnittnen Bäume beschatteten Plätze für Geselligkeit und Einsamkeit und bildeten Laubgänge durch hügliges Terrain; Quellen wurden aufgefunden und Fischteiche damit gespeist, Spalierobst an den Gewächshäusern entlang gezogen. Die Terrasse am Schloß war geschmückt mit Nelken seltner Art in zahllosen Majolikagefäßen, welche Imhoffs Künstlerhand selbst mit allegorischen und scherzhaften Figuren bemalt hatte. Diesen Garten bestimmte Imhoff zur Erziehungsstätte für sein Kind. — Durch die Pflege eines darauf folgenden Sohnes war die Mutter in Anspruch genommen, so daß Amalie der Fürsorge des Vaters besonders an-

vertraut blieb. Hier beginnen ihre ältesten Kinder=Erinne=
rungen, die sie in späteren Jahren theils schriftlich auf=
zeichnete, theils mündlich ihrer nachgebornen Schwester über=
lieferte. Folgende Mittheilungen sind dieser Familienchronik
entnommen — Amalie erzählt:

„Auf der grünen Schloßterrasse lag ich im Anschauen von
Bilderbögen und Märchenbüchern vertieft, oder den Rasen=
abhang hinunterkugelnd und heraufkrabbelnd, scheinbar mir selbst
überlassen, nur von des Vaters Augen aus der Ferne beobachtet.
Hier war ich zu finden zu jeder Tages=, zu jeder Jahreszeit.
Des Winters im tiefen Schnee suchte ich durch Springen des
Vaters Fußstapfen zu treffen, an seiner Seite erspähete ich die
ersten Erdbeeren und scherzend, nach dem Gewitter, trank ich
die Tropfen aus den Kelchen der Blumen."

Die wonnigste Erinnerung war dem kleinen Wildfang das
Spiel, das der alte Kammerdiener Enderle und ein junger
vom Vater mitgebrachter Indier mit der zweijährigen Kleinen
trieb, sie nach dem Mittagsmahl in das Tischtuch zu wickeln
und zu schwenken. Später auf den Tisch postirt, sprang sie
in kühn gewagtem Satz dem Vater in die geöffneten Arme;
durch leichte Turnübungen förderte der Vater diese Ge=
schicklichkeit. Amalie entwickelte schon früh ihren selb=
ständigen Charakter. Die Kleine sollte nach Nürnberg auf
einen Kinder=Maskenball im Knabenanzuge mitgenommen
werden; trotz schillernder Atlastoilette mit Goldborten und
kleinem Haarbeutel konnte man das Kind nicht bewegen,
die Knabenmaske anzulegen. Eine sehr ausgesprochene weib=
liche Zartheit charakterisirte schon das kleine Mädchen und
findet sich später an ihr ausgeprägt. Ein Miniaturbild von
ihrem Vater gemalt aus dieser Zeit bringt das Kindliche
vereint mit dem Bestimmten, in Lieblichkeit und Stellung,
sehr glücklich zum Ausdruck. —

Imhoffs Talent zur Malerei war ein ausgesprochenes,
seine Miniaturen sind von Kennern als vorzüglich geschätzt.
Noch befinden sich im Besitz seiner Nachkommen die feinsten
Darstellungen von Familienscenen, indische Figuren, auch Fische

— 7 —

und Vögel mit naturwissenschaftlicher Treue abgebildet. Imhoff
arbeitete in diesem Fach bis zum Ende seines Lebens; ein
unvollendetes Selbstportrait mit seiner Tochter Amalie ist bis
auf die nur skizzirte Kleidung meisterhaft ausgeführt und ähnlich.
Auch indische Fürsten hat er portraitirt und erhielt, da er kein
Maler von Profession war, von ihnen als Dank reiche Ge=
schenke an Schmuck und Stoffen, welche die Familie von ihm
geerbt hat. —

Imhoff wies seiner Amalie in seinem Arbeitszimmer ein
Plätzchen neben sich an, wo sie die indischen Farbenpulver,
deren sich der Vater bediente, mit Wasserzusatz verreiben durfte;
sie ergötzte sich dabei an der Pracht der Farben und den baum=
artigen Gestaltungen, die durch den Glasreiber auf der Elfenbein=
palette entstanden. Später avancirte sie an den Platz der Schmal=
seite des geräumigen Schreibtisches ihres Vaters, der, mit den
Rechnungen der ausgedehnten Gutswirthschaft beschäftigt, doch
Zeit fand, die ersten Schreibversuche seines Kindes zu leiten:
in Nachbildung der lateinischen Buchstaben einer englischen
Vorschrift. Unvergeßlich blieb ihr diese Erinnerung der Zu=
sammengehörigkeit mit ihrem Vater und verdrängte fast die
Kinderspiele, auf welche er mit eifersüchtigen Blicken sah.

Amalie war zum äußersten Gehorsam erzogen worden.
Selten betrat sie die Obstanlagen und empfing nur aus des
Vaters Händen jede Frucht. Einst, bei Abwesenheit der Eltern,
lockt es sie an die Spaliere, eine reife Birne wird ihr gefährlich,
sie berührt den Ast und die Frucht fällt in die Hand. Nach
langen Jahren war sie sich noch der Versuchung wie der Reue
bewußt, mit der sie bei des Vaters Heimkehr beichtete und die
Birne überlieferte.

In den nun folgenden Jahren begleitete sie ihre Eltern auf
verschiedenen Reisen durch Süddeutschland, Frankreich, Holland.
Amaliens Beobachtungsvermögen entwickelte so sich früh. Die
Gabe, ihre Gedanken in Versen auszudrücken, zeigte sich schon
an dem achtjährigen Mädchen; über eine Begegnung mit ihr
schreibt der Schriftsteller von Bilderbeck: „Im Jahr 1786
ging ich mit Amalie von Imhoff, der nachmaligen Verfasserin

— 8 —

der Schwestern von Lesbos, am Gesundbrunnen von Ronneburg auf und ab, damals war die liebenswürdige Dichterin erst ein Kind, aber ein über alle Beschreibung liebenswürdiges Kind. Es waren mir bereits einige kleine Gedichte mitgetheilt worden, welche sie gemacht haben sollte, ich konnte es nicht begreifen und aufrichtig gesagt, ich glaubte es nicht. Indem wir so auf und ab schlendern, komme ich auf den Einfall, ihr dichterisches Talent auf die Probe zu stellen, und erbat mir ein Impromptu auf den Gesundbrunnen, vor dem wir eben stehen geblieben waren. Noch sehe ich das liebliche Kind, das Händchen auf die Stirn gelegt, sich entfernen, nachdenkend auf und abgehen, dann plötzlich herbeieilen und mit leuchtendem Blick und unbeschreiblichem Gefühl mir folgende Verse declamiren:

> „Heilender Quell! du sprudelst uns Wonne,
> Kühlst uns wie Mondschein nach drückender Sonne,
> Stärkest das Alter, erquickest die Jugend,
> Heilender Quell, o hätt' ich deine Tugend."

Schöner, überraschender konnte mir mein Unglaube nicht genommen werden. Sollte das Fräulein von Imhoff diese Kleinigkeit zu Gesicht bekommen, so kann diese Erinnerung an ihre schönen Kinderjahre ihr gewiß nicht unangenehm sein.

Freiherr v. Bilderbeck."

Herr von Imhoff blieb Amaliens Lehrer in allen Anfangs= gründen des Wissens. Mit elf Jahren war ihr die französische und englische Sprache geläufig, letztere besonders, weil es die geübteste Lieblingssprache ihres Vaters war. — Seine vom Asthma angegriffene Gesundheit und die Anforderungen des Schulunterrichtes für die Kinder veranlaßten 1787 den Ver= kauf des Gutes und die Übersiedelung der Familie nach Weimar, wo die Verwandten seiner Frau damals sich zusammen gefunden hatten. Die zunehmende Kränklichkeit bewog Imhoff, Karlsbad aufzusuchen.

Amalie brachte er nach Erlangen, um in der Pension einer Refligié=Familie ihre Erziehung vollenden zu lassen. Imhoffs Übersiedelung nach Weimar würde dort wohl zu einer dauernden

Stellung für ihn geführt haben, aber der Tod nahm ihn früh hinweg. Von einer Reise nach München kehrte er nicht heim und starb daselbst nach kurzer Krankheit erst 54 Jahre alt. Eine unruhige, aber bedeutend angelegte Natur, vielfach verkannt und verleumdet bei außergewöhnlichen Schicksalen. —

Ein Jahr nach dem Eintritt in die Pension erfuhr Amalie brieflich den Tod des geliebten Vaters. Ihre Erzieherin Mlle. Diet verstand sie in richtiger Weise zu trösten und zu treuer Pflichterfüllung anzuhalten. Sie unterdrückte bei dem heran= wachsenden Mädchen die Anlage zur Poesie nicht, aber sie regelte ihre Beschäftigungen. So vorgebildet kehrte Amalie, kaum fünfzehnjährig, nach Weimar zurück; zwei jüngere Schwestern bedurften ihrer jetzt, wo die Mutter kränkelte und nur noch wenige Lebensjahre vor sich hatte. .

III. Capitel.
Nächste Verwandte.

Frau von Imhoff war unter den Schwestern die jüngste und schönste. Eine durchaus harmonische Natur, anmuthig, heiter, witzig, aber leidenschaftslos, wie ein lichtes Wölkchen am Himmel, von dem man weder gutes noch böses Wetter prophezeihen kann. Goethe sagt von ihr zu Frau von Stein: „Deine Schwester ist ein liebes Geschöpf, wie ich eines für mich haben möchte und dann nichts weiter geliebt."

Ganz anders geartet war Charlotte von Stein — ein klarer, festwilliger Geist, dem Klugheit und feine Empfindung das Schickliche der Lebenswege vorzeichneten. Mit ungemeinem Takte leitete, erzog sie Goethe, halb indem dieser es ahnte und wollte, halb indem sie ihm, den sie in gewisser Beziehung über= schaute, leise die Bahn vorschrieb. Ohne starke eigne dichterische Phantasie, war sie eine Zuhörerin ohne Gleichen für seine Dich= tungen, deren allmäliges Wachsthum sie miterlebte und denen niemand so liebevolles Verständniß entgegentrug. Ihr gereiftes

Wesen zog Goethe an, die Möglichkeit, der lieben Frau bei tausend Gelegenheiten nützlich zu sein, entzückte ihn und machte ihn, wie alle edlen Naturen in solchem Falle, dankbar statt ihn Dank fordern zu lassen. Sie nahm seine Hingebung an, sie störte ihn in nichts, sie wußte genau, wo sie ihn festzuhalten, wo sie ihn freizulassen hatte. Goethe schreibt an Frau von Stein den 24. März 1776: „Ich sehe wohl liebe Frau, wenn man Sie liebt, ist's als wenn gesät werde, es keimt unbemerkt, schlägt aus und steht da — und Gott gebe seinen Segen dazu — Amen". Freilich machte ihr die gekränkte Eitelkeit es in der Folge unmöglich, sich in der Situation der älteren Freundin völlig zurecht zu finden. — Goethes Verhältniß zu Frau von Stein ist so vielfach mißverstanden worden, weil ihr Charakter aus den einseitig publicirten Briefen Goethes nicht scharf genug hervortritt.

Der eigentliche Mittelpunkt der Familie war die Groß= mutter, die verwittwete Frau von Schardt, geborne von Irwing, eine energische, glaubensstarke Matrone, die mit klaren, kritischen Augen das Ergehen der Familie überwachte. Auf dem Garten= platze vor Frau von Steins Hause, das jetzt noch unverändert steht, an der sogenannten Ackerwand dem Park gegenüber, fand man sich damals meist zusammen. Hier entdeckte Frau von Schardt eines Tages auf dem Platz ihrer Tochter einen Zettel Goethes mit den Worten:

> Der Du von dem Himmel bist,
> Alles Leid und Schmerzen stillest!
> Den, der doppelt elend ist,
> Doppelt mit Erquickung füllest —
> Ach ich bin des Treibens müde
> Was soll all der Schmerz und Lust
> Süßer Friede komm ach komm in meine Brust.

Die Großmutter schrieb die Bibelstelle darunter: „Den Frieden laß ich euch, meinen Frieden gebe ich euch, nicht gebe ich euch wie die Welt giebt. Euer Herz erschrecke nicht und fürchte sich nicht." — Das war eine Mahnung und eine Kritik! —

Man sieht, in wie engen Grenzen der Verkehr im Schardtschen Familienkreise sich damals bewegte und wie genau man einander beobachtete. — Die alte Frau von Schardt lebte in patriarchalischer Abgeschlossenheit im Nebenhause der Frau von Stein, gepflegt von ihrer alten Dienerin Hanne, der ein Kätzchen als Freundin gestattet war. In ihrer schwarzen Spitzenmantille, in der Hand ein Ebenholzstöckchen, worauf ein Mohrenkopf mit beweglichen Brillantohrringen saß, war sie immer dieselbe Ehrfurcht gebietende Erscheinung. Aus dem feinen gefurchten Antlitz leuchteten ein paar große, friedvolle, schwarze Augen. Die Familie besitzt ihr Aquarellbild von Amaliens Hand. Mit fünfzehn Jahren bereits verheirathet, war sie sicheren Schrittes durch alle Verhältnisse gegangen. Streng gegen sich und andere, that sie, was sie that, ganz und manch= mal noch ein wenig darüber. Mit ihren Kindern und Enkeln war sie auf das innigste verbunden. Vor ihrem herannahenden Lebensende bat Frau von Stein sie bringend, ihr wenn mög= lich ein Zeichen ihres Fortlebens, ihrer dauernden Anwesenheit zu geben. Ein Zeichen, das Frau von Stein, als es ausblieb, mit Überwindung aller Furcht sogar Nachts auf dem Kirch= hof suchte. Die Mutter hatte damals freilich die Bitte mit dem Bibelspruch beantwortet: „Ihr habt Mose und die Pro= pheten“. — Amaliens jüngste Schwester Louise, erst bald nach des Vaters Tod geboren, war ihrer Großmutter Liebling und ihr als Vorleserin besonders beigegeben worden; von ihrem siebenten Jahre datirte dieses Amt. Einst hielt ihr, ihrer Zer= streutheit wegen, die alte Frau eine lange Strafpredigt, welche das Kind respectvoll stehend anhörte, bis sie endlich, wohl aus Müdigkeit, in Ohnmacht fiel. Seitdem wurde ihr, wenn wieder dergleichen bevorstand, gesagt: „Setz Dich, meine Tochter“. — Dieses „Setz Dich, meine Tochter“ hat sie auch später in Bezug auf drohende Seelen=Ohnmacht ihrer Töchter und Enkelinnen zur rechten Zeit und mit Erfolg ausgesprochen. Louise, die kleine Leserin, hatte ebenfalls die poetische Begabung mit der Muttermilch eingesogen. Als es einst um die Wiege des drei= jährigen Kindes geräuschvoll herging, seufzte sie: „Ach lieber

Herr Sesus Trist — was das für ein Spektakel ist". — Sie
hat später den Lärm des Lebens auch schwer ertragen können
und war nicht einmal in eine Wiege gebettet, aber sie hat es
Demselben geklagt, wie damals, und er hat ihr Ruhe und
Frieden geschenkt.

Noch existirt von Frau von Scharbt ein Aktenstück oder
Vermächtniß, das seinem Ton und Inhalt nach aus der Luther=
zeit zu stammen scheint und nicht aus dem Ende des 18. Jahr=
hunderts. Sie bekundet dadurch eine isolirte Stellung in dem
damaligen Zeitgeist; ich theile dasselbe abgekürzt mit:

"Feierliche Übergebung an Gott
in dem 40. Jahre meines Alters, den 12. Oct. 1763.

Anbetungswürdiger Gott! Schöpfer Himmels und der
Erden! Ich werfe mich vor Dir in der tiefsten Demuth meiner
Seele nieder, mein ganzes Herz bebet bei der Betrachtung der
großen Sache die ich mir vorgenommen habe; ich will mit Dir,
dem lebendigen Gott, einen Bund machen, ich will mich Dir,
dem heiligen Gott, feierlich übergeben, Dir der Du auf Sinai
Deine Schrecken verbreitetest, da Du Dein Gesetz gabst, der Du
mit Flammen und Tod drohetest allem was sich Dir nahete.
O! sollte ich nicht zurückbeben und sagen: Herr gehe von mir
hinaus, ich bin ein sündiger Mensch! Aber Deine ewige Er=
barmung zeigt mir den Weg, wie ich zu Dir, Du verzehrendes
Feuer, kommen kann, ohne zu verderben. Er, Dein geliebter
Sohn, ist der Weg, die Wahrheit und das Leben, niemand
kommt zum Vater, denn durch ihn. Durch ihn, den großen
Mittler, komme ich denn zu Dir nunmehr, mein Vater. Herr,
höre denn mein Wort, merk auf meine Rede, vernimm mein
Schreien, mein König und mein Gott, denn ich will vor Dir
beten. Nimm mich, mein versöhnter Vater, nimm mich zu einem
Opfer an, das da lebendig, heilig und Dir wohlgefällig sei.

Ich übergebe Dir an diesem Tage meinen Leib und meine
Seele, meine Verstandes= und Willenskräfte, alle meine
Neigungen, alle meine Absichten, alle meine Wünsche, von jetzo
an herrsche Du in meiner Seele. — Ich übergebe Dir auch

mit eben der gänzlichen Überlassung alles was mir theuer ist auf Erden, nur Dein Wille geschehe an ihnen, Dein Name möge von ihnen geheiligt werden in Zeit und Ewigkeit.

Ich entsage hiermit, unter Deinem göttlichen Beistand, allem Stolz, aller Eigenliebe, aller Unzufriedenheit mit Deinen weisen Fügungen, aller Heftigkeit und aller der betrübten Theilung meines schwachen Herzens zwischen Dir, meinem Gott, und den Kreaturen. Ich entsage alle dem, als so vielen Tyrannen, die unrechtmäßiger Weise mich, das durch's Blut meines Erlösers theuer erworbene Eigenthum, in ihren Banden gehalten haben; ach könnte ich es mit blutigen Thränen beweinen, die größte, die beste Zeit meines Lebens darinnen gefesselt gewesen zu sein! Ja ich entsage diesem allen feierlich, was Dir, meinem einzigen Herrn, liebreichen Vater, mißfällig ist.

Aber, o Herr, Du weißt was für ein Gemächte wir sind. Du weißt, daß wir nur Staub sind. Ach! ich empfinde es allzuwohl, daß ich ein Gesetz in meinen Gliedern habe, das widersteht dem Gesetz in meinem Gemüth. Du, ewiger Erbarmer, der Du sprachst, als Du mich in meinem Blute liegen sahst: Du sollst leben, ja du sollst leben; Deine göttliche Kraft muß mir das Vermögen geben, wozu mir Deine überschwängliche Gnade das Wollen gegeben hat. Durch die Kraft Deiner göttlichen Speise, die ich im heiligen Abendmahl genießen werde, gestärkt, will und werde ich, wie Elia, den weiten Weg fortsetzen, den ich vor mir habe.

Nun, so sei denn diese meine Handschrift, die ich unter dem Angesicht des Allmächtigen, mit gebeugtem Knie, mit zerknirschtem Geist, aber in völligem Vertrauen auf das Verdienst meines Heilandes Jesu Christi und auf den Beistand des heiligen Geistes, ausstelle, ein feierliches Zeichen, daß ich mich Dir, Gott Vater, Sohn und heiliger Geist, übergeben habe. Von nun an soll mein Bestreben sein, Dich Gott Vater zu lieben mit allen Kräften der Seele. Von nun an will ich nur Deinem Vorbilde nachahmen, gekreuzigte Liebe, von nun an will ich mich Deinen Wirkungen überlassen, Geist Gottes.

— 14 —

Kommt dann der Tag meiner Auflösung, so sei er der glücklichste unter allen meinen Tagen. Die Stimme erschalle mir: Komm wieder Menschenkind! Du, mein treuer Seelenfreund, nimm mich dann in Deine Arme, dann sei Deine Liebe stärker wie der Tod.

Wenn nun meine Seele zu ihrer Ruhe eingegangen ist — und diese meine Handschrift kommt, wie ich es wünsche, in die Hände meines Mannes, meiner Kinder oder meiner Freunde, so sollen sie hierdurch überzeugt werden — Wem ich im Leben und im Tode angehört habe.

Sollten Einige unter denen, die mir durch die Bande des Blutes oder der Freundschaft angehören, noch von Dir entfernt leben, so lasse sie um Deines Sohnes willen diese letzten Worte einer Mutter beherzigen, die dann schon die seligen Folgen ihrer Verbindung mit Gott genießt. Deine Dir verlobten Kinder aber mögen zur Ausdauer Kraft erhalten, bis wir Dich vereint, dreieiniger Gott, im großen Maß der Erkenntniß und Liebe ewig loben und preisen werden — Amen.

Concordia Elisabetha von Schardt,
geborne von Irwing."

Sie hat dieses Verlöbniß gehalten bis zu ihrem Tod. Mit 78 Jahren starb sie in vollem Frieden bei klarem Bewußtsein, von Kindern und Enkeln umgeben.

————

IV. Capitel.

Erste Jugend.

Amalie wurde durch verständige Umsicht sehr jung die Vorsteherin des kleinen heimathlichen Haushaltes; sie liebte und fand in dieser Gebundenheit keine Last, sondern eine Ehre, der Mutter Vertrauen zu gewinnen.

In dem Hause des Oberforstmeisters von Schardt, Bruder der Mutter, war Jacobi Gesellschafter, der spätere Schuldirector in Gotha. Dieser machte nun Amalia zuerst mit den Schrift-

— 15 —

stellern der Neuzeit, Bürger, Hölty, Stolberg ꝛc., bekannt und gab ihr obendrein noch täglich eine Stunde im Griechischen. Sie selbst berichtet darüber: „Nach vier Monaten konnte Jacobi mit mir den Homer lesen. Ihm verdanke ich den Sinn für klassisches Alterthum, wie für das griechische Volk besonders. In dem Rahmen, den er mir von der Geschichte dieses Volkes aufstellte, habe ich später alle meine Belehrungen geordnet. Die Vorliebe für Griechen=Gedichte stammt daher." Auch Musik trieb sie mit Jacobi, da sie ein feines Gehör und eine frische Stimme hatte; sie erzählt, daß sich ihr durch diesen Unterricht „der deutsche Liederreichthum in dem Schmuck seiner einfachen Melo= dien erschloß". Mit Vorliebe wandte sie sich jedoch der Malerei zu. Auch hier fehlte es ihr bald nicht an Unterstützung. Heinrich Meyer, damals Goethes Hausfreund, sah zufällig einige, noch unbeholfne Versuche des eben erwachsenen Mädchens und förderte die Entwicklung ihres Talentes durch Mittheilung vieler in Italien gesammelter Studien und gab ihr Winckelmanns Schriften, mit denen sie sich vertraut machte. Meyer schreibt an sie am 24. Juni 1794:

„Haben Sie Tausend Dank für das schöne Gedicht und die Zeichnung, die Ihr entschiedenes Talent für beide Künste so unzweideutig beurkunden. Ihre Bekanntschaft ist eines der angenehmsten Geschenke, das ich aus den Händen des Schicksals empfing, und ich werde streben Sie in der Folge zu überzeugen, daß ich den Werth derselben in seinem ganzen Umfange zu schätzen weiß. Blos litterarische Bekanntschaften sind mir gleich= gültig, aber wahre Menschen zu finden, was so selten, das zähle ich zu den Glückseligkeiten meines Lebens. Ich kenne Sie und Ihre verehrte Frau Mutter nicht blos durch die in Ihrem Hause verlebten Augenblicke, sondern durch Ihren alten Freund Knebel, der die Wahrheit spricht und durch dessen Urtheil ich den Wunsch nach Ihrer Bekanntschaft hatte."

Stellen aus Amaliens Tagebuch rühmen seine aufrichtige Freundschaft, wenngleich sie mit der Zeit eine wärmere Färbung annahm und schließlich durch Bitterkeit getrübt wurde, als ernste Bewerber bei Amalie sich einstellten.

Im Winter 1794 fand am Hofe zu Weimar eine Redoute statt, und Amalie erschien mit ihrer Mutter, ganz in graue Gaze verhüllt, als Schatten. Sie übergab der von ihr hoch= verehrten Herzogin Louise als Geburtstagswunsch das nach= stehende Gedicht, das den Beifall der Fürstin fand und die Neugierde aller Anwesenden erregte:

Zu dem Tummelplatz der muntern Freude
Schwebt, vom Styx=umfloßnen Reiche, heute
Hand in Hand ein stilles Schattenpaar,
Daß es einmal noch Dich wiedersehe,
Hohe Sterbliche, in deren Nähe
Es am seligsten hienieden war.

Längst schon tranken wir der Lethe Welle,
Senkten heiter in die heil'ge Quelle
Alle Bilder der Erinnerung.
Nur Dein schönes, holdes Bild besieget
Lethe's Macht, auf sanfter Woge wieget
Es ihr reiner Spiegel, ewig jung.

Sehnsuchtsvoll und liebend heut entwallen
Wir Elysiums umblühten Hallen,
Den Gefilden nie gestörter Ruh.
Eilen, Deinen Blicken zu begegnen,
Dich mit leisem Geistergruß zu segnen,
Diesem fremd gewordnen Schauplatz zu.

Was mit scheuem, ehrfurchtsvollem Zagen
Sterbliche nicht auszusprechen wagen,
Wenn es ahnend ihren Busen schwellt —
Dürfen mit bedeutungsvollem Schweigen
Treue Geister Deinem Geiste zeigen,
Worte sind es einer andern Welt.

Daß die stille Tugend, die Du liebest
Und mit schön bescheidner Größe übest,
Fern von Schimmer und von Irrthum sei,
Die Gefährtin, die uns dann geleitet,
Wenn mit uns der Kahn den Styx durchgleitet,
Auch die Einz'ge bei uns folget sei. —

Unerkannt und im Geräusch des Balles unbemerkt, zogen sich die beiden Schatten bald nach der Übergabe des Gedichtes

zurück. Am folgenden Tage hatte Amalie die Genugthuung,
daß man vergeblich die Verfaſſerin der Verſe zu errathen ſuchte.
Leider ſchrieb die Herzogin das Gedicht ihrer geliebten Frau
von Stein zu, die zwar ablehnend lächelte, aber nicht den Muth
hatte, alle Lobeserhebungen entſchieden abzuweiſen. Die junge
Nichte ſchwieg eingeſchüchtert, und manche Thräne wäre un=
vergoſſen geblieben, hätte der einzig eingeweihte Herr von Knebel
geſchwiegen und die anonyme Dichterin nicht genannt. Dies
an und für ſich unbedeutende Ereigniß ſollte eingreifend für
das Schickſal Amaliens werden. Die Herzogin gewann Intereſſe
für ſie und nahm ſie ſpäter zur Hofdame. Als Schiller erfuhr,
daß Amalie die Verfaſſerin der Verſe ſei, bat er die ihm bereits
bekannte Frau von Imhoff, ihm ihre Tochter nach Jena zu=
zuführen; dies der Anfang eines bedeutungsvollen und ſegens=
reichen Freundſchaftsbundes. Amalie erzählt aus dieſer Zeit:
„Zu wiederholten Malen verbrachte ich Wochen bei Schillers,
wo jedes Wort die Grenzen meiner Begriffe erweiterte. —
Goethe kam oft nach Jena, und Abends zu Vieren um einen
kleinen runden Tiſch verſammelt, nährte ich mich weit mehr
mit geiſtiger als leiblicher Speiſe, oft bis tief in die Nacht
hinein, den bedeutendſten Geſprächen beider Männer im leb=
hafteſten Umtauſch der Ideen horchend.“ — Auch Herr
von Knebel gehörte zu dem Freundeskreis, und als einſt die
Debatten ſehr ausgedehnt worden waren, verabſchiedete ſich der
erregte und oft zerſtreute Freund, verfehlte aber die rechte der
beiden nebeneinander liegenden Thüren im Flur. Ein Stoß,
ein Schrei und tolles Flaſchengeklirr belehrte die arme Haus=
frau, daß ſtatt der Hausthür der Vorrathsſchrank mit Confituren
den genialen Fauſtſchlägen Knebels gewichen war. Einen andern
Abend demonſtrirte der Freund in heftigſter Weiſe ſeine An=
ſichten über Verſchiedenes dem ſtillhorchenden Goethe vor, und
als er keine Gegenrede erhielt und betroffen darüber vor
Goethe ſtehen blieb, erwiderte dieſer ganz behaglich: „Ach ſag’
doch noch mehr ſo was Dummes.“ Diesmal deckte wohlweislich
die Hausfrau den bewußten Schrank mit ihrem Rücken, um
einer zweiten Erſtürmung vorzubeugen.

Ihrem eignen Berichte entnehmen wir aus dieser Lebens= periode Folgendes:

„Schiller wollte nun alles lesen, was ich in dieser Zeit schrieb, ich theilte es ihm mit, nicht als seiner Kritik würdig, aber für mich lehrreich, durch den Tadel. Er behielt die Ge= dichte für den Musen=Almanach, auf meine dringende Bitte unterzeichnete er sie nur mit einem F . . . . . . Er schalt mich ein Kind wegen dieser Zaghaftigkeit." —

Amalie an Schiller.

Weimar 1796.

„Hier überschicke ich Ihnen, lieber Freund, ein paar Ge= dichte, die ich in der Eile zusammengesucht, schicken Sie an Cotta was Ihnen tauglich scheint, auch ein Sonett füge ich bei. Ich fühle selbst daß ich Ihnen mittelmäßige Produkte liefere, aber ich lege getrost die Erstlinge meiner Muse in Ihre Hände nieder, da ich wohl weiß, daß auch alles, was ich für das Bessere halte, in Ihren Augen noch die Versuche der Schülerin sind. — Wir haben Dienstag einen schönen Abend zum Nach= hausefahren gehabt und meine Tante Stein war gefaßt über Fritzens Abreise, so hatten wir auch durch das Gespräch einen heitern Abend. Möchten Sie wohl die Güte haben, mir jene Druckbogen, die Sie mir gaben und die ich aus Zerstreutheit zurückließ, zu schicken? Mutter und Großmutter möchten das Töchterchen gedruckt sehen. Meine liebe Mutter empfiehlt sich Ihrem Andenken und allem was Ihnen angehört, so auch ich.

Ihre treue Freundin Amalie."

Die Antwort fehlt, doch folgt ein anderer Brief von

Schiller an Amalie
(in der Handschrift vorliegend).

1796.

„Ich schicke Ihnen hier den Taucher, liebste Freundin, den Sie zu lesen wünschten. Nicht als glaubte ich daß Ihnen so viel daran liegen könne, aber es macht mir Vergnügen, Sie durch irgend Etwas an mich zu erinnern und Ihnen zu zeigen, wie gern ich mich mit Ihnen beschäftige. Ihre Großmama hat

— 19 —

2*

mir gestern einen recht schönen Tag gemacht, denn sie sagte
mir, daß meine liebenswürdige Freundin sich meiner mit Antheil erinnere, und sie hätte mir auf der Welt nichts sagen
können, was mir mehr Freude gemacht hätte. Wie schwer wird
mirs, morgen abzureisen, ohne Sie so oft gesehen zu haben,
als ich hoffte. Aber im nächsten Winter denke ich glücklicher
zu sein und bis dahin lassen Sie mich zuweilen schriftlich von
Ihnen hören, meine Liebe, daß Sie meiner gedenken. Vielleicht sehe ich Sie heute Abend bei der Frau von Stein, denn
dahin komme ich, wenn es mir möglich ist. Geheimrath Goethe
wünschte, daß Sie morgen Mittag mit ihm und mir sein
möchten und Ihre Gedichte mitbrächten. Sie können denken,
daß mir dieses unendlich am Herzen liegt, und wenn Sie es
möglich machen können, so kommen Sie ja. Auch wünscht er,
daß Sie zeitig, spätestens um elf Uhr kommen möchten, damit
wir Zeit haben, recht viel zu sprechen. Lassen Sie mich wissen,
ob wir Sie sehen werden, herzlich freue ich mich darauf. Sie
lassen dann vielleicht heute Nachmittag Ihre Gedichte abschreiben,
daß Sie uns recht viel mitbringen können. Der lieben Mama
meine besten Empfehlungen.

Ihr aufrichtig ergebener Freund
Schiller."

Hier eines von den mitgebrachten Gedichten:

Sonett.

Wo ist die Zeit da leicht und unbefangen
Das freie Herz im jungen Busen schlug?
Da es noch nicht durch süßen Selbstbetrug
Sich quälte, nicht durch Hoffnung und Verlangen?
Da dieser Geist, mit Einfalt hold umfangen,
Sich fremd noch war, und doch sich selbst genug —
Und still die Brust kein Bild der Sehnsucht trug,
Ist denn so schnell die goldne Zeit vergangen?
Der Ruhe Glück und ihre stillen Freuden
Sind mir entflohn, auf immer mich zu meiden;
Ich seh' nur Schmerz, ich ahne nur Gefahr,
Des Grames Hand wird künftig mich geleiten,
Und dennoch, ach! sind alle diese Leiden
Jetzt süßer mir, als sonst die Ruhe war.

Amalie an Schiller.

Weimar, September 1797.

„Schon lange würde ich Ihnen, mein gütiger Freund, für
Ihre Zeilen und das schöne Briefpapier gedankt haben, welches
beides mich recht unerwartet erfreut hat, aber ich wollte Ihnen
gern das vollendete Gedicht für die „Horen" sowie einige Sachen
für Cotta, die Sie wünschten, schicken. Immer habe ich eine
Scheu zu überwinden, bei derartiger Sendung an den Mann,
den ich so lange von ferne verehrte und anstaunen lernte, der
so hoch unerreichbar vor mir steht. —

Wenn ich mich aber Ihres freundlichen Blickes, Ihrer
Nachsicht erinnere, so ist die Furcht gebannt und das ruhigste
Vertrauen zu dem Freunde erfüllt meine Seele. Die Unterschrift meiner Sachen bleibt wie in Ihrem Almanach F . . . . .
Damit Sie aber nicht glauben, daß meine anderen Versprechungen
auf lange Zeit hinausgeschoben sind, will ich Ihnen zum Trost
sagen, daß der fünfte Gesang ganz und der sechste über die
Hälfte vollendet ist von „Abdallah und Balsora". Meine Existenz
ist so abhängig von äußeren Umständen, ich muß so manchen
halben Tag verlieren, manchen ganz, daß ich mir nichts bestimmen und andern nichts halten kann. — Sie begreifen vielleicht meine abermalige Ängstlichkeit nicht, meinen Namen als
Autor zu nennen, deßhalb erbitte ich mir Ihre Nachsicht
dafür. Die Männer gehen ihren freien stolzen Schritt, ohne
sich umschauen zu dürfen, ob Beifall oder Tadel ihnen folgt,
sie sind nur sich selbst Rechenschaft schuldig und behaupten
dieses schöne glückliche Recht. — Anders wir Frauen, und
glücklich ist diejenige, welche bald die Nothwendigkeit der
Schranken, die unser Dasein begrenzen, einsieht und da ihr
Glück findet, wo die Natur es ihr anwies. — Auch ich habe
schon einen kühnen Schritt über diese Schranken gewagt, aber
wer würde nicht gern an der Hand solcher Führer die gewohnten Pfade verlassen, um steile Höhen zu erklimmen. —
Ich habe Nachricht von Meyer, von dem Sie auch in diesen

— 21 —

Tagen Briefe erhalten werden, er ist ungewiß über Goethes Entschluß und weiß noch nicht, ob er diesen Winter den bescheidenen Ettersberg oder den flammenden Vesuv in seiner Nachbarschaft haben wird. Ich hatte mir ein freundliches Bild für diesen Winter entworfen, Sie hier und Goethe mit Meyer zurück — der so viel Schönes mitbringt. — Wie glücklich schien ich mir, der es vergönnt ist, sich an diesen edlen Kreis anzuschließen. Jetzt scheint hierzu alle Hoffnung verschwunden, denn Sie werden in Goethes Abwesenheit wohl nichts mit uns zu schaffen haben mögen. Für diesen Fall aber melde ich mich in Jena an, denn ich werde nie jene Tage vergessen, die ich in Ihrem Hause wie in einem süßen Rausch verlebte. Meine Mutter empfiehlt sich Ihrem freundschaftlichen Andenken, wir küssen Ihre liebe Frau, ich werde ihr bald für ihren lieben Brief danken.

Immer Ihre treue Freundin Amalie."

Schiller an Amalie.

Jena 1797.

„Zanken Sie ja nicht mit mir, liebe Freundin, daß ich Ihnen auf Ihren lieben Brief und das so schön gelungene Gedicht so spät antworte. Immer war ich noch sehr unpäßlich bis jetzt und dabei drängten mich die Geschäfte, die einen wie böse Schuldner mahnen und nicht zur Ruhe kommen lassen. Ich habe mich sehr über Ihr Gedicht gefreut und außer dem Schönen und Zarten, was es reichlich enthält, mich auch nicht wenig über die Korrektheit der Sprache und des Verses gewundert. Sie werden darin höchstens ein paar Worte von mir verändert finden. Heute ist es zum Druck abgegangen, um noch in den „Horen" zu erscheinen.

Heute nichts mehr als einen freundlichen Gruß, liebe Freundin, denn der Posttag drängt mich. In acht oder zehn Tagen erhalten Sie den Almanach gedruckt. Der Mama unsre beste Empfehlung.

S."

Schiller an Amalie.

(Mit einem Almanach, auf deſſen erſte Seite ſich Goethe eigenhändig
eingeſchrieben.)

Weimar, 3. November.

„Hier meine theure Freundin erſcheint endlich der Almanach, zu deſſen Reichthum und Glanz Sie ſelbſt viel beigetragen
haben. Möchten Sie ſich ſeiner Erſcheinung recht freuen und
auch den Ihrigen recht viel Freude damit machen. Ich habe
geſucht, Ihnen bei Ihrem erſten Schritt in die Welt keine unwürdige Geſellſchaft zu geben. Die Melodien ſind noch nicht
hier, ich hoffe ſie aber auf den Sonnabend zu erhalten. „Die
Freuden der Gegenwart" ſind von Reichardt componirt; wenn
wir wieder zuſammen kommen, hoffe ich dieſe in Geſellſchaft
ſingen zu hören. Darf ich erfahren, was Sie jetzt poetiſches
machen? Es wäre gar ſchön wenn Sie mir noch dieſes Jahr
wieder eine Erzählung für die „Horen" geben könnten. Den
„Geizhals mit dem Schatz" bitte ich ja nicht zu vergeſſen. Es
iſt eine recht artige Erfindung, die Ihnen gewiß gelingen würde.

Leben Sie recht wohl liebe Freundin und empfehlen Sie
mich den Ihrigen. Meine Frau empfiehlt ſich ſchönſtens.

Sch."

Amalie an Schiller.

„Ich eile, Ihnen mein theurer Freund meinen herzlichen
Dank für die Überſendung des ſchönen Almanachs zu ſagen;
Sie hatten Recht zu glauben, daß ſeine Erſcheinung mir
Freude machen würde, aber bei Weitem den größten Theil von
Zufriedenheit empfand ich darüber, mich in ſolcher Begleitung,
unter ſolchem Schutz, zuerſt vor den Augen des Publikums
erblicken zu laſſen. Die „Jungfrau des Schloſſes" hat
durch die Abkürzung Ihrer Meiſterhand gewonnen, wenngleich
mir im erſten Augenblick um das Bild meiner Heldin ein
bischen bange war, jetzt habe ich es zu meinen Pinſelzeich-
nungen in die Mappe verwieſen. Über die ſchönen Dichtungen
von Ihnen, theurer Freund, wage ich es nicht, Ihnen etwas
anderes als den wärmſten Dank zu ſagen. — Sie haben für
jedes fühlende Herz gedichtet, welches Freude am Schönen und

Edlen findet, und jede Bruſt ſchlägt höher, die den Sinn der
„Worte des Glaubens" mit empfindet. Wie glücklich ſind Sie
die Rührung der beſſeren Menſchen wecken und die Begeiſterung
anfachen zu können. Lehren Sie auch mich dieſe unwiderſteh=
liche Magie, die mit ſo einfachem Zauberwort die Herzen ge=
waltig hinreißt. — Sie wollen noch für dieſes Jahr eine Er=
zählung von mir haben und ich freue mich, Ihnen Genüge
leiſten zu können. Das „Feſt der Hertha" iſt in Stanzen
fertig und ich werde es Ihnen nächſten Mittwoch ſchicken, es
muß nur noch abgeſchrieben werden. Ich habe dies etwas
ſchwere Silbenmaß erwählt, um dem Gedicht den ernſten har=
moniſchen Gang zu geben, welchen der Gegenſtand erfordert,
und hoffe, daß es Ihnen nicht mißfallen wird. Aus Ihrem
Munde, verehrter Freund, habe ich, wie Sie wiſſen, die Er=
zählung und ich lege Ihnen die Überſetzung aus dem Tacitus
bei, um Sie nicht mehr zu plagen, wenn Sie dieſelbe, in
Kürze gezogen, dem Gedicht als Erläuterung vorſetzen wollen, da
ich im Gedicht die Sitten dieſer Zeit als bekannt annehmen
mußte, um nicht noch breiter in den Stanzen zu werden.

Eigentlich hat das Gedicht zwei Abtheilungen, die Sie
herausfühlen werden, ich habe ſie durch einen Strich bezeichnet;
ich weiß nicht, ob man ſolch einen Abſchnitt richtig als „Ge=
ſang" bezeichnen kann. Ich glaube, ein ſolcher Abſchnitt wäre
auch beim Abdruck nöthig. — Hoffentlich beleidigen die zwei
Stanzen mit lauter weiblichen Endigungen Ihr Ohr nicht,
beſter Freund, wenn ich damit geſündigt, folgte ich, zu meiner
Entſchuldigung, dem Beiſpiele eines großen· Dichters — da
Goethe in ſeinen „Geheimniſſen" auch ein paarmal wechſelt,
wie ihm der Reim gebietet und der Stoff erlaubt. Vergeben
Sie, wenn ich Sie mit allen dieſen Kleinigkeiten beläſtige,
theurer Freund, in Briefen erhält alles ein ſo ſchwerfälliges
Anſehen, was mündlich mit ein paar Worten abgethan iſt.

　　　　　　　　　　　　　　　　Ihre treue Amalie.

Tacitus de Morib. German. 40:
　　Ein von der Axt unberührter Hain iſt auf einer Inſel
des Oceans; ein Wagen dort iſt der Göttin Hertha geweiht;

ein Kind befindet sich darin, das nur der Priester berühren darf. Diesem wird es kund, wenn die Göttin in ihrer Um= hüllung gegenwärtig ist, und mit Ehrerbietung folgt er dem Wagen, der von Kühen gezogen wird. — Das sind dann Freuden= tage, alle Orte der Insel, die sie als Gast zu besuchen würdigt, sind festlich geschmückt. Kein Krieg beginnt in dieser Zeit, alles Eisen ist verschlossen, denn niemand führt Waffen. Friede, Ruhe lernt man kennen und lieben — bis derselbe Priester die Göttin, vom Umgang mit den Sterblichen gesättigt, ihrem hei= ligen Wohnsitz zurückgiebt. Sogleich werden Wagen, Kleider, ja, wie man behauptet, die Göttin selbst, in einem geheimen Teich gewaschen. Derselbe Teich verschlingt die Sclaven, die dabei dienten, denn wer die Göttin sieht, muß sterben."

Von Herrn von Knebel ist bereits die Rede gewesen. Dem Hause treu zugethan und selbst dichterisch begabt, folgte er Amaliens Versuchen mit warmem Antheil und fördernden Winken. Seine reizbare Natur war den unablässigen Anregungen und Reibungen Weimars auf die Dauer nicht gewachsen und be= gehrte nach Ruhe. Er flieht in freiwilliger Verbannung nach Bayreuth und Nürnberg, von wo aus er der befreundeten Familie von Imhoff schreibt und sich, wie es scheint, von seinen weimarischen Interessen nicht lösen kann.

Ein Brief von ihm an Amalie ist der Dank für eine poetische Sendung, worin folgendes

Lied der Nachtigall.

Thor, der mit melod'scher Kehle
Wähnt zu fesseln Euren Sinn,
Ihr seid sonder Ohr und Seele,
Wie ich glanz= und reizlos bin.
Sehnsucht! für ein Glück der Erden
Schlag Dein Auge nimmer auf! —
Lindern und vergessen werden
Das ist Sängers Lebenslauf.

Könnt' ich folgen Deinem Pfade,
Hoher königlicher Aar!

— 25 —

Stärkte mich im Sonnenbade,
Tauchte mich im Äther klar. —
Doch mich hält das Reich der Töne,
Kind der Flur, die mich verschmäht;
Ob mein Lied den Hain verschöne,
Keiner ist der mich versteht.

Siehst Du mir den Götterfunken
Der aus heil'ger Glut entsprang,
Brich den Kerker, laß mich trunken
Frei verlöschen im Gesang.
Dies Atom von Wonn' und Schmerzen
Dem Du gabst des Liedes Luft,
Nimm's zurück aus meinem Herzen
Und begrab's in Menschen Brust.

Nürnberg, 1797.

　　　„Liebe Amalie!

Ihre Liedchen haben mich bezaubert, sowie alles, was aus
Ihrer Feder oder durch Ihren Mund kommt. Wie sich die
Orientalen bei Krankheit oder Schwermuth Musik machen lassen,
so möchte ich mir im gleichen Fall von ihren Liedern vorsingen
lassen, um Geistesschwingen zu bekommen. Alles gelingt Ihnen,
was Sie angreifen, doch das Holde wird eben durch Sie erst
hold. Ich bin verlangend, Ihre Arbeiten im Almanach zu
sehen, ohne Zweifel wird Schiller auf die Blumen, die Sie
täglich am Musenberge brechen, am meisten rechnen. Ich weiß
Ihnen gar nichts der Art von hier zu schicken. Unsere Frauen
hier blühen wohl auch, aber weder für die Musen, noch durch
die Musen. Sie sind meist wie die Haideblümchen, die die Kuh
futtert. Es ist mir lieb, daß Matthisson eine so artige, fried=
liche Wohnung bei Ihnen gefunden hat, seiner zarten Psyche
hat gewiß dieser Aufenthalt wohl gethan, er brauchte, er ver=
diente ihn, sagen Sie ihm das Herzlichste, was ich ihm bald
selbst schreiben werde. So viel kann ich Ihnen von mir sagen,
daß mein Leben hier eben keine Stacheln hat, weder die ver=
wunden, noch die reizen, die Menschen fassen sich hier an wie
Kohlstauben und das Leben ist bequem und ohne gewaltsame
Rückstöße — das thut nach den Dornen= und Zauberreichen

Weimars nicht übel. Unser Freund Voß hat mir aber kürzlich einen starken Anstoß gegeben. Wie hat er sich nicht durch viel unhörbare Prosa zu seiner Übersetzung der „Verwandlungen Ovids" heraufgearbeitet! Lesen Sie die Stücke im „Genius der Zeit". Er ist der Flügelmann der deutschen Prosodie! Freilich mögen wir zuweilen etwas sachter greifen, aber seine Vorgänge sind richtig und gut, auch ist Ovid grade der Dichter, den er braucht, reich an Ausdruck, malend und kalt.

Gott befohlen, liebe Amalie, sagen Sie der Mutter und den kleinen Schwestern viel Herzliches, ich werde mich freuen, ein Zeichen von Ihnen zu sehen. Ihr treuer und Sie verehrender Freund   Knebel."

Amalie an Schiller.

Weimar, Mai 1798.

„Ich schicke Ihnen hier Matthissons Gedichte — eine kurze Reise, die ich nach Kalbsrieth zu Frau von Kalb in ein paar Tagen machen werde und welche kleine Geschäfte veranlaßt, hindert mich, Ihnen jetzt gleich ein Gedicht von mir für den Musen-Almanach zu senden; wenn ich in drei Wochen zurückkomme, erhalten Sie eine Idylle, die „Tageszeiten", die ich schon zur Hälfte vollendet habe und die Sie vielleicht brauchen können. Es ist mir so viel Freude als Ehre, unter Ihrem Schutz, in Ihrer Begleitung im Publikum zu erscheinen und ich möchte unter keiner Bedingung diesem schönen Vorrechte entsagen, Sie werden durch gütige Belehrung dafür sorgen, daß die Grazien nie ganz die Hand von Ihrem Zögling abziehen. Frau von Kalb will mit mir eine Fahrt nach Wörlitz unternehmen, vielleicht giebt mir Matthisson dort noch etwas für Sie mit, ich wünsche es für ihn, denn die Gedichtchen, die Sie hier von ihm erhalten, zeigen wenig, woran man ihn gern erkennen möchte, man kann sich höchstens über die Kunst des Versbaues verwundern.

Leben Sie wohl, lieber Freund, erhalten Sie mir Ihr Wohlwollen.

Mit Verehrung Ihre ergebene Amalie von Imhoff."

V. Capitel.

Schriftstellerei unter eigenem Namen 1799.

An Schillers Hand hatte sich Amaliens Dichtertalent weiter entwickelt, und ihre Seele war erfüllt von dem ersten Grundgedanken zu den „Schwestern von Lesbos", einer Idylle in Hexametern, welche gleich nach ihrem Erscheinen drei Auflagen erlebte. Ich führe ihre eigene Mittheilung über diese dichterische Epoche an:

„Nie haben Goethe oder Schiller in dieser Zeit eine Zeile in einer meiner Arbeiten selbst gestrichen, sie aber ebensowenig anders als fertig gesehen, so weit ich sie ihnen mittheilte. Zwei Gesänge der Schwestern von Lesbos waren eben in dieser Weise vollendet, als Goethe, von meiner neuen Arbeit unterrichtet, sie zu hören begehrte. Ich las sie, auf sein Verlangen, ihm vor und erzählte ihm den Plan des Ganzen.

Als Goethe so gütig war, mir einige Bemerkungen wegen des Hexameters zu machen, entdeckte er, nicht ohne spaßhafte Verwunderung, daß ich noch gar nicht wisse, was ein Hexameter sei. Er sagte mir: „Ich verstehe, das Kind hat die Hexameter gemacht, wie der Rosenstock die Rosen trägt." —

Goethe selbst setzte sich hin, mir das Schema für diese Versform aufzuschreiben, die ich freilich von da an sehr ernstlich studirte, besonders an „Luise" von Voß, die Goethe mir angerathen. Ich habe das von mir corrigirte Manuskript für die zweite Auflage mit eingerechnet eigenhändig sieben Mal abgeschrieben. Goethe selbst war so gütig, die Correcturbogen mit mir nachzusehen; welche Stunden einen so reichen Schatz von Unterricht für mich enthielten und überhaupt etwas so erhebendes und poetisches in allen Nebenumständen hatten, daß diese Momente allein ein gewöhnliches langes Leben aufwiegen."

Hier folgen die eigenhändigen darauf bezüglichen Briefe der Dichterin und Schillers ebenfalls eigenhändige Antworten, in meinem Besitz und getreu copirt wie alle bisherigen Briefe.

Amalie an Schiller.

Weimar, Februar 1799.

„Sie erhalten hier, lieber Schiller, die erste Hälfte meiner
Arbeit, die Schwestern von Lesbos, vielleicht finden Sie Abends
eine müßige Stunde, um sie durchzugehen. Ihre Nachsicht ist
mir zu wohl bekannt, als daß ich es nöthig finden sollte, Sie
hierzu nochmals aufzurufen. Auch der vierte Gesang ist fertig
und wenn Sie das Manuskript bald genug zurück schicken,
können Sie das Ganze vielleicht noch hier lesen, da der Ab=
schreiber nur darauf wartet, das noch fehlende hinzuzufügen.
Vielleicht haben Sie die Freundschaft, mir mündlich bald ein
Urtheil zu sagen, wonach mich verlangt und welches ich um so
aufrichtiger von Ihnen erwarte, je aufrichtiger die unbegrenzte
Verehrung und Hochachtung ist, mit welcher ich Ihnen zu=
gethan bin.

Ihre Freundin Amalie.“

Amalie an Schiller.

14. März.

„Hier erhalten Sie endlich die letzten zwei Gesänge, denen
Sie es, so wie mir, hoffentlich nicht entgelten lassen werden,
daß sie ein wenig spät kommen. Ich bin so wenig Herr meiner
Zeit, daß ich jede freie Stunde als ein Geschenk anzusehen habe,
darum schelten Sie mich nicht faul. Da Sie mir durch Frau
von Kalb sagen lassen, daß Sie die Gesänge nur zusammen=
hängend lesen wollten, so bitte ich Sie, theurer Freund, dieses
so bald als möglich zu thun, da Goethe mich schon einige Male
daran erinnert hat. Schicken Sie das ganze Manuskript dann,
wenn Sie wollen, an ihn direct. Lassen es Ihre Geschäfte
aber zu, so senden Sie es bitte mir selbst mit ein paar Worten
über den Inhalt. Nur schüchtern wage ich diese Bitte, um
nicht zu der Zahl der unbescheidenen Dichter gerechnet zu werden,
die so oft Ansprüche an Ihre Nachsicht zu haben glauben.
Wenn ich mir die freundliche Theilnahme erinnere, mit welcher
Sie dies Kind der jungen Muse aufgenommen, kann ich mir

— 29 —

die Hoffnung nicht versagen, daß Sie ihm auch lehrend die
Hand reichen werden, um Ihres Schutzes werth an's Licht
zu treten.

Ihre Amalie von Imhoff."

Schiller schreibt nach Empfang dieses Briefes von Amalie
an Goethe:

März.

„Dieser Tage hat mir die Imhoff die zwei letzten Gesänge
ihres Gedichtes geschickt, die mir sehr große Freude gemacht
haben. Es ist überaus zart und rein entwickelt, mit einfachen
Mitteln und ungemeiner Anmuthigkeit. Wenn Sie kommen,
wollen wir es zusammen besprechen."

Schiller an Amalie.

25. März.

„Verzeihen Sie mir, liebe Freundin, daß ich Ihr Gedicht
so lange bei mir behalten habe und so spät ein Wort darüber
sage. Ich wollte es genießen und mit ganzer Besonnenheit
studiren. Dieses konnte ich nicht, bis ich meines eigenen Werkes
völlig entledigt war, das von so ganz entgegengesetzter
Stimmung ist.

Heute habe ich das Gedicht nun mit neuer Aufmerksamkeit
wieder gelesen und kann Ihnen nicht ausdrücken, wie mich der
schöne Geist, der es belebt, erfreut und bewegt hat. Ich be=
wundere die zarte und doch bestimmte Zeichnung, die reinen,
edlen und doch dabei wahr menschlichen Gestalten, die einfachen
und doch zureichenden Mittel, durch die alles geschieht. Die
Exposition ist mit großer Geschicklichkeit gemacht, die Auflösung
ist durch eine hohe Simplicität und Zartheit rührend. Es bleibt
alles in der Natur und Wahrheit und trägt demungeachtet einen
schönen, idealen Charakter. Über das Einzelne hoffe ich Sie
selbst zu sprechen, dies sind nur meine Empfindungen über das
Ganze. Ich gebe heute Goethe das Gedicht, der mir dann seine
Gedanken darüber mittheilen wird. In zehn oder zwölf Tagen
komme ich nach Weimar, wo wir dann recht umständlich mit

Ihnen darüber conferiren wollen. — Leben Sie recht wohl bis
dahin, ich freue mich sehr, Sie wieder eine Zeit lang zu sehen
und über das schöne Werk recht viel mit Ihnen zu sprechen.
Meine Frau, die auch recht viel Freude daran gehabt hat, grüßt
Sie schönstens. Empfehlen Sie uns Ihrer Frau Mutter
auf's beste. Sch."

Cotta machte Amalien für dieses Gedicht ein sehr hohes
Angebot und wollte es selbständig erscheinen lassen, was Amalie
definitiv abschlug, ihrer Beziehung zu Schiller wegen. Dieser
hörte nur von dem Antrag und hielt denselben für angenommen,
was seine Empfindlichkeit reizte. Hierauf bezieht sich folgender
Brief von

Amalie an Schiller.

Weimar, 16. Mai.

„Mit Befremdung habe ich durch Meyer erfahren, daß
Sie, verehrter Freund, die Anfrage, welche ich letzten Montag,
den Accord mit Cotta betreffend, an Sie that, auf eine mir
unbegreifliche Weise mißverstanden haben. So leid mir auch
das unerwartete Mißverständniß thut, so beruhigend ist mir
die Überzeugung, dasselbe durch keine unbesonnene noch indelicate
Äußerung veranlaßt zu haben. Wenn Sie sich meiner Worte
erinnern mögen, so werden Sie finden, daß ich von nichts
weniger als der Annahme eines großen Angebotes gesprochen
habe. Es wäre wohl auch nicht möglich gewesen, da ich den
Vorschlag, von welchem ich Ihnen freimüthig sagte, ganz positiv
abgelehnt und erklärt habe, daß es nicht allein meinem Ver=
sprechen, sondern auch meinen stolzesten Wünschen gemäß sei,
unter Ihrem Schutz zuerst im Publikum mit meinem Namen zu
erscheinen. Dieses sagte ich Ihnen selbst schon oft und wieder=
holte es das letzte Mal, als ich das Vergnügen hatte, Sie zu
sprechen, und Ihnen meinen aufrichtigen, ungeheuchelten Dank,
welchen ich Ihnen schulde, ausdrückte.

Auch heute sei dieser Dank mein letztes, ewig gültiges
Wort darüber. — Meine Tante Stein, welcher Sie die
Wahrheitsliebe zutrauen, war gegenwärtig, als ich Ihnen jene

— 31 —

Antwort gab, und wird mir bezeugen können, daß es mir nie
beigefallen ist, eine Wahl nur als möglich zu denken. Ich bin
vielleicht zu offen und grade, doch leugne ich nicht, daß ich nie
gefürchtet habe, durch diese Eigenschaften die Achtung oder das
Zutrauen meines edlen Freundes zu verscherzen, welche tausend=
mal mehr Werth in meinen Augen haben, als selbst der Ruhm,
von ihm beschützt zu werden; dieses würde ich, zwar nur mit
Schmerzen, entbehren lernen — jenes aber kann ich nicht missen.
Ich achte die Menschen und ihre Meinung über mich; urtheilen
Sie, ob die Meinung der Edelsten und Besten mir gleichgültig
sein kann. Meyer wird Ihnen ein Mehreres mündlich sagen von

Ihrer treu ergebenen Freundin Amalie."

Somit war die Angelegenheit erledigt. Schiller blieb ihr
Freund bis an's Ende seines Lebens. Er wurde noch 1803
der Pathe von Amaliens erstem Kinde. Auch die Beziehungen
zu seiner Familie dauerten fort, und ihnen verdanken wir die
Rückgabe der hier angeführten Briefe Amaliens, die im erb=
lichen Besitz von Schillers Tochter, Frau von Gleichen, waren.
Dieser Zwischenfall gab den Anlaß, daß Amalie öffentlich als
Dichterin mit ihrem Namen genannt wurde.

———

VI. Capitel.

Aus Weimars Geselligkeit.

1800—1803.

Inzwischen war Amalie zur Hofdame ernannt worden, und
wenn auch die dichterischen Arbeiten dadurch einigermaßen litten,
so bereicherten sie jene Jahre in aller Weise für ihr künftiges
Dasein durch den Verkehr mit bedeutenden Menschen.

Ein Maskenfest sollte am Hofe stattfinden, die Figuren
wurden theilweis Schillers Werken entlehnt. Amalie wünschte
als Cassandra zu erscheinen und fragte bei dem Gymnasial=
director Böttiger wegen des Kostüms an. Prinzessin Caroline
von Weimar, kaum der Kindheit entwachsen, war für die Rolle

— 32 —

der Braut von Messina bestimmt. Prinzessin Caroline war
sehr befreundet mit Amaliens jüngerer Schwester Käthchen[1],
dadurch auch Amalien näher gebracht und für dieses Fest von
ihr berathen.

Schiller an Amalie.

„Ich wünsche, daß die zierliche Maskerade auf morgen
ihren Fortgang haben möchte und werde mich besonders er=
freuen, meiner lieben Freundin dort als der Lorbeer = umkränzten
Seherin zu begegnen:

Unter der Tanzenden Reih'n, eine Traurende,
wandelt Cassandra,
Mit dem Lorbeer Apolls kränzt sie die gött=
liche Stirn.
Auch die Trauer ist schön, wenn sie göttlich ist,
und mit der Freude
Möge lieblich gesellt wandeln der heilige Ernst.

Für unsere liebe Braut von Messina sende ich Ihnen noch
die Verse, worin der Anzug beschrieben ist. Helfen Sie ja,
unser jungfräuliches Prinzeßchen, das Sie so schön gemalt haben,
morgen recht idealisch herauszuputzen. Unter den weiblichen
Gestalten meiner Erfindung finde ich nur noch Hero mit der
Fackel und etwa die Griechin im Geisterseher. Vielleicht wäre
die Louison auch eine hübsche Maskenfigur für das Fräulein
Flavie Fümel[2] — sie würde sich in altfranzösischer, ländlicher
Tracht gar schön darstellen. Johanna zwischen ihren beiden
Schwestern würde eine schöne Gruppe machen. — Was auch zu
Stande komme, so wird es mich morgen auf's angenehmste über=
raschen.   Sch.“

Diese Art Feste waren in Weimars Hofkreisen sehr beliebt.
Amalie schrieb in Erinnerung eines heiter verlebten Balles
das Gedicht:

---

[1] Der späteren Mme. de Ron.
[2] Tochter des Emigranten Marquis Fümel.

v. Bissing, Am. v. Helvig.   3

Der Maskenball.

Leih mir dein Aug' und ich leihe den Raum dir, sagte
die Fürstin,
Faßt' in dem Menschengewühl traulich mich unter dem Arm,
Und so schritten wir dreist und heiter beide nun vorwärts;
Jedes im andern ergänzt, jetzt ohne Hemmung und Zwang.
Denn die Bekannten ihr zeigt' ich, in bunt gemischter
Vermummung,
Keiner entging wohl so leicht meinem geschärfteren Blick.
Aber uns bahnte hinwieder den Weg entschlossen die Herrin —
Scheu wich die Menge zurück vor der verehrten Gestalt.
Und wie ich mädchenhaft, mit harmlos neckendem Vorwitz,
Jeden, der Herrin zur Lust, unter der Larve erkannt —
Hier den geselligen Freund[1] in des Klausners strenger
Verkappung,
Dort unter'm Nonnengewand schalkhaft die reizende Frau[2];
Nun der fürstliche Sohn Brautführer der ländlichen Hochzeit,
Aber in Hamlets Tracht linkisch gesteckt der Lakey —
Da gedacht' ich bei mir im bunten Getreibe, warum doch
Leihet nicht immer der Fürst, auch in beglückendem Tausch,
Raum dem tüchtigen Mann, der ihm hinwieder den Blick
leiht —
Wie er den ernsteren Gang schreitet als Herrscher die Bahn?
Rings auch umdrängt von Larven, die schmeichelnd bald und
bald schreckend
Ihm, vor dem schwindelnden Blick, gaukeln in trüglichem
Schein.
Deutlich schaute der Freund, der redliche, jene Gestalten,
Fänd' aus entstellender Hüll' immer den Menschen heraus —
Gute Fürsten, Euch fehle der klar durchblickende Freund nicht!
Redliche Seher, und Euch nimmer zum Wirken — der
Raum. —

Amalie war neben ihren schriftstellerischen Arbeiten auch
fleißig in der Aquarellmalerei. Das Bild ihrer Schwester
Käthchen nach der Natur ist noch in Weimar vorhanden, ebenso
ein großes Portrait von Fräulein von Knebel, wie auch das
der Prinzessin Caroline, dessen Schiller in seinem letzten Brief

---

[1] Goethe.
[2] Fr. v. Werthern.

erwähnte. Auch verschiedene Copien malte Amalie damals wie
später nach italienischen Meistern, so die Madonna von Francia
mit dem Jesuskind, Blumen von dem kleinen Johannes
empfangend. Sie schickte das eben vollendete Bildchen an
Herder, der sich dafür interessirte und ein Hausfreund der
Familie war. Er antwortete mit folgendem Billet:

„Dank Ihnen, treffliche Künstlerin, für den Anblick der
holden Mutter und der freundlichen Kinder. Diese hat alles
süße und sanfte, Marienhafte, was sie von der himmlischen
Madonna von Rafael unterscheidet. Sie ist die Blume im Thal,
jene die aufgeblühte himmlische Rose.

Eine Gestalt wie diese könnte sagen: Ecco la serva del
Signore siami fatto — und die thätig liebreichen Kinder. Die
Gruppe ist voll zauberischen Lebens! — Dank Ihnen für den
Anblick; besuche Sie dafür die Muse, freundlich und hold, wie
diese Virgo Mater. H.“

Wir suchen Amalie in ihrem Hofdamenzimmer auf und
finden sie, ein Billet Goethes lesend:

„Lassen Sie es uns, liebe Freundin, nicht als einen Zu=
fall ansehen, daß ich eben an Sie dachte, als ich Ihr liebliches
Blättchen erhielt. In Hoffnung, Zelter bald hier zu sehen,
hatte ich bisher gezaudert, unserer lieben Prinzessin Caroline
und Angehörigen ein kleines Concert anzubieten, weil die
Direction des Meisters die vorzüglichste Wirkung versprach. Nun
sind wir aber uns selbst überlassen und unsere Gäste werden
auch den guten Willen als etwas zu berechnen haben. Wahr=
scheinlich da ich dieses schreibe befinden Sie sich auf dem Etters=
berge in lebhafter Gesellschaft. Möge Sie, wenn Sie ein wenig
frostig zurückkehren, mein Gruß am warmen Ofen recht freund=
lich empfangen. Goethe.“

Das Concert ward noch verschoben wegen verlängerten
Aufenthalts in Ettersburg. Das zweite Billet folgt in eigener
Handschrift, roth versiegelt mit einer Gemme, einen musicirenden
Amor vorstellend.

3*

Goethe an Amalie.

3. März 1801.

„Darf ich Sie denn einmal, liebe Freundin, in einer stillen
Morgenstunde besuchen und eine Anfrage an Sie bringen, die
schon früher auf dem Wege war. Erzeigte mir wohl unsere
liebe Prinzeß nächsten Dienstag die Gnade, einer kleinen Musik
beizuwohnen? wobei neue Stimmen und neue Compositionen
aufwarten sollten. Brächten Sie das wohl recht freundlich
vor? und empfehlen mich Fräulein von Knebel aufs beste und
kämen dann zusammen hübsch um sechs Uhr und bestellten die
Kutschen nicht zu früh.

Leben Sie recht wohl, wie ich, in der Hoffnung nach so
langer Pause endlich einmal wiederzusehen.

Goethe.“

VII. Capitel.

Erinnerungen aus dem Familienkreis.

Frau von Imhoff kränkelte indeß an der Schwindsucht.
Amaliens jüngere Schwestern blühten heran unter ihrem bilden=
den Einfluß, ein jüngerer Bruder, Ernst, war Page und wurde
für die militärische Laufbahn vorbereitet. Die alte Großmutter
Schardt lebte noch, Frau von Stein hielt sich meist in etwas
herber Zurückgezogenheit, die vielversprechende Geistesentwick=
lung ihres Sohnes Fritz beobachtend. Sie war lange gebunden
gewesen durch die Krankheit ihres gichtisch gelähmten Mannes.
Die praktisch kluge Frau erfüllte gewissenhaft ihre häuslichen
Pflichten, wenngleich ihr kühler Verstand sich dieselben erleich=
tern ließ. Ein alter Kammerdiener Schack war Factotum im
Haus; er begleitete seine Herrschaft auch auf der Promenade,
wo er den vom Podagra gequälten Gebieter führte. Einst bei
der Heimkehr hörte die auf der Treppe vorausschreitende Haus=
frau einen schweren Fall hinter sich; sie kannte die Gebrechlichkeit

ihres Mannes, und ohne sich umzukehren, mit dem Daumen rück=
wärts deutend, ruft sie: „Schack! heb' er mal da auf." Für
sie durchaus nicht herzlos, böse gemeint, sondern nur praktisch
gedacht, da sie mit ihrer Kraft den Dienst nicht leisten konnte.
Charakteristisch ist es, wie sie bei der Erziehung ihrer Kinder
nicht die Sorge für alle kleinen Einzelheiten selbst übernahm,
um desto weniger das weitere Ziel aus dem Auge zu verlieren,
das sie sich in dieser Beziehung gesteckt hatte. Auch in Hand=
arbeiten war sie mehr genau anordnend als selbst ausführend;
als der dritte Sohn schon das Haus verließ, stickte sie noch an
einer Mousselin=Mantille, deren sie vor der Geburt ihres Ältesten
bedurft hatte. Sie blieb sich ihrer Eigenthümlichkeit ganz be=
wußt und war sehr stetig dadurch, daß sie dieselbe nicht abzu=
legen strebte. Eine unbeirrte Gewissenhaftigkeit war ihr der
sichere Riegel für ihre Hausehre geblieben. Der große aufrich=
tige Zug ihres Wesens versöhnte andere mit mancher egoistischen
Härte. So schenkte sie einer ihrer Nichten Imhoff einst ein
Paar neue Handschuhe, und als diese, tief gerührt über die
ganz unerwartete Gabe, ihr danken wollte, wehrte sie kühl ab:
„Kind, wenn ich sie hätte tragen können, würdest Du sie nicht
erhalten haben, sie paßten mir nicht." Sie trug nie, was ihr
nicht paßte.

Ich darf bei dieser Bildergallerie nicht des Herrn von
Einsiedel vergessen, des Freundes und nachherigen Vormundes
der Imhoffs. Als Mitglied der Weimarer Dichtergesellschaft ist
er bekannt, ebenso in seiner Hofstellung, aber es lockt das Bild
seiner Persönlichkeit durch kleine Anekdoten zu runden. Ein
jeder hat seine Schrullen, die oft mehr gewinnen als abstoßen.
Er war sehr ängstlich bei Gefahren, die seine rege Phantasie ihn
leicht erblicken ließ, und unendlich zerstreut. Seiner Gesund=
heit halber wurden ihm Spazierritte verordnet. Ein schöner
Frühlingsmorgen scheint ihm dafür geeignet und die Promenade
wird unternommen; doch eine halbe Stunde später hält das
reiterlose Pferd vor dem fürstlichen Marstall. Besorgt sendet
man Boten nach allen Richtungen aus, als gemüthlich schlendernd
Herr von Einsiedel anlangt, seiner Gewohnheit gemäß die beiden

Daumen umeinander dreht und berichtet: sein Pferdchen habe
die Ohren gespitzt und er sei darum lieber abgestiegen.

Ein Hofconcert soll er arrangiren, die Musik bestellen, die
Einladungen ergehen lassen. Die fürstlichen Herrschaften sind
versammelt, die Geladenen in freudiger Spannung des zu
hoffenden Musikgenusses. Die Hälfte der sogenannten Gallerie
im Schlosse ist mit Zuhörern gefüllt, aber noch bleibt der Raum
für die Musicirenden leer. Einsiedel ruht träumend nach Empfang der Gäste auf einem Ecksessel, als ihn verwundert die
Frau Herzogin nach den ausbleibenden Musikern fragt. Wieder
das bekannte Daumendrehen und die lächelnde Erwiderung:
„Ach Hoheit, die habe ich zu bestellen ganz vergessen!"

Fast lebensgefährlich wurde diese seltsame Träumerei der
Mutter Amaliens. Der Hof hatte auch sie zu einer Landpartie eingeladen; oberhalb Tiefurts lagerte man sich am Rasen-
abhang. Einsiedel, durch die Abendkühle erquickt, schwelgt in
ungenirter Behaglichkeit und der Jugendzeit gedenkend verläßt
er sich auf die alte Elasticität der Glieder. Eine Probe derselben anzustellen, mißt er mit den Augen die vor ihm befind-
lichen Höhen, um ohne Ansehen der Person einen Sprung
darüber zu wagen. Ein Schrei! ein Fall! und Herr von Einsiedel liegt beschämt vor den Füßen der Frau von Imhoff, deren
Pamelahut glücklicherweise den derben Schlag der Stiefel des
Voltigeurs aufgefangen hatte. Als Freund war er unvergleichlich werth, als Vormund ließ er zu wünschen übrig. —

Amalie hatte sich zu einer sehr anziehenden Erscheinung
entwickelt. Mittelgroß, zart gegliedert, aber jugendlich frisch, voll
und mit blühenden Farben, geistreichen Augen, feingeformtem
Mund und lockigbraunem Haar, wurde sie scherzhaft von
ihren Freunden die „Sappho am Hof" genannt. Bei einem
mehr ernsten Wesen hatte sie doch die Gabe der Schlagfertigkeit.
Der junge Herzog von Gotha, ein sarkastischer, meist schwarz-
gekleideter Herr, würdigte die Talente der schönen Dichterin,
trieb aber seinen Spott mit der kühlen Zurückhaltung ihren
Verehrern gegenüber. Sie liebte ein kornblumenblaues Atlaskleid

zu tragen und hatte, ihren Vermögensverhältnissen nach, nicht
viel Abwechslung in der Hofgarderobe. Nach Beendigung eines
Diners im Weimarschen Schloß führte der heitere Fürst die
Herzogin Louise an den zur Seite Front machenden Hofchargen
vorüber und rief Amalien zu: adieu, miracle bleu; ein adieu,
malice noire war die sofortige Antwort und konnte von ihm
nur noch grimassirend erwidert werden.

Auf einem Hofball war sie ermüdet auf dem Sopha sitzen
geblieben in einem Nebenzimmer, um einen Tanz zu pausiren.
Da schwieg eben die Musik und die Paare trennten sich, als
ein auswärtiger junger Prinz, in genanntes Zimmer tretend,
sich nachlässig auf das Sopha warf: „Ach ich bin wie gekocht!"
— „Und doch noch so roh?" war das Wort, das ihn, wie von
einer Natter gestochen, aufspringen ließ, aber zu ihrem Ver=
ehrer machte.

Dieser Wechsel von Witz und Frauenwürde machte sie sehr
anmuthig und die drei fast gleich ausgeprägten Talente der
Malerei, Musik und Dichtkunst dienten ihr zu seltenem Schmuck.

Bei einem Diner im Kreise der Freunde wurde sie um einen
Stegreif = Toast gebeten; sogleich erhob sie ihr Glas und sagte
mit mädchenhafter Anmuth:

Die Musen scheuen Amors Schmerzen
Und Amor haßt der Musen Ruh;
Doch jedes sieht des andern Schmerzen
Von fern mit Wohlgefallen zu.

Amalie wohnte als Hofdame im sogenannten Fürstenhaus
am Fürstenplatz; an der Rückseite des Gebäudes war ein Garten,
in dem sie mit Freunden oft frühstückte oder Thee trank, wie
wir später in ihrem Tagebuch finden werden. Einst saß sie
ruhend am Fenster; ein wacher Traum scheint ihr das inhalt=
reiche Jugendleben, und ihre Gedanken schweifen bis in die
Kindheit zurück. Sehnsucht nach dem Lenker ihrer ersten Schritte,
nach dem schützenden, liebevollen Vaterarm überkommt sie —
ihr Blick schweift zerstreut über den Platz hin und — malt ihr
die Phantasie das Bild? ist es eine Geistererscheinung? —
eben geht mit bekanntem Schritt das leibhaftige Ebenbild ihres

verstorbenen Vaters auf das Haus zu. Noch hält sie zum Tode
erschreckt die Hand vor die Augen, als ihr „Baron Carl
von Imhoff" gemeldet wird. Es war der noch nicht gekannte
Stiefbruder, der auch den Vornamen des Vaters trug und ihm
sprechend ähnlich geworden war. Nach seiner Mutter, nun Mrs.
Hastings, Wunsch löste dieser ihr Sohn aus erster Ehe das
Versprechen, das er dem Adoptivvater Warren Hastings gegeben hatte, seine nächsten Verwandten aufzusuchen und ihnen die
schuldige Liebe zu erweisen. Das Gewissen Hastings' regte sich
bei einer Krankheit und hieß ihn die Schuld seiner Frau gegen
ihren ersten Mann möglichst sühnen. Diese mündliche und dann
aufgeschriebene Bitte fand Charles Imhoff auf einem Zettel in
der Tasche eines Überziehers, den er lange nicht getragen hatte.
Er ließ augenblicklich die Koffer packen und reiste Tags darauf
mit seiner Gemahlin nach Weimar.

Eine behaglichere Gartenwohnung wurde von ihm der
leidenden Stiefmutter, Frau von Imhoff, gemiethet, dem jungen
Stiefbruder eine vortheilhafte Offizierstelle im englischen Heer
gekauft und die zweitälteste Schwester Käthchen, eben schön
erblüht, auf Reisen mitgenommen, woher sie dann recht verwöhnt
in die engeren Verhältnisse des Mutterhauses zurückkam.

Die Arme, nach denen sich Amalie an jenem Morgen des
Wiederfindens gesehnt hatte, umschlossen sie zwar stolz und
herzlich, aber sie waren nicht geeignet, ihr den entbehrten Halt
zu geben. Nur die äußere Gestalt glich dem Vater, der innere
Mensch war durch Luxus erschlafft und die eignen Kräfte noch
nicht erprobt, wohl auch nicht so reich ihm zugetheilt als seinem
verstorbenen Vater. Spätere Verhältnisse haben diese englischen
Verwandten noch zweimal mit der deutschen Familie zusammen-
geführt, doch ohne beglückende Folgen für letztere, denn der gute
Wille der Engländer wurde durch Trägheit einerseits, durch
Intriguen andrerseits gehemmt.

VIII. Capitel.

Werbung.

Doch ich habe der Zeit vorgegriffen und kehre zur Reihen=
folge der Erzählung zurück.

Zu Ende des Jahres 1801 kam Friedrich Genz, der
nachmalige Attaché bei der Österreichischen Gesandtschaft, nach
Weimar. Er machte die Bekanntschaft Amaliens; Auszüge aus
seinem Tagebuch, durch Varnhagen publicirt, mögen den Ein=
druck schildern, den die junge Dichterin auf ihn machte — auch
sie spricht sich darüber in Briefen und Tagebuch aus. Der
Mangel an sittlichem Ernst in seinem Charakter hat Amalie,
als er ihr näher treten wollte, vor der Gefahr einer Neigung
geschützt und ließ sie einen Heirathsantrag, später von ihm ge=
stellt, zurückweisen.

Aus dem Tagebuch von Genz.

Weimar, 19. November.

Je suis allé chez M. de Kotzebue, où il y avait un thé
et une petite représentation dramatique; on a exécuté le pro-
logue de Jeanne d'Arc de Schiller et un méchant proverbe. —
La première de ces représentations m'a singulièrement frappé;
le rôle principal a été joué par Mlle. d'Imhoff, que j'avais
déjà vu superficiellement à la cour, mais que j'ai appris à
connaître et à admirer ce soir.

21. November.

Après le spectacle j'ai soupé chez Schiller, avec Goethe,
Mlle. d'Imhoff, le peintre Meyer et Mr. Riedel, ancien gouverneur du prince héréditaire. C'était une charmante soirée, qui
a duré jusqu'à 1 heure; après quoi j'ai ramené Mlle. d'Imhoff,
et j'ai été aujourd'hui très content de Weimar.

24. November.

Je suis allé à 10 heures du matin chez Mlle. d'Imhoff,
et je suis resté jusqu'à 1 heure, étonné de moi même et de

toutes les forces que j'ai retrouvées dans mon âme, ému et
vivifié par la conversation de cette fille admirable. —

27. November.

J'ai eu la matinée chez Mlle. d'Imhoff, c'était une matinée
remarquable, des heures dont je me souviendrai jusqu'à la
mort. Je n'ai jamais éprouvé de sensation pareille à celle
qui m'a enchanté ce matin; il me semblait même voir ap-
procher le moment d'une grande révolution intérieure. — —

30. November.

Je suis allé chez Mlle. d'Imhoff, où j'ai encore joui de
tout ce qu'il y a de beau, de pur et de grand dans le com-
merce des hommes. — Le Duc m'a fait inviter de venir chez
lui à 6 heures; j'y ai été, il m'a retenu jusqu'à 10 heures,
ce qui m'a empêché de dire mes adieux à Mlle. d'Imhoff. J'ai
tout de suite changé de résolution et de retour chez moi j'ai
ordonné de remettre mon départ à Jeudi. J'ai copié une partie
d'une pièce de vers de Mlle. d'Imhoff.

2. December.

Je suis allé chez Mlle. Amélie que j'ai quitté à 1 heure —
pour la dernière fois! Mais l'impression du voyage de Weimar
durera, je l'espère, éternellement. Amen! Amen!

Leider hielt diese edle Neigung und ihre moralische Wirkung nicht vor, denn Gentz kehrte nach Berlin zurück in ein
ausschweifendes Leben — was die endgiltige Scheidung von
seiner Frau und seine Versetzung nach Wien veranlaßte. —
Nähere Aufschlüsse über diese Bekanntschaft finden sich in
späteren Briefen Amaliens.

Im Winter 1802 trat ein Fremder in Weimars Kreisen
auf und präsentirte sich bei Hof als militärisch=diplomatischer
Abgesandter des Königs Gustav IV. an deutsche Höfe, um kriege=
rische Zwecke vorzubereiten und gegen Frankreich zu werben.
Es wird nicht ohne Interesse sein, Charakteristisches aus seiner

Laufbahn mitzutheilen. — Aus armer, aber ehrenhafter Familie
stammend, hatte sich Carl Helvig durch eigene Energie aus dem
Handwerker= in den Offizierstand emporgearbeitet; bei Ent=
behrungen jeder Art nur aufrecht erhalten durch Selbstachtung,
Wahrheit und Strebsamkeit. — Ein schnelles Avancement,
welches zwar seinen militärischen Verdiensten zuzuschreiben war,
die aber auch königlich durch Gustavs III. Vorliebe für ihn be=
lohnt wurden, zog ihm den Neid seiner Nebenbuhler zu; und da
sich diese Protection unter Gustav IV. fortsetzte, vermehrten sich
die Intriguen der Gegner. Auf Anrathen seines Artilleriechefs
wurde deshalb Helvig im Jahr 1795 der nach Konstantinopel
bestimmten Gesandtschaft beigegeben. Die Reise führte über Wien,
und dadurch lernte Helvig den größten Theil von Deutschland
kennen. Er knüpfte eine Menge von litterarischen Bekannt=
schaften an, die bis zu seinem Tode dauerten. Die aus=
gezeichnetsten Gelehrten rechneten es sich zur Ehre, mit dem
kenntnißreichen schwedischen Offizier in Verbindung zu treten.
In Konstantinopel arbeitete er für den Sultan artilleristische
Abhandlungen zu Gunsten der Bildung des türkischen Heeres
aus.[1] Auf dem Heimweg besuchte Helvig die Ebene von Troja
mit dem Homer in der Hand und brachte darüber ausführliche
Mittheilungen zurück, die später den wichtigsten Forschungen
gedient haben; sein Name knüpft sich an archäologische Ent=
deckungen, und namentlich Heyne in Göttingen hat seiner Zeit
Briefe von ihm veröffentlicht.

Der Rückweg über Italien führte Helvig 1796 mitten
durch Bonapartes siegreiches Heer. Als schwedischer Offizier
hielt er sich für unverletzlich und war daher nicht wenig über=
rascht, als ihn die französischen Truppen zum Gefangenen
machten, nahe dem Hauptquartier bei Peschiera. Helvig erklärte,
daß an ihm das Völkerrecht verletzt worden, da er eine diplo=
matische Person sei, deren Pässe vollkommen in Ordnung, daß
er ferner einer Macht angehöre, die mit Frankreich in Frieden

---

[1] Wie aus seinem Nachlaß ersichtlich wurde, laut Major Blessons
Nekrolog.

lebe und daß man weiterhin nicht das mindeste Recht an seine
Person habe; er verlange daher zum Oberstcommandirenden
geführt zu werden. Sein Gesuch wurde bewilligt und er fand
sich von Seiten des gewaltigen Napoleon mit Cordialität auf=
genommen. Dieser bedauerte auf das lebhafteste das Vor=
kommniß, da er es für wichtig erklärte, daß Frankreich alliirt
mit Schweden stehe und nur die zuvorkommendste Gesinnung
sich in dieser Beziehung äußern müsse. Der General Bona=
parte sprach sich somit schon als Herrscher Frankreichs aus, wie
später der Kaiser es nur immer hätte thun können. Helvig,
den die Geistesgegenwart nie verließ, erwiderte hierauf: daß
er zwar begreife, wie unangenehm dem General ein Vorfall sein
müsse, welchen Schweden natürlich rügen werde, wie er, Helvig,
aber auch außerdem, an den eben ausgesprochenen Gesinnungen
zweifle, da ihn der General ohne die abgenommenen Waffen
vor sich dulden könne. Dieses bemerkte nun erst Bonaparte,
entschuldigte seine Unaufmerksamkeit und bat Helvig, seinen
Degen anzunehmen, den er sich abschnallte und ihm sofort über=
reichte. Es war ein unansehnlicher krummer Schleppsäbel mit
goldgestickter Saffiankoppel, allerdings ein interessantes Andenken
aus dieser Lebensperiode. Bonaparte behielt nun Helvig
mehrere Tage als Gast im Hauptquartier und besprach mit
ihm ausführlich, daß und auf welche Weise er mit Schweden
im Namen der Republik in Verbindung zu treten wünsche;
ebenso gaben artilleristische Gegenstände oft den Stoff zu ihrer
Unterhaltung. Der Eindruck, welchen Helvig von Napoleon
bekommen hatte, war kein günstiger gewesen: er vermißte in
ihm jede Offenheit und Grabheit. Helvig wohnte noch der
Schlacht bei Rivoli bei und erst nach derselben wurde er durch
eine französische Escorte bis an die österreichischen Vorposten
geleitet. Die Heimreise durch Deutschland benutzte der Major,
um nun wissenschaftliche Verbindungen anzuknüpfen mit Gall,
mit Voß, dem Übersetzer Homers, mit Heeren und Heyne in
Göttingen.

Amaliens Bekanntschaft machte sehr bald den schwedischen
Offizier zu ihrem Bewerber — sie bewunderte in ihm den Mann

aus einem Guß, der viel von anderen verlangt, weil er eine
gleiche Anforderung an ſich ſtellt. Die Verlobung mit ihm
wurde noch nicht formell geſchloſſen und veröffentlicht, weil Amalie
nur über ein kleines Erbtheil ihres verſtorbenen Vaters zu
verfügen hatte und Helvig erſt durch einen höheren militäriſchen
Rang eine geſicherte Exiſtenz anbieten konnte. Indeſſen begann
ein Briefwechſel, der das gehoffte Band knüpfen ſollte; in ihrem
Tagebuch kann man das fortſchreitende Verhältniß verfolgen,
das zwei ſo verſchiedenen Naturen zu einem bildenden, aber
bisweilen ſchwer zu ertragenden Schickſal wurde. Eine Selbſt=
kritik Helvigs aus damaliger Zeit lautet: „Aus Staub bin ich
ein Kieſel geworden; lebe ich, ſo iſt mein Beſtreben, ein Fels
zu werden — wiederum zu Staub, ein Spiel der Winde
wird mein Name nicht. Mein Umgang kann rauh, ja hart
erſcheinen, Eigenſchaften meiner äußeren Natur; dies verhindert
aber nicht, mit mir gut zu leben, ſo wie gegenſeitige Achtung
und Vertrauen die Anziehungskräfte ſind. Ich geſtehe aus
vollem Herzen, daß ich Amalie Imhoff liebe und verehre; iſt
mein Charakter ein ſtarrer, in ihrer Macht läge es, den Bann
darin zu löſen — den Kieſel vielleicht zum vielſeitigen Brillanten
zu ſchleifen.“ — Wir folgen den beiden reichbegabten Menſchen
auf den Kampfplatz des Lebens.

IX. Capitel.

Tagebuch und Briefe.

Aus Amaliens Tagebuch 1802.

Sonntag, den 11. April.

„Du biſt nicht mehr hier, mein Freund, und meine Worte
erreichen Dich nicht mehr, ich will aber ſtets mit Dir fortleben
und Dich täglich begrüßen. Seit Du mir ſagteſt, daß Du mich
liebſt, gehöre ich Dein und mein Daſein iſt in Dir — ſo wird
jede Beſchäftigung mich zu Dir zurückführen und die Freuden,

die ich von jetzt an genießen kann, können es nur in Bezug
auf Dich sein. Du warst so fest und muthig beim Abschied —
belebtest mein schwaches Herz mit Zuversicht. O daß diese
Blätter im Buch, die jetzt weiß vor mir aufgeschlagen liegen,
sich nicht füllen möchten, bis Dich das Schicksal — die Liebe
zu mir zurückführt. Ich war heute Morgen bei der guten
Mutter, die Dir hold ist und glaubt, Du könntest ihre Amalie
glücklich machen — sie braucht nicht viel, aber doch mehr als
sie bisher einem Manne zutraute: freudige Liebe, Milde und
Festigkeit — Treue.

Der Herr, von dem ich Dir gestern sprach, trat heute
seinen Hofdienst an, das war mir widerwärtig, aber er schweigt
still, er fühlt, daß Du in meinem Herzen wohnst. Ein lang=
weiliges Spiel füllte den Abend aus. Zuletzt sprach ich aber
noch mit der lieben Prinzessin Caroline von Dir, das Einzige,
was mir wohlthun konnte. Gute Nacht, Lieber! — der Sturm
saust an meinem Fenster, weckte er Dich doch auf und sagte
Dir, daß ich Dein gedenke."

Montag, den 12. April.

„Eine große Freude hatte ich heute, meine Freundin Frau
von Wolzogen schickte mir ihr vortreffliches Fortepiano, da sie
verreist. Wärst Du doch noch da, um Dich mit mir zu freuen.
Ich bat Prinzessin Caroline und meine Mutter zu mir, meine
Guitarrenlehrerin mußte aus Zelters Romanzen singen und wir
probirten Canons. Ich habe heute an den Kriegsrath Gentz
geschrieben, der Dir ein Nebenbuhler schien, und ihm aufrichtig
vorgestellt, daß sein Plan, diesen Sommer in Weimar zu=
zubringen, für ihn selbst gewagt sei; kommt er dennoch, so ist
es meine Sache, ihn zu überzeugen, daß ich warmen Antheil
an seinem Glück nehme, ohne mehr für ihn empfinden zu können;
ich werde Dich einst seine Briefe lesen lassen. Ich fühle mich
krank, es ist die Folge der Erschütterung der letzten Tage.
Meine Natur ist reizbar, selbst glückliche Empfindungen be=
einflussen meine sonst kräftige Gesundheit. — Wirst Du mich
schonen, mein Freund?"

Dienstag, den 13. April.

„Ich bin doch krank geworden und werde Dir nur wenige Worte sagen können. Eine Erkältung kam hinzu beim Abschied von der Wolzogen, die mich noch zwei Stunden bis zu ihrer Abreise im kalten Zimmer zurückbehielt. Dann besuchte ich den lahmen Onkel Stein, wo ich nur seine Frau zu Hause fand. Mittag Tafel bei Hof, den Abend brachte ich mit der Mutter zu.“

Mittwoch, den 14. April.

„Der Doktor gab mir Stubenarrest, ich nehme Arzenei und suche mich durch Arbeit zu zerstreuen. Diesen Abend bekam ich Besuch von Mutter, Schwestern und Prinzeß mit der artigen Fräulein Fümel, die gar hübsch auf meinem Klavier spielte. Ich konnte wenig dabei thun, denn ich fühlte mich fieberig. Wo ist mein Geliebter im Augenblick? ruht er schon in der Herberge? denkt er an seine Kanonen — oder an Amalie? ist es erlaubt, daß eine Poetin solche Nebenbuhler in der Seele ihres Freundes habe? — Du hast keine mehr in der meinigen, denn die Musen sind ja Deine Schwestern — Du machst ihnen nicht den Hof, aber Du liebst sie und sie sind gern mit Dir in schwesterlicher Eintracht.“

Donnerstag, den 15. April.

„Welch rührendes Fest erlebte ich heute! Unsere geliebte Prinzessin legte ihr Glaubensbekenntniß ab und wurde von Herder eingesegnet. Du kennst den herrlichen Mann, ich brauche Dir nicht zu sagen wie er gesprochen — und das zarte liebens= würdige Wesen, das so unschuldig dastand, ihrem Schöpfer Treue zu geloben, und noch nicht weiß, welche Proben ihr auf= behalten sind. Einem verhüllten Schicksal geht sie entgegen — sie kennt die Liebe noch nicht, und in ihrer Lebensstellung möchte man fast wünschen, daß sie nie dieses Gefühl kennen lerne. Ich kann nicht sagen, wie tief ich erschüttert wurde. Ich brachte den ganzen Tag allein zu, Abends übergab ich ihr ein Gedicht als Erinnerung, ich hatte es nach der Feier nieder-

— 47 —

geschrieben. Wir weinten miteinander, sie ist wirklich einem
Engel gleich, meine Schwester war auch dabei. Ich weiß, wie
Du hierüber denken mußt, Du kannst nicht anders, als erfüllt
sein von der Wichtigkeit des Glaubensbekenntnisses, sonst
könntest Du kein braver, muthiger Soldat sein, kein treuer,
liebender Gatte werden. Schlaf wohl Liebster, ich bete für
Dich. Herder meinte heute, Du wärst ein gar heiterer, thätiger
Mann — und ein recht guter! war meine Antwort."

Freitag, den 16. April.

„Still mit Gott und den Gedanken an Dich, brachte ich
diesen Tag zu, mein geliebter Freund. Mit ernster Rührung
genoß ich Jesus' Gedächtnißmahl, mein Herz war weich und
dankerfüllt durch die Hoffnung glücklicher Liebe. Sollte es
wohl unrecht gewesen sein, daß ich während der schönen Rede
unsers Herders auch an Dich, den Entfernten dachte? daß ich
Deinen Namen vor Gott nannte und, indem ich mit Dir war,
auch hoffte, der mir ertheilte Segen' werde auf Dich zurück=
wirken? Es können diese Wünsche kein Vergehen vor Gottes
Angesicht sein, denn er selbst legte ja den Keim dieser Empfin=
dungen in unsere Brust, und wenn wir Liebe und Treue be=
wahren, so pflegen wir nur die göttliche Flamme, die von
Gottes ewiger Liebe auch ein kleiner Theil ist. Den Abend
brachten wir bei Fräulein von Knebel und Prinzeßchen zu,
wo auch die Mutter war. Wolle Gott, daß in diesem Jahre
keine Periode kommt, wo mich fremde stürmische Geister aus
einer Stimmung zu reißen suchen, die mich beglückt."

Sonnabend, den 17. April.

„Heute besuchte ich die Gesellschaft bei Fräulein von Göch=
hausen, wo Du, Lieber, uns vor acht Tagen die Vorlesung über
galvanische Wirkungen hieltest. Ich ging, damit man keine
Glossen machen möchte, denn die Menschen sind oft kleinlich in
ihrer Neugier. Die dortige Gesellschaft ist meist verbindlich
gegen mich und doch fühle ich, daß sie's nicht alle treu mit
mir meinen. Ich bin ihnen über den Kopf gewachsen und mit

aller Bescheidenheit, die mir mehr noch mein Herz, als mein
Verstand zur Pflicht macht, kann ich ihnen in mancher
Beziehung die Überlegenheit nicht ganz vergessen machen.
Abends war ich bei der Mutter und sang mit den Schwestern
Canons, was wir jetzt zum Scherz „Canoniren" nennen, und
somit gehörte ich denn zur singenden Artillerie und zwar
wenigstens Major, nicht wahr? — Abends kam mein Bruder
Ernst an, wir haben ihm von Dir erzählt. Ernst ist ein
braver Junge, den Du auch lieb haben wirst, wenn Du mich
lieb behältst."

Ostersonntag, den 18. April.

„Früh war ich in der Kirche, wo Herder so einfach als
schön sprach. Acht lange Tage sind verflossen, seit Du, mein
liebster Freund, entfernt bist. Diese also kann ich schon von
den 365 abziehen, die ich noch ohne Dich zubringen soll, das
ist ein kleiner Trost. —

Cour bei Hof; schwer sich mit Fremden herumzudrehen und
zu sprechen, wenn das Herz übervoll ist. Ich glaube, Du
warst noch hier, als sich der junge Herr von Gundlach am
Hof vorstellen ließ. Er schien es sich vorgenommen zu haben,
mit mir in's Gespräch zu kommen, ich verhielt mich so stock-
mäusig dabei, daß ich selbst in mir darüber lachen mußte. In
diesem nur geselligen Treiben würde ich untergehen, wenn ich
nicht von weitem Deine lieben Arme ausgebreitet sähe, um mich
darin zu retten."

Mittwoch, den 21. April.

„Ich hätte Dir von diesen drei Tagen viel zu erzählen,
wenn das alltägliche Leben bedeutsamer jetzt wäre. Die Art
der ewigen Abwechselung im doch Alltäglichen bekommt meinem
Körper so wenig, als der Seele, eines leidet mit dem anderen
und sehnt sich nach Schaffen, nach ernster Arbeit.

Ich konnte wenig mittheilen und nehme heute den Faden
wieder auf.

Wir haben Montag bei der Herzogin Mutter gespeist. Am Nachmittag war Prinzeßchen und Prinz Bernhard bei meiner Mutter, „Eiersuchen" zum Osterfest, Dir ist wohl auch die alte Sitte bekannt, und alle waren recht fröhlich.

In diesem Augenblick erhalte ich Deinen Brief, der mich unaussprechlich beglückt. Dein heiterer, leichter Sinn ist daraus zu lesen, und meine Seele ergreift die freudigste Hoffnung, je mehr ich die Eigenheiten Deines Wesens kennen lerne. Gewiß, Du bist ein guter Mensch, mein Helvig! Du wirst nicht rauh, noch unfreundlich gegen ein Wesen sein, das alles ertragen kann, nur nicht absichtliche Härte. Ich gehöre nicht zu jenen empfindsamen, zärtlichen Frauen, die jedes Wort wiegen und ewige Verehrung von dem Geliebten heischen. Recht wohl weiß ich, daß im häuslichen Leben ein solcher Zwang unleidlich wäre und jedes Glück des Zusammenseins verbitterte, aber ich hege die stille Forderung, daß meine Natur geachtet wird, daß der Mann, der mich liebt und mich daher glücklich zu sehen wünscht, sich die Mühe giebt, mich kennen zu lernen. Es ist dieses vielleicht in einem Sinne schwer, aber im anderen so leicht. Ich schlug neulich die Iphigenie von Goethe auf und fand folgende Worte:

> Von Jugend auf hab' ich gelernt gehorchen,
> Erst meinen Eltern und dann einer Gottheit,
> Und folgsam fühlt' ich immer meine Seele
> Am schönsten frei; allein dem harten Worte,
> Dem rauhen Ausspruch eines Mannes mich
> Zu fügen, lernt' ich weder dort noch hier.

Nimm dieses als mein Bekenntniß an, mein Freund, jede Stunde wird Dir beweisen, daß es aus der Tiefe meines Ich's genommen ist. Ich habe keinen Willen als den meiner Liebe, man könnte mit einem Wort mir die angenehmste Beschäftigung verleiden, so daß ich sie ohne Widerspruch aufgeben würde. Ein Mann könnte, wenn er wollte, mich zur Küchenmagd herabsetzen, nur wäre es die Frage, ob ich so ihm lieber sein würde."

Helvig an Amalie.

Göttingen, den 18. April.

„Nach endlich errungenem Waffenstillstand zwischen den sich um die Ebene von Troja streitenden Gelehrten — und nachdem ich meinem verstorbenen Freunde De Pollet eine Hekatombe, einen Rosenstock, auf seinem Grabe geopfert habe, wirst Du, theuerste Amalie, mir erlauben, zu meiner Erholung etwas mit Dir zu plaudern. Schade, daß ich nur von meinem lieben Ich die Materie dazu nehmen kann — doch ich gehöre mir nicht mehr selbst, Du hast ja den größten Theil genommen, das giebt mir Muth und wird Dich zur Nachsicht bewegen.

In Gotha habe ich verschiedene interessante Menschen kennen gelernt. Zach gefällt mir, ich habe bei ihm ein Frühstück eingenommen, was durch die Gegenwart der Frau Herzogin verherrlicht wurde. Die Unterhaltung war nicht wie die meiner letzten Vorlesung in Weimar: galvanisch-militärisch, sondern mehr himmlisch-irdisch.

Da mein Aufenthalt nur kurz sein konnte, wurde mir das Versprechen abgenöthigt, bei meiner Rückkehr wenigstens acht Tage zu verweilen — daß ich nicht Wort halten kann, wird Deine Schuld sein. Den Herzog traf ich auf der Bibliothek, ich hatte das seltene Glück, seine Fragen so zu beantworten, daß er nicht mehr als eine zugleich an mich richten konnte.

Ein fröhliches Mahl nahm ich noch beim Kriegsrath Reichard ein. Dann ging es Schritt vor Schritt, bis einige Stunden vor Göttingen, wo ich trabend beim alten Heyne eintraf, der mich mit einem „J willkommen“ in seine Arme schloß. In größter Geschwindigkeit versetzten wir uns an das Ufer des Skamanders — eine rauchende Tasse Thee versinnlichte die warmen Quellen desselben — und der Feldzug nahm seinen Anfang. Die neunte Stunde machte immer dem Streit ein Ende, welcher Tags darauf fortgesetzt wurde, bis heute der Vertrag geschlossen und ich das Feld behalten habe, mit der Bedingung, die Beschreibung der Campagne sobald als möglich zu liefern, welches mehr Tinte als Blutfließen kosten soll.

4*

Morgen gehe ich von hier nach Hannover und so mit jeder
Station eilend weiter, um durch größere Entfernung meinem
Ziel, Dich zu erlangen, näher zu kommen. Mein ganzes Wesen
hat sich seit Deiner Bekanntschaft verändert. Meine Thätigkeit
erhielt neue Schwungkraft, Alles ist in eine neue Bahn gelenkt.
Ich muß vorwärts, nicht um mein, sondern um Deinetwillen
— dem Himmel sei Dank, daß ich Muth und Kraft dafür fühle.
Amalie! Nie sah es so in mir aus, als jetzt, wenn ich bedenke,
daß Du mir Deine Liebe zugesichert hast und daß es nur auf
mich selbst ankommt, das Ziel meiner Wünsche zu erreichen.
Ich sollte traurig sein, weil ich Dich nicht sehe — aber ich bin
es nicht — bin aufgeräumt und froher als ich seit langer
Zeit gewesen! Schon diese Stimmung nehme ich als gute Vor=
bedeutung. Keinen Sonnabend, das habe ich mir vorgenommen,
werde ich mein Frühstück vor halb elf Uhr einnehmen — dann
mich aber in den kleinen Zirkel der Fräulein von Göchhausen [1]
hineinträumen, bis ich einstens selbst meinen Guten Morgen
dort hörbar hineinrufen kann — ich hoffe, Du sorgst, daß ich
nicht in Vergessenheit komme.

Küsse die Hand der Mutter in meinem Namen, grüße
Deine Schwestern, sage denen, die nach mir fragen, etwas
Gutes und schreibe bald, bald nach Stockholm an Deinen —
bis in den Tod Dich liebenden

C. Helvig."

Aus Amaliens Tagebuch.

22. April.

„Ich begleitete die Frau Herzogin Louise auf dem Spazier=
gang und wurde durch ihre Frage freudig überrascht, ob ich
von Dir noch nichts gehört, worauf ich die volle Wahrheit er=
widerte und aus Deinem Briefe einiges erzählte. Ich muß
Dir aber noch etwas aus dem Gespräch mit ihr sagen und
überhaupt allerlei, was mir auf dem Herzen liegt. Die zweite
Frage der Herzogin betraf Gentz, ob ich wisse, wann er nach
Weimar käme. Ich sagte, daß er mir davon geschrieben

---

[1] Alle Sonnabende war Gesellschafts-Kaffee bei Frl. von Göchhausen.

vor längerer Zeit, jetzt wüßte ich nichts darüber. Gentz hat
sich vor einem Monat von seiner Frau scheiden lassen, auf
gegenseitigen Wunsch, nachdem sie sechs Jahre eine unglückliche
Ehe führten. Ich kann nicht befürchten, daß seine Bekannt=
schaft mit mir im vorigen Jahre diesen Entschluß beeinflußte.
Sein Leichtsinn hat wohl den Bruch bewirkt, aber doch wünschte
ich nicht seine Rückkehr hierher. Er weiß, daß ich lebhaften
Antheil an seinem Schicksal nehme, er ist ein höchst interessanter,
merkwürdiger Charakter, und gewiß ist es, daß er mein Wesen
auf das richtigste durchschaut hat, mit einem Blick war er in
mir zu Hause. Hierauf baut er vielleicht falsche Hoffnung;
sollte er deshalb wiederkommen, müßte ich ihm dieselbe nehmen,
aus meiner Unbefangenheit würde er meine Antwort verstehen.
Kann es angehen, so wünschte ich, daß er mir als Mensch, als
Freund nahe bliebe, er gehört nicht zu denen, die nur ein
augenblickliches Interesse erregen. Ich möchte sein Schicksal
nicht aus den Augen verlieren, denn ich bin davon überzeugt,
daß sich außerordentliche Kräfte in ihm vereinigen, doch fehlt
ihm eine harmonische Ausbildung und der tiefere, sittliche Halt
der Seele. Doch genug von diesem Seeräuber, der da die
Flagge einziehen muß, wo die Deinige weht, Du heiterer,
edlerer — glücklicher Mensch — denn das bist Du doch, wenn
ich Dich liebe."

Freitag, 23. April.

"Diesen Morgen ließ sich Madame Mereau bei mir melden,
die mich schon lange um die Vorlesung meiner Legende vom
Elisabethenbrunnen gebeten hatte. Ich lud noch die Stall=
meister Seebach und meine Tante Stein dazu ein und las
ihnen das Gedicht, was noch unbekannt ist. Gottlob geht es
der Mutter besser, ich habe ihr Deine Beschreibung der Hertha=
Insel geschickt. Schlaf süß, bester Freund."

Sonnabend, 24. April.

"Heute morgen halb elf nahm ich bei Fräulein von Göch=
hausen die Tasse Kaffee nicht ohne tiefe Bewegung in die
Hand, Du thatst es gleichzeitig in der Ferne und warst in

Gedanken mit mir vereint, ich sagte Deine Grüße. — Da
war ein alberner Mensch zugegen, der, vermuthlich um mir die
Freude zu verderben, erzählte, er habe einen Brief von Dir
gesehen, worin Du Dich rühmst, Damen-Eroberungen in Göt=
tingen gemacht zu haben. Ich wurde blutroth und hatte Mühe,
meine Bewegung zu verbergen. Helvig, wenn Du eitel wärst!
Das Gefühl erwachte in mir, daß tausend Mädchen schöner
sind als ich und Dir reizender erscheinen können — ich werde
Dich in meinem Briefe fragen, wie das zusammenhängt und
ob dieser Kommissionär früher einen Brief von Dir haben
konnte, als Deine Amalie. Ich bin gekränkt und konnte heute
die trüben Gedanken nicht los werden — am Theaterabend
sah und hörte ich in der Turandot nichts als meine Gedanken.
Ich will fleißig sein, um sie los zu werden."

Amalie an Helvig.

25. Mai.

„Vorigen Donnerstag erhielt ich meines Freundes Brief
und zwar mit doppelter Freude, da ich so bald keine Nachricht
von dem eilig Reisenden erwartete. Es freut mich, daß Sie
sich aus dem militärischen Streit so glücklich, ehrenvoll heraus=
gezogen haben, ebenso wird die Revue in Hannover einen guten
Reiter mehr als Zuschauer haben. — Gewiß legt Helvig es
mir nicht als einen Mangel an Herzlichkeit aus, wenn ich den
Ton seines Briefes nicht erwidere. Ich weiß nicht, wie ich
es anstellen soll, das Wort „Du" niederzuschreiben, das ihm
so geläufig aus der Feder fließt. Es ist nicht Ziererei, es ist
ein Selbstgefühl in Rücksicht der Lage, in der ich mich befinde,
desjenigen, was ich mir und meinem Freunde schuldig zu sein
glaube. Was sich beim Abschiedswort vor dem Tribunal der
Liebe entschuldigen läßt, kann nicht ganz so leicht bei wechsel=
seitigem Gespräch in der Entfernung von hundert Meilen
gelten.

Lassen Sie mir die Grille, ich würde es mir sonst vor=
werfen, Ihrer Abschiedsbitte zu schreiben nachgegeben zu haben.
Auch meine gute Mutter würde sich an das Wörtchen stoßen

und ich würde des Genusses beraubt sein, ihr aus den Briefen mitzutheilen. Ich weiß, daß sie nur für mich geschrieben sind, aber einem Mutterauge werden Sie erlauben, bisweilen darauf zu blicken.

Seit Ihrer Abreise bin ich doppelt fleißig gewesen, um die Stunden schneller hinweg zu zaubern. Meiner Schwester Louise Bild habe ich begonnen in Aquarell zu malen und die Bilder der älteren Geschwister sollen folgen, dann kommt's wohl auch an mich. Ich war bald nach Ihrer Abreise krank, ein Erkältungsfieber drohte nervös zu werden, jetzt geht mir's besser. Ich stehe früh auf, eile in's Freie, wo alles grünt und schon Frühlingsblumen zu finden sind, seit gestern hören wir die Nachtigallen, deren unzählige sich im Park von Weimar aufhalten. Es ist eine schöne Sache um den Frühling, der mit ewig neuer Kraft aus der verjüngten Erde emporsteigt! Er gießt ein neues Glück über uns aus und lehrt uns das bisher Genossene voller empfinden. Wie freut es mich, daß Sie mit Ihrem Aufenthalt in Gotha zufrieden waren.

Eine Frage habe ich an Sie zu richten in Bezug auf einen Brief, den Sie an Herrn Bertuch geschrieben haben sollen, mit intimer Mittheilung über Eroberungen während der letzten Tagereisen. Warum gaben Sie mir die stolze Botschaft nicht selbst? — Ich wurde durch einen Fremden bei Fräulein von Göchhausen mit dieser Nachricht regalirt, wohl nur, um meine Eitelkeit zu kränken. Ich bitte Sie herzlich, mir Erläuterung zu geben, was es für eine Bewandtniß damit haben kann. Hätte der Überbringer dieser Nachricht mir bald darauf gestanden, daß er mich belogen, ich glaube, ich wäre ihm vor Freude um den Hals gefallen — nein — ich hätte ihm aber leichter verziehen. Vielleicht erscheine ich empfindlich, ja pedantisch in Ihren Augen, es ist aber gut, daß Sie mich auch darin kennen lernen. Auch meine Verschlossenheit gegen jeden unbedeutenden Menschen, der ohne wahren Antheil sich mir naht und ohne Gefühl sich von mir trennen kann. Antworten Sie mir nicht kurz über diesen Punkt, Sie sind und bleiben mein einziger Vertrauter in diesem Klatsch. An dem Morgen, an welchem

ich Ihren Brief erhalten hatte, fragte mich gütiger Weise die
Frau Herzogin, ob ich Nachrichten von Ihrer Reise hätte, ich
bejahte es und legte Sie, in Ihrem Namen, ihr zu Füßen; sie
war so gnädig, mir einen Gruß an Sie aufzutragen. Auch
der Prinzessin erzählte ich von Ihren Erlebnissen und möchte
ihr sagen können, daß Helvig sich ihres Andenkens freut.
Mutter und Schwester grüßen ihren Freund, die kleine Louise
kann es nicht vergessen, daß Sie bei ihrem gezeichneten Kopf
den Ihrigen geschüttelt haben. Sie hinterließen ihr eine gute
Erinnerung, auch Herder hat mir letzthin von Ihnen sehr an=
erkennend gesprochen.

Nun ein herzliches Lebewohl aus voller Seele Ihnen zu=
gerufen. Gedenken Sie mit sicher frohem Gefühl an

Amalie von Imhoff."

———————

X. Capitel.
Zweifel.

Montag, 25. April.

„Gestern haben sich zwei Herren von Märtens aus Holland
kommend hier präsentiren lassen, von denen der eine schön,
aber unbedeutend scheint, der andere mich an Graf Mengersen
erinnert, der mit Graf Fries hier war; im Gespräch fand es
sich, daß dieser sein Studienbruder auf der Akademie gewesen
war. Ich wurde gebeten Verse zu recitiren und wählte Schillers
Räthsel aus der Turandot. Abends mußte ich am Spieltisch
ausharren, aber ich hatte eine große Freude dabei, die Nachricht
daß meine theure Freundin Frau von Kalb angekommen sei.
Sie ist einige vierzig Jahr alt und überspannt durch die selt=
samste, unzweckmäßigste Erziehung, aber eine edle, große Natur
und im tiefen Gemüth voll Innigkeit."

26. April.

„Wir hatten Tafel, nach Tisch eine dritte Toilette und zu
Fräulein von Luck, wo wir Frau von Kalb trafen. Dann eine
Spazierfahrt um's Webicht, wie schön war's da! grün und

duftend — den Abend waren wir im Garten bei Hinzensterns
mit Prinzeß Caroline, Fräulein von Knebel, Mutter und meinen
Schwestern und noch ein Dutzend Kinder, die auf dem Rasen
des Parkes spielten, dabei die Prager Musik — alle Häuser
und Gärten der Nachbarschaft füllten sich mit Zuhörern, so
blieben wir, bis die Sterne am Himmel standen — ich
dachte Deiner!"

Mittwoch, 28. April.

„Die Liebe zu Dir ist reger, lebendiger denn je in meiner
Seele, ich fühle mich stark, geschickt, mir ist's, als hätte ich
einen neuen Sinn — aber freilich, wenn ich fleißig war, möchte
ich Deinem Blick begegnen, der mir Beifall zuwinkt. Wir
waren bei Fräulein von Knebel und nachdem ich mit Frau
Herzogin spazieren gegangen war, zeichnete ich Prinzeß als
schlafende Simaitha. Die Frau Herzogin sagte mir, der Herzog
habe in Aschersleben einen schwedischen Militär kennen gelernt,
der viel Gutes von Dir gesprochen, ich war innerlich entzückt
und hätte Dir gleich um den Hals fallen mögen — es giebt
nichts Süßeres als das Lob des Geliebten! Die Bescheidenste
wie die Eitelste hört gern den Preis des geliebten Mannes."

29. April.

„Nur wenige Worte zum Gutenacht — früh die Schwester
gemalt, dann im Park. Den Thee trank die Mutter bei mir
im Freien mit der Tante Stein und Schardt, auch die Frau
Herzogin kam für kurze Zeit. Ich habe das Buch „Zöllners
Reise" beendigt und suchte mich da zu orientiren, wo Du mich
einst selbst wohl hinführen wirst. Ob Du mich lieb behältst?
ob Du selbst glücklich sein wirst? gewiß wenn Du mich hast
— das weiß ich — nicht wahr?"

30. April.

„Früh Malsitzung mit Louischen, dann mit ihr im Park,
wo sich uns Prinzeß anschloß — sie ist ein liebes, reines Wesen,
das ich täglich höher schätze, lieber gewinne. Später besuchte
ich Frau von Kalb, sie ist bettlägerig, sie erzählte mir von sich

und sprach wahr und tief über mein eigenes Wesen. — Eine
schaudervolle Klarheit umgab mich in diesen Momenten, ja ich
sah deutlich ein, daß ich vor einer großen Entscheidung stände.
Ich fühlte, daß der Mann, der nicht in meine Natur einzugehen
versteht, mich vernichtet und daß dazu sehr wenig gehört. Ein
schwerer Kampf in meinem Innern hob an und ich konnte den
Tag über nicht ruhig werden. Wir tranken den Thee bei
Fräulein von Knebel, aber ich stumm, es war mir als bedrücke
mich eine schwere Last.

Ich habe Achtung vor meiner Natur und darf hinzusetzen:
mit Recht, sie ist mir von Gott gemacht, ich weiß was ich leisten
kann und ahne was ich noch leisten soll. Krampfhaft zieht es
mein Inneres zusammen, wenn ich einem Schicksal entgegen
sehen müßte, das mich vielleicht auf immer aus dem Kreis
meiner Anschauungen, Wünsche und Beschäftigungen herausreißen
kann. Ich werfe mir dann, als etwas Unrechtes, das Ver=
langen meines Herzens nach Liebe vor, wenn sie meine Seele
statt zu heben herabzöge — ich bitte Gott, daß Du das ver=
stehen und achten mögest. Elend wäre ich, wenn mich nur
Deine Leidenschaft wählte. Es ist in mir finster wie draußen.
Gute Nacht!"

2. Mai.

„Heute sind es vier Wochen, seit Du mir zuerst Deine Liebe
gestandest und schon drei, seit Du Abschied nahmst. Ich war
heute in der Kirche, aber nicht so andächtig als an jenem
Sonntag. Dann besuchte mich Hinzenstern, von dem ich eine
sehr schöne Zeichnung vorgestern erhalten habe, zugleich mein
kleiner italienischer Lehrer, der neue Bibliothekar, der Dich
mit seinem Gleichmuth ärgerte — ich las und übersetzte Italienisch;
welche melodische Sprache! — Wir hatten Diner und Cour —
ich bin abgespannt. Schlaf wohl und träume von mir."

Montag, 3. Mai.

„Frau von Kalb war bei mir, erzählte von sich und ihrem
Mann, der mich interessirt, weil er ein braver Mensch ist.
Wir Frauen sind doch rechte Männinnen, unser Leben weiß

davon zu sagen — das geistreiche, selbständige Weib ist fast immer elend — grabe sie muß ihre Eigenthümlichkeit aufopfern, aber es sind doch nicht viele Männer, die etwas dagegen zu geben haben — Du kannst eine Ausnahme davon sein. Wir hatten Tafel, und Prinzeßchen moquirte sich mit mir über einen Kanzler, der unglücklicherweise neben Prinzeß und mir gegenüber saß, wir entdeckten, daß ihm Witz und Muth abgehe, denn durch eine dumme Frisur konnte man hinter die Ohren sehen; was würde Gall, was Herder sagen?"

6. Mai.

„Diesen Abend wohnte ich einem Fest bei Kotzebues bei — der Geburtstag seiner Frau wurde gefeiert — man spielte recht gut zwei kleine Stücke von ihm. Da erschienen für kurze Zeit seine hübschen Kinder, ich beneidete die Mutter, die kleinen Engelfigürchen. Wir soupirten, und es wurden dann noch Lieder gesungen von der Mereau und von mir. Aber ich war sehnsüchtig nach Dir; es fällt mir nicht mehr ein, gefallen zu wollen, oder mich gern sprechen zu hören. Ich bin still, erwartungsvoll denkend an Dich, dem ich meine Gedanken mittheilen möchte." —

9. Mai.

Ich war wieder bei Frau von Kalb, sie ist eine ernste Frau, hinweg über die Täuschungen des Lebens und doch warm sich dem Bedeutenden im Leben hingebend, sie kennt sich und ihre Verhältnisse in einem fast philosophischen Sinn und berechnet ziemlich genau die Gaben und Erforderungen derer, die sie lieb gewonnen. Auch meine Existenz ist ihr wichtig, und es macht mir fast Angst, daß sie zu Deiner Liebe und Hoffnung den Kopf schüttelt. „Er kennt Sie nicht," sagte sie letzthin, „da es ihm einfallen kann, Sie in ein anderes Land und aus allem herauszuführen, was Sie zu Ihrem Dasein bedürfen."

Gewiß ist es kühn von Dir und von mir, das fühle ich selbst, und zwar fast noch mehr von Dir als von mir, denn ich setze eigentlich nur mein Dasein auf's Spiel, so wie es jetzt ist. Ich darf nur im äußersten Fall Weib werden wie es tausende

meines Geschlechtes sind und mein Glück kann noch immer in
diesem Sinn fest und schön bleiben, dieses steht in meiner
Gewalt; Du aber nimmst ein Wesen kühn aus seinem gewohnten
Ideenkreis, das sich in unabhängigem Leben ausgebildet —
Du müßtest ihr entweder die Mittel verschaffen, sich auf be=
tretener Bahn fortzuentwickeln und zu wirken oder ihr eine
ganz neue Welt erschließen, die ihr Ersatz sein kann. Werde
ich Dir darnach sein können, was Du brauchst? Hast Du dies
auch bedacht, lieber, unbesonnener Mann?"

13. Mai.

"Heute zeigte mir die Frau Herzogin ein Zeugniß, welches
sie von Stockholm über Dich erhalten, da ihre Schwester den
König selbst gefragt, es war von Deinem Chef und bezeugte,
was ich längst weiß, daß Du ein braver sehr brauchbarer Offizier
seist, das konnte mir darum nicht genügen. Die Nachrichten
lauteten trocken, kalt, wie sie ja als Berichte immer kommen,
ich las die Schrift kaum, mein Herz bebte, Gott schenke Dir
mehr Muth, das ist mein Gebet."

14. Mai.

"Die gestrige Nachricht beschäftigt mich sehr. — Ich fürchte,
Du hoffst zu viel vom König von Schweden Gustav IV. — er
hätte viel zu thun, wenn er die Herzensangelegenheiten seiner
Offiziere zu berücksichtigen wünschte, Du wirst langsam weiter
rücken wie Du bisher avancirt bist. Gott weiß wie Dein guter
Muth seine Rechnung dabei finden wird. — Ich bin sorgenvoll,
dennoch vertraue ich Dir ganz und dies allein erhält mich."

15. Mai.

"Dein Andenken habe ich diesen Morgen verabredeterweise
in Kaffee getrunken bei Fräulein von Göchhausen, gern hätte
ich mir aus dem Satz prophezeien lassen, ob Du auch meiner
zu dieser Stunde gedacht! Ein Fest soll Kotzebue bei seiner
Abreise gegeben werden, wir spielen seine „Kleinstädter", auch
ich habe mir die Rolle einer lächerlichen Frau Base ausgesucht.
— Diesen Abend sahen wir die Iphigenie von Goethe, ich litt

durch die schlechte Vorstellung, weil ich dieses Stück ganz be=
sonders bewundere, wir lasen uns in meinem Zimmer noch die
Hauptacte mit Prinzeß nach, um nur die schreienden Töne der
Schauspielerin aus den Ohren zu bringen. Gute Nacht!
Du — Du."

16. Mai.

„Eben hatte ich die Freude, als ich in mein Wohnzimmer
kam, Goethes Gedichte, die neusten, eben aus dem Druck
kommenden, auf einem Tischchen als Geschenk von dem prächtigen
Mann zu finden, es bezog sich auf einen Scherz, den ich beim
Diner mit ihm hin und her warf. Es war eine Erheiterung
für trübe Stunden des Tages, denn ich fand zu Hause beide
Schwestern erkrankt und doch mußte ich die Mutter allein an
ihren Betten lassen, um im Palais eine Partie Boston zu
spielen, ich that dieses indeß mit bester Grazie, weil mir nichts
ungeschickter vorkommt, als Unvermeidliches mit Widerwillen
zu verrichten."

17. Mai.

„Ich habe heute meine Pflicht erfüllt, das ist zugleich viel
und wenig gesagt, Du wirst am besten wissen, mein Freund,
daß ein rechtschaffenes Gemüth viel thun muß, um sich mit
Überzeugung dieses sagen zu dürfen, und immer bleibt es nur
der Wille, der die That überschreitet. Wir hatten bei Hof einen
ruhigen Tag und ich konnte zu der Mutter gehen, wo beide
Schwestern noch liegen, ich suchte sie nach Kräften zu erheitern
und hatte mich von meiner schriftlichen Arbeit losgerissen, von
der Vollendung des Trauerspiels[1]; — besser ein Lustspiel in
ein trauriges Haus bringen — nicht wahr, das ist auch
Deine Meinung."

20. Mai.

„Ich bin still und heiter ohne mir klare Rechenschaft geben
zu können, wer mir dieses Glück in's Herz gesenkt — sollte es

---

[1] Douglas.

Deine Liebe sein, die mich so neu belebt? Ich schreibe viel,
denke noch mehr; es sollte mich wundern, wenn mir dieses Jahr
nicht fruchtbar würde. Diesen Abend brachte ich bei Schillers
zu, wo wir heiter und ich glaube auch klug uns über Leben
und Kunst unterhielten."

21. Mai.

„Nach anhaltendem Regenwetter machte ich einen Spazier=
gang im Park. Ich erinnerte mich im sogenannten Stern
lebhaft Deiner, als aus der mittleren Allee ein Herr mit
Deinem Gang, Deiner Uniform und, wie mich dünkte, Deinem
Orden auf mich zu kam. Das Herz schlug mir hörbar, in der
Nähe erkannte ich freilich Deine lieben Züge nicht, er war älter
und nicht Du, aber wetten wollte ich, daß er ein Schwede ist.
Er faßte mich, so wie überhaupt alle Gegenstände, scharf in's
Auge, ging sehr rasch und grade vorwärts, grade mit der Art
die ich an Dir kenne.

Den Abend brachte ich mit Prinzeß bei der Herzogin=
Mutter zu, da Fräulein von Knebel sehr an der Gicht leidet
— der liebe Engel! wie weh thut mir ihr Zustand. Auch
meine Kranken besuchte ich, Mutter, Schwestern und Groß=
mutter, auch meine liebe Kalb, die bettlägerig ist. —

Du hörst es wohl nicht, wenn ich es eben auch noch so
herzlich rufe: Gute Nacht!" —

XI. Capitel.

Rechtfertigung.

Sonnabend, 22. Mai.

„Eben komme ich von Fräulein von Göchhausen, wo wir
durch Kotzebue und Böttiger Neuigkeiten aus Leipzig erzählen
hörten, ich hatte auch die Freude, meine Vermuthung bestätigt
zu finden — es war wirklich ein Schwede, dem ich gestern be=
gegnete. Da er nur an Böttiger Empfehlungsschreiben hatte

und dieser nicht anwesend war, ließ er sich nicht präsentiren und reiste schon diesen Morgen ab, was ich Dir mittheilen mußte. Es heißt, der Schwede reise in des Königs Auftrag die Forsteinrichtungen und Obstpflanzungen Deutschlands zu besehen, Ihr seid doch recht betriebsame, wißbegierige — Barbaren. Abends sahen wir Nathan den Weisen aufführen, die Hauptperson gut besetzt, der Recha aber wurde übel mitgespielt, worüber ich mich fast erzürnte."

Sonntag, 23. Mai.

„Diesen Morgen, wie ich aus der Kirche kam, trat mit klingenden Sporen mein Bruder Ernst bei mir ein und kündigte ein schon lang versprochenes Fest an: Wir sollten sein Regiment en parade exerzieren sehen. Morgen holt uns ein Wagen zu seinem Husaren-Cantonnement ab. Die kleine Flavie Fümel (seine Flamme) und ihr Vater, der Marquis, begleiten uns, meine Schwester Käthchen ist vor Freude wieder wohl geworden und ich erhielt Urlaub von der Frau Herzogin. Gute Nacht, Bester — Du mußt heute wohl an mich gedacht haben, denn ich verlor Geld im Spiel bei Hof."

Helvig an Amalie.

Stralsund, 13. Mai.

„Die Stunde der Mitternacht schlägt und Morgen früh halb sechs soll ich einer Waffenübung beiwohnen — ich bin nicht zum Schlaf aufgelegt, und ziehe vor, die Nacht mit Erzählen meiner Reiseabenteuer an Sie, gnädigstes Fräulein, zu verbringen; doch bevor der Gedankenpostillon in's Horn bläst, werden Sie erlauben, daß ich mich rechtfertige über eine Stelle in Ihrem Brief, den ich gestern durch Fürsorge des Postdirectors erhielt. Sie erwähnen, gnädiges Fräulein, eines Mannes, der einem Polizeidirector gleich meine Wege kennen will und von einem Briefe spricht, den ich nie geschrieben habe. Ich kann versichern, nur den an Sie gerichteten Brief nach Weimar gesandt zu haben, ebenso bin ich mir keinerlei Erobe-

rungen des holden Geschlechts bewußt. Ich wünschte in den
Zirkel, wo der Klatsch entstand, jetzt persönlich einzutreten.
Die Geschichte des Propheten Bileam würde sich wiederholen:
Ich würde nicht als Engel, aber als Mann mit gezücktem
Schwertwort dem Sünder mich gegenüber stellen, der Sünder
müßte auch verstummen, und die Seele des ihn leitenden
Thieres würde aus ihm sprechen und die Lüge der Verleum=
dung bekennen. — Ich habe in meinem Leben manchen un=
besonnenen Streich begangen, aber mich dem Nächsten gegen=
über der Wahrheit in Wort und That beflissen, bin auch in
dieser Richtung stets sparsam mit meinem Vertrauen gewesen.
In diesem speziellen Fall kann sich niemand einer intimen
Mittheilung von mir in Weimar rühmen, außer Einer, die
Sie kennen. Kann Sie, gnädiges Fräulein, diese meine Er=
klärung beruhigen, so ist der warme Wunsch meines Herzens
erfüllt. — Nun fahren wir weiter auf einem rumplichen Wege
von Göttingen nach Hannover, wo meine militärische Laufbahn
ihren Anfang nehmen sollte. Auf der Wachtparade mußte ich
die wirbelnde Geschicklichkeit der Tambours bewundern, gleich
darauf hörte ich eine schöne Musik von Metallinstrumenten,
eine Serenade konnte es bei Tage nicht sein, und mit Staunen
sah ich nach ihrem Takt Militär marschiren, ungewohnt für
einen schwedischen Offizier, der ähnliche Musik nur beim Militär=
gottesdienst bisher kannte. Mein alter Freund, der Artillerie=
obrist Braun, riß mich aus meiner Beobachtung durch herzliche
Bewillkommnung, wir gestanden uns Hunger und dirigirten
uns zu einer wohlbesetzten Tafel. Hier änderte sich das kriege=
rische Gespräch in ein philosophisches, Kant betreffend, und wir
blieben den Tag über unzertrennlich. In Hannover gab ich
meine Briefe ab, machte dadurch neue Bekanntschaften und
werde das Übrige Ihnen später mündlich mittheilen. Den 5.
dieses kam ich, weil keine andere Ordre eintraf, in Stralsund
an, wo ich bei meiner guten Schwester Frau Landrath Lidin
herzlich gut aufgenommen wurde. Von dem mir sehr gewogenen
Generalgouverneur Baron von Essen wurde mir bei der Visite
eine sehr schmeichelhafte Proposition gemacht, als Königl.

General=Adjutant zu ihm zu kommen — ein intereſſanter Poſten,
der ſehr angenehm ſein und viele Vortheile für mich haben würde,
den ich aber erſt annehmen könnte, nachdem ich mich bei Sr.
Majeſtät dem Könige gemeldet und Rechenſchaft von meiner
Reiſe abgelegt. Die Stelle bleibt bis dahin unbeſetzt, der bis=
herige Adjutant iſt eben zum Commandanten ernannt, wird
aber, aus Rückſicht für mich, die Dienſtleiſtung bis zu meiner
Entſcheidung noch übernehmen. Meine alte Compagnie wieder
zu ſehen, hat mir viel Freude gemacht. Ich ſah Bewegung in
den Augen der Älteſten, welche mir, als ich noch Bube war,
Äpfel und dergleichen gegeben und, als ich Soldat während
des verfloſſenen Krieges, alle Gefahren mit mir getheilt hatten.
Manch alten Schulkameraden ſah ich jetzt in Reih und Glied
ſtehen, die ihre Kindheit als reiche Erben prächtig verlebten
und damals ſpöttiſch auf mich herabblickten. Das Vergangene
ihnen vergeſſen und die Zukunft ihnen erträglich zu machen,
ſoll mein Beſtreben ſein. Sie wünſchen das Ziel in meiner
Carriere zu kennen, welchem ich zuſteure — es iſt, Feldzeug=
meiſter zu werden, wie mir dieſes bereits in Ausſicht geſtellt
wurde. Meine Geſchäfte würden auf dieſem Poſten von großem
Umfange ſein, aber ich fühle, daß ich im Stande bin, ſelbigen
zum Nutzen für mein Vaterland vorzuſtehen. Sollte dieſe
Stellung mir noch fern gerückt werden, ſo habe ich noch ein
Anderes vor, ein erſtes Geſuch, ſeit ich in Sr. Majeſtät des
Königs Guſtav IV. Dienſten ſtehe. Bald muß ich wiſſen,
woran ich bin. Ich hoffe, gnädiges Fräulein, Ihnen gute
Rechenſchaft über die Ausnutzung unſerer Trennungszeit ab=
legen zu können. Sie zagen? Ich habe im Gegentheil eine
feſte Hoffnung! Beſonders unglücklich müßte mein Schickſal
ſein, wenn es mich der Seligkeit des Wiederſehens mit Ihnen
berauben ſollte. Sehen! und das vielleicht recht bald, das
werden wir uns gewiß, und wünſche ich dann: Das Fräulein
Amalie von Imhoff zu ſehen, das ich bei meinem Abſchied ſah.
Ich trotze vielleicht auf meinen Muth, nur dann würde mir
derſelbe gänzlich mangeln, wenn ich mich in dieſer Hoffnung
getäuſcht fände, doch das wird, das kann nicht ſein. Jeder

Mensch hat ein Stoßgebet bei wichtigen Unternehmungen, Ihr
Abschiedslied ist der Adjutant des meinigen, meine Zuversicht
dabei muß ich der Dichterin zuschreiben. Legen Sie mich den
Durchlauchtigsten Herrschaften zu Füßen, ich kann nur stam=
melnd danken für die mir erwiesene Gnade während meines
unvergeßlichen Aufenthaltes in Weimar. Dem Herrn Hofrath
Schiller spreche ich mein Bedauern aus, daß ich seinen mir an=
vertrauten Brief an Voß nicht persönlich abgeben konnte. Er=
neuern Sie mein Andenken bei Herder, Goethe und sagen
Sie einen Guten Morgen dem Fräulein von Göchhausen und
Frau von Wolzogen. Küssen Sie die Hand Ihrer lieben
Mutter, einen herzlichen Gruß an beide Schwestern; Fräulein
Louischen sagen Sie, daß ich beim Anblick ihrer Zeichnung
nicht den Kopf schüttelte, nein, er nickte. Den 15. gehe ich
mit der Königlichen Postjacht von hier nach Schweden, mir zu=
gedachte Briefe müssen nach Stockholm dirigirt werden. Leben
Sie wohl und glücklich in Hoffnung, dieses wünscht aus voller
Seele

Helvig."

XII. Capitel.
Weimarer Erlebnisse.
Tagebuch.
Montag, 24. Mai.

„Ehe ich zu meinem Bruder fahre, will ich Dir auf diesen
Blättern ein paar Worte sagen und morgen das weiter Er=
lebte nachholen. Ich erhielt diesen Morgen Deinen lieben Brief
und küßte ihn tausendmal, es schmerzte mich fast, daß ich das
Wort „Du" nicht darin fand, da ich es hier und in Gedanken
stets gebrauche, aber es ist so besser für Dich und mich; wenn
Du dieses Buch einmal sehen wirst, dann kann ich es ohne
alle Scheu vor allen Menschen zu Dir aussprechen, und ein
unendliches Glück geht über mir auf. Meine Seele ist immer
bei Dir, aber nicht mehr traurig, ich glaube und vertraue

Deinem Glück, wie Deinem Herzen — warum sollte ich nicht glücklich mit Dir sein? könnte ich nicht bis an das Ende der Welt mit Dir ziehen?"

Dienstag, 25. Mai.

„Wir fuhren heute, wie verabredet, zu dem Manöver. Mein Bruder und sein Kamerad, ein possierliches Kerlchen, kamen uns in glänzendster Uniform entgegengeritten auf halbem Wege und begleiteten uns bis zum Ort der Bestimmung. Wir fanden als Bekannte Rittmeister Tielemann, Graf Löwen und Major von Funk. In meinem Briefe schreibe ich mehr davon. Auf dem Heimwege wurde ich durch Gottes Gnade vor Lebensgefahr behütet. In einem engen Hohlweg wurden wir so gründlich umgeworfen, daß ich rücklings dabei herausflog, mir aber glücklicherweise nur den Hals verrenkte und nicht brach — wäre ich von Deinen treuen Armen aufgefangen worden!"

Mittwoch, 26. Mai.

„Heute erquicke ich mich nach der Fahrt durch Schreiben an Dich, Geliebter. Ich hatte Hofdienst, Tafel, Komödie und Abends eine erneute alte Bekanntschaft, den Domherrn von Hornstein, dieser präsentirte mir einen Herrn von Spät, der vielmehr wie ein Herr von Früh aussah."

Donnerstag, 27. Mai.

„Wir besahen heute den neuen Wagen des Marquis Fümel, in welchem er wünscht mit uns nach Dresden zu reisen. Graf Löwen, von dem ich Dir schrieb, ist hier angekommen, er machte mit Fümel bei mir Besuch, als ich bei Prinzessin Caroline war, ich sah ihn daher nicht. Gute Nacht, bester Mann."

Freitag, 28. Mai.

„Diesen Morgen folgte ich der Einladung zum Frühstück bei Fümel, wo ich Graf Löwen fand. Der Marquis kaufte

— 67 —

5*

das Pferd für den kleinen Wagen, Löwen ſetzte aus den Anfangs-
buchſtaben unſerer Namen einen Namen für das Pferd zuſammen. Mittags aß der Graf bei uns, er iſt nicht hübſch,
aber beſonnen und verbindlich, wir haben ihm ſcherzhaft Schweſter
Käthchen zugedacht. Nach Tiſch hatten wir Probe zu den
„Kleinſtädtern" von Kotzebue. Abends war ich mit Mutter bei
Fräulein von Knebel, die noch krank iſt. Nun bin ich müde
und denke mir, Du wirſt wohl etwas Klügeres und Nützlicheres
vollbracht haben als Deine Amalie."

Sonnabend, 29. Mai.

„Dieſer Tag war rauh. Ich fand mich ſchon früh aufgelegt
zur Arbeit, blieb darum zu Hauſe und ſchaffte fleißig. Mittag
wurde uns der Kapellmeiſter Reichardt vorgeſtellt; da er bei
Tafel neben mir ſaß, wurden wir bald bekannt. Er bat mich,
mir ſeine Compoſition vorſpielen zu dürfen; daß ich ſie ihm
gewährte, kannſt Du begreifen. Er iſt in den fünfziger Jahren,
aber noch wohl erhalten, geiſtig angeregt und einſchmeichelnd,
aber, wie mich dünkt, ebenſo eitel; doch das ſoll mich in dem
Genuß ſeines ſchönen Talentes nicht ſtören. Den Abend ſehen
wir „Alarkos" von Schlegel, ein greuliches Stück, eine wahre
Marionetten-Komödie. Schöne Gruppen nebſt maleriſcher
Beleuchtung hatte Goethe, um das Stück zu heben, angebracht.
Ich bedauerte die armen Huſaren, die, um ſich zu amüſiren,
hergekommen waren. Für den Abend hatte ich Einladung zu
Kotzebue und Schiller, fuhr zu erſterem und fand dort Sanders
aus Berlin und Mademoiſelle Jagemann — ich verließ die Ge-
ſellſchaft und ging zu Schillers, wo ich den Maler Graſſi aus
Dresden kennen lernte, der mir ſeine Dienſte dort anbot.
Cotta war auch da und ich mußte ihm einen Beitrag für ſeinen
Almanach zuſichern. Die Herren fuhren Tante Stein und mich
nach Hauſe. Gute Nacht, Liebſter."

30. Mai.

„Cotta machte mir ſeinen Abſchiedsbeſuch, dann fand ſich
Reichardt ein, der Muſik mitbrachte und gar ſchön ſpielte. Der

Maler Graffi kam auch, sah meine Zeichnung und hörte die bekannten Töne seines Vaterlandes, das italienische Lied mit Guitarrenbegleitung. Er geht nach Gotha, die Prinzessin zu malen und kommt dann hierher zurück. Diesen Abend spielten wir das Stück bei Kotzebue, leider, denn ich war gleichzeitig zum Concert bei Goethe eingeladen. Ich muß Dir ein Unrecht abbitten, das mich bitter schmerzt: Reichardt wünschte ein Gedicht von mir, um es zu componiren, unglücklicherweise gedachte ich des Liedes in meiner Novelle; wie Reichardt den Kalender verlangte, fiel mir keine Entschuldigung ein, und doch stand Dein lieber Name in demselben, ich riß schnell das Blatt heraus, wie weh es mir aber that, kann ich nicht sagen. Schon am andern Morgen erhielt ich die Anfrage, ob und wann mir Reichardt die beendete Romanze von mir vorspielen dürfe; ich sagte ihm die Stunde und schickte ihm noch die „Frühlingswünsche", die Du kennst."

Montag, 31. Mai.

„Reichardt kam und hat wirklich sehr schön den Sinn der Poesie getroffen, er sang mir alle Lieblingslieder vor, die ich haben wollte; ich gab ihm meine Elisabeth = Legende auf seine Bitte zum Durchlesen mit. Morgen gebe ich ein Dejeuner, Sanders, Goethe und Reichardt sind geladen. Eben komme ich mit den Fürstlichkeiten aus dem Theater, wo ich bei Wallensteins Lager tausend Mal Deiner gedachte."

Dienstag, 1. Juni.

„Mein Dejeuner war sehr besucht, Sanders brachten zwei Schweden mit, Herrn von Uglas und Herrn von Silferstolpe, letzterer verwachsen aber sehr klug, ersterer niedergeschlagen über den Tod seiner jungen Frau. Reichardt spielte uns gar schön vor und brachte meine „Frühlingswünsche" schön componirt mit. Er hat einen guten Vortrag; wenn er hier wäre, könnte ich durch ihn noch leidlich singen lernen. Den Abend brachte ich mit der Mutter bei Fräulein von Knebel zu."

Mittwoch, 2. Juni.

„Diesen Mittag speiste ein Herr v. B. bei Hof, der aus Paris kam und ungefragt ganz entsetzlich viel zu erzählen

wußte. Wie anders war mein Freund, der so ernst und be=
deutend antwortete, doch nur dasjenige, was man zu wissen
begehrte. Ach wärst Du da, der Platz, wo Du an Tafel zu
sitzen pflegtest, ist mir so lieb geworden, und oft muß ich Thränen
verbergen, wenn ich dahin sehe und fremden Gesichtern begegne,
statt Deines lieben, auf mich fest gerichteten Blickes. Die
Sander verrieth mir, daß der kleine Schwede ein Gedicht auf
mich gemacht habe. — Da hat er mehr gethan als Du, mein
Freund, und doch liebe ich Deine einfach stille Weise mehr als
alle Gedichte der Welt."

3. Juni.

„Diesen Mittag ist die Herzogin von Curland angekommen,
heute war noch Meeresstille, morgen werden sich die Herr=
schaften wohl melden lassen."

5. Juni.

„Ich kann Dir kaum schreiben, wir haben einen heißen Tag
gehabt. Es waren geladen: die Herzogin von Curland mit
ihrer Tochter, die Prinzessin Pignatelli, der Prinz Belmonte
und dessen Bruder, der Gemahl der jungen Prinzessin, ein
Signore Scotti, Fräulein von Wittinghof, die Hofdame und
mehrere andere Fremde. Nach der Tafel Visiten zu empfangen
bis zum Theater, dort Wallensteins Tod, der mich heute gar
nicht rührte, ich merkte, daß auch zur Rührung eine gewisse
innere Kraft erforderlich ist."

6. Juni.

„Heute war dasselbe Treiben und außerdem noch Cour.
Als ich bei der Ansage derselben durch den Lakaien seufzte,
sagte dieser: Ihro Gnaden, die Frau Ober=Hofmeisterin, haben
bereits auch mit Dero Füßlein getrampelt. Die Herzogin
ist eine schöne Frau und ebenso angenehm als schön, sie sieht
aus, als lebe es sich leicht mit ihr. Als man dem Chevalier
Scotti heute Morgen mich als Schriftstellerin bezeichnete, rief
er verwundert aus: mais si jeune — si jeune. Morgen
reisen die Herrschaften ab."

7. Juni.

„Heute nahmen wir noch ein Dejeuner im Römischen Haus
mit den Abreisenden ein, der Prinz Belmonte soll ein Mann
von ungewöhnlicher Bildung sein, was ich aus kurzer Conver=
sation mit ihm bestätigen konnte. Mittag Tafel und Abends
mit dem Hof im Theater, wo die Teufel unter Brillantfeuer
den braven Don Juan in die Hölle bugsirten."

8. Juni.

„Eben, als ich zur Herzogin gehen wollte, erhielt ich Deinen
Brief, der mir für mehr als einen Tag heitere Laune gab, ich
danke Dir, daß Du aus dem Lager an Deine Amalie geschrieben
hast, am Abend brachte ich den Brief meiner Mutter."

XIII. Capitel.

Helvigs Beruf.

Helvig an Amalie.

Im Lager auf Bonarpsheyde, 24. Mai.

„Nicht den 15. sondern erst den 19. konnte ich mit der
Postjacht von Stralsund nach Ystad abfahren. Mittags elf Uhr
gingen wir unter Segel bei schönstem Wind und Wetter, kaum
aber waren wir um Mitternacht auf offner See, als ein Sturm
begann, dergleichen ich noch nicht erlebte! Da derselbe unverhofft
sich erhob, so brachte er viel Arbeit auf Deck und viel Angst
den Passagieren. Bald war die Ordnung unter dem Schiffs=
volk hergestellt und nur verdächtige Seufzer aus den Cajüten
zeugten für Seekrankheit der Reisenden. Um vier Uhr des
Morgens wurden die Anker auf der Rhede von Ystad ge=
worfen, trotzdem sich der Sturm noch nicht gelegt hatte und
das Ausschiffen erschwerte. Um elf Uhr Mittags landeten wir
erst, viele blasse Gesichter wurden bei der Ankunft belächelt.
Abends sechs Uhr fuhr ich von Ystad dem Lager zu, wo
ich den 21. Abends zehn Uhr eintraf. Auf ein „Werda"

— 71 —

sprengten drei bärtige Krieger mit den Säbeln über dem Kopf
auf den Wagen los, weil der Postillon die bezeichnete Straße
verfehlt hatte, was fast zu einem friedlich-feindlichen Lustspiel
geworden wäre. Ich wurde zum Befehlshaber der Feldwache
geführt, einem alten Waffenbruder von mir, der mir die Parole
gab, so gelangte ich zu dem Zelte des Kriegsministers und
General-Adjutanten des Königs, Baron Cederström. Er ist mein
größter Wohlthäter gewesen und hat mich stets als ein Vater
behandelt, vier Jahre war ich sein Adjutant, Cabale wollte
ihn einst zu Grunde richten, verfehlte aber ihr Ziel, und er
kann sich noch heute der unbegrenzten Gnade des Königs erfreuen, der sein Verdienst zu würdigen weiß. Während meiner
Dienstzeit habe ich sein Vertrauen gehabt, während seiner ihn
bedrohenden Ungnade nicht verloren, und hoffe es auch ferner
mir zu erhalten. — Er war von meiner Heimkehr benach-
richtigt durch einen von Ystad geschickten Courier, welcher
Depeschen an den König hatte, doch erwartete er mich erst den
folgenden Tag. Desto freudiger war meine Aufnahme, eilend
wurde ein Feldbett für mich in seinem Zelte aufgeschlagen, wo
ich auch jetzt noch hause. Da wir uns unter vier Augen sprachen,
frug er mich nach meinem Aufenthalt in Weimar; erstaunt
über diese Interpellation, erfuhr ich, daß die Durchlauchtigste
Herzogin die Gnade gehabt hatte, an die Markgräfin zu
schreiben, die sich bei dem Könige nach mir erkundigte, und
dieser sich weiter von dem Kriegsminister darüber Rapport er-
statten ließ — ich hoffe, daß dieser günstig ausgefallen sein
wird. Ferner theilte er mir mit, daß er mich als seinen ersten
Adjutanten zur Dienstleistung jetzt von dem König begehrt habe,
was ihm bewilligt worden sei. Morgen früh würde ich dem
Manöver als solcher beiwohnen und nachher mich bei Sr.
Majestät dem Könige melden. Ich ging zur Ruh, froh über
diese günstigen Aussichten. — Um 9 Uhr hatte ich bereits
Ordre, bei Sr. Majestät einzutreten. Nach Anhörung meiner
Reiserelation richtete Se. Majestät Fragen an mich, Sie,
theuerstes Fräulein betreffend, ich durfte auch meine eigene
Lage schildern, sowohl in ökonomischer als militärischer Be-

ziehung. Ich sprach, wie's mir mein Herz eingab, der König war gerührt und versicherte, daß mein Glück, so viel in seiner Macht wäre, sollte gemacht werden. Die Unterredung dauerte über eine Stunde. Schließlich sagte mir der König, ich würde der Durchlauchtigsten Markgräfin präsentirt werden, welches auch am 11. geschah. Bei dieser Gelegenheit nahm ich mir die Freiheit, meine Herzensangelegenheit nebst meinem kleinen Ich ihrer Gnade bestens zu empfehlen, mit den gnädigsten Ausdrücken wurde ich entlassen.

Zürnen Sie mir nicht, gnädigstes Fräulein, wegen dieser Mittheilung eines Geheimnisses, welches ich bei mir aufzubewahren versprochen hatte, aber Schweigen in dieser Lage hielt ich für thöricht, mit Spannung und Sehnsucht erwarte ich die Beantwortung dieses Briefes, schreiben Sie mir bald Ihre Beistimmung.

Schon seit vier Jahren war ich zum Ritter des Schwertordens ernannt, mit der speciellen Erlaubniß, das Kreuz sofort zu tragen, da nur einmal des Jahres der Ritterschlag geschieht und ich durch Veranlassung meiner Reise nicht gegenwärtig sein konnte. So kam es, daß ich noch nicht förmlich den Ritterschlag erhielt. Aus besonderer Gnade machte der König jetzt eine Ausnahme, und ich wurde am Sonntag, den 23. Mai, im Beisein des Hofes förmlich dem Orden einverleibt und legte öffentlich den Eid ab, den ich schon lange in meiner Seele geschworen hatte. Die Markgräfin war eine der ersten, die mir Glück wünschte, und versicherte, daß sie es nicht unterlassen würde, an die Durchlauchtigste Herzogin zu schreiben. Aus dem Gespräch mit ihr entnahm ich, daß der König schon meiner gedacht hatte. Nur noch wenige Worte über meine tägliche Beschäftigung: Des Morgens fünf Uhr zu Pferde, bis neun Uhr das Exerciren der Cavallerie mitgemacht, nachher bis halb Eins eingetroffene Briefe beantwortet und andere schriftliche Dienstsachen erledigt, und mit dem zweiten Frühstück in der Tasche um vier Uhr Nachmittags wieder aufgesessen und bis gegen sieben Uhr exercirt, von acht bis neun Uhr gegessen, und dann mit den Kameraden freundschaftlich geplaudert

bis gegen zehn Uhr, auch elf Uhr, wenn der General im Lager
zugegen ist. So bleibt mir nur die Mitternachtsstunde für
Privat=Correspondenz, aber was sind einige Stunden mehr
oder weniger Schlaf gegen das Vergnügen, mich mit Ihnen
auch aus der Ferne zu unterhalten. Legen Sie mich zu Füßen
der Durchlauchtigsten Herrschaften, küssen Sie die Hand Ihrer
theuren Mutter und glauben Sie mich als Ihren treuesten Freund

Helvig.“

Amalie an Helvig.
10. Juni.

„Mit tausend Freuden habe ich Ihren Brief vom 24. Mai
erhalten, der mir von Ihrer Gesundheit ebenso wie von Ihrer
Stimmung die besten Nachrichten giebt. Ihre Schiffsgefahren
erschreckten mich anfangs, da Sie aber selbst mit so guter Laune
davon sprechen, so war ich nur dankbar für Ihre Bewahrung.
Die gnädige Aufnahme, deren Sie sich bei Sr. Majestät dem
Könige von Schweden zu erfreuen hatten, beglückte auch mich!
Seine menschliche Theilnahme gegen Sie auch außer der Be=
ziehung Ihres Reiserapportes, rührten mich wahrhaft bei einem
so jungen Monarchen, sie bezeichnet wahre Größe des Herzens;
darf ich Ihnen gestehen, daß ich stolz bin in dem Gedanken an
Sie und an Ihren König?

Die Herrschaften verreisen auf zwei Monate, unsere Her=
zogin muß ein Bad gebrauchen und wird dann noch einige Zeit
in Baden zubringen. Die Prinzessin begleitet sie und die Hof=
damen verreisen nach allen Weltgegenden. Ich freue mich zu
bleiben, um eine Menge Dinge, die ich angefangen, zu voll=
enden. Die Ruhe wird mir wohl thun, ich fühle einen regen
Trieb zur Arbeit, ein neues Leben ist in mir aufgegangen.
Vor nicht langer Zeit überreichte mir die Herzogin zum Durch=
lesen das von Ihnen erwähnte Militärzeugniß des Kriegs=
ministers. Ich gestehe, daß es mich kaum zufrieden stellte:
obgleich in den ehrenvollsten Ausdrücken abgefaßt, sagte es mir
nicht mehr als ich schon wußte, und damals schien es mir, als
habe sich der König dadurch alles weiteren Antheils entledigt.

Ihr Brief hat mich vom Gegentheil überzeugt und mir viel
Hoffnung für die Zukunft gegeben. Sie werden immer so gut
als tapfer handeln, so bieder als klug sein — warum sollten
Sie nicht den Lohn dieses Betragens ernten? Gott sei mit
Ihnen, erinnern Sie sich getrost des Versprechens, das ich
Ihnen den letzten Morgen Ihres Hierseins gegegeben habe —
Sie erwiderten damals: Vertraue Helvig.

Ich bin froh, den dummen Klatsch beendet zu wissen; daß
Sie hingegen offenherzig gegen diejenigen waren, die Ihr
militärisches Schicksal bestimmen, kann ich nur loben und mich
dessen freuen. Kein Mädchen wird durch die Achtung eines
edlen Mannes compromittirt, und da Sie von mir selbst wissen,
daß die Erfüllung Ihres Wunsches auf Sie selbst ankommt, so
müssen Sie natürlich die Schritte thun, welche Ihnen am zweck=
mäßigsten erscheinen — ich glaube, wir können uns einander
wechselseitig ohne Erröthen nennen. Der Gedanke an Sie führt
mich ruhig durch das Getümmel der Gesellschaften und schmückt
mit freundlichen Bildern meine Einsamkeit. Lassen Sie mich
bald von sich hören und so wie ich Sie für meinen besten Freund
halte, geben auch Sie mir diesen vielumfassenden Namen. Die
Herzogin dankt Ihnen für Ihr Andenken — meine Mutter
grüßt Sie freundlichst, so auch die Schwestern. Ich hoffe,
unsere Gedanken begegnen sich wenigstens jeden neuen Morgen.

Ihre Freundin Amalie von Imhoff."

XIV. Capitel.
Herber Verlust.
Tagebuch.
Sonnabend, 12. Juni.

„Ich war diesen Abend bei der Schiller mit Frau von Kalb,
er Schiller war im Theater. Es ist ein Improvisator hier
aus Italien, er soll viel Talent haben und ich werde ihn
kennen lernen."

— 75 —

13. Juni.

„Ich kehrte heute aus der Kirche und darauf folgendem
Spaziergang mit den Schwestern heim, als sich Böttiger mit
dem Improvisator Scotes bei mir für den Nachmittag ansagen
ließ. Ich bat Schillers und den kleinen Bibliothekar, der ein
starker Italiener ist. Böttiger rühmte den Künstler und als
wir über Tasso sprachen, bat ich ihn, mir etwas zum Lobe
dieses Dichters zu sagen. Scotes that es ohne sich zu besinnen,
und ich mußte wirklich die prompte Einbildungskraft und glück=
liche Combinationsgabe bewundern, doch konnte ich auch einige
Reminiscenzen bemerken, was aber freilich natürlich ist. Ich
verstand das Italienische vollkommen, und wir schieden mit
wechselseitigen Complimenten; den übrigen Tag viel Menschen
sehen müssen — könnte ich doch gleich mich in Deine Arme retten.“

14. Juni.

„Die Herzogin bekam Nachricht, daß ihre Schwester den
18. nach Caffel kommt und wird übermorgen dahin abreisen,
gleichzeitig kam ein Brief von der guten Erbprinzessin, die auch
von Dir geschrieben und unserer Herzogin meldete, daß der
König sehr von Dir eingenommen sei und viel für Dich thun
werde. — Wie liebe ich Dich dafür, daß Du offen, entschlossen
und thätig bist; mir ist’s, als hätte ich ein großes Kapital in
die Hände eines Millionärs gegeben, so sicher scheint mein
Geschick in Deinen Händen zu ruhen.“

Dienstag, 15. Juni.

„Diesen Morgen erhielt ich ein sehr schmeichelhaftes Gedicht
von dem italienischen Dichter, der auf diesen Nachmittag eine
sogenannte Academia ankündigte und auf meine Rechnung alle
Wunder schob, die seine Muse diesen Abend zu machen sich
bereite. Dieser Weihrauch kommt mir kaum bis an die Nase!
ich verstehe die Olympischen Götter, die sich wenig darum
kümmern, wie viel Hekatomben man ihnen bringt und nur
denen Gutes gedenken, die sie lieben. Wir versammelten uns
in dem Saal, welchen Gräfin Egloffstein zur Disposition
gestellt hatte, und mir wurde die Aufgabe übertragen, dem

Improvisator den Text zu geben. Ich schlug vor: Die Flucht
der Musen aus Griechenland nach Italien. Er führte das
Thema befriedigend durch. Aber zu meiner Genugthuung begegnete ich mich im Urtheil mit Goethe darüber: daß Scotes
sich hauptsächlich auf Details über die Dichter eingelassen hatte
und das eigentlich poetische Motiv des Gegenstandes vernachlässigte.
Ich ging bald nach Hause und fühle, daß ich eine Krankheit
zu überstehen habe. Eine Erkältung trägt wohl Schuld daran,
daß ich einen Schwindel empfinde."

Eine Lücke zeugt von schweren Ereignissen.

Montag, 5. Juli.

"Ein langer Zwischenraum trennt diese Zeilen von dem
letzten Absatz. Ich habe in dieser Zeit viel gelitten und die
Masern überstanden. Als ich erkrankte, ohne daß man noch
wußte, was es war, besuchte mich meine gute Großmutter,
Frau von Schardt, ich konnte mich schwer aufrecht erhalten,
als ich sie die Treppe heruntergeleitete. Ach Gott, es war
das letzte Mal, daß ich der würdigen, heißgeliebten Frau die
theure Hand küßte! Sie ist nicht mehr auf Erden, sie ist zu
dem ewigen Leben eingegangen. Eine Erkältung hat wohl ihren
Tod beschleunigt, sie starb nach neuntägiger Lungenentzündung.
Ich mußte indeß die Masern in meinem Gefängniß hier abwarten; sie waren sehr gutartig, und ich bin froh, sie überstanden
zu haben, aber Gott weiß, was ich gerade in dieser Zeit durch
die Trennung von meinen Verwandten gelitten, die wegen der
Ansteckung abgesperrt waren. Ich hörte von der Lebensgefahr,
in der sich die liebe Großmutter befand, ohne ihr nahen zu
dürfen. Vielleicht hat Gott mir das Schwere ersparen wollen,
die Selige leiden zu sehen, ohne helfen zu können. Ihre starke
Natur hat gewaltsam mit dem Tode gekämpft, bis zum letzten
Augenblick war sie sich ihrer selbst bewußt, und ihre verklärte
Freundlichkeit dabei bewegte aller Herzen bis auf das tiefste.
Ich kannte und liebte sie und unvergeßlich wird mir ihr Vor-
bild bleiben. Könnte ich doch bei diesen Worten meinen Kopf
an Dein treues Herz legen."

— 77 —

Dienstag, 6. Juli.

„Ich komme von meinem erſten Ausgange zurück, vom Be=
gräbniß meiner Großmutter. Die Rede wurde in der Kirche
gehalten, in tiefſter Trauer fuhren wir dorthin, ich kann Dir
meinen Schmerz nicht beſchreiben — ich habe die Selige weder
krank noch todt ſehen dürfen, ſo iſt mir der Verluſt wie ein
dumpfer Traum, aus dem ich erwachen möchte. Die Ode von
Klopſtock „Wie ſie ſo ſanft ruhn“ wurde ohne alle Inſtrumental=
begleitung von Knabenſtimmen geſungen, ſo ſchön, als ob man
einen Engelchor hörte. Ich kann nicht weiter ſchreiben, Thränen
ſind die einzige Erleichterung für mein Herz.“

Mittwoch, 7. Juli.

„Die Mutter aß mit den Schweſtern bei mir und wir
brachten den Abend bei Tante Stein zu, die ebenfalls tief
ergriffen iſt von dem Verluſt.“

16. Juli.

„Erſt heute kann ich mich entſchließen, das Tagebuch fortzu=
ſetzen.

Richter (Jean Paul) war dieſen Morgen bei mir, er
kommt von Meiningen mit ſeiner Frau, er ſcheint mir ruhiger
und zuſammenhängender geworden zu ſein, wir vertrugen uns
recht gut zuſammen, was ſonſt nicht der Fall war, da er mich
früher der Kälte beſchuldigte. Ich habe ſeitdem auch manches
erfahren und gelitten und mein Gemüth iſt vielleicht weicher
geworden, ſo ſtimmen wir beſſer zuſammen. Den Abend war
ich bei der Mutter.“

17. Juli.

„Heute überſetzte ich eine franzöſiſche Erzählung, die ge=
druckt werden ſoll — ſie iſt einfach und edel gehalten. Den
Nachmittag ging ich mit den Meinigen ſpazieren, wir mußten
einen heftigen Sturm aushalten, der ein drohendes Gewitter
vorbeiführte, der Abend war dafür entzückend ſtill und kühl.
Der Mond ſtieg in feuchtem Glanz aus den Gewitterwolken

empor und wurde von einem seltsamen Strahl wie mitten
durch getheilt, Silberwolken schwammen über ihn dahin, meine
Seele verlangte nach dem Freund, das herrliche Schauspiel mit
ihm zu genießen. Ich habe die Übersetzung in Druck gegeben
und 15 Louisd'ors damit verdient. Du siehst, daß Du eigent=
lich eine reiche Frau bekommst, die in einer Woche so viel er=
werben kann."

18. Juli.

„Diesen Abend brachten wir in Tiefurt mit Wieland zu
und fanden dort ein Fräulein von Feuchtersleben, die Richter
einmal heirathen wollte. Daß er diesmal nicht Wort gehalten,
kann ich nur loben, denn es ist ein excentrisches Geschöpf, die
mit vielleicht viel Geist ebenso viel Ziererei und falschen Ver=
stand hat. Ich stellte mich wie Ulysses an den Mastbaum ge=
bunden, um nicht in das gefährliche Unternehmen gezogen zu
werden, ihren hochfliegenden Ideen in die Lüfte zu folgen,
welches ich wenigstens ebenso bedenklich hielt, als eine Schiff=
fahrt von Ithaka. Sie machte unsern alten Wieland ganz
böse, als sie ihm die größten Schmeicheleien sagte; er wies sie
in seiner schlichten, liebenswürdigen Einfalt sehr entschieden
zurück. Als sie fort war, lachten wir herzlich über die ver=
künstelte Erscheinung."

22. Juli.

„Ich kann in meiner Stimmung jetzt besser malen als
schreiben, darum sind Lücken in meinem Tagebuch, aber ich bin
fleißig gewesen und habe die Copie der kleinen Madonna voll=
endet und ein kleines Bild begonnen. Ich schrieb an Goethe,
Reichardt und unser Prinzeßchen, heute erhielt ich durch den
Prinzen Bernhard, der zurückkehrte, einen Brief von der ge=
liebten Prinzessin Caroline. Fräulein von Göchhausen besuchte
mich und wunderte sich über meine Zurückgezogenheit und besah
meine Arbeiten — aber wie wenige mögen sich rein am Guten
erfreuen und ohne Neid, als ein schönes Geschenk Gottes an

den Menschen, das Talent aufnehmen. Weißt Du wohl, daß mich Dein Schweigen beunruhigt?"

23. Juli.

„Ich muß Dir doch sagen, daß ich in einem politischen Journal die wahrscheinliche Ursache Deines Schweigens fand. Dein König ist zu einem Lager nach Finnland abgereist und Du bist ohne Zweifel auch dabei. Diese Nachricht beruhigt mich, ohne mich zu befriedigen — ich kann Dich vollkommen entschuldigen, aber mein Herz bleibt immer noch voll Sehnsucht, und sie wird schwerlich durch emsige Arbeit zum Schweigen gebracht werden. Ich möchte Dir, durch alles das, was ich jetzt leiste, gern ein Bild von mir darstellen, aber doch ist das Beste im Menschen verborgen und nur die alltäglichen Naturen können sich von der Menge beurtheilen lassen nach dem, was sie äußerlich thun — während bei manchen Menschen es schon genügt, daß sie leben, daß ihre Eigenthümlichkeit existirt, daß ihr Geist still wirkend waltet. Es ist doch ein eigenes Ding um die nicht bloß erdachte, sondern eigentliche Liebe — sie ist die höchste Aufopferung, der reine Trieb der Natur! es giebt keinen Heroismus, dessen ein liebendes Herz nicht fähig wäre. Der Gegenstand ist dann nicht mehr getrennt von uns, er ist eins mit unsern Ideen und Gefühlen, es giebt keine Hoffnung für uns, in die er nicht verwoben, und keine Ent= sagung, die durch dieses Prinzip nicht Gewinn wäre. Kennst Du diese Liebe? — ich hoffe, Du sagst mit mir ein ehr= liches Ja.

24. Juli.

„Tieck, ein junger Bildhauer, trank den Thee bei uns. Ich kannte ihn schon lange dem Namen nach, er ist ein vielver= sprechender Künstler, nur läßt er sich selbst zu viel hingehen und anderen zu wenig. Frau von Kalb war auch da und erstaunte im Gespräch mit mir über manche meiner Urtheile, aber es giebt im Menschen ein Ahnungsvermögen, was uns Frauen als Ersatz für scharfe Kritik gegeben wurde."

25. Juli.

„Ich habe fleißig an meiner Madonna gemalt, es ist die schönste und schwerste Aufgabe, die ich noch hatte. Weil ich fleißig bin, bilde ich mir zuweilen ein, auch glücklich zu sein, — aber ich bin es nicht — es muß besser mit mir werden oder enden. Jetzt lebe ich wie auf einer Insel und versenke mich tiefer und immer tiefer in mein eigenes Ich — da finde ich wohl Stoff zum Nachdenken, zur Freude, zum Mitleid mit mir, auch zum strengen Tadel gegen mich. Aber wo soll das hinaus? ich bedarf eines heiteren Herzens, wie das Deine, um mich selbst zu vergessen."

26. Juli.

„Heute feierten wir zum Andenken an den Geburtstag der Prinzessin Caroline den Tag in Tiefurt. Als eben der Wagen des Prinzen Bernhard mich abholte, hatte ich in Eile noch ein paar Stanzen für das Geburtstagskind geschrieben. Wir fanden in Tiefurt meine Schwestern und noch einige Gespielinnen der Prinzessin. Das Frühstück wurde eingenommen, mein Lied gesungen und dann spazieren gegangen — ich hatte dabei ernste Gespräche mit Prinz Bernhard. Am schönsten Abend fuhren wir zurück und stiegen am Park ab vor dem Hause meiner Tante Stein, wo sich unter den Orangenbäumen alle Bekannte stets versammeln, um die Spaziergänger im Park zu sehen. Eben kam Frau von Kalb mit Meyer die Hauptallee entlang, ich sprang ihnen mit freudigster Aufwallung entgegen. Es sind wohl zwei Monate, daß ich meinen alten Freund nicht gesehen, der mir, als ich an den Masern krank lag, melden ließ, daß er nach Lauchstädt zu Goethe gehe. — Aber ach, ich sehe täglich mehr, daß man vergebens einen Freund zu erhalten sucht, wenn man ihn als Bewerber verschmäht. Wenn Du je einen Freund besaßest, der Dir alles war, den Du wie ein höheres Wesen betrachtetest — dann kannst Du begreifen, was ich empfinde, wenn ich mir klar sagen muß, daß ich ihn verloren habe? Den Freund, der seit meinem 15. Jahre mich bildete, mir treu und immer gleich anhing, mich anfeuerte, ohne mich zu überspannen, mich lobte, ohne mich eitel zu machen —

ich ſoll ihn aufgeben! und kann ich anders, darf ich anders?
— Er lebt nun einſam in feindſeliger Verſchloſſenheit und alles,
was ich anwenden möchte, ihn zu erheitern, würde mehr eine
Sünde von mir, als eine Wohlthat ſein. Ich bin nicht ſtark
noch ſelbſtſüchtig genug, um mich durch Deine Liebe ganz für
dieſen Verluſt und ſeinen Schmerz getröſtet zu finden — mein
Herz blutet, daß es nicht dankbar ſein darf und nicht undankbar
erſcheinen möchte."

27. Juli.

„Schon früh eilte ich zur Mutter, deren Geburtstag heute
iſt. Wir gaben ihr mit vielen Blumen und Kuchen allerlei,
was ſie ſich ſelbſt verſagt, um ihre Kinder zu verſorgen. Die
liebliche Flavie Fümel brachte ihr auch eine Handarbeit. Es
rührt mich, daß die Kleine meinen Bruder ſo zärtlich liebt und
daß die armen Narren doch vielleicht nie glücklich zuſammen
werden können, des leidigen Geldmangels halber. Ich gab einen
Thee im Park, Goethe wurde durch den luſtigen Vetter Stein
dahin abgeholt, und Schiller war auch dort. Man ging
ſpazieren und noch bis zur ſpäten Abendſtunde blieb meine
Mutter bei uns, ſie kann ſich von dem Verluſte der guten
Großmutter ſo ſchwer erholen. Wir ſchicken unſere koſtbarſten
Güter, die wir beſeſſen, vor uns her in eine Welt, die uns
noch unbekannt, die uns aber durch ſie ſchon eine Heimath
ſcheint. Pope ſagt irgendwo:

> If Heaven would kindly set us free
> And Earth's Enchantement end,
> He takes the most effectual Means
> And robs us of a Friend.

Du haſt noch immer nichts von Dir hören laſſen, wo weilſt
Du denn? ich möchte gern ruhig ſein und bin es doch gar
nicht — liebſt Du mich nicht mehr?"

28. Juli.

„Ich arbeitete heute an der Legende,[1] die zum Druck be=
fördert werden ſoll. Es iſt eine Freude, aber auch eine

---

[1] St. Eliſabethen-Brunnen.

Mühe, ein Werk, es sei noch so klein, durchzugehen, den besseren Ausdruck, den richtigen Sinn, das wohllautendste Wort sorgsam aufzufinden und alles, was man in der ersten Hitze der angeregten Phantasie hingeschrieben hat, mit reinem, stillem Verstand zu prüfen, der scharfen Kritik zu unterwerfen. Es gehört viel Beharrlichkeit dazu, und dies ist es, glaube ich, was die meisten Frauen von jeder Künstlerschaft abschreckt. Es ist dasselbe, was die Anatomie dem Maler sein muß. — Wenn Angelika Kaufmann die lieblichsten Gestalten erschafft, so sitzt irgend ein Arm oder Kopf falsch am Gelenk, auf dem Rumpf, und die Harmonie wird gestört. An dieser Oberflächlichkeit trägt die Erziehung der Frauen die Schuld. Man lehrt uns statt Haushalt und ernste Kunst unbedeutende weibliche Arbeiten. Die nämliche Frau, die keinen ernsthaften Geschäftsbrief bis zu Ende lesen, noch weniger ausführlich beantworten mag, sitzt Wochen, ja Monate lang am Stickrahmen, um eine unbedeutende Zierde ihres Anzuges oder Ameublements zu verfertigen — ich werde mich nie von der Zweckmäßigkeit dieser Beschäftigung überzeugen können. Auch der Mann muß sich eine tüchtig und ernst durchgebildete Frau wünschen."

29. Juli.

„Den Abend brachten wir bei Tante Stein zu, wo ich meine kleine Übersetzung von Sara Th.... vorlas. Sie theilte uns aus Briefen ihres Sohnes Fritz mit, und man bekam den Eindruck, daß er durch sein Streben seinem Namen Ehre machen wird."

30. Juli.

„Den Morgen über gearbeitet, den Nachmittag die Geschwister zum Spaziergang zusammengetrommelt. Wir blieben bis gegen acht Uhr im Freien und dann bei der Mutter, Ernst war auf Urlaub und erzählte uns vom Manöver. Wo tummelst Du jetzt Dein Roß, liebster Mann? — Wenn ich morgen wieder keine Nachricht erhalte, dann — ja was dann? — ach ich

6*

werde Dich doch immer lieben, obschon Du mich kränkst, ohne
es zu wissen. Aber vielleicht bringt mir Dein Brief erfreuliche
Neuigkeit — ich träume fast alle Tage von Dir und letzthin
war's mir im Traum, als trätst Du in die Thüre, und als ich
Dich sah und vom Sopha aufspringen wollte, Dir entgegen zu
eilen, fiel ich so tief, als man eben im Traum fällt. Möchte
mich ein Brief von diesem Fall erheben."

31. Juli.

      „Er hat es gethan, denn ich halte Deinen Brief in meinen
Händen, aber ich bin noch nicht befriedigt, er gelangte so spät
hierher und ich weiß jetzt nicht, wo Dich meine Gedanken
suchen sollen."

XV. Capitel.
Jugenderinnerungen Helvigs.

Helvig an Amalie.

Christianstadt, 31. Mai.

      „Nur bis zum 29. konnte ich den Waffenübungen der
Centauren beiwohnen, da ich den Befehl erhielt hierher zu
reisen und einige Versuche mit dem groben Geschütz zu machen;
es wird einige Tage ziemlich scharf hergehen, doch hoffe ich,
daß dieses Mal sowohl meiner, als alle die andern Köpfe sollen
außer Gefahr sein.

      Ich hatte in meinem vorigen Brief versprochen, nicht eher
zu schreiben, als bis derselbe beantwortet sei, ich sehe aber,
daß es mir unmöglich wird dies zu halten, und will Ihnen
doch wenigstens die Bestimmung meines periodischen Aufenthalts jetzt für einige Monate voraussagen. Meine Arbeiten
dauern hier bis zum 6. Juni, wo ich früh vier Uhr zum
Kriegsminister reise, der sich zehn Meilen von hier im Lager

aufhält. Von dort gehe ich mit demselben nach Westergoth=
land und weiter nach Gothenburg, wo wir am 24. eintreffen
müssen, um die dortige Artillerie die Musterung passiren
zu lassen, dann noch eine kleine Reise nach der nordischen
Grenze, und alles so eingerichtet, daß wir Ende Juli zu einer
Überfahrt nach Stralsund bereit sind. Der dortige Aufenthalt
wird nicht über acht bis zehn Tage dauern, da wir schon
am 18. August in Stockholm eintreffen müssen, wo die ernst=
haften Arbeiten ihren Anfang nehmen werden. Ich nahm
mir die Freiheit, diese vielleicht zu detaillirte Marschroute
mitzutheilen, um der Freundin die Gelegenheit einer Wohlthat
für Helvig zu geben, der vergeblich einen Brief in Stralsund
vorzufinden hoffte. Kein Muselmann kann sich mehr auf seine
Wallfahrt nach Mekka freuen, als ich mich auf die Ankunft in
Gothenburg, wo ich vor vierzehn Jahren meine militärische Lauf=
bahn angetreten habe, wo ich in einem Jahre mehr Fasttage
machen mußte, als der strengste Mönchsorden vorschreibt. Leider
sind viele meiner ältesten Bekannten schon von diesem Can=
tonnement in das ewige Quartier einberufen werden. Den
1. Juni. Heute hat mit dem Donner der Kanonen meine hier
vorzunehmende Waffenübung begonnen, es schien aber, als
wenn wir dem alten Vater Zeus bei ungelegener Zeit zu viel
Donner machten, er fing an schrecklich dazwischen zu blitzen und
uns mit Wasser zu überschütten, was unsern Munitionsvor=
rath leicht verdorben hätte. Da wir im freien Felde nicht
aushalten konnten, verschanzten wir uns hinter einem gut be=
setzten Kaffeetisch mit dem Trost, daß dies aller Wahrschein=
lichkeit nach die von den Spartanern so genannte schwarze
Suppe sei. Die Post eilt und ich werde mehr schreiben,
wenn ich den sehnlich erwarteten Brief erhalten habe.

Helvig."

Tagebuch.

Juli.

„Die Sonne ging herrlich unter, nach Deinem Brief mußtest
Du in diesen Tagen überschiffen, Gott geleite Dich überall.

Wir waren im Freien bei Tante Stein und tranken Thee vor
ihrem Haus. Du bist unruhig, mein Freund, aber hoffentlich
nun nicht mehr, denn gestern oder heute mußt Du meinen Brief
vom 10. Juni erhalten haben. Wenn Du nur wüßtest, wie
sehr mir Dein Brief gefallen hat, Du wahrer, lieber, edler
Mann. Mein Bruder Ernst war auf Urlaub hier, morgen be=
gleiten wir ihn bis an die Grenze. Er ist ein braver, schöner
Junge; ich glaube, Dein Umgang würde sehr günstig auf ihn
wirken, denn seine Fähigkeiten bedürfen einer bestimmten An=
leitung, noch fehlt ihm jenes selbstthätige Feuer, welches einen
so bedeutenden Zug Deines Charakters ausmacht.

Ich las kürzlich eine Reisebeschreibung nach Schottland
von einer Frau v. Berlepsch und erfreute mich der Schilderung
des Nationalcharakters der Berg=Schotten, sie erinnerte mich
lebhaft an Dich, mein Freund, mir war als hättest Du zu
diesem Bild gesessen, sogar die Ursache dieses eigenthümlichen
Charakters schien mir auf Deine Lage und die Entwicklung
Deines Schicksals zu passen, so lese ich Dich in die Bücher
hinein und heraus — aber wo findest Du mich? doch nicht
bei dem Donner der Geschütze oder dem lärmenden Rufe
der Commandos? — Nur in Deiner Seele kann sich das Bild
der Freundin spiegeln, möge dieses Glas immer ungetrübter
sein, damit mein Antlitz darin in froher Hoffnung und Zuver=
sicht leuchten kann. — Eben erhalte ich Deinen zweiten Brief,
der nur zwölf Tage für die Reise brauchte, und eile ihn zu
beantworten."

Amalie an Helvig.

30. Juli.

„Sie sehen aus meinem Brief, wie lange ich auf Nach=
richten von Ihnen warten mußte. Da ich ausgerechnet habe,
daß diese Zeilen Sie noch in Stralsund finden können, lege ich
alles bei Seite um zu schreiben. . . . . (Sie theilt Helvig
den Tod der Großmutter mit, berichtet dann wie im Tagebuch
von ihrer eigenen Krankheit und fährt im Brief fort:) Da Sie
den 18. August in Stockholm einzutreffen gedenken, so möchte

ich Sie bitten, in freier Zeit auf der Reise am 16. August sich
meiner zu erinnern, es ist der Tag, an welchem Ihre Freundin
das Licht der Welt erblickte; senden Sie Wünsche zu Gott, daß
auch Sie sich dieses Daseins künftig erfreuen mögen, ich werde
Mittags zwölf Uhr und Abends zehn Uhr meine Gedanken gen
Norden richten. So lieb mir Ihr Brief und Reise=Journal
ist, so möchte ich doch etwas mehr darin finden, es wird mir
schwer, daß ich selbst Schranken setzte, die Sie vielleicht ein=
engen. Da die Herrschaften abwesend sind, zeichne ich am Vor=
mittag oder setze manches Zurückgebliebene in Ordnung mit
der Nadel, dann speise ich bei meiner Mutter, die glücklich ist
mich recht füttern zu können, und dieses ruhige Leben bekommt
mir vortrefflich.

Recht bald hoffe ich von meinem Freund wieder zu hören,
und indessen ich Copien und Portraits male, mag der Pulver=
rauch verdampfen und eine helle Zeit nach und nach herannahen.
Sagen Sie doch, ob es Ihnen Freude machte, wenn ich reiten
lernte, ich hätte kein Interesse daran, wenn es nicht in Bezug
auf Sie wäre, darum können Sie mir aufrichtig darüber ant=
worten. Leben Sie tausendmal wohl, mein Freund, ich hoffe
bald auf Nachricht.

Ihre Amalie."

Helvig an Amalie.

6. Juni.

„Abends um acht Uhr kam ich von Christianstad auf
Tomarp, dem Wohnsitz des Kriegsministers Baron Cederström
an und um vier Uhr früh war ich auf der Reise nach Gothen=
burg. Vor vierzehn Jahren hielt ich hier Einzug als Sergeant
zu Fuß, und jetzt komme ich im eigenen Wagen. Jedes Dorf
und Hütte, wo ich im Quartier gelegen, habe ich mit unaus=
sprechlichem Vergnügen besucht. Nichts störte mich, ich war
allein und konnte dem Strom meiner Gedanken freien Lauf
lassen. War damals die Zukunft in undurchdringliche Finsterniß
gehüllt, so schien mir jetzt mein Glückstern in vollem Glanz zu
leuchten. Damals weinte ich aus Unmuth, nicht bei der ersten
kriegerischen Affaire gegenwärtig gewesen zu sein, jetzt mußte

ich mit Dankgefühl gegen Gott Seiner wunderbaren Bewahrung und Leitung gedenken. Den 9. kam ich nach Warberg, einer kleinen Festung, wo ich zwei Jahre in Garnison gestanden hatte. Dort erhielt ich die traurige Nachricht, daß der damalige Commandant, Obrist-Lieutenant Ritter Mannerschanz, schon seit zwei Monaten begraben sei. Ihm habe ich viel zu verdanken! — Nie war ich der Verführung und folglich dem Sturz in den Abgrund der Ausschweifung so nahe als 1786, nie wachte mein Schutzengel ängstlicher über meiner sittlichen Aufführung als damals. Ich war auf einige Tage aus dem Taumel der Vergnügungen herausgerissen und commandirt, ein Artillerie-Commando nach Warburg zu führen. Dort traf ich den Commandanten Mannerschanz, sein freundliches, kriegerisches Äußere nahmen mich gleich für ihn ein, sein gebildeter Verstand machte, daß ich Ehrfurcht und Vertrauen zu ihm gewann. Er hat später gestanden, daß auch er mich gleich lieb gewonnen hätte. Er stammte aus bürgerlicher Familie und war durch sein Verdienst geadelt. Seine Wohnung war geschmückt mit einer Sammlung trefflicher Bücher, besonders Geschichts- und Militärwerke. Nach dem Essen wurde die Festung besehen, ich war mit dem Commandanten allein auf einer Bastion, welche ein schwedischer Capitän Zvarner so äußerst tapfer vertheidigte, daß die Dänen, welche bereits den Commandanten zum Gefangenen gemacht hatten, wieder abziehen mußten. Bei dieser Erinnerung edler Manneszucht wurde ich tief ergriffen, der Commandant sah meine Bewegung und wollte die Ursache kennen. Ich erzählte meine Lage, die äußere wie die innere, und bat, daß ich bei ihm auf der Festung bleiben dürfe, um nicht geistig und körperlich verloren zu gehen. Er umarmte mich und hat sein Wort, mir zu helfen, gehalten. Ich ward zum Trotz meines eigennützigen Compagniechefs auf die Festung commandirt und blieb unter der Aufsicht dieses mich väterlich liebenden Mannes bis zum Ausbruch des Krieges 1788. Leider habe ich ihn nie wiedergesehen, nie einen mündlichen Dank aussprechen können. Von meinen übrigen noch lebenden Bekannten wurde ich mit vieler Freude aufgenommen. Den 10. kam ich einige Meilen von Gothenburg auf ein dem Bischof Weingarten gehöriges Landgut. Den Riß zu dem Schloß und sonstigen Bauten hatte ich 1785 gemacht, aber nie ausgeführt gesehen. Der Bischof und seine Familie erkannten mich erst nicht, bis nach dem Thee die Erklärung erfolgte. Ich wünschte, Sie hätten, gnädiges Fräulein, dieser heiteren Scene beiwohnen können; der Bischof erinnerte sich mancher Anekdote aus meinem Unteroffiziersleben und seine Frau bestätigte sie, es war ein reizender Abend, der Ihnen gefallen hätte. Das mir angebotene Nachtlager mußte ich leider ausschlagen, da die Pferde schon bereit standen, mich nach Gothenburg zu bringen, wo die Artillerie manöverirte. Unsere Bewillkommnung war der Donner der Kanonen, leider fand ich Neid auf vielen Gesichtern aus= gedrückt, da mir das Gerücht vorangegangen war, daß ich auf Befehl des Königs gerade dieses Regiment erhalten sollte. Ich wußte noch nichts davon, aber es würde mir eine Freude sein, Chef eines Regiments zu werden, bei dem ich als armer Ar= tillerist durch Handgeld angenommen wurde. Den Unterricht und die Disciplin fand ich im Verfall, es müßte vieles ab= geändert und dem Regiment aufgeholfen werden. Ich habe den Plan dazu entworfen und werde selbigen zu den Füßen des Königs legen, jedenfalls kann dieser Schritt zu Gunsten des Regiments dienen. Meinen Wagen hatte ich voraus fahren lassen und hielt meinen Einzug in Gothenburg an der Spitze des Regiments mit voller Musik. Mein Gefühl dabei, ver= zeihen Sie diese Schwäche, kann ich kaum beschreiben. Tags darauf, nachdem mich ein Ständchen der Regimentsmusik ge= weckt, machte ich meine Visiten. In dem Haus, wo während eines Jahres in der Küche mein Nachtlager gewesen war, — die alte Baracke war abgebrannt — aber mein Wirth, der Kupferschmied, hatte sie an gleicher Stelle wieder aufgebaut; mancher Häring, manche Kartoffel wurde mir dort aus Er= barmen gegeben. Der Alte, mit seiner Mütze in der Hand, machte viele Complimente, seine Frau gleichfalls, keiner von beiden konnte sich meiner erinnern, bis ich fragte, ob sie den deutschen Carl denn ganz vergessen hätten. Nun folgte der alte, biedere Willkommen=Handschlag und ich wurde mit Fragen bestürmt, deren Beantwortung ich aufschob bis zu dem Abend, wo ich mit ihnen wieder Häring und Kartoffeln essen wollte. Von diesen braven Leuten ging ich zu meiner alten Marketenderin, bei der ich damals für einen halben Schilling meine Mittagssuppe kaufte, auch sie kannte mich nicht, und da ich noch nicht gefrühstückt hatte, forderte ich eine Portion Kaffee. Sie war erstaunt, daß ein Offizier sich in der Butike niederließ. Ich frug nach ihrem Sohn, der mit mir gemeinsam Posten gestanden hatte und ein braver Junge war, sie erzählte, daß er Unteroffizier und verheirathet sei. Nach dem Frühstück erinnerte ich sie an einen Artilleristen, dessen Schuhe einst verbrannten, weil er sie zum Wärmen zu nahe an's Feuer gestellt hatte und welcher hätte barfuß gehen müssen, wenn die gute Marketenderin ihm nicht ein Paar ihres Sohnes geschenkt hätte. „Sergeant Helvig!“ war ihr Ausruf — „Das bin ich und danke Ihnen für das Gute, was Sie mir damals aus herzlicher Liebe gethan.“ Ich mußte weg, mein Herz war zu voll, ganz zerstreut kehrte ich nach dem Artilleriehof, wo die Wachtparade schon aufgestellt wurde. Den andern Morgen besuchten mich verschiedene Invaliden und tranken auf mein Wohl ein Gläschen Branntwein. Dann machte ich die gestern versäumten Dienstvisiten und besuchte dann die Wachtstube, in der ich so manche Nacht theils als Wachthabender, theils als Arrestant zugebracht hatte. Einige Tage darauf erhielt ich richtig die Einladung meines alten Kupferschmieds zum Soupée, Kartoffeln und Häring, denen, zu Ehren des Tages, noch Pfann=kuchen folgten. Es war der froheste Abend, den ich in Gothen=burg verlebt habe, trotz aller angestellten Lustbarkeiten, die kein Ende nehmen wollten. Am 19. traf der Kriegsminister ein, wir machten in Folge unserer Bestimmung die Besichtigung der Vertheidigungswerke, waren auf einer großen Assemblée, wo alles, was schön sein wollte, sich producirte — hatten Gelegen=heit über die Schmeicheleien einiger Strohköpfe zu lachen und setzten unsere Reise weiter fort. Wir trafen am 23. in dem Standquartier des Kriegs=Präsidenten an; dort alles in Ord=

nung gebracht und kleine Visiten in der Nachbarschaft zu Pferde,
Fuß und Wagen gemacht. Am 25. reisten wir, der Präsident
mit seiner Frau (einer gebornen Gräfin Mörner) und ich von
Tomarp nach Lund, wo ich einen Major Klinsberg traf, welcher
gleichzeitig mit mir in Konstantinopel gewesen war. Er ist
seit einigen Monaten in Schweden und macht jetzt eine Reise
nach Holland und Frankreich. Seine Gesundheit ist sehr schwach,
aber sein Herz und Kopf um desto wohler. Wir wurden auf
einen Magister=Schmaus geladen. Evangelische Bischöfe und
geistliche Herren waren da, wir beide nur allein Weltkinder
und noch obenein von der Sorte, die keinen Werth auf die
äußere Farbe der Schwarzröcke legt. Die christlichen Herren
frugen so viel nach unchristlichen Ländern, daß wir bange
wurden, sie wollten uns zu einem Kriegszug gegen die Maho=
medaner anstacheln. Ich ließ meiner muthwilligen Laune freien
Lauf und zog eine Parallele zwischen dem Mufti und dem
Papst, welche die Lutheraner herzlich belachten. Den anderen
Morgen fuhr ich, am 26., früh vier Uhr nach Ystad, um mich
dort mit dem Kriegs=Präsidenten und dessen Frau zu einer
Reise nach Stralsund einzuschiffen. Meine Gesundheit ist durch
die anstrengenden anhaltenden Arbeiten und Hin= und Herreisen
nicht ganz gut, ich werde wohl eine Brunnenkur folgen lassen.
Selbst der König hatte die Gnade zu verbieten, daß ich über=
müdet würde, „weil Er“, wie Se. Majestät äußerte, „mich
noch länger zu gebrauchen wünsche“. Ich habe die sichere Hoff=
nung, noch vor Schluß des Jahres zu dem Posten zu avanciren,
welchen einst Torstenson und Steenbock bekleideten — selbst
meine Feinde räumen ein, daß ich diesen Platz als General=
Feldzeugmeister ausfüllen kann. Ich habe ungewöhnlich viel
gearbeitet und sehe noch ein ungeheures Arbeitsfeld vor mir,
aber gerade das stählt meine Kraft und meinen Muth, meine
Gesundheit ist jetzt nicht stark, aber mein heiterer Wille wird
dieses Hinderniß überwinden. Diese neue Aussicht schließt die
Nothwendigkeit der näheren Bekanntschaft von Schwedens Nachbar=
staaten in sich. Dazu werde ich diesen Sommer anwenden, ob ich
Dänemark oder Rußland zuerst besuche, ist noch unentschieden.

Aus diesen Zukunftsplänen wird meine Freundin ersehen,
daß ich aus voller Seele auch in Bezug auf sie erstrebe, was
ich ihr längst ausgesprochen habe. Die von ihr als Eigen=
heiten bezeichneten Charakterzüge Amaliens hindern nicht, daß
ich sie als mein weibliches Ideal schätze und liebe — sie selbst
wird sich überzeugen, daß sie mich glücklich machen kann. Auch
ich schilderte mich ohne allen Schmuck, so wie ich bin; ob das
wohl dem Ideal entspricht, das Amalie sich gedacht? — unaus=
füllbare Lücken wird auch sie bei mir finden — ich bin zu alt,
um eine Veränderung oder Ausfüllung derselben zu hoffen.
Sie wird mich ertragen, wie auch ich sie in keiner Weise anders
haben möchte. Ihre Charakterfestigkeit stimmt mit der meinen
überein, und die Wahrhaftigkeit ihres Wesens bildet den
größten Theil des Ideals, das ich mir von einer Frau ge=
schaffen habe.

Grüßen Sie Ihre liebe Mutter und Geschwister und bleiben
Sie heiter und glücklich, bis ich im künftigen Jahre, wie ich
versprach, mein Glück mit dem Ihrigen vereinigen darf.

Helvig.

Sie werden ein Bild erhalten und ich erhoffe ein Gleiches
von Ihnen."

Tagebuch.

Dienstag, 3. August.

„Endlich habe ich Deinen Brief vom 6. Juni bekommen!
Wenn Du nur schon wüßtest, wie sehr er mich entzückt hat,
Du wahrer, Du edler und lieber Mann. — Ich habe auch Dein
Bild, mein Geliebter! Dein freundlich sprechendes, so sehr ge=
troffenes Bild! der Brief ließ mich so etwas vermuthen, aber
daß ich es schon heute erhielt, war mir eine unaussprechliche
Freude. Eben steht es vor mir auf dem erhöhten Schreibpult
und schaut mich so liebevoll an, als wärst Du es selbst. Es
ist ausdrucksvoll und ernst, wie ich Dich am liebsten sah, —
der Ernst paßt für den Mann — Deine Blicke scheinen mich
zu suchen, wie ich es hier gewohnt war. Ich bin kindisch mit
diesem Geschenk, ob es mir gleich nicht volle Genüge leistet —

Deine Gesichtsbildung ist etwas länglicher und Deine Stirn
höher. Ich trug es zur Mutter, die Dich sehr getroffen findet.
Es entspann sich ein Gespräch über Dich und Deine möglichen
Tugenden und Fehler. „Diese Züge“, sagte meine Mutter,
„sind stolz, aber sanft, ich hoffe, er besitzt keinen kleinlichen
Eigensinn, er wird heftig, aber nicht mürrisch sein, er hat
weiches Haar, so doch wohl auch einen weichen Sinn — und
wenn er ihn nicht hätte — da sollte ihn gleich der ......
holen.“ — Diese Drohung aus dem Mund meiner zarten Mutter
klang uns allen sehr drollig und wird wohl nicht zur Aus=
führung kommen. Ich weiß kaum, welches Wetter wir heute
hatten! der Sonnenschein schönster Hoffnung verklärte alles um
mich her.“

Amalie an Helvig.

8. August.

„Endlich werden Sie den Brief vom 10. Juni erhalten
haben, auch den vom 30. Juli.

Ich mache mir die kindische Freude, beim Frühstück Ihr
kleines Bilderkästchen neben mich zu stellen, und genieße den
Selbstbetrug, meinen Freund an meiner Seite zu glauben. Des
Abends wird ihm eine freundliche Gute Nacht gesagt, und
indem ich dieses schreibe, steht der theure Talisman neben
dem Papier und ein Paar liebe Augen scheinen seitwärts auf
dieses Blatt zu blicken.

Die Schilderung Ihres Aufenthalts in Gothenburg hat
mich innig gerührt, mein Freund! Wenn ich nicht schon gewußt
hätte, wie fern Ihnen kleinlicher Stolz ist, würde ich Ihnen
viel Schmeichelhaftes sagen können — aber das thut man nur,
wenn man von Edelmuth überrascht wird, ich hörte nichts
Neues für mein Herz. Wäre mein Freund doch hier, dann
könnte ich ihm besser die Freude ausdrücken über alles, was
er mir schrieb.

Ich kenne das Meer und habe sogar einen Sturm darauf
erlebt, der uns an die holländische Küste trieb. Eine Scheu
blieb mir zurück gegen dieses ungetreue Element; wie lange

dauert die Überfahrt von Deutschland nach Schweden? In Stralsund lebt ein alter Bekannter von mir, der mich als kleines Kind gesehen, ein Herr von Klinkowström — er gab mir manches Bonbon und hat sich freundschaftlich gegen meine Mutter bewiesen; begegnen Sie ihm, so sagen Sie ihm einen herzlichen Gruß von unserer Familie. — Wir leben jetzt viel im Freien, trinken Thee im Park und bilden uns ein, der ganze blühende Grund gehöre uns eigen. Gestern besuchten wir den Prinzen Bernhard in Belvedere und wurden auf unserm Spaziergang im Holz mit einem Waldhorn = Concert überrascht. Man lagerte sich auf eine Terrasse, an deren Fuß die Jäger standen, aß Kirschkuchen und sah den Mond in aller Herrlichkeit über dem Wald aufgehen! Mir fehlte mein Freund. —

Vor einigen Tagen sah ich die Gewehrkammer in Ettersburg, die Sie damals mit Vetter Stein besuchten; den Degen des Prinzen Bernhard und Gustav Adolfs Schwert berührte ich mit einem eigenen Gefühl, da ich überzeugt war, daß auch Helvig dieselben in der Hand gehabt hatte. Wie seltsam sind die Combinationen unserer Gedanken, selbst durch unbelebte Dinge veranlaßt. — Ich bin jetzt ernster, aber dennoch glücklicher, ich fühle bestimmt, daß ich mehr auf meinen Charakter als auf mein Talent zu achten habe, und vergesse mich gern selbst im Anschauen Ihrer liebenswürdigen, reichen Individualität. Schreiben Sie mir bald, was Sie in Stockholm zu arbeiten haben, erzählen Sie mir Ihre Geschäfte, ich denke, etwas müßte ich davon verstehen können, um mich einer Mittheilung zu erfreuen. Ich schreibe abscheulich und schäme mich, wenn ich Ihre schöne Handschrift dagegen halte, doch tröste ich mich damit, daß Sie dennoch gern diese Briefe lesen werden.

Meine Mutter grüßt Sie freundlich, ebenso die Schwestern, erstere ist wieder leidender. Leben Sie wohl, mein Freund, bleiben Sie so guten Muthes wie bisher, ich wünsche Ihnen die Erfüllung Ihrer und meiner Gebete.

Amalie von Imhoff."

Helvig an Amalie.

Stockholm, 6. September.

„Warum bin ich nicht im Stande, meine Freude zu schildern, als ich zwei Briefe zugleich von meiner Freundin erhielt! — Der 24. August war der glückliche Tag — auf dem Wege zum Kriegscollegium frug ich auf der Post nach und mein Wunsch ging in Erfüllung. Aber die Stunde meines Berufes hatte bereits geschlagen, und da der Präsident sehr pünktlich ist, mußte ich eilen, meinen Platz einzunehmen, trotzdem mir die Briefe in der Tasche brannten. Mein Glück wollte, daß in dieser Sitzung nichts vorgetragen wurde, was mich unmittel= bar anging, weshalb ich bat, mich dispensiren zu wollen. Eilend kam ich auf mein Zimmer — zufällig wurde der zweite Brief vom 30. Juli zuerst erbrochen, mit welchem Schreck hörte ich von Ihrer Krankheit. Ein warmer Händedruck hätte meiner Amalie besser meine Theilnahme beweisen können, als alle ge= schriebenen Worte. Wir wollen Gott anflehen, daß auch uns wie der geliebten Großmutter so viel Thränen der Dankbarkeit einst nachgeweint werden mögen. Wie schmerzt es mich, daß ich während Ihrer Krankheit, meine Amalie, fern von Ihnen war — ich hätte keine Ansteckung gefürchtet und wenigstens die Pflege überwachen können von dem, was mir das Liebste auf der Welt ist.

Trotz drohendem Gewitter ging ich am Abend nach einem nahen Berg an der südlichen Vorstadt gelegen, der Berg Mosis genannt, woselbst ein Kaffeehaus mit schönem Garten ist. Ich wählte mir ein stilles Plätzchen, und mit Amaliens Locke in der Hand las ich und las wieder die eben erhaltenen Briefe. Mit schönen Zukunftsträumen beschäftigt, kehrte ich erst gegen elf Uhr unbeschreiblich froh nach Hause. — Das Gewitter hatte sich auch verzogen und nur in der Ferne blitzte es noch — meiner Gegenwart gleich.

Amaliens Glück erbitte ich von Gott, und ich gestehe dabei den Wunsch: Er möge mich sein Werkzeug dabei sein lassen. Ge= wöhnlich gehe ich um zwölf Uhr schlafen; das Letzte, was ich lese,

sind meiner Freundin Briefe, ihre Locke liegt dabei in meiner
Hand — das Erste früh sechs Uhr ist wieder mein Gedanke an sie.

Die Reisebeschreibung von Coxe habe auch ich gelesen, sie
ist veraltet und die in ihr angekündigten Bauten vollendet.
Der Kanal zu Trollhätta nebst den Schiffsdocken in Carlskrona
sind Dinge, welche nur in Schweden zu sehen sind, und welche
einen großen Contrast in sich darstellen. Über die fast schreck=
baren Wasserfälle in Trollhätta gleiten ruhig kleine Kähne,
regiert von wenig Menschen, und in Carlskrona sieht man in
gemauerten Behältnissen Schiffe, welche 74 bis 80 Kanonen
führen, wie eine Wallnuß in einer Schale Wasser schweben
und nach und nach aus der Tiefe in die Höhe steigen.

Das Bild meiner Amalie wird in meinem Innern durch
keinen Donner der Geschütze vertrieben, es leuchtet mir bei
jedem Commandowort lächelnd zu — ich war früher sehr heftig
gegen meine Untergebenen, auch das hat sich gebessert, seit ich
Amalie kenne. Aufgepaßt muß sein, es wird aber jetzt statt
dem „Donnerwetter" nur „ein andermal besser gemacht" ge=
sagt. Ich habe auch die Erfahrung gemacht, daß die, welche
ihre Pflicht am wenigsten erfüllen, am meisten ihre Untergebenen
quälen, um eigene Schwächen zu verbergen. Gegen die jungen
Offiziere bin ich freilich sehr streng, aber gerade von ihnen am
meisten geliebt, weil ich keine Gelegenheit vorübergehen lasse,
um sie durch gute Rathschläge und Unterricht zu heben. — Zu
Ihrer projektirten Reise mit Marquis Fümel nach Dresden
wünsche ich Ihnen Glück, meine Gedanken begleiten Sie. Viel=
leicht treffen Sie dort einen Grafen Löwenhjelm, ein guter
Mensch, wir haben verschiedentlich zusammen manöverirt und
einst dabei das Lager des Herzogs von Södermannland er=
stürmt — schade, das dieses nur im Manöver und nicht in
Wahrheit geschah. Ich commandirte des Präsidenten rechten
Flügel als Adjutant des Königs und Löwenhjelms Escadron
war auf selbigem vertheilt — er unterstützte mich vortrefflich,
und wir haben uns versprochen, ein Gleiches zu thun bei wirk=
lichem Krieg. Ich hatte kürzlich mehrere Personen nach meinem
Geschmack zum Thee geladen. Unsere Gespräche drehten sich

eben mehr um bellettristisches als politisches Interesse, als sich
der Präsident bei mir melden ließ, um mich zu sprechen; er
schien viel Wohlgefallen an der Gesellschaft zu finden, denn er
vergaß wegzugehen.

Sie bitten mich, theure Freundin, mich in Acht zu nehmen
bei den Kanonenproben, und ich verspreche, Ihren Wunsch zu
erfüllen, denn ich erhielt meine Kopfwunde bei einer solchen
Gelegenheit, die ich Ihnen mittheilen möchte. Ein Admiral
Chapman, einer der berühmtesten Schiffbauer unseres Landes,
hatte nebenher als sein Steckenpferd auch die Artillerie=Wissen=
schaft zu Lande betrieben. Er schrieb eine gelehrte Abhand=
lung über die Form der Kanonen, äußerst scharf= und tiefsinnig
berechnet, und sandte sie dem Könige ein. Die befragten
Artillerie=Offiziere hielten sie für richtig, weil sie dieselbe nicht
verstanden. Durch einen Zufall traf mich der General=Adjutant,
fragte mich, ob ich selbige gelesen, und auf mein Nein ver=
versprach er, sie mir zuzuschicken. Ich las und prüfte die
Grundsätze, worauf das System gebaut, und fand solche un=
richtig nach meinen Begriffen, welche ich mir von der Sache
gemacht hatte. Diese Bemerkungen schrieb ich auf und schickte
selbige nebst der Abhandlung zurück. Einige Tage nachher
wurde ich zum König berufen, der General=Adjutant und
Admiral Cronstedt war zugegen. Ich hatte Gelegenheit,
meine aufgestellten Grundsätze gegenüber denen des Chapman
zu beweisen und erhielt des Königs eigenhändige Ordre,
zur Zeit nach Carlskrona zu reisen und dort meine Versuche
anzustellen, nebst einer Ordre an das Admirals=Collegium,
alles von mir Verlangte in dieser Beziehung verabfolgen zu
lassen, und zugleich wurde Chapman beauftragt, seine Versuche
in meiner Gegenwart zu machen und meinen Gegenversuchen
beizuwohnen. Die Eifersucht zwischen See= und Landartillerie
herrscht seit Jahrhunderten in Schweden, nun sollte ich den
Kampf, mit meiner Meinung allein stehend, gegen beide Corps
aufnehmen. Ich kannte noch nichts von der Seeartillerie und
fing darum an, die Navigation und die Seetaktik zu studiren.
Während acht Wochen verkehrte ich mit niemand und verließ

nicht mein Zimmer, außer einem täglichen Gang nach der
Schiffswerft und auf die Kriegsschiffe. Endlich kam die Zeit
für das Examen der See=Offiziere, ich ging hin und war er=
freut zu finden, daß ich bereits mehr wußte, als sie gelernt
hatten.   Ich ließ mich nun öfter in Gespräche ein mit alten
See=Offizieren, um auf diese Art ihre seemännischen Ausdrücke
kennen zu lernen und selbst darin gewandt zu werden.   Die
Zeit der Versuche war gekommen und ich mußte mit aufmerk=
samem Auge die Vorkehrungen überwachen, um nicht von der
Gegenpartei betrogen zu werden.   Es war Winter und die
Übungen sollten auf dem Eise vorgenommen werden.   Jeden
Morgen war ich dort und blieb bis drei Uhr Nachmittags in
der schrecklichsten Kälte.   Oft wußte ich am Abend noch nicht,
was ich am andern Morgen anstellen würde, dann arbeitete ich
die Nacht hindurch und nie hat man mir die geringste Un=
sicherheit oder Versäumniß zur Last legen können.   Eines Tages
hatte Chapman zu commandiren, seine Kanone platzte und ich
wurde dadurch so schwer am Kopf und an der Kniescheibe ver=
wundet, daß ich fortgetragen werden mußte und man nicht
glaubte, daß ich das Commando würde fortsetzen können.
Meine Lage war schrecklich, aber Gott stand mir bei.   Ich
hatte doch immer einige lichte Augenblicke und benutzte diese,
um meine nöthigen Befehle meinen Offizieren zu geben und
mir die von ihnen geführten und von beiden Parteien unter=
schriebenen Protokolle zeigen zu lassen.   Den achten Tag war
ich schon wieder bei der Batterie, mit einem großen Pflaster
auf der Kopfwunde; da ich wegen des lädirten Knies weder
stehen noch gehen konnte, fuhr ich auf den Platz und ein Stuhl
wurde mir neben die Kanone gesetzt, wo ich außer bei den
ersten drei Schüssen ziemlich unbehindert zuhören und sehen
konnte. — Genug, die Versuche fielen zu meinem Vortheile
aus.   Der König bedauerte meinen Unfall dabei und dankte
mir öffentlich für die Mühe, die ich gehabt, diesen schweren
Streit zur Entscheidung zu bringen.   Auf des Königs Kosten
mußte ich einen Gesundbrunnen besuchen, und als Nachkur er=
hielt ich einen für mich sehr schmeichelhaften militärisch=poli=

tischen Auftrag: auf Sr. Majestät Kosten den Orient zu be=
suchen. Die Rückkehr von dieser militärischen Reise führte mich
über Weimar, wo ich das Glück hatte, meine Amalie kennen
zu lernen. Meine Wunde und Ihr Wunsch werden mich vor
Unvorsichtigkeiten bei Artillerie=Manövern schützen.

Auf Ihre Frage, ob Sie das Reiten lernen sollen, ant=
worte ich freudig Ja; wie könnten Sie sonst einen Militär
wie mich zu Pferde und Fuß begleiten. Darum nur gleich
angefangen, und das um meinetwillen, damit die Freundin
recht sattelfest wird. Grüßen Sie Ihren Bruder Ernst, es
verlangt mich, seine Bekanntschaft zu machen; warnen Sie ihn
vor der langen Weile; lieber etwas vornehmen, dessen Nutzen
man noch nicht einsieht, als seine Thatkraft rosten lassen. Ich
empfehle ihm zur Lektüre „Nicolai, Grundriß zur Bildung
eines Offiziers", auch „Stamfordt, über den Cavalleriedienst".
Sagen Sie ihm: daß ich es mir zur Regel gemacht habe, ein
kleines Buch zu führen, in welches ich jeden Abend eintrage,
wie ich den Tag verbrachte, nichts ausgelassen, selbst wenn un=
besonnene Streiche passirten, ehrlich für sich und nicht für
andere geschrieben. So wie ein guter Haushalter mit seiner
Kasse Rechnung hält, muß der strebsame Mann es auch mit
seiner Zeit thun. Bitten Sie ihn, daß er mir schreibt und
mich Bruder nennt, unser Verkehr geht dann besser von Herzen.
Mein Portrait ist von einem Italiener gemalt. Das Ver=
sprechen, bald eine Zeichnung von Amaliens Hand zu erhalten,
macht mich unbeschreiblich glücklich, da kann ich dem geliebten
Angesicht wieder meinen Guten Morgen zurufen. Ich besitze
Schillers Gedichte, muß sie mir aber erst nach Stockholm
kommen lassen aus Stralsund. Sehr wohl erinnere ich mich,
was er so schön über das Glück ausspricht, doch verlangt es
mich, dasselbe noch einmal zu lesen, um Ihnen mein Urtheil
darüber zu geben — jetzt fürchte ich meine kritisirende Freundin.
Für das Compliment über meine Handschrift bedanke ich
mich; was ich selbst davon halte, werden Sie aus dem Inhalt
einer Fabel lesen, welche ich in müßiger Zeit in Regensburg
schrieb.

— 99 —

7*

„Ein Buchstabenmaler hatte die Gedanken als eine sehr
angenehme Gesellschaft kennen gelernt, er wünschte sich eine
intimere Bekanntschaft mit ihnen, und der Zufall schien dies
zu begünstigen. Die Gedanken wollten eine Reise machen und
der Maler sollte sie begleiten. Jeder schickte sich zur Reise an,
nach eigener Bequemlichkeit. Der Malschreiber besorgte ein
sicheres Pult, gutes Papier, Tinte, Federn, ein scharfes Feder=
messer zum Radiren, und gegen Kleckse ein Ries Löschpapier. —
So gerüstet wartete er auf seine Reisegefährten; diese kamen
leicht gekleidet, mit Adlerflügeln versehen, lächelnd über den
ernsthaften, schwerfälligen Aufzug des Malers, und fragten ob
er reisefertig sei, und auf sein Ja schwangen die Gedanken
ihre Flügel. — Wartet, rief der Schreiber, meine Feder ist
zu grob, mein Pult zu schwer, ich kann nicht folgen — weg
waren die Gedanken. Der Maler blieb zurück, schneidet Federn
in Vorrath und malt Buchstaben.“

Die Erbprinzessin, welche dieses gelesen, schrieb als Kritik
darunter: Der Buchstabenmaler und die Gedanken — keine
Fabel.

Der Brief muß auf die Post, grüßen Sie Mutter und
Geschwister und haben Sie Geduld bei Lesung dieser langen
Epistel.

Helvig.“

- - -

XVI. Capitel.

Helvigs Kindheit.

Helvig an Amalie.
7. September.

„Ich durfte heute meinen Geburtstag gleichzeitig mit dem
des Kriegspräsidenten bei diesem feiern und warf dabei einen
Rückblick voller Dankgefühle auf mein Leben.

Wohl wenig Menschen haben eine so mangelhafte Kinder=
ausbildung gehabt als ich. Nur zwei Jahre hindurch besuchte
ich täglich eine öffentliche Volksschule, wofür meine Eltern einen

Groschen pro Woche zahlten. Wir benutzten in derselben nur die Bibel, Luthers Katechismus und Hübners biblische Ge= schichten. Nach sinnlosen Vorschriften wurden Buchstaben nach= gezeichnet, ohne Unterricht der Rechtschreibekunst. Nur buch= stabiren und nicht lesen, Schläge, wenn man nicht gedankenlos auswendig lernte, was vorgesagt wurde. Durch Zufall sah die Frau des Conrectors Mildahl bei meiner gebildeteren Mutter, die sie kannte, Figurenzeichnungen von mir, wie sie die Aspi= ranten zum Ingenieurcorps machen, nach denen ich sie aus einem gefundenen Heft copirt hatte. Sie wurden dem Professor gezeigt und dieser gestattete mir, an der Thür stehend seinen mathematischen Vorträgen beizuwohnen, womit auch mein Vater für den Schwächling, wie er sich verächtlich ausdrückte, einver= standen war, da ich als Zimmermann dergleichen gebrauchen könne. Etwas dreister geworden, bat ich einst den Professor, mir das Lehrbuch bis zum nächsten Unterricht leihen zu wollen; es war der Euklides. Dankend gab ich das Buch zurück und nahm wieder meinen Standposten ein, die andern Schüler aus vornehmen Familien würdigten mich keines Blickes. Einige Zeit darauf litt der Professor am Podagra und ich sah, wie schwer ihm das Aufstehen und Aufzeichnen an der schwarzen Holztafel wurde, so rief ich: „I! dat kann ik wol maken". Mildahl gab mir die Kreide und ich zeichnete die nöthige Figur hin und schrieb auch die Buchstaben genau daran, so wie ich sie im Buch gesehen hatte, sammt der Demonstration darunter. Der erstaunte Lehrer frug mich, ob ich mir getraue, die nächste Figur in gleicher Weise auszuführen. Ich that, wie von mir gefordert wurde, und der Professor, stutzig darüber, entließ die übrigen Schüler und wollte nun wissen, wie ich zu den Kennt= nissen gekommen sei. „Sie haben mir ja auf eine Woche das Buch geborgt, ich lernte es mir auswendig, noch jetzt ist das Buch das Eigenthum meines Gedächtnisses." Von meinem 13. Jahr hörte auch dieser Unterricht auf, ich wurde meines Vaters Helfer und Polizeimann in der Werkstatt auf meines Vaters Fortifications=Bauhofe. Ein Hauptmann Pahl hatte inzwischen von mir gehört und interessirte sich für meine Aus=

bildung in Mathematik und Fortification, meine Handschrift
war und blieb abscheulich, doch machte ich Fortschritte in der
Ingenieur=Wissenschaft und bei meinem Examen, das ich mit
Schülern aus der Militärschule bestand, war ich der Beste und
wurde Ingenieur=Cadet. Stellen Sie sich meine Wenigkeit
von damals als einen rüden, muntern Gassenbuben von vierzehn
Jahren vor, gekleidet in einen blauen, schon fünf Jahre ge=
tragenen Rock, dessen Ärmel nicht mehr die Handknöchel be=
deckten, mit schwarzen Manchesterhosen, weißen Strümpfen,
Schuhen mit dicken Sohlen ohne Schnallen. Nach überstandener
Prüfung schenkte mir der Oberst Harlemann die Uniform und
den Degen der Militärschüler, so war der Bauer in einen Sol=
daten verwandelt, doch blieb ich was ich gewesen, ohne Um=
gang mit Gebildeten, ich kam nur unter vornehme Knaben mit
schlechten Sitten. Ich wohnte bei meinen Eltern und theilte
deren knappe Kost. Meines Vaters üble Laune nahm täglich
zu, so wie die Thränen meiner armen, frommen Mutter. Ich
war versucht, mich nach Preußen anwerben zu lassen, Mangel
an Geld bewahrte mich vor dieser Flucht. Da wurde endlich
ein geschickter Unteroffizier nach Gothenburg von Schweden aus
gefordert, Pahl brachte mich in Vorschlag und ich ward an=
genommen. Ich reiste im September 1781, sechszehn Jahre alt,
mit drei Thalern in der Tasche, wenig Kleider und Wäsche,
aber mit vielen Segenswünschen von Stralsund nach dem Ort
meiner Bestimmung. Ohne Menschenkenntnisse mit dem halb
deutschen, halb schwedischen Kauderwelsch meiner Vaterstadt, nur
mit einer gewissen determinirten Fertigkeit zu herrschen im
Militärdienst. Ich konnte mich in den Infanteriedienst nicht
finden, trat aus und ging zur Artillerie über, als Gemeiner
gegen Annahme von drei Thaler Handgeld und auf sechs Jahre
gebunden. Zwei Jahre später wurde ich Unteroffizier, aber
noch mit Soldatengage. Statt die schöne Jugendzeit zur Aus=
bildung meines Geistes anwenden zu dürfen, mußte ich sie in
der Wachtstube zubringen und hörte und sah dort das Gegen=
theil aller feinen Sitte, zum Glück war meine Seele nicht
homogen dafür gestimmt.

Zu Ende dieſes Jahres 1783 war ich in Garniſon nach Marſtrand commandirt, um dort ein Jahr zu bleiben, aber ohne Erhöhung meines Lohnes. Während dieſer Zeit ſchlief ich als Soldat nur auf einer Matratze oder einer Schütte Stroh, wie ſie uns geliefert wurden.

Dieſe Lage meines Schickſals war fern davon mich zu entmuthigen, ſie ſteigerte meine Ambition vorwärts zu kommen. Meine ſchlechte Handſchrift ärgerte mich, ich erbat mir von einem Kameraden eine engliſche Vorſchrift, welche dieſer beſaß. Täglich zeichnete ich die lateiniſchen Buchſtaben nach, drei Monate Übung bedurfte ich, nach vielen verworfenen Blättern, bis meine Copie vom Original nicht zu unterſcheiden war. Dieſer Fleiß gab mir ein Übergewicht vis à vis meinen Kame= raden. Um mich ſchriftlich kurz faſſen zu lernen, las ich die alten Ordres=Journale, ſtrich weg, was überflüſſig, und ſchrieb und dictirte nach meiner Methode, dadurch bekam ich die Fertig= keit, mich militäriſch klar und beſtimmt auszudrücken, was mir zum Vortheil gereichte, als ich ſpäter Adjutant wurde. In ſchwediſcher Sprache war ich jetzt ſicher, aber ich wollte mehr wiſſen. Nach Marſtrand kamen oft engliſche Schiffe, ein alter Conſtabel machte den Dolmetſcher auf denſelben, und da es doch mein Geſchäft war, die Päſſe zu unterſchreiben, begleitete ich ihn, um die engliſche Sprache zu lernen. Ein Heft vom „Gentlemans Magazin", das eine Geſpenſtergeſchichte enthielt, wurde mir geliehen. Der alte Dolmetſcher wußte ſie aus= wendig, und ich lernte an ihr Wort für Wort einen Theil der engliſchen Sprache. Meinen Vorrath von Vokabeln benutzte ich, um mich mit den Matroſen zu unterhalten, erhielt auch von dieſen andere engliſche Bücher, mit denen ich fortarbeiten konnte. Dieſe ſo ausgefüllte Tageszeit und kurze Nachtruhe ſchützte mich vor den zügelloſen Ausſchweifungen des Militärs. Die Commandozeit war zu Ende, ich kehrte im October 1784 nach Gothenburg zurück. Als ich mir eines Tags Tabellen für verſchiedene Maße und Gewichte kaufen wollte, fand ich in dem Buchladen „Nicolai, Grundriß zur Bildung eines Offiziers", es ſollte ein= und einen halben Thaler koſten und ich hatte nur

24 Schillinge in der Tasche; vierzehn lange Tage mußte ich
warten, bis ich mein Monatsgeld von drei Thalern erhielt. Da
endlich kaufte ich das Buch und las — Thränen stürzten mir
dabei aus den Augen, denn ich fand, daß außer Mathematik
und Fortification mir noch alles fehlte, was ein Offizier wissen
muß. Die meisten Bücher, welche hier empfohlen wurden,
waren in französischer Sprache geschrieben, die ich nicht kannte.
Der Sprachunterricht wäre zu theuer für mich gewesen, und es
fand sich irgendwo Marmontels „Belisar" und ein deutsch=
französisches Lexikon. Ein geschaßter Schüler konnte etwas
französisch lesen, er wollte sein militärisches Examen machen,
und ich bereitete ihn dafür vor mit seinem Gegendienst im
Französischen. Wie unbeschreiblich groß war meine Freude, als
ich mein Buch in vollem Zusammenhang lesen und verstehen
konnte. Ich bat Gott, mich für mein Vaterland so nützlich
werden zu lassen, wie Belisar es dem seinigen gewesen, und
daß, wenn mein Schicksal dem seinen gleichen sollte, ich den Un=
dank ebensowenig verdienen möge wie er. — Leider hatte ich
keine Gelegenheit, als Unteroffizier gebildete Gesellschaften zu
besuchen, wo ich die französische Sprache mit richtiger Accentu=
irung hätte sprechen lernen, ich wurde im Felde Offizier und
avancirte 1793 zum Abjutanten des Präsidenten. Meine Biblio=
thek war inzwischen bedeutend ausgedehnt durch deutsche, englische
und französische Bücher, doch kämpfte noch immer meine Blödig=
keit durch den Druck der Armuth mit dem angeborenen Stolz
im Umgang mit den Menschen. Ich las nun fleißig deutsche
Bücher, Schiller, Goethe, Herder, Wieland, auch die alten
Klassiker in Übersetzung. Meine Anmerkungen über Homer
wagte ich nicht herauszugeben, da ich mir nicht Selbstkritik
genug zutraute; ich hoffe sie mit Hülfe meiner Freundin einst
auszuarbeiten, da sie Herder, dem ich sie las, gelobt hat. —

Die Sonnenfinsterniß, welche am 28. vorigen Monats
stattfand, beobachtete ich auf unserem Observatorium, erfuhr
aber gestern, daß ich ihren Ausgang um zwei Minuten falsch
notirt hatte, daran trägt meine Freundin die Schuld — meine
Gedanken eilten zu ihr und fragten sich, ob sie sich mit meinem

Aufblick begegnen würde? — Hat meine Freundin auch die Mondfinsterniß beobachtet, welche am Sonnabend stattfand? Dann haben sich unsere Gedanken begegnet, denn ich hob mein Glas um zwölf Uhr in der Nacht und trank die Gesundheit meiner Amalie. — Noch muß ich auf Ihre Frage bemerken, daß eine Seereise von Deutschland nach Schweden meist vierzehn Stunden mit kgl. Jacht in Anspruch nimmt.

14. September.

Gestern hat der König die Gnade gehabt, mich zu seinem General-Adjutanten zu ernennen und zum Oberst-Lieutenant beim Gothischen Artillerieregiment (dasselbe, bei dem ich als Gemeiner diente). — Ich theile meiner Freundin diese Nachricht mit, weil ich hoffe, daß sie dieselbe erfreuen wird.

Meine besten Wünsche für die Gesundheit Ihrer lieben Mutter, möge Gott sie erhören. Grüßen Sie die Schwestern und den Bruder, ich liebe, was meine Amalie liebt.

Helvig."

XVII. Capitel.

Amaliens Gegenbericht.

Amalie erwidert diesen Brief am 27. September 1802, indem sie ihm mittheilt, bei der Rückkehr aus Dresden seine Briefe vom 6. und 7. September endlich nach langem Harren erhalten zu haben. Sie erzählt dem Freund, was wir bereits aus ihrer Kindheit und ersten Jugend wissen, und berichtet von einem abermaligen Besuch ihrer englischen Stiefgeschwister, welche sie auf vier Wochen nach Dresden entführten; sie schreibt: „Mein Bruder Charles ist ein Günstling des Glückes, sorglos ohne Unbestimmtheit, fröhlich ohne Leichtsinn, ehrliebend ohne Stolz, meinem unvergeßlichen Vater ähnlich. Seine Frau, Charlotte, ist ebenso liebenswürdig als zuvorkommend gegen mich, auch in ihr habe ich eine Schwester gewonnen, mit der ich bereits englische Briefe wechsle. Vergeben Sie mir, daß ich nicht aus Dresden geschrieben habe, meine Verwandten nahmen mich viel in Anspruch und — gestehe ich es — die Bilder= gallerie, die mir endlich bot, wonach ich seit Jahren gestrebt hatte. Ich bin es Ihnen schuldig, Sie bei dieser Gelegenheit auf eine Eigenheit meines Wesens aufmerksam zu machen. Meine Liebe für die Kunst ist zu tief in mir gewurzelt, als daß ich je daran denken könnte meine Ausbildung aufzugeben. Es ist mir nur darum zu thun, dem Drang meiner Seele zu folgen und das mir anvertraute Talent gewissenhaft auszubilden. Sie wissen bereits, daß diese Liebe zur Kunst mich nie von meinem häuslichen Pflichtenkreis abgehalten hat, der allein Be= friedigung dem Herzen giebt, Ihr Brief beweist mir, daß wir uns verstehen können in dem Bedürfniß der Vervollkommnung. Sie schreiben mir, daß es Ihr Wunsch sei, das Werkzeug der Vorsehung zu meinem Glück zu werden — hier lege ich das von mir ersehnte Schicksal ausgebreitet vor Ihren Blicken hin — schreiben Sie mir aufrichtig Ihre Gesinnung darüber — wenn wir uns je verstehen können, so müssen wir es auch jetzt schon. Ich erhielt Ihren zweiten Brief vom September mit tausend Freuden! Die Art Ihrer Entwicklung ist meines Freundes würdig, und die jetzige Gnade Ihres Königs erscheint mir fast nur als eine gerechte Anerkennung. Auf dem Obser= vatorium wird mein Freund wohl allein bleiben müssen, denn ich lasse mir nicht gern ein Stündchen vom Schlaf abziehen — von Sonn= und Mondfinsternissen weiß ich noch gar nichts und würde in die Gefahr kommen, eine zu vermuthen, wenn eine dicke Wolke den Himmelskörper verdeckt, doch will ich mich gern von ernsthaften Astronomen belehren lassen.

Mutter und Schwestern grüßen Sie freundschaftlich, der gute Charles hat für erstere ein freundliches Quartier an der Ackerwand gemiethet, wohin sie sich gesehnt und sich durch den nahen Park jetzt erquickt. Nächstens ein zweiter Brief, für heute eine Gute Nacht, welche ich auch dem Bilde zurufe, das vor mir steht.

　　　　　　　　　　　　Amalie von Imhoff."

Tagebuch.

Sonnabend, 17. October.

„Ich malte eben an meiner kleinen Madonna, als mich
Fräulein Göchhausen zu sich laden ließ. Dort fand ich Frau
von Berg, die Egloffsteins und Ehlers mit der Guitarre. Die
schönen Compositionen von Zelter und Reichardt wurden ge=
sungen, kein Lied ergriff mich so tief, als das des Klärchens
im Egmont: Die Trommel gerührt. Es war mir, als sähe
ich Dich vor Deinem Regimente herziehen. Übrigens fühlte ich
mich unbehaglich in dieser Gesellschaft, Frau von Berg kann
eine elegante Frau genannt werden, aber sie hat etwas Starres,
Unbeugsames, das zu ihrem kleinen Wesen übel steht. Wir
hatten heute bei Hof einen Herrn von Mauclair, einen Schwaben,
einen angenehmen jungen Mann, außer ihm noch Mr. de
Saladin, der schon vor zwei Jahren hier war, ein Schweizer,
und großer Politiker, der sich in England lange aufgehalten
und nun in Frankreich lebt. Er klagte mir damals über den
Mangel an Bildung bei den deutschen Frauen, sagte mir aber
als Trost für mich: Il suffit d'être une aimable Dame d'hon-
neur. Diesen Scherz erzählte ich der Herzogin, die mit dem
Prinzen von Gotha im Gespräch war, sie lachten und stellten
mich Saladin als Dichterin vor. Im Theater sahen wir die
„Brüder" von Terenz und den „Bürgergeneral" von Goethe.
Dort trafen wir Frau von Bechtolsheim mit ihrer Schwägerin
Gräfin Keller, deren Mann Preußischer Gesandter am Wiener
Hofe ist — morgen haben wir daher viel Fremde zu empfangen."

Sonntag, 18. October.

„Ich hatte heute Dienst und dabei die Freude, viel englisch
zu sprechen. Der Capitän Whight, welcher vorgestern angekom=
men war, ließ sich durch Lawrence mir vorstellen, und als ich den
Thee einschenkte, kamen auch die beiden Saladins zu ersteren
und wir hatten eine heitere englische Conversation. Löwen=
sterns sind angekommen und brachten mir Grüße von meinen

englischen Geschwistern aus Frankfurt. Die Gräfin Keller ist
gar schön und anmuthig, sie ist Mutter von acht Kindern und
doch so gut conservirt — ich glaube, weil sie glücklich ist.

Montag, 19. October.

Kaum schien Ruhe im Gesellschaftstreiben eingetreten zu
sein, als sich Gräfin Fries, die Mutter der reichen Gräfin Fries
in Wien, am Hof melden ließ; ihr zu Ehren wurde nach dem
Theater noch ein Souper eingenommen. Als ich in mein
Zimmer kam, fand ich als Überraschung eine große Kiste, aus
Nürnberg geschickt, eine schöne Lampe, von meinem Bruder
Charles mir geschenkt. Außerdem erhielt ich noch einen Brief
von Gentz. Er hat meine Geschwister in Frankfurt kennen ge=
lernt. — Sein Brief gefiel mir, er scheint selbständiger und
fester geworden zu sein. Wenn er erst Gewalt über sich
selbst bekommt, wird er Macht ausüben auch über andere Ge=
müther."

Dienstag, 20. October.

„Diesen Morgen besuchte ich meine Mutter, von der ich
durch das viele gesellige Treiben recht gegen meinen Wunsch
getrennt worden war. Ich machte dann einen Spaziergang
mit meiner Schwester Louise, wir haben die herrlichsten „Herbst=
tage" — besser als sie ein Iffland beschreibt. Ein junger
Graf Nesselrode, im russischen Dienst, kam gestern an und
wurde mit der Gräfin Fries heute zur Abschiedstafel geladen.
Gräfin Fries hat uns zu guterletzt noch einen angenehmen
Eindruck zurückgelassen. Wir warteten am Abend etwas gelang=
weilt im Audienzzimmer, mit ihr und Herrn von Mauclair,
als sie uns zur Belustigung einige Fabeln von Florian und
ein Gedicht von ihr selbst sehr graziös declamirte. Ihr ganzes
Wesen schien verändert und die zierliche Französin sprach aus
ihr. So ist doch wohl an jedem Menschen eine Seite zu
finden, welche angenehm oder hervorragend ist. — Wer sich
nur immer die Mühe gäbe, dieselbe aufzusuchen."

21. October.

„Ich wurde heute Morgen überrascht durch den Besuch von Reichardt, er geht für diesen Winter nach Paris und wollte vorher Goethe noch hier finden, morgen bringt er mir seine Tochter, die auch ein bedeutendes musikalisches Talent besitzen soll. Abends machte ich mit Schwester Louise noch einen Spaziergang im Park, der jetzt wie ein scheidender Freund sich geschmückt hat mit den buntesten Farben des Herbstes. Prinzessin Caroline und Fräulein Knebel tranken den Thee bei mir, auch meine Mutter und Fräulein Lichtenberg kamen dazu. Wir besahen meine Zeichnungen, von denen ich an alle verschenken mußte, meine neue Lampe wurde versucht und spät noch machten Prinzeß und ich eine Zeichnung zu Schillers Gedicht „Thekla, eine Geisterstimme"; es ist ein zartes geistiges Bild unsterblicher Liebe."

22. October.

„Diesen Morgen ward Reichardt zur Herzogin=Mutter berufen, er ließ mir sagen, daß er wünsche, mich Abends besuchen zu dürfen, ich lud meine musikalischen Bekannten dazu ein. Reichardts Tochter ist nichts weniger als hübsch, aber sie gefällt durch ihr einfaches Wesen und die ungesuchte Grazie einer harmonischen Natur. Es wurde viel gesungen und gespielt und erst um zehn Uhr verließen mich die lieben Gäste."

23. October.

„Wir hatten wieder viel Schönes bei dem Dejeuner zu hören, aber meine Geduld wurde auf die Probe gestellt durch vorlaute Personen, welche bei der Musik störten. Auch die Herzogin=Mutter erschien für Augenblicke. Um zwölf Uhr verließ ich mit Reichardt die Gesellschaft, um ihn unserer Prinzeß zuzuführen, der er vorspielen durfte. Goethe ist angekommen und Reichardt reist Nachmittag fort — werde ich ihn je wiedersehen? — Wir aßen bei der Prinzessin und Nachmittags machte ich mit der Herzogin einen Spaziergang bis zur Theaterzeit. Wie schlimm wurden wir dort überrascht! Man gab „Pflicht und

Liebe" von Vogel, ein schreckliches Quodlibet von Unsinn und
weinerlicher Moralität — sind solche Dichter auch Stützen der
deutschen Bühnen? —"

24. October.

„Der Geburtstag der Herzogin=Mutter wurde heute durch
große Gala gefeiert, ich wollte, Du hättest dabei meine ein=
fache und doch selten schöne Schleppe aus indianischem Stoffe
(von meinem Vater aus Bengalen mitgebracht) sehen können.
Alle Welt bewunderte sie, nur der nicht, von dem ich es allein
gewünscht hätte.   Am Morgen war Tieck und Louise Reichardt
bei mir gewesen, wir durchplauderten eine heitere Stunde, und
ich glaube, beide trennten sich ungern von mir.   An Tafel
war mein Nachbar ein russischer Obrist=Lieutenant von Briesen,
nur interessant durch den Phönix=Orden, welchen er trägt. —
O tempora, o mores!"

XVIII. Capitel.
Schicksalsfrage.

25. October.

„Eben habe ich eine schwere Pflicht erfüllt — Der Brief
ist abgesandt, der mich Dir näher verbindet, oder uns trennt,
wenn unsere Naturen sich nicht verstehen. — Als ich ihn ge=
endet hatte, bat ich Gott, meine Worte den rechten Weg zu
führen.   Ich habe den Brief meiner Mutter vorgelesen, sie be=
stätigte mir, daß Offenheit Dir gegenüber meine ernste Pflicht
sei — wie wird die Antwort lauten? Mit Bangigkeit er=
warte ich sie."

Amalie an Helvig.
25. October.

„Ich hatte Ihnen auf meinen letzten Brief vom 27. Sep=
tember noch einen Nachtrag versprochen, mein Freund, und
wollte diesen zweiten dem Vorgänger bald folgen lassen, das

Schicksal brachte es anders. Wir hatten seither so viele Fremde
zu empfangen und diesen zu Ehren so viele Diners, Spiele und
Soupers an Hof, daß ein großer Theil der Zeit dadurch in
Anspruch genommen wurde und ein fast größerer, sich von den
geselligen Strapazen wieder zu erholen. Ich kann mir recht
gut einen Fall möglich denken, in welchem sich der Mensch
kopfüber in den Strudel der Menge stürzen mag, als eine
unabhängige Persönlichkeit, der aus dieser wogenden Masse
nothwendig auch bedeutende Menschen nachbarlich begegnen
müssen. Hier ist der Austausch der Gesinnungen und Ansichten
anziehend, und wenn wir auch — genau abgewogen — viel=
leicht mehr geben als empfangen, so gewinnen wir dabei offen=
bar an Klarheit unseres Geistes und verlieren jene Einseitig=
keit, der auch die besten Köpfe, die reichsten Gemüther nicht
entgehen durch ein isolirtes Leben. Wäre ich durch mein
Schicksal zeitig auf solchen Schauplatz der großen Welt geführt
worden, so würde ich wahrscheinlich alle schaffende Kraft in
mir nach dieser Seite hin entwickelt haben. Ich bin mir der
Gabe bewußt, mit Leichtigkeit auf fremde Vorstellungsarten
einzugehen, mich neuen Formen zu bequemen, ich gestehe, daß
ich, um nicht charakterlos zu werden, in der Gesellschaft meine
Individualität zu behaupten suche, trotzdem ich mich vielleicht
besser dabei befände, sie aufzugeben. Jetzt weiß ich mehr und
halte für den angewiesenen Bildungsplatz der Frau das Glück,
das sie im eignen Hause findet, selbst in dem beschränktesten
Kreise. Auf kurze Zeit kann mich das Anschauen der bunten
Gestalten einer solchen Laterna magica ergötzen, meine Phan=
tasie kann darin Nahrung finden, mein Verstand vergleichen
und abstrahiren, meine Eitelkeit bisweilen befriedigt werden —
aber meine Seele hat, Gott sei Dank, zu viel Tiefe, um sich
auf dieser glatten, spiegelnden Oberfläche noch heimisch zu finden.
Ich habe mir gelobt, fortan möglichst die verlornen Stunden
nachzuholen, die so manche meines Geschlechtes bis in das
späteste Alter hinein vergeuden. Mir ist es jetzt mehr denn
je klar geworden, daß ich mein Dasein nicht als beschlossen an=
sehen darf. Mit Kummer spüre ich, daß mein Geist sich zwar

entwickelte, aber nicht gleichen Schritt hielt mit der Ausbildung
der mechaniſchen Fertigkeit meiner mir angebornen Talente.
Ich konnte bei den unaufhörlichen Störungen der geſelligen
Verhältniſſe Wiſſen und Leiſten unmöglich gleichmäßig fort=
ſchreiten laſſen. Dieſer Disharmonie muß jetzt vorgebeugt
werden, ich merkte, daß ich mich ſelbſt wieder einholen muß,
um das Ziel der Vollendung nicht zu verlieren; glücklich genug,
daß ich klar über mich noch bin und die Mittel zum Zweck
zu kennen glaube. Sie ſelbſt, lieber Freund, ſind einer der
Seltenen, deſſen Kräfte ſich vereint entwickelten und zur wirk=
ſamen Thätigkeit wurden. Dies, glaube ich, giebt Ihnen
die Heiterkeit, mit welcher Sie das Leben anſehen, und die
unerſchrockene Offenheit, mit welcher Sie den Hinderniſſen be=
gegnen. Sie wurden das, was Sie ſind, aus Reſpect vor
Ihrer eignen Seele, auch ohne den Stachel der Ehrſucht! Sie
werden feſt bleiben, auch wenn Mißgunſt und Unverſtand Sie
verfolgen ſollten. — So fühle auch ich und darf deswegen
hoffen, daß Sie mich verſtehen werden. Jemand ſagte mir vor
einiger Zeit, als von meiner Zukunft die Rede war: Ihr
Loos, wenn Sie nicht gleiche Geſinnungen finden, iſt unfehl=
bar Widerſpruch oder Tödtung Ihres Weſens. Das erſtere
kann es nie werden, da ich für Eigenſinn kein Verſtändniß
habe, den letzten Fall aber werden Sie, mein Freund, ebenſo
fürchten als ich. —

Eine Thörin rechnet auf den Rauſch der Anbetung, aber
Sie ſind auch der Freundſchaft fähig, und können Sie mich
überzeugen, daß uns gleiche Geſinnungen über die wichtigſten
Fragen verbinden, wenn auch die Leidenſchaft nicht mehr ſpricht,
dann kann ich mit größter Ruhe meinem Schickſal entgegen=
gehen. Ich erinnere mir, daß Sie einſt ausſprachen: Sie
wünſchten zu Ihrer Gefährtin ein einfaches Weſen zu be=
ſitzen, — einfach bin ich und, wenn ich ſagen darf, im guten
Sinn, in den Wünſchen für Lebensbedürfniſſe, wie in dem Ver=
halten meinen nächſten Freunden gegenüber. — Da wo ich Pflichten
zu erfüllen habe, die mein Herz angehen, da iſt mein Weg ſo
gerade, ſo einfach, daß jeder im voraus ihn berechnen kann,

was wohl auch meine jüngsten Geschwister an mich kettet. Aber im Gebiete der Phantasie nimmt mein Geist tausend verschiedene Formen an und ergötzt sich in den verschiedensten Genüssen. Alles wird mir zum belebten Bilde, Kunst, Poesie, Gesang und die Natur um mich her; ich sehe von dieser Seite alles wie mein Eigenthum an und ziehe alles an mich, was meine Ideen bereichern kann. Dieses wollte ich Ihnen in dem Augenblick sagen, als Sie jenes Wort einst aussprachen, mädchenhafte Scheu hielt mich damals davon zurück. Nie vergeben würde ich es mir, wollte ich Ihnen jetzt noch meine Eigenthümlichkeit verschweigen. Ich werde Ihnen nur diesmal — nie weiter darüber schreiben — Sie sollen mir nur einmal, aber bestimmt und klar darauf antworten, dann wollen wir das Weitere Gott und unseren Herzen überlassen. Wann werde ich, wann kann ich hoffen, diesen Brief beantwortet zu bekommen?

Amalie."

XIX. Capitel.

Antrag und Antwort.

Helvig an Amalie.

16. November.

„Auf den lieben Brief vom 25. October, welchen ich mit tausend Freuden erhalten, kann ich als Antwort nur wiederholen, was ich bereits in Weimar, damals noch ohne genügende Stellung, ausgesprochen habe. Ich biete, so wie ich bin, meine Hand und mein Alles der Amalie. Sie hat mich nur kurze Zeit gesehen, aber so bin ich und nie anders — meine Briefe haben Schilderungen meines Selbst enthalten. Ich habe damals schon, als ich das Glück hatte, Amalie zuerst allein zu sprechen, ihr meine Lage und selbst meine Verirrungen nicht verheimlicht; ich bin jeder Zeit offen und frei mit dem, was mich unmittelbar angeht, aber eisenfest verschlossen mit dem, was mir anvertraut wird. Ich bin arm und habe auch nicht die geringste Hoffnung auf irgend eine Erbschaft; das war in meiner Jugend ein großes Glück für mich und wird im Alter mir kein Hinderniß sein, doch werde ich nichts versäumen, zu erringen, was meine Einkünfte vermehrt und so meinem Schicksal zu Hülfe kommt; ich glaube mehr Ehrgefühl als Ruhmsucht zu besitzen — ich bin mir nur einer Furcht bewußt, derjenigen, Amalie nicht gewinnen zu können. Ich habe die Frauen beobachtet und bei verschiedenen geglaubt, die gesuchte Einfachheit zu finden, aber bald nachher entdeckt, daß es nur Einfalt war, die mich im häuslichen Leben unglücklich machen würde. Zu bald bekommt die Larve Runzeln, das feurige Auge wird matt, die Seelenkräfte ohne Bildung und höheres Ziel sinken in unerweckbaren Schlaf. Nur Zerstreuungen werden gesucht und die Kunst muß ersetzen, was die Natur versagt — eine solche Frau müßte dem Mann nicht mehr achtungswerth, ja lächerlich erscheinen. Dieses ist das Gegentheil von meinem Begriffe des feinen, unsichtbaren Bandes der Liebe und Freundschaft, welches die Ehe unauflöslich knüpfen soll und über das Grab hinaus reicht. Dieses Ideal hoffe ich mit meiner Amalie zu erreichen.

Widerspruch oder Tödtung, wie jener Herr Ihnen prophezeihte, kann bei unserer Vereinigung wohl nicht zu fürchten sein, ich habe mich zwar geübt, entschlossen zu denken und zu handeln, aber ich schrecke zurück vor Halsstarrigkeit, welche der anderen Selbständigkeit erdrücken muß. Ich fühle und erkenne, was meine Freundin wagt, Ihr Schicksal mit dem meinigen zu vereinigen, aber Ihre Besorgnisse kann ich natürlich nicht theilen, denn ich bin mir klar bewußt, daß ich mit allen meinen Kräften die so sehr bescheidenen Wünsche meiner Freundin zu erfüllen mich bestreben will, dies ist mein Versprechen, das ich, so Gott will, halten kann. Auf meine Freundin kommt es nun an, ob sie diesen so und nicht anders denkenden Helbig lieben kann und als einen Freund im strengsten Begriffe dieses Wortes und zum Mitpilger auf dieser Erdenreise annehmen will. Sie entscheide über mein Schicksal, es ist in ihren Händen. Wird mein innigster Wunsch erfüllt, so

kann ich vielleicht schon Mitte des nächsten Sommers nach
Weimar kommen. Bei uns ist es Sitte, daß, wenn zwei Personen sich einander verloben, sie schon von dieser Zeit ab die
Ringe tragen mit ihrem gegenseitigen Namen, welche in Deutschland erst bei der Vermählung gegeben werden. Hier sende ich
den meinigen zum Zeichen dieses geschlossenen Bundes, wird
Amalie mir den ihrigen schicken? O dann bin ich meines
Glückes gewiß und harre froh der Zukunft entgegen, dann kann
ich sagen: Amalie, Du bist mein so gewiß, wie ich stets und
unveränderlich mit ganzer Seele werde sein — Dein

Helvig.

Nachschrift.

Wenn Amalie durch ihre Antwort mir eine Mutter giebt,
so werde ich an sie schreiben und sie bitten, ihrem neuen Sohn
ihr Zutrauen zu schenken und ihn in ihre mütterlichen Wünsche
einzuschließen. Grüße Deine und meine Geschwister und entscheide bald mein Schicksal. Eben brach eine fürchterliche
Feuersbrunst hier aus, ich werde viel zu thun bekommen."

Amalie an Helvig.

30. November.

„Lassen Sie mich Ihnen für Ihren lieben Brief, den ich
gestern erhielt, danken — ich war zu tief erschüttert, um ihn
denselben Tag beantworten zu können. Ihre Aussprache hat
mich innig gerührt — der Brief zeigt mir keine neue Ansicht
in Ihrem Wesen, aber Sie selbst in all der Wahrheit und
Kraft, die ich bewundere. Vieles möchte ich durch Gespräche
ergänzen können, was sich durch Briefe schwer erklären läßt.
Mit klopfendem Herzen habe ich das Zeichen des Bundes erblickt, der für das Leben geschlossen wird und auch auf das
Jenseits seine geistige Gewalt erstrecken soll. So einfach und
fest, wie das gewählte Symbol, erscheint mir Ihre Gesinnung
von unverfälschtem und immer gleichem Werth — ich trage
den Reif zu Hause, wenn ich mir selbst angehöre. Es ist mir
lieb, wenn mein Freund bald an die Mutter schreibt, wie es
Dir Dein Herz eingiebt, um ihr das schmerzliche Gefühl zu

8*

milbern, von dem sie bei dem Gedanken unserer Trennung er=
füllt ist. Auch bitte ich um einen Brief an meinen Vormund,
den Bruder meines Vaters, der von einer Sache unterrichtet
werden muß, welche das Schicksal seiner Mündel bestimmt.
Schildern Sie Ihre Lebenslage und lassen Sie dann die weisen
Herrschaften darüber rathschlagen, ob dieselbe die Bedingung
unserer Existenz erfüllt — Ich bin auf jegliche Bedingung
Dein.

Schreiben Sie mir doch, was Sie über die Ankunft meines
neuen Bruders denken, hat Sie diese Begebenheit nicht über=
rascht? — ebenso möchte ich Ihre Ansicht wissen über den
Plan meines Bruders Ernst, in englische Dienste zu gehen? —
Noch einmal bitte ich Helvig, meiner Mutter zu schreiben, was
ihm ein warmes Herz eingiebt. Sie kämpft mit zwiefachem
Schmerz: einen Sohn zu verlieren, für den sie zu sorgen ge=
wohnt war, und eine Tochter, die bisher für sie sorgte. Sie
müssen mir helfen, mein bester Freund, einen Theil dieses
Kummers mir von der Seele zu nehmen, wir müssen suchen,
ihr wenigstens noch für einige Zeit unsere Pläne unterzuordnen.

Unsere Herzogin hat seit vierzehn Tagen einen Anfall von
Gicht, der sie an's Zimmer fesselt. Es schmerzt mich, daß ich
der Herzogin trotz meiner Stellung so wenig sein kann, aber
sie will es selbst nicht anders. Ihr schöner, reiner Sinn für
alles Vortreffliche in Kunst und Wissenschaft macht sie weder
reicher noch glücklicher in sich selbst — die gewohnte Einsam=
keit des Gemüthes läßt sie, so scheint es, das Leben in keinem
Sinne genießen. Jede frohe Aufwallung, die ich für sie
empfinde, erstickt ihr ernster Blick und ich kann mich darüber
nur trösten mit anderen Gesellschafterinnen, welche in fünfund=
zwanzig Jahren nicht weiter kamen, als ich in dreien. Sie
achtet mich, glaube ich, und dies ist mein Trost in diesem Ver=
hältniß, ich muß meine unbegrenzte Verehrung in verborgenem
Herzen tragen.

Gestern war ich bei Schillers, wo Einsiedel seine Über=
setzung eines französischen Lustspiels vorlas; wir waren sehr
heiter und es wurden lustige Geschichten erzählt, auch über die

deutsche Sprache viel abgehandelt — ja sogar ein Quartant von Abelung herbeigeholt. Ist dieses Buch in Ihrer Biblio=thek? wo nicht, so werden Sie es mir wohl kaufen müssen, wenn es für Sie an das Studium des Mir und Mich geht, und für mich an das der weichen D und harten T, der weichen B und der harten P — wir brauchen uns nicht zu schämen, da selbst Goethe und Schiller stets ihren Abelung bei der Hand haben — ich sehe mich schon im Geist mit Helvig vor dem großen Wörterbuch sitzen.

Mein Portrait der Prinzessin findet man ähnlich — mich dünkt, ich habe Fortschritte seit dem Aufenthalt in Dresden gemacht, ich sehe alles deutlicher, kann es besser wiedergeben und empfinde, daß ich in dieser Kunst etwas Tüchtiges leisten könnte. Jetzt arbeite ich wie ein Egoist für mich, nein für uns; ich will eine gewisse Auswahl schöner Vorstellungen sammeln in drei Abtheilungen: Portraits, Copien nach Antiken und Copien geistlicher und historischer Bilder. Damit könnte man ohne großen Tapetenaufwand auf einfachem Farbengrund sich eine Reihe edler Bilder zur Zierde der Wände schaffen — sogar ein gewisses Selbst=Portrait soll dabei nicht fehlen, wenn mir auch bangt vor der Aufgabe. Die mir zugesendeten schönen schwedischen Stahlfedern fanden großen Beifall hier, vielleicht könnten Sie an Prinzeßchen durch Gesandtschafts=Verbindung solche schicken. Als der obristcommandirende Chef Ihres Herzens bitte ich, die Augen zu schonen, die ich liebe; die Kopfwunde schmerzt doch nicht?

Tausendmal Addio, mein bester Freund, Ihr Herz und Ihr Verstand leite Sie immer zu Ihrem Glück — es ist fortan das meinige — ich glaube, Helvig weiß kaum, wie viel das sagen will aus dem Munde seiner —

Amalie von Imhoff."

Tagebuch.

26. October.

„Ich habe heute Morgen genäht, leider jetzt eine seltene Beschäftigung bei dem vielen Fremdenverkehr. Da wir keine

— 117 —

Tafel hatten, ging die Herzogin nach Tische mit mir spazieren.
Es war der herrlichste Herbsttag, der Himmel blau, gold und
purpurfarben, die Luft vollkommen still, tausend Lichter glänzten
auf Strauch und Bäumen. Schaaren von Dohlen zogen wärmeren
Ländern zu, die Fasanen raschelten im Dickicht. Ich nahm
stummen Abschied von diesen Heimathfluren, auf denen ich kaum
mehr einen Herbst erleben werde — denn entweder zieht mich
die Liebe oder ein anderes Schicksal fort, daß ich gerettet werde
aus diesem zwecklosen Leben. Ich brachte diesen Abend bei
Schillers mit der Mutter zu, wir spielten mit der kleinen Caroline, die ein reizender Engel ist, sprachen allerlei Vernünftiges
und scherzten über gesellschaftliche Beziehungen, die nicht immer
erquicklich jetzt sind."

27. October.

„Ich habe die kleine Dresdner Madonna copirt, darüber
freue ich mich herzlich, sie ist leiblich geworden, und Du sollst
sie bei mir finden, denn ich schenke nichts mehr weg, bis ich
mir selbst eine kleine Sammlung gemacht habe. Ich ging mit
Louischen spazieren und aß dann bei Prinzessin Caroline. Den
Abend brachte ich still bei der Mutter zu, wir arbeiteten und
waren vergnügt, sie befindet sich viel besser jetzt und mag gern
der Zukunft gedenken."

28. October.

„Brief an meine Schwester Käthchen geschrieben, das Papier
aufgespannt für ein neues Bild: Prinzessin Caroline, die ich
malen werde. Den Abend waren wir bei Fräulein von Knebel
mit Prinzeßchen, die Schiller, Tante Stein kam auch. Prinzeß,
die Lichtenberg und ich ergötzten uns durch Drapirungen; mit
einem ostindischen Shawl bekleidete ich die Prinzeß, so daß sie
wie die Statue einer Psyche aussah."

29. October.

„Heute habe ich das Bild der Prinzessin begonnen, ich hoffe,
es soll ähnlich werden, ihr zarter, stiller Geist möge meinen
Pinsel lenken."

30. October.

„Die Goldschmidt war bei mir, sie ist ein kluges, lebendiges
Wesen, sie erzählte mir von dem „Emanuel", der in J. P. Richters
Schriften vorkommt und ein Jude Namens Engel ist; er wohnt
in Bayreuth und trägt auch diesen idealen Vornamen, er soll
taub durch Verbrecherhand geworden sein und ist eine höchst
interessante Persönlichkeit. Prinz Friedrich von Gotha kam
nach Tafel an und wird wohl eine gute Weile hier bleiben —
wir sahen im Theater „Titus", es war sehr voll, was mich
freute. Dann noch ein Souper zu Ehren des Prinzen von
Gotha und des Prinzen Barchfeld nebst dessen Gouverneur, dem
Obrist Zach; der siebzehnjährige Prinz will Astronomie studiren.
Außer diesen noch ein Herr von Müffling, ein Preuße, und
zwar ein bescheidener, ein gebildeter Mann, den ich gut leiden
mag."

31. October.

„Ich habe an dem Bild der Prinzeß gearbeitet. Bei Tafel
saß ich zwischen Geheimrath Voigt und Herrn von Einsiedel.
Ich sprach noch viel mit Müffling, der mir von seiner Frau
erzählte und mich bat, ihm etwas von mir vorzulesen. Der
abscheuliche Briesen, dieser Phönix=Ritter, hätte mich beinahe
außer Fassung gebracht durch sein fades Wesen. Die gräflich
Reußische Familie wurde Abends vorgestellt, man sagt, sie halten
viel auf Etiquette und kommen so possierlich genug in unsern
ungebundenen Kreis, vielleicht ist ihnen eben damit geholfen."

1. November.

„Diesen Morgen besuchte mich Herr von Müffling, und
dehnte die Visite bis gegen Mittag aus — er bat mich, ihm
meine „Geister des Sees" vorzulesen, er verrieth durch seine
Urtheile viel Verständniß und eine scharfe Kritik. Da er in
Erfurt wohnt, will er mir seine Frau im Laufe dieses Winters
zuführen, was mich sehr freut. Er ist wie Du passionirter
Militär und hat doch dabei Sinn für alles, was Kunst be=
trifft, — gleicht er wohl hierin einem gewissen Jemand?"

2. November.

„Das schöne Wetter hat aufgehört, der herbstliche Regen schlägt an meine Fenster. Frau von Gundlach mit ihren beiden Söhnen ist hier angekommen, ebenso ein Hesse, Herr von Wangenheim, ein schöner vornehmer Mann, er gleicht sehr einem früheren Verehrer von mir, der brav, aber sehr beschränkten Geistes war, dessen Neigung ich nicht erwidern konnte. Leider war öfter mein Antheil an solchen Menschen nur der, mir peinvolle Schmerzen zu bringen, da ich Coquetterie nicht verstehe. Spiel und darauf folgendes Souper hat mich todtmüde gemacht. Gute Nacht.“

3. November.

„Ich war für diesen Morgen zur Riedesel gebeten, wo ich Prinz Friedrich fand, dort erfuhr ich die Ankunft des Major von Funk (von meines Bruders Regiment). Er ist ein geistreicher Mann und Schillers alter Bekannter — nur schade, daß er seine ehemalige Schönheit nicht vergessen kann, als ein verblichener Beau hat sein Aeußeres etwas Preciöses, das unangenehm auffällt. Mit Frau von Gundlach besahen wir das Schloß, ich mußte heimlich lächeln bei der Frage: wo mein Zimmer sein werde; „Weit von hier!“ hätte ich antworten müssen. Wir mußten diesen Abend wieder das schreckliche Stück „Pflicht und Liebe“ sehen, zum Glück habe ich es meist verplaudert. Jetzt muß ich „Heinrich von Ofterdingen“ lesen, der älteste Gundlach schickte es mir zu. Das Buch interessirt mich schon, weil es von Hardenberg geschrieben ist, der ein bedeutender Mensch war, nur wie eine Pflanze, die in rauhem Klima nicht gedeihen kann, ihre glänzenden Blätter für einen Augenblick entfaltete, aber bald wieder leise schloß.“

4. November.

„Ich habe mich ganz in das Buch vertieft, Herr von Funk traf mich bei der Lectüre und erzählte mir, wie er selbst eigentlich die erste Veranlassung zu demselben gegeben habe. Es war mir sehr lieb, in diesem Augenblick von nichts anderem sprechen zu müssen. Eine lebhafte Phantasie, die freilich keine

Zügel kennt, beherrscht das Ganze, aber tiefe Blicke in's mensch=
liche Herz, zarte Beziehungen des Gemüthes klingen darin wie
Geisterstimmen — wo ist auf Erden die Nahrung für solche
Flammen? — Einen Theil des Abends brachte ich bei Löwen=
sterns zu, wo die Fürsten dieser Welt waren, von dort ver=
schwand ich zu Schillers, wohin ich eingeladen, und fand die
Ahlefeld und Funk — Goethe erschien später und war steifer
als je. Ich verließ die Gesellschaft schon um neun Uhr und
verbrachte, umgekleidet, noch ein ruhiges Plauderstündchen mit
meiner Mutter.“

5. November.

„Heute Morgen die Besuche des Major von Funk, Prinzen
Friedrich und Herrn von Haake. Später kam Prinzeßchen zu
einer Sitzung für ihr Bild. Diesen Abend wurde gespielt, ich
mit Prinzeßchen Boston, dann Souper — Funk half mir dabei
im Moquiren über Briesen, der wirklich unausstehlich ist. So
endigte der ermüdende Tag noch muthwillig genug.“

6. November.

„Diesen Morgen las Einsiedel bei Fräulein Göchhausen
seine „Mohren=Sclavin“ vor, eine Übersetzung des Terenz,
das Stück hat noch mehr Leben und Bewegung als die „Brüder“
von Terenz, Einsiedel hat es zart gehalten. Nach Tafel er=
warteten wir die Erbprinzessin von Gotha, auch Graf Salisch
kam, der gerne geistreich wäre — aber eigentlich eine pro=
saische Natur ist, trotz aller seiner gezählten Verse. Endlich
trafen die Herrschaften ein, man ging in's Theater und sah die
„Saalnixe“ zum ersten Mal — ein Amalgama von Nonsens
und artigen Ansichten für's Auge. Die Hofdamen der Erb=
prinzessin sind Fräulein von Dalwigk und Fräulein von Oster=
hausen, erstere ist liebenswürdig und recht hübsch, wir finden
uns gut zusammen.“

7. November.

„Heute Morgen erhielt ich die Visite der Hofdamen, dann
war ermüdender Courtag, ich hatte den Dienst dabei und sage
Dir jetzt erschöpft Gute Nacht, liebster Freund.“

8. November.

„Diesen Morgen war ich zeitig für Visiten-Empfang gerüstet, gut, denn die Prinzen kamen zeitig — es konnte mir
dieses nicht eben schmeicheln, da sie wohl mehr die lange Weile
umhertreibt. Man fuhr dann in's Römische Haus, wo unsere
Herzogin mit den Gotha'schen Herrschaften spazieren ging, der
Morgen war schön und unter Gottes freiem Himmel verkehrt
es sich natürlicher. Als wir zurückfuhren, bat sich Graf Salisch
die Erlaubniß aus zu mir zu kommen, Prinz Friedrich desgleichen, ich ließ die fremden Hofdamen zu mir bitten. Man
schien sich an meinen Zeichnungen zu erfreuen, zuletzt mußte ich
noch aus der „Johanna von Arc" recitiren. Die jungen Damen
hatten es ihrer Prinzessin erzählt und nach Tafel wurde ich
gebeten, in dem Zimmer der Erbprinzessin und vor meiner
Herzogin die beiden Monologe zu wiederholen, die Prinzessin
zeigte sich ungemein freundlich und verständnißreich und bat
mich, ihr am folgenden Morgen auch meine Legende „Die heilige Elisabeth" vorzulesen. Am Abend sahen wir die „Brüder",
von Terenz, dann noch Souper bei der Herzogin-Mutter, Fräulein von Laßfeld, Hofdame bei der regierenden Herzogin von
Gotha, war auch geladen, ebenso Gräfin Salisch, die gut und
klug aussieht und eine große, nicht hübsche Fräulein von Wangenheim — Häßlichkeit bei kleinen Personen ist weniger bemerk-
bar. Meine Kenntnisse der vaterländischen Geschichte kamen
mir diesen Abend zu Statten, über Tisch attaquirte mich der
Erbprinz von Gotha in Bezug auf meine Elisabeth-Legende,
er fand mich aber bügelfest, ich durfte ihm frei und trotzig
antworten — so etwas läßt er sich auch gefallen."

9. November.

„Diesen Morgen reisten sämmtliche Fürstlichkeiten ab. Meine
Schwester Louischen holte mich zum Spaziergang, dann aß ich
bei der Mutter und brachte mit ihr den Abend bei Fräulein
von Knebel zu, aber ich bin noch von Müdigkeit erschöpft —
man braucht einige Zeit, um sich von solchem Gesellschafts-
Trouble zu erholen. Gute Nacht, Liebster."

10. November.

„Ich machte heute vor dem Theater bei den Reußischen
Herrschaften meine Visite, sie sind sehr liebenswürdig in ihrem
Haus und haben mich mit Freundlichkeit empfangen — es thut
so wohl, Menschen zu begegnen, die in einem so schönen, edlen
Verhältniß zu einander stehen. Auch das Äußere der Häus=
lichkeit ist harmonisch, geschmackvoll eingerichtet, ohne über=
triebenen Zierrath.“

11. November.

„Heute ist Ruhetag bei Hof, ich stattete deshalb eine Visite
bei meiner Tante Schardt ab, die mein Gewissen schon be=
drückte. Die Goldschmidt begleitete mich und wir fanden
dort Lieutenant von Seebach, Mimi Örtel und die Wolfskeel.
Die Goldschmidt belebte das Gespräch, ahmte verschiedenen
Acteuren nach und kehrte sich nicht an einige kalte Gesichter
um sie her.“

12. November.

„Ich war den Tag über bei der Mutter und las ihr vor.
Ich fand sie aber leider recht matt und theilnahmslos — werde
ich in fünfundzwanzig Jahren wohl auch durch die Stürme des
Lebens ein so abgeblätterter Baum sein?“

13. November.

„Diesen Morgen brachte ich mit der Herzogin bei Gores
zu, wo auch Goethe und Tante Stein waren.“

27. November.

„Nach längerer Pause sitze ich wieder an meinem Tagebuch,
von außen ist es trübe, daß ich vor Regenwolken noch nicht
den Ettersberg gesehen habe. In meinem Zimmer sieht es
desto freundlicher aus, recht künstlerisch. Das Madonnenbild,
was ich in Dresden angefangen hatte und hier vollendete,
hängt über dem Schreibtisch, auf der Staffelei steht das an=
gefangene Portrait unserer lieben Prinzeß und daneben auf

einem Postamente steht eine herrliche Büste des Apollo von
Belvedere, die mir Goethe zum Copiren anvertraute, es ist einer
der trefflichsten Abgüsse, die er aus Italien mitbrachte. — Das
sind die Waffen, welche ich gegen Überdruß und Langeweile gebrauche, gegen die Sehnsucht über's Meer hinaus wollen sie
nicht ausreichen. Ich lese die Briefe von Bonstetten unter dem
Titel „Briefe eines jungen Gelehrten", sie gefallen mir, weil
viel zartes, jugendliches Gefühl darin enthalten ist. Der Müller
als Geschichtsschreiber hat mich nicht immer so fesseln können —
ich liebe die Helden, glaube ich, weil Homer den Achilles besungen hat."

28. November.

„Gestern kam mein jüngster Bruder Ernst aus Arolsen
zurück, wo er mit meinen englischen Geschwistern fast zwei
Monate auf Urlaub zubrachte. Er wird wohl auf die Wünsche
des englischen Stiefbruders eingehen, in englische Dienste zu
treten und nach dem fremden Welttheil sich schicken zu lassen.
Meine Mutter sieht die Sache mit Ergebung an, sie fühlt, daß
dem unruhigen Geiste ein schneller zu erreichendes Ziel gesteckt
werden muß."

Von Stockholm erhielt hierauf Amalie sechs Wochen keinerlei
Nachricht, was sie erst beängstigte und dann in schon einmal
durchlebte Schwankungen über die Entscheidung ihres Schicksals
brachte, vielleicht auch beeinflußt durch das Wiedersehn mit
Gentz, dessen scharfe Kritik wie ein kalter Wasserstrahl wirkte.
Es wurden Briefe durch Helvigs Bedienten unterschlagen, der
es vorzog einem Junggesellen zu bienen und die Verlobung
dadurch zu hemmen hoffte.

Amalie an Helvig.

13. Januar 1803.

„Seit länger als vierzehn Tagen hat mir Böttiger einen
Brief meines Freundes gemeldet, indem er mir ein Blatt mittheilte, das Sie ihm zugeschickt. Aber vergebens harre ich
von Post zu Post; wäre ein Brief verloren gegangen? Ich

habe seitdem meinen Bruder Ernst so gut als verloren. Er geht, nachdem er die sächsischen Dienste verlassen hat, nach den englischen Besitzungen in Amerika, wo ihm mein Stiefbruder Charles eine Offiziersstelle gekauft und dafür gesorgt hat, daß er in ungefähr zwei Jahren als Capitän nach Indien kommt. Meine Mutter hat diese Trennung mit Muth und Klugheit ertragen, obschon Ernst der einzige Sohn ist — der arme Junge bedürfte Ihrer Festigkeit, ich wünschte, er wäre von Ihnen gekannt worden! — Möge Gottes Geist ihn auf den fernen Wegen begleiten und ihn einst in die Arme der Seinen zurückführen. Die arme Mutter zagt vor doppelter Trennung, ja sie glaubt, meine Abwesenheit schwerer ertragen zu können, wenn auch kein Welttheil uns scheidet. — Ich bitte Sie, mein Freund, schreiben Sie mir öfter, und alles Gute, was Sie empfinden — Sie können keine Ahnung haben, wie fest die Bande sind, die mich an meine Familie binden. Meine Phantasie ist leicht beweglich, aber mein Gemüth treu. In dem stillen Zirkel der Häuslichkeit, in den ich aus den geselligen und Dienstanforderungen kehre, gebe ich mich offen und liebend — die natürliche Pflichterfüllung schien mir stets die Hauptaufgabe unseres Geschlechtes. Es ist mir oft begegnet, daß ich in den Augenblicken eines lebhaften Schmerzes in das Welttreiben heraußmußte und entgegengesetzt aus rauschender Freude zu häuslicher Sorge zurückkam. Gottlob hat mein Herz nicht darunter gelitten, es ist nicht kälter, nur ernster geworden. Ich erzähle Ihnen von mir, weil mir zuweilen bange wird, daß Sie meine Eigenheit in gutem wie schwerem Sinne noch nicht kennen. Die Beweglichkeit meiner Phantasie kann den Mann, der sie versteht, beglücken und ihm das Leben verschönern — aber im entgegengesetzten Falle kann ihm das vielseitige Streben unerträglich werden, statt zu einem einfachen, vollen Glück zu führen. Der Mann, der uns zur Verstellung oder Umgestaltung unseres Wesens zwingen will, raubt uns und sich die schönste Zierde des irdischen Glückes, er entblättert die zartesten Blüthen im Kranz unserer Tugenden. Ich entschuldige mich nicht über die Auseinandersetzung, möchten Sie

mir dieselbe beantworten wie Sie es fühlen. Ich hätte Ihnen
noch manches zu sagen, denn mein Inneres ist vielfach bewegt
und ich weiß nicht recht, wie ich es zur Ruhe bringen soll, ob
ich schon eigentlich immer ruhig=thätig bin und diese Stürme
nur wie von außen an mich anschlagen. Daß ich die Be=
schäftigung liebe und sie vervielfältigen kann in mechanischer
Fertigkeit und Arbeit meiner Phantasie — das rechne ich als
ein Glück, als eine Gottesgabe, sie wird mich schützen, in mir
nicht zu verarmen, noch trocken oder kalt zu werden, und mir
die Jugendgefühle erhalten, ohne deren Stürme gekannt zu
haben. Gute Nacht, sehen Sie diese Zeilen nur als Erleichte=
rung eines beklommenen Herzens an.

Amalie von Imhoff."

Amalie an Helvig.

15. Januar.

„Ich sende Ihnen hier durch die Gelegenheit, mein Freund,
drei Almanache, worinnen Sie meinen Namen finden werden;
die Aglaja ist die Fortsetzung dessen, den Sie von mir mit=
genommen, und die Geschichte der Königin Christine darinnen
wird Sie wohl auch interessiren. Ihr Landsmann hatte mich
gebeten, ihm einen Auftrag zu geben. Es würde mich freuen,
wenn ich ihm gefallen hätte, denn seine Augen werden die
neueste Nachricht Ihnen von mir über den Belt bringen.
Wenn es viel solche Männer unter den Schweden giebt, so
freue ich mich, die Freunde meines Freundes kennen zu lernen.
Borgenstierna scheint ein so edler als feiner Mann zu sein.
Er erzählte uns viel von den Schweden, von ihrer einfachen
Tracht und der häuslichen Geselligkeit. Mir wurde fast bange,
als er verschiedene Male auf Zierden meines Anzuges deutete,
mit den Worten: „Das ist in Stockholm verboten zu tragen,
nur weiße und schwarze Roben sind am Hof vorgeschrieben".
Gentz kommt von England zurück, wo er in Angelegenheiten
des Kaiserl. Hofes geweilt. Schon bei seiner Hinreise blieb
er einige Tage hier, er kennt Sie und ich habe mit ihm von
meinem Freund gesprochen, er ist mir zwar sehr ergeben, aber

ich fand sein Betragen bei Berührung eines so zarten Gegen=
standes fein und edel. Daß ich Ihnen von ihm schreibe, ist
mir ein Bedürfniß, wie alles, was mich eben beschäftigt, Ihnen
mitzutheilen, sein Name soll kein Schreckbild sein, das Ihnen
meine Eitelkeit vorhält — hierzu seid Ihr beide zu gut. Zu
Ihnen führt mich der Zug des Herzens und eine seltsame Ge=
walt des Schicksals! doch kann ich darum nicht Gentz fremd
werden, und Sie müßten mich nicht kennen, wenn Sie mir
nicht vertrauten.

Der Hofwagen fährt vor, lebe wohl, Deine

Amalie von Imhoff."

Helvig an Amalie.

28. December.

„Meiner lieben Amalie Brief vom 30. November kam hier
ausnahmsweise schon den 18. December an, aber ich erhielt ihn
wegen Abwesenheit erst am 25. December. Ich sehe aus dem
Brief, daß verschiedene meiner Briefe nicht in Ihre Hände ge=
langten. Durch Nachfrage auf der Post erfuhr ich, daß selbige
nicht abgeliefert wurden, sondern, wie ich jetzt weiß, von meinem
untreuen Diener, den ich aus Wien mitnahm, unterschlagen
find. Ich habe den Betrüger wegen verschiedener Unterschleife
sofort entlassen, doch schmerzt es mich, daß Sie meinen Brief
vom 9. October nicht erhielten, der manche Ihrer Fragen ein=
gehend beantwortete und sich auch auf die Ankunft Ihres Stief=
bruders bezog, welche mich so sehr interessirte."

29. December.

„Der Bund ist also geschlossen und ich kann Amalie kühn
die Meinige nennen; könntest Du in meinem Herzen lesen, Du
würdest finden, wie ungetheilt ich der Deinige bin, wie unaus=
sprechlich glücklich mich die Erfüllung meines Wunsches macht.
Ich bin in meiner Seele gewiß, daß wir stets auf dem rechten
Wege, Hand in Hand durch dieses Leben gehen werden, und
wünsche Dich überzeugen zu können, daß ich unter dem Wort
Leben dasselbe verstehe, was Du darunter verstanden haben

willst. Die eigene Häuslichkeit wird Dir kaum mehr Zeit
nehmen, als Du an einem Galatag für Deine Toilette brauchst
— meine Zeit ist in den Vormittagsstunden außer dem Hause
durch Dienst in Anspruch genommen, der übrige Tag gehört
Dir und unseren Neigungen.

Alle häuslichen Details werden meiner Amalie nebst den
Schlüsseln zur Chatoulle als Général en Chef und Commandant
übergeben, höchstens werde ich dabei die Befehle meines Chefs
den Domestiken gegenüber zu verdolmetschen haben und Amalie
darf nicht lachen, wenn ich mich dafür statt des Adelung eines
schwedischen Wörterbuches bediene. Da ich mit Gewißheit an=
nehmen kann, daß unser Aufenthalt in Stockholm sein wird,
habe ich mich nach Wohnungen umgesehen, es ist mir eine
passende mit sieben großen Zimmern nebst Küche und Leute=
stuben vorgeschlagen worden. Ich möchte nun um einige In=
structionen bitten wegen Einrichtung unseres Hauses, wenn wir
auch spät im künftigen Jahre hier ankommen werden. Gerade
aus diesem Grunde ist es bei unserm Klima nothwendig, schon
jetzt für die Einrichtung der Heizung und der Erleuchtung der
Zimmer zu sorgen, ebenso für die Tapeten, Vorhänge zc. Ich
habe bereits eine sehr recommandirte Haushälterin gemiethet,
sie ist vierzig Jahre alt und spricht etwas deutsch, mein jetziger
Bedienter ist brauchbar, ebenso der Bursche, es ist die Frage,
ob Du die übrigen Mädchen mitbringen oder hier miethen willst.

Was sagst Du dazu, wenn wir die Mama bereden könnten,
bei uns zu wohnen? Das Klima ist rauh, aber gesund, und es
müßte ihr eine Freude sein, uns vor ihren Augen glücklich zu
sehen. Laß mich Deine Gedanken darüber hören, und wenn
sich Schwierigkeiten für die Übersiedelung zeigten, auf welche
andere Art wir der Mutter die Trennung von Dir erleichtern
könnten; ich möchte ihr so gern beweisen, daß einem Soldaten=
herzen die Kindesliebe gleich wichtig ist, wie die Pflicht gegen
sein Vaterland. Den Brief an Deinen Vormund habe ich ge=
schrieben — aber was wird aus Deinem Helvig, wenn er von
ihm einen Korb bekommt? Ich spreche nicht im Scherz, ich
fürchte aufrichtig die Verwandten, denen Du schließlich bei=

pflichten könntest; sage mir, wenn ich etwas außer Acht ließ, was darauf Bezug haben kann. Von Deinem Bruder schriebst Du, aber nicht von Deinen Schwestern, würde nicht eine von ihnen mit uns übersiedeln können? Über allen meinen dringenden Fragen habe ich schrecklich gegen die Grammatik gesündigt, Fragezeichen, Kommas, Punkte 2c. weggelassen, künftig wird's besser werden.

Ich hatte mich erkältet und mußte drei Wochen das Zimmer hüten. Während dieser Zeit entwarf ich einen Plan, der jetzt schon beinahe ausgeführt ist. Da alles hier so langsam fördert, entschloß ich mich kurz, auf eigene Unkosten zwei Kanonen und eine Haubitze nach meiner neuen Construction anfertigen zu lassen, während sich die Herren des Comités, welche über die Organisation der Artillerie gesetzt sind, im Kampf ihrer verschiedenen Ansichten die Zeit vertreiben können. Künftigen April will ich diese neuen Geschütze als ein Geschenk dem Könige überliefern, er soll darin den Beweis sehen, was man mit Thätigkeit und Wissen ausrichten kann, ohne kostspielige Hülfsmittel. Wenn meine Geschütze leisten, was ich ihnen zutraue, so kann es glückliche Erfolge für mich haben. Keiner außer dem Präsidenten weiß um diese Sache; den Tag, als meiner lieben Amalie Brief ankam, war ich in diesem Geschäft verreist, ich legte bei der Nacht in elf Stunden vierzehn und eine halbe Meile zurück und schon am 21. dieses, Abends, war eine Kanone fertig. Es ist ein schöner Anblick, die Dunkelheit der Nacht durch den Einfluß des geschmolzenen Metalles erhellt zu sehen; nicht ohne Herzklopfen hörte ich das Zeichen geben zum Guß. Ich gedachte dabei an Schillers „Glocke" und fühlte, daß sich Amalie mit mir freuen würde — hier wird freilich die Anwendung, welche Schiller von der Glocke macht, nicht stattfinden, aber doch verdient auch die Kanone als Schutzmittel für das Vaterland besungen zu werden. Ich wage in dieser Sache erstaunlich viel, denn die Anzahl meiner Neider hat sich seit meinem Avancement sehr vermehrt. Es war eine unerhörte Sache, daß ich an einem Tage drei Schritte avancirte, wodurch ich alle Majore, alle Oberst=Lieutenants und alle

General=Adjutanten vom Flügel bis auf viere übersprungen
habe. Selbst bei dem Regiment, bei dem ich jetzt stehe, wird
es scheele Blicke geben, ich wünschte es verhüten zu können,
aber nur die Zeit kann solche Ereignisse verwischen. Ich werde
zwar äußerst aufmerksam in meinem Betragen gegen alle sein,
aber dennoch nicht das Geringste durch die Finger sehen. Ohne
Prahlerei kann ich behaupten, daß die Augen der sämmtlichen
Artillerie in gespannter Erwartung auf mich gerichtet sind.
Meine Arbeit ist groß und schwierig, ich habe nicht allein
meine militärischen Ansichten durchzukämpfen, sondern mich auch
gegen Cabale zu schützen. Bis jetzt ging alles gut, nur noch
eine kurze Zeit in demselben Geleise und ich habe alle Ver=
theidigungswaffen in meinen Händen, will es dann noch stocken,
dann gehe ich den offensiven Weg.

Dem Vorsatz Deines Bruders, in englische Dienste zu gehen,
pflichte ich bei, nur soll er streben, sein Glück durch sich selbst
zu machen. Kommt er zu einem in Indien liegenden Regi=
mente, so hat er die Gefahr zu bestehen, die ihm die großen
Ausschweifungen dort bringen können; ich rathe ihm, sehr auf
seiner Hut zu sein vor schlechten Kameraden. Das Wichtigste
für ihn ist, sich die Landessprache anzueignen, dann schreitet er
sicher auf der Bahn zum Ruhme vorwärts. Er wird in diesem
Fall auf wichtige entferntere Posten commandirt und braucht
nicht dem Corps der Fremden zu folgen, die wie Schafe zur
Schlachtbank geführt werden. Er muß suchen, die Stellung
eines Adjutanten bei dem General zu erhalten, in dieser kann
er als gebildeter Mann sich auszeichnen.

Einen Gruß habe ich noch an Dich zu bestellen und zwar
von einer Dir noch Unbekannten, dem Fräulein Montgomery,
einem seltenen Mädchen, die manche Ähnlichkeit mit meiner
Amalie hat. Ich verkehre seit mehreren Jahren in dem Hause
ihrer Tante, bei der sie lebt und habe ihr Deutsch gelehrt; sie
wünscht Dir das erste Willkommen in Deiner Muttersprache zu
sagen. Sie spricht sehr gut französisch und englisch, hat viel
und mit Verstand gelesen und brennt darauf, Dich kennen zu
lernen; ich glaube fast, daß Ihr Freundinnen werden könntet.

Ihre siebzigjährige Tante ist für mich das Ideal einer Matrone. Ich gab den Frauen ein Exemplar von Deinen „Schwestern von Lesbos", mehrere Stellen kann das Fräulein auswendig und wünscht Dich damit zu überraschen.

Dieser Brief ist der letzte in diesem Jahre, möchte mit dem Anfang des neuen alles was Dir bis jetzt noch bange macht verschwinden, daß Deine Seele freudig denken kann an

Deinen Helvig."

XX. Capitel.

Bange Zweifel.

Helvig an Amalie.

Stockholm, 20.—25. Januar 1803.

„Beim Eintritt in dieses Jahr hatte ich den Vorsatz, jede Woche an Amalie zu schreiben; daß er nicht ausgeführt wurde, zeigt Dir das Datum dieses Briefes. Ich war wieder etwas krank und habe keine der hiesigen Festlichkeiten mitgemacht, auch war mir jede Arbeit verboten, aber die Dringlichkeit der Geschäfte ließ mich ungehorsam gegen den Arzt sein, er und meine Freundin müssen mir vergeben. Wenn Du jetzt mein Zimmer sehen könntest, würdest Du manche Ähnlichkeit mit dem Deinigen finden, nur verschieden durch die bedingten Erfordernisse unserer Bestrebungen. Dein erster Blick fällt auf einen schönen Minervakopf, der auf dem Büreau von Mahagoni steht, um die Büste gruppiren sich Kanonen-Modelle verschiedener Größe, rechter Hand steht ein Zeichentisch, beinahe fünf Ellen lang, worauf angefangene Militärzeichnungen liegen, nebst einem halben Dutzend steinernen Runen-Tafeln, die schwer zu entziffern sind, unter dem Tische prangen zehn große Foliobände mit Handschriften vom Jahre 1597, erbaulich zu lesen. In der Ecke steht ein großer galvanischer Apparat, oft in Arbeit, in seiner Nachbarschaft Flaschen von Säuren und Salzen, über diesen hängt ein Storchschnabel zu Messungen und meine beiden

9*

Pistolen nebst anderen Instrumenten. An der linken Wand
steht ein kleiner Schachspieltisch, daneben das Sopha, welches
zugleich mein Bett ist, von allen sehr bequem, nur etwas zu
hart befunden, mir ist es noch zu weich. Es gehört zu meinen
vielen Eigenheiten, daß ich noch nie auf einem Bette geschlafen
habe und vom Bequemliegen nichts weiß. Ich lege mich nur,
wenn ich sehr müde bin, und dann verlangt mich nicht nach
weichem Lager. Bei Krieg oder Manöver ruhe ich nur auf
Stroh aus und in Kleidern, die expreß dazu angefertigt sind,
um stets zum Aufbruch bereit zu sein. Du mußt mir erst
eine bequeme Häuslichkeit lehren. — Vor diesem Sopha steht
der große runde Theetisch, zwischen Ofen und Sopha das Steh=
pult, da ich nie sitzend schreibe, und diesem zunächst ein Arbeits=
tisch. Hier sieht es etwas bunt aus! friedlich liegen neben=
einander: Mitfords History of Greece, Homer, Wallenstein,
logarithmische Tafeln, philosophische Bücher und militärische
Schriften, und ein hoher Pack zu beantwortender Briefe
nebst Landkarten. In dem einen Fenster ist mein kleiner
Blumengarten, den ich fleißig pflege, wie die Vögel in dem
anderen. Dieses Zimmer ist meine kleine Welt. Du solltest
einmal einer meiner Theegesellschaften beiwohnen, sie würden
Dir nicht langweilig dünken, ich habe drei Wohnzimmer, aber
man zieht immer dieses Arbeitszimmer als Sammelplatz den
anderen vor. In Bezug auf meinen erfochtenen Sieg gegen
den Admiral Chapman habe ich noch harte Kämpfe zu bestehen.
Ich frug einst bei solcher hitzigen Debatte im Comité meine
Gegner: ob dieser Streit mich persönlich oder meinen Vortrag
anginge; im ersten Fall würde ich den Herrn Präsidenten um
Erlaubniß bitten, mit dem widerstreitenden Offizier im Ver=
trauen sprechen zu können, im zweiten Fall beriefe ich mich auf
meine Eingabe, immediat an Se. Majestät den König, an
welchen sie gerichtet sei. Einige Tage darauf wurde ich zu
Sr. Majestät dem König befohlen, ich hatte einen langen Vor=
trag zu halten in Gegenwart der Comité=Mitglieder. Se.
Majestät äußerte seine Zufriedenheit sowohl mit meinem Be=
nehmen als meiner Eingabe und sagte mir in Gegenwart der

Gegner: „Unsere Artillerie ist nicht gut, ja im Verfall, es ist ein Glück für uns und das Vaterland, daß Sie bei dem Corps stehen." Ich durfte die dargebotene Hand küssen und wurde huldvoll entlassen. Es ist jetzt eine beschwerliche Jahreszeit, den Postverkehr betreffend, heute fehlte die dritte und vierte Post von Deutschland und die siebente von Finnland. Ich warte auf Deinen Brief mit Schmerzen, um zu hören, ob Du und Deine Mutter von den meinigen befriedigt ward. — Ich habe an Böttiger Aufträge gegeben, aber noch nicht gehört, ob er dieselben besorgte, es interessirt mich insofern, als sie Dich angehen. Mein Verlangen nach Dir kann mich bisweilen zum Rebellen machen und nichts will helfen, so vielfältig auch meine Beschäftigungen sind. Wärst Du hier, so könnte ich Dir die bestürmenden Ideen mittheilen, sie sind nicht böser Art, aber schreiben lassen sie sich nicht. Deine Lage ist erträglicher als die meinige, Du kannst Dich beschäftigen mit dem was Dir Vergnügen macht, mir muß das Vergnügen machen was mir aufgetragen wird, und ich bin nicht nach dem Geschmack meines maitre de plaisir.

Meine Empfehlung der Mutter und Grüße den Schwestern, gedenke in Liebe an Deinen

Helvig.

NB. Bist Du verwandt mit dem General von Schardt, berühmt im siebenjährigen Krieg?"

Amalie an Helvig.

28. Februar.

„Ich habe Ihren Brief mit dem Einschluß an meine Mutter und gestern auch den vom 20. Januar erhalten, indeß müssen Sie wohl einige Zeilen empfangen haben, die ich Ihnen über Ihr ungewöhnlich langes Stillschweigen im Anfang des Jahres geschrieben. Ihrem Landsmann, dem Oberst Borgenstierna, gab ich die Almanache mit, leider höre ich, daß er in Frankfurt erkrankte, so haben sich unsere Briefe durchkreuzt und die Unredlichkeit Ihres Bedienten hat die Verwirrung noch vermehrt.

Ich war krank an einer Mandelentzündung mit heftigem
Fieber, noch hüte ich das Zimmer, aber ich fühle mich wohler —
und. was ich vor meiner Krankheit für unmöglich hielt, scheint
mir jetzt nicht allein ausführbar, sondern nothwendig und als
das Nächste, was ich zu ergreifen habe: es ist dieses, die Wahrheit meiner Gesinnung gegen Sie auszusprechen, um aus dem
qualvollen Zustand zu kommen, in dem ich mich befinde seit
dem schriftlichen Verlöbniß. Nehmen Sie also hier das freimüthige Geständniß, daß ich fehlte, da meine Zusage noch eine
übereilte war. Sie erinnern sich gewiß des Briefes, den ich
bald nach meiner Zurückkunft von Dresden an Sie schrieb,
mein Freund — ich bitte Sie inständig, ihn bei dieser Veranlassung nochmals durchzulesen — er war aus der Tiefe
meiner Seele geschrieben, sonst hatte ich mich meist in unserm
Briefwechsel befangen gefühlt. Ich schrieb nicht wie ich ursprünglich dachte, weil einige Erfahrungen mich vermuthen
ließen, daß Sie mich so nicht ganz verstehen würden; ich zwang
mich, dem Bilde zu gleichen des Mädchens, das Sie in mir
liebten und dem ich mich nicht ähnlich fühlte. Mein Aufenthalt in Dresden hatte, verbunden mit den gehäuften Begebenheiten der letzten Monate, mir eine neue Klarheit über mein
Wesen und über die Natur seiner Bedürfnisse gegeben. Im
Anschauen der Kunst hatte sich mein Sinn für dieselbe schneller
und für mich anfordernder entwickelt, zugleich aber beobachtete
ich, daß mein Stiefbruder bei aller Liebe, die er mir zeigte,
gar keinen Theil an demjenigen nahm, was mich so lebhaft beschäftigte, und ich fühlte mich in dem Kreis mir werther
Menschen, ja meiner nächsten Verwandten, wie ein Fremdling
isolirt. Diese Entdeckung mußte mir jetzt doppelt wichtig sein,
da ich die Aussicht hatte, aus allen meinen Verhältnissen
heraus, durch die Verbindung mit Ihnen, in eine ganz neue
mir unbekannte Lage versetzt zu werden. Doppelt empfand ich
das Wagniß dieses Schrittes, da ich die Qualen eines Zustandes kennen gelernt hatte, in dem man sich mit den nächsten
Umgebungen in indirektem Widerspruch fühlt. Meine Freunde
in Weimar erschienen mir bei dieser Empfindung werther, in-

dem ich wohl einſah, wie vertraut gewiſſe Auffaſſungen der
idealen Welt unter uns herrſchen und uns zur zweiten Natur
geworden ſind. Mich ängſtigt der Gedanke, bei dem Mann,
der mich für die Heimath entſchädigen muß, eine ähnliche Ab=
weichung der Vorſtellung zu finden, wie bei dem mir ſonſt ſo
lieben Bruder. Ich beſchloß, bei Ihnen ſelbſt Hülfe zu ſuchen.
Ich ſchrieb in meinem Dresdner Brief, welche Wünſche jeder
neue Fortſchritt in der Kunſt bei mir erregt habe und die
Aufrichtigkeit, womit ich mich ausſprach, verbürgte mir eine
beſtimmte Antwort, aus welcher ich Ihr Verſtändniß dafür
herauszuleſen hoffte. Aber Ihre Antwort beſtätigte mir nur,
was ich mir bei Ihrer erſten Bekanntſchaft ſogleich ſagen mußte,
daß Sie ein ebenſo biederer als offener Mann ſeien, daß ich
keinen auffallenden Widerſpruch, keinen Zwang zu befürchten
habe und in deſſen Schutz ich wohl geborgen ſein würde. Wie
viel dieſes ſagen will, fühle ich ſo tief als jedes andere junge
Mädchen — auch mir,' mein Freund, würde dieſes Glück voll=
kommen genügen und mit dankbarem Herzen erfaßt werden —
wenn das Schickſal Sie in unſere Mitte geſtellt hätte. In
dem gewöhnlichen Kreis meiner Beſchäftigungen ruhig fort=
lebend, würde ich ſo mit warmer Freude jede unerwartete Blüthe
gleicher Geſinnung wie ebenſoviel ſchöne Geſchenke aufgenommen
haben — die heitere Sicherheit Ihres Charakters hätte ſo eine
neue Zierde in meinen Augen erhalten, auch Sie würden Ge=
nuß in dem Umgang mit den vorzüglichſten Geiſtern Deutſch=
lands gehabt haben. — Ganz anders iſt der Fall, der mich
aus allen bisherigen Verbindungen führen müßte in ein Land,
wo die höhere Ausbildung der Frau doch wohl noch Contre=
bande iſt; was hätte ich ſolchem Tadel fremder Menſchen ent=
gegenzuſetzen, wenn es nicht die nahverwandte Geſinnung des
einzigen Freundes wäre, der nicht ſtörend, ſondern belebend auf
mich wirken müßte? Was hier nur als eine erfreuliche Zugabe
anzuſehen wäre, würde dort unerläßliche Bedingung für unſer
beiderſeitiges Glück ſein.

Ich bin zu klar über mich ſelbſt, um nicht einzuſehen, daß
mein Gemüth und mit ihm alle Kräfte der Seele in der Ge=

walt des Wesens sein werden, das mir den treuesten Spiegel
des meinigen zeigen muß.   Soll ich vergebens das Schicksal
so vieler Frauen gesehen haben, deren Leben eine Reihe von
Verirrungen war, vielleicht nur, weil sie von einem ersten
Irrthum ausgingen!   Urtheilen Sie selbst von dem Eindruck,
den Ihr sonst so biederer, herzlicher Brief auf mein gereiztes
Gemüth machen mußte.   Sie erinnern sich vielleicht, mein
Freund, daß ich Ihnen gleich auf Ihr Lob meiner Einfachheit
erwiderte: Sie irren sich hierin, ich bin kein einfaches Wesen.
In jenem Briefe wiederholte ich dasselbe.   Das Schicksal hat
mir außer den Annehmlichkeiten der Jugend und ihren Reizen
doch auch eine Last aufgelegt, die mich zu Boden drücken muß,
wenn sie nicht im Gleichgewicht mit muthigem Willen mich über
alle kleinliche Noth erhebt, wenn mich nicht das Bewußtsein
der mir anvertrauten Begabung auch zur Vervollkommnung
derselben anspannte.   So beglückend und befriedigend jedes
Talent wird, wenn es sich in einem freien Elemente bewegen
kann, so verderblich wirkt es im Gegensatz. — Mein Vater ist
im eigentlichen Sinn an dem Gefühl gestorben, dasjenige nicht
geleistet zu haben, wofür ihn sein Talent bestimmte; hätte er
früh eine Hand gefunden, die ihn hilfreich geleitet hätte; er
wäre einer der glücklichsten Männer geworden.   Ich wollte,
indem ich mich ganz treu schilderte, Ihnen ein wirksames
Mittel in die Hand geben, sich über den Entschluß leichter zu
trösten, den Ihnen vielleicht Ihre Überzeugung jetzt abbringt.
Sie hätten mich ohne diese Aussprache stets wie vorher gesehen,
das Mädchen, so wie es Ihnen gefiel, bliebe vielleicht noch
lange der Gegenstand Ihrer Neigung und Bekümmernisse.   Jetzt
hingegen gebe ich Ihnen selbst das Werkzeug in die Hand, ein
unähnliches Bild, das Sie sich von mir geschaffen, zu ver=
nichten.   Der Augenblick, wo Sie in meinem Wesen die Ele=
mente einer Disharmonie entdecken, wird so der letzte Ihrer
Neigung sein.   Das ernste Schicksal meines Geistes wird, in=
dem es Sie zurückschrecken kann, auch den ganzen Eindruck des
mädchenhaften Wesens verlöschen, das Ihnen vielleicht das
Liebste an mir war.   Sie sehen wenigstens, daß ich nicht eitel

ober selbstsüchtig bin, da ich gefaßt darauf sein muß, dasjenige von Ihnen zu vernehmen, was ich im entgegengesetzten Falle über mich selbst aussprechen könnte. Ich bin nun einmal so und die Reihe innerer und äußerer Schicksale, die ich durch= lebte, meine Neigung zur tieferen Betrachtung mußte ohne meinen besonderen Willen mich auf diesen Punkt führen. Recht wohl sehe ich, daß noch ein weiter Weg vor mir liegt, um auf diesem Pfad zur Vollendung zu gelangen, aber die Natur der Dinge verbietet mir, auch nur einen Schritt rückwärts zu thun, und wenn ich mit diesem Schritte in ein Paradies gelangte — unter dieser Bedingung würde es für mich ungenießbar sein.

Glauben Sie nicht, daß mich das Wiedersehen mit Gent zu dieser Aussprache führt — ich schrieb Ihnen schon, daß er von Wien hierher kommen würde, und möchte Ihnen jetzt aber= mals meine Stellung zu demselben charakterisiren: Ich habe für ihn nie dasjenige empfunden, was man Liebe zu nennen pflegt, in seiner Gegenwart war ich mir dies stets bewußt, unsere Gespräche, welche alles, was den gebildeten Menschen wichtig ist, umfaßten, waren die ruhigsten, unbefangenbsten Er= gießungen übereinstimmender Ansichten, ich genoß sie mit Heiter= keit und erinnerte mich ihrer mit Klarheit und Ruhe. Gent ist nichts weniger als hübsch, ja nicht einmal einnehmend, seine Persönlichkeit ist eine Null für mich, aber seine Seele, vereint mit seinen großen Verstandeskräften, wirkt belebend auf die meinige. Mein Interesse für ihn besteht rein in der intel= lectuellen Welt, hier ist auch der Unterschied in seiner und meiner Empfindungsweise, die er mir von Wien aus schrieb und die ich unbeantwortet ließ, um ihn ein Nein zu ersparen, er verstand die Antwort und vermied jede weitere Erklärung. Wir sprachen und stritten jetzt wie zuvor über die Gegenstände der Kunst, über Menschen und Begebenheiten, und er besaß Delikatesse und Klugheit genug, um seine Wünsche ein für alle Mal zurückzudrängen. Nie hat er durch die leiseste Frei= heit im Gespräch mich scheu gemacht und ungeachtet seiner Leb= haftigkeit bin ich nie in dem Fall gewesen, ein Wort zu bereuen, das ich gegen ihn ausgesprochen. So mußte mir die Wieder=

holung dieser belebenden Unterhaltung nur die reinste Freude
in der Erinnerung geben. So wie ich Ihnen in aller Wahr=
heit dieses Verhältniß schildere, so steht es, ganz unabhängig
von irdischen Verhältnissen, nur mit dem Unvergänglichen im
Menschen zusammenhängend. Alles, was es der Wirklichkeit
näher brächte, würde ihm das schönere Theil rauben, denn
theils von seinen Freunden wie von seinen Feinden weiß ich,
daß er im Leben durch eine Reihe von Thorheiten nicht allein
sich selbst, sondern auch die, welche ihm angehörten, in Ver=
wirrungen und Mißverhältnisse brachte. Sie, mein Freund,
haben sicher ein Gleiches von ihm gehört und können urtheilen,
wie es mich schmerzt, einen Mann, den ich nur von edler Seite
kannte, überall der Inconsequenzen angeklagt zu hören. Das
Glück hat ihn zwar jetzt in eine bedeutende Thätigkeit versetzt,
aber die Zügel einer ungezähmten Natur entschlüpfen dem
Willen, wenn dieser sich nur auf sich selbst verläßt.

In dieser Beurtheilung befand ich mich schon, als ich Sie
kennen lernte, und der schnelle Eindruck, den mein Wesen auf
Sie gemacht zu haben schien, dünkte mich ein Werk des Schick=
sals. Die herzliche Achtung, den Antheil, den Sie mir ein=
flößten, brauche ich Ihnen nicht zu schildern, dieser Brief ist
das deutlichste Zeugniß dafür.

Ermüdet von einer Seite im Kampf mit den eigenen
Kräften, von der andern gelockt durch die Hoffnung, ein häus=
liches Glück mit einem Manne zu finden, dessen Charakter so
allgemeine Achtung einflößt, verbunden mit dem Wunsch, in
ein zweckmäßiges thätiges Leben zurückzutreten, ließen mich auf
die schnelle Entscheidung eingehen, die mich wie im Rausch mit
fortriß — die Wahrhaftigkeit dieses Geständnisses muß Sie
zur Nachsicht gegen meine Handlungsweise im letzten Briefe
erwecken. Prüfen Sie sich rein und ruhig und glauben Sie,
mein Freund, daß ich nichts von Ihnen erwarte, als was ich
Ihnen eben selbst darbiete, die Wahrheit. Sie werden mir
immer werth bleiben, Ihr Schicksal wird auch getrennt von
dem meinigen mir wichtig sein, und in mein einsames Dasein
werde ich eine schöne Erinnerung Ihres thätig heiteren Lebens

mit hinübernehmen. Nehmen Sie auch keine Rückſicht auf das=
jenige, was man von mir bei Ihrem veränderten Entſchluß
ſagen könnte — da mein Leben harmlos iſt, ſo kann die Ver=
leumbung mir nicht viel anhaben und die Freunde, für die ich
lebe, werden mir treu bleiben, auch wenn die Welt mich falſch
beurtheilt, von welcher ich in jedem Fall zurücktreten will,
denn noch muß ich Ihnen mittheilen, daß ich bei meiner Her=
zogin meine Entlaſſung für dieſen Sommer erbeten. Dies
kann Ihnen vielleicht die letzte Sorge benehmen, indem Sie ſo
gegen den Hof keine Rückſichten zu nehmen brauchen.

Die ſchnelle und ſeltſame Art unſerer Bekanntſchaft ver=
bürgt mir ſelbſt dieſe räthſelhafte Natur, und dreimal glücklich
müßte ich heißen, wenn die Übereinſtimmung der Herzen auch
die der Geſinnung verkündet hätte. Glauben Sie mir, daß ich
nicht ohne Beben dieſe Blätter ſchrieb und ſie mit leiſer Angſt
fortſchicke, ſie müſſen beſtimmt mein Schickſal entſcheiden. Wenn
es einen Mann auf Erden giebt, der wahr mit ſich und anderen
in jedem Verhältniß iſt, ſo iſt es Helvig! Er iſt zu beſonnen
um ſich ſelbſt zu täuſchen, zu edel und (ich darf hinzuſetzen) zu
ſtolz, um ein Weſen, das ſich ganz auf ſein Wort verläßt, mit
leeren Worten hinzuhalten. Ihr Charakter als Mann iſt
wenigſtens ſo ſtark als der meinige als Frau — wir haben
beide uns nichts zu verheimlichen — und wie ich in Ihrer
Gegenwart mich ganz Mädchen fühle, ſo darf ich in dieſem
Augenblick frei als Menſch zum Menſchen reden; denn was ich
jetzt ausſpreche, kommt nie wieder über meine Lippen — ſollte
uns das Schickſal noch vereinigen, ſo würde ich dann nur
ſagen: Du weißt es.

Leben Sie wohl und glücklich, mein theurer Freund, die
Mutter und Louischen grüßen Sie herzlich — ich erwarte bald
eine Antwort, die mich beruhigen muß, denn Wahrheit thut
es immer, auch wenn ſie traurig iſt. — Glauben Sie mich für
immer und jetzt mehr als jemals

  Ihre Freundin Amalie von Imhoff.“

Helvig an Amalie.[1]

22. März.

„Heute habe ich die nicht unangenehme Nachricht erhalten,
daß der König mir das hohe Gehalt des General=Flügel=
Adjutanten zusagte. Es macht mir um so mehr Freude, da ich
keinen Schritt zur ausnahmsweis frühen Erlangung desselben
gethan habe, mithin keine Hoffnung dafür hatte. Morgen beim
Rapport werde ich dafür meinen unterthänigsten Dank abstatten.

Den 12., als am Geburtstag der Königin, war große Cour.
Als der König mit den Generalen gesprochen hatte, trat er
mit der Frage auf mich zu, ob ich kürzlich Briefe aus Weimar
erhalten, auf meine Bejahung frug er weiter, ob dort alles
gesund? Diese letzte Frage nun beunruhigt mich, da ich wirk=
lich meinen letzten Brief mit Einschluß an die Mutter noch
nicht beantwortet erhalten habe. — Da ich aber Geduld an=
gelobt, will ich sie auch festhalten, mein Trost dabei ist, daß
mir bisher alles glückte, was ich ernstlich vorgenommen habe.
Einen militärischen Erfolg muß ich noch mittheilen: Wir haben
bei der schwedischen Artillerie ein altes schwerfälliges Exer=
citium, das wahrlich das Bürgerrecht erhalten hat und beibe=
halten wurde, weil durch die Ausführung desselben Carl XII.
verschiedene Siege mit der Artillerie gewonnen hat. Jetzt ist
es eine veraltete Weise, und ich proponirte ein neues Manöver.
Den 14. machte ich im Zeughaus die Anstalten dazu, und am
16. war alles bereit. Nachmittag den 17. wurde in Gegen=
wart des Artillerie=Comités und aller Offiziere das Exercitium
vorgenommen, ich commandirte das neue, ein zweiter Stabs=
offizier das alte. Ich trieb meine Gegner bald so in die
Enge, daß selbst das zuschauende Publikum lachte und mir
applaudirte. Der Präsident als General=Inspector dankte mir
öffentlich, ich durfte meine Motive der Umänderung darthun
und mein Princip der Anwendung und der Beschaffenheit der

---

[1] Nicht die Antwort auf den vorangehenden Brief, der erst viel
später in Stralsund eintraf.

Geſchütze ſelbſt auseinanderſetzen. Alles wurde gebilligt und
nach meiner Angabe ſofort 200 Stück Geſchütze mit neuer Ein=
richtung verſehen, was dem Staat eine anſehnliche Summe an
Pulver erſparen wird. Auch der gemeine Soldat iſt dafür
eingenommen, weil ſein Dienſt dadurch erleichtert wird. Die
Beſtimmung meiner diesjährigen Reiſe iſt mir mitgetheilt
worden; der Präſident hält die Muſterung bei den Artillerie=
Regimentern in Schweden und Pommern, ich bei den detachirten
Commandos und Garniſonen, demzufolge halte ich an acht ver=
ſchiedenen Orten Muſterung, woſelbſt meine Wenigkeit mit acht
Kanonenſchüſſen bewillkommnet und verabſchiedet werden muß.
Einen Poſten werde ich ungern beſuchen, denn dort ſteht ein
alter würdiger, nur etwas zankſüchtiger Offizier, ein Greis von
nahe 70 Jahren, er iſt begradirt vom Major zum Seconde=
Lieutenant — er hat mich einſt wie einen Sohn behandelt,
ſeit 1788 habe ich ihn nicht geſehen, damals war er ſchon
Capitän, ich noch nicht Offizier. Jetzt treffe ich ihn in ſolcher
Lage, ohne ihm helfen zu können — das verbittert mir meine
Aufgabe, ſo ehrenvoll ſie iſt. Den 9. Mai reiſe ich ab, gegen
Mitte Juli bin ich in Stralſund, den 24. iſt dort großes
Manöver und Parade, dann iſt meine augenblickliche Aufgabe
beendet und dann rückt die Fahrt näher, auf der ich mich heiſer
rufen werde: Schwager, fahr' zu.

Schreibe mir bald, theuerſte Amalie; mir iſt ſo wunder=
lich, zürneſt Du mir? Oder was iſt die Urſache des Schweigens?
Wäre ich nur bei Dir! Bald würde ich die Urſache kennen. Ich
hoffe doch nicht, daß Schwierigkeiten uns entgegenſtehen von
anderer Seite; verſchweige mir nichts, es kann zu allem Rath
werden. —

Es iſt Mittag, meine Ordonnanz iſt durchnäßt, ich werde
ſie expediren. Lebe wohl, grüße Mutter und Geſchwiſter von
Deinem
Helvig.“

4. April. Amalie an Helvig.

„Dieſen Morgen erhielt ich Ihren Brief vom 20. März,
und ich ſäume keinen Augenblick ihn zu beantworten, ob ich

schon vermuthe, mein Freund, daß indeſſen ein langer Brief an
Sie gelangt iſt, der Sie ſchmerzlich überraſcht haben wird und
doch Jhnen beweiſen kann, daß ich Jhr Glück eben ſo hoch
achte als das meinige. Jhr letzter Brief zeigt mir von neuem
den eblen, offnen Mann, den ich beim erſten Blick in Jhnen
fand, und ich danke Gott, unſer Verhältniß mag bleiben oder
werden wie es will, daß ich mich wahrhaftig und rein gegen
Sie ausgeſprochen habe. Wenn Sie mich tadeln, ſo werden Sie
mich wenigſtens nicht verachten.

Sie wiſſen ſchon, daß ich drei Wochen ſehr krank war,
durch einen Zufall mußte ich ein neues Übel leiden, deſſen
Folgen mich am Schreiben und Leſen hinderten. Seit langer
Zeit hatten einige aus unſerer Geſellſchaft den Plan, Goethes
Jphigenie zu ſpielen; ich hatte meine Zuſage für dieſe Rolle
gegeben und kurz nach meiner überſtandenen Krankheit war die
Aufführung. Ein Kirſchlorbeerkranz mit Früchten, den ich auf
der Stirn trug, hatte auf meine reizbare Haut die Wirkung
des heftigſten Blaſenzuges und auf meinem Scheitel ſammelten
ſich Blaſen wie von einer ſpaniſchen Fliege. Dieſer entſetzliche
Reiz drängte mir Blut und Säfte nach dem Kopf, daß ich
einen Tag in Gefahr war mein Geſicht oder meinen Verſtand
zu verlieren. Seit acht Tagen gehe ich wieder aus, leide aber
noch an den Folgen dieſer Vergiftung. Vielleicht ſollte ich
mir die giftige Wirkung des Lorbeerkranzes bildlich als eine
Vorbedeutung erklären, daß dieſer blühende Schmuck der ſchmerz=
lichen Wunden ſo viele giebt, als er Blätter trägt.

Der Brief meines Freundes hat mir eine freudige Rührung
gegeben, wie ich die ſchnellen Schritte erfahre, die er zum
Gipfel der Ehre thut. Sie werden dieſe mäßig und dankbar
genießen und dieſes erſcheint mir das ſicherſte Mittel, das Glück
zu befeſtigen. Möge ſich nie ein unglückbringender Stern in
Jhre heitere Bahn drängen und die Harmonie Jhrer Kräfte
ſtören, die ſo thätig als wohlthuend wirken. Glauben Sie,
daß ich rein und tief genug fühle, um Jhr Schickſal unter
jedem Verhältniß am Herzen zu tragen, ſo wie ich mich nicht
geſcheut habe, Jhnen die innerſten Gedanken über mein

Wefen, anzuvertrauen — halten Sie fich an meinen letzten
Brief.

Da die Herzogin fehr ungern Urlaub auf lange Zeit er=
theilt und ich durchaus einer Luftveränderung bedarf, fo habe
ich das Gefuch meiner Entlaffung eingereicht; vielleicht werde
ich meine englifchen Gefchwifter auf einer Rheinreife begleiten
und, wenn diefe heimkehren, bei meiner Mutter Erholung und
Stille finden, die mir fo fremd geworden find. Da mein guter
Bruder auf dem Wege nach Jamaika ift, fo habe ich die doppelte
Pflicht, meine Mutter fo viel wie möglich zu erheitern. Diefes
Blatt wird Sie hoffentlich noch vor Ihrer Rundreife treffen
und fomit kann ich Ihnen den glücklichften Ausgang wünfchen.

Auf immer Ihre Freundin Amalie."

Helvig an Amalie.[1]

29. März.

„Zu fern von meiner Freundin, um durch Gefpräche zu
überzeugen, daß ich unfer Wefen für harmonifch in Anfchauung
der Dinge in und außer uns halte, aber ein zu fchlechter
Schreiber, als daß ich mein Gefühl und Wefen mit Worten
fo darftellen kann als ich wünfchte — das ift die Urfache des
Zweifels, ob ich im Stande bin, meine Freundin glücklich zu
machen. Ich zürne nicht mit der Vorfehung, daß fie mich
nicht in einer Lage aufwachfen ließ, in der mir die fchriftliche
Ausfprache geläufiger geworden wäre, ich muß in diefem Fall
die Demüthigung fchweigend ertragen. Ich empfand, wie meine
Freundin fah, ein für mich unnennbares Gefühl, das mir in
der Tiefe meiner Seele wohlthat! Ich fah die Befchäftigungen
meiner Freundin, darin beftehend, was den edlen Genuß des
Lebens ausmacht, fich das Schöne, was Phantafie in allen
Theilen der Kunft und durch den Buchftaben fich ausdrücken
läßt — anzueignen. Nur Erholung darf ich in diefen Fächern
fuchen, um neue Kräfte für meine Berufsarbeit zu fammeln.
Ich bin mithin kein Gelehrter, kein Künftler, kein Schöngeift.

[1] Antwort auf den Brief vom 28. Februar 1803.

— 143 —

Ich träumte mir nichts Falsches, ich sah klar mein unnennbares
Glück in dem Umgang mit meiner Freundin — gleiche Be=
schäftigung in den Erholungsstunden, gleiches Streben sich
jeder auf seine Weise zu vervollkommnen und durch gegen=
seitige Mittheilung sich glücklich zu machen. Gegenseitiger Zu=
ruf, muthig in den Stürmen des Lebens sich mit den ge=
sammelten Erfahrungen zu trösten — der eine bereit den
andern zu unterstützen, um gut, tugendreich und nützlich zu
sein, so sah ich es — nie habe ich ein Leben unter dem ver=
standen, was man in jedem Gasthaus finden kann. In meiner
Freundin fand ich das Ideal, das ich mir auf dieser Welt
kaum zu finden getraute — ich hatte eine Freundin im strengsten
Sinn des Wortes, sie lehrte mich das empfinden, was ich einst
bei Herder so schön beschrieben fand! — Sie ist todt für
mich — ich hatte Amalie mit diesem Ideal verglichen, sie über=
traf es noch. Ich war verzagt, ob ich ihr ein gleiches Glück,
wie sie mir bot, bieten könne — wenigstens sollte meine Amalie
gut aufgehoben und beschützt sein, sonst ist der Vergleich zwischen
uns beiden ja für mich schlimm ausgefallen. Soweit Amalie
mir an Bildung überlegen, soweit zurück fühle ich mich. Ich
habe die Götter um Ausgleichung angefleht, aber ich kann keine
Wunder zu meinen Gunsten erwarten. In ein Paradies
konnte ich sie nicht versetzen, aber einen kleinen freundlichen
Garten voller Blüthen und Früchte, zureichend einen Kranz
für dieses Leben zu pflücken, glaubte ich darbieten zu können
und hätte nie geglaubt, daß die Trennung von bisherigen Ver=
hältnissen mir meinen Garten als Wüste erscheinen lassen könnte.

Einen Zirkel großer Geister, wie er jetzt in Weimar ver=
sammelt ist, werden Sie so leicht in der Welt nicht wieder=
finden, folglich auch nicht in Schweden. Meine Landsleute
haben viel Eigenliebe, folglich auch Vorurtheile — wir sind
nicht arm an begabten Menschen, aber ihr Vertrauen zu ge=
winnen ist nicht leicht, einmal im Besitz desselben kann man
es als sein Eigenthum betrachten. Jede Nation hat ihre
Eigenthümlichkeit, ich wünschte, daß die schwedische weniger davon
vertauscht hätte.

Der Brief meiner Freundin hat mich heftig erschüttert, aber auch beruhigt, deswegen konnte ich ihn gleich beantworten. Die Beruhigung war zwar nicht derart, wie sie Amalie voraus= setzt, Gott sei Dank, sie war mir fremd, aber ich erkannte, daß sie nur durch meine Briefe die Stimmung bekommen habe, daß ich sie nicht glücklich machen könne, nicht durch meine eigne Person, oder den Ruf meines Lebenswandels, der mir zum Trost gereicht, wenn alles schwindet. Amalie warnt mich, nicht eifersüchtig auf den Herrn Gentz zu sein — ich müßte mir Gewalt anthun, um es zu werden, er ist Ihnen theuer und ich liebe Sie, wie ich im Stande bin zu lieben; alles mithin was Sie schätzen wird mir unantastbar heilig sein. Ich kenne den Herrn Gentz nicht persönlich, nach dem aber was ich von ihm gehört, halte ich es nicht der Mühe werth ihm zu gleichen, ich habe ein Soldatenherz und traue ihm wenig davon zu. Fürchten Sie nicht, daß ich irgend einen unbesonnenen Schritt thun werde, der Sie auf irgend eine Art compromittiren könnte, ich bin nicht hitzig, mehr fest und kalt, dieses giebt meinem Charakter eine Rauheit, die ich nicht ablegen noch verleugnen mag. Ich habe viele Fehler und Gebrechen, von denen ich mich nicht losreißen kann; sie für mich und andere erträglich zu machen, ist mein Bestreben — Ihnen gegenüber würde nur die Liebe gewaltet haben. Die Reise, die Amalie gesonnen ist vorzunehmen, macht mir es wahrscheinlich, daß sie nicht in der Gegend sein wird, wo ich sie zu treffen gedachte — mein Herz wird leiden, aber es soll es allein tragen; also dieses Jahr nicht zu sprechen wird erforderlich sein, denn daß ich sehr leide, leugne ich nicht und da ich mich nicht verstellen kann, will ich nicht Mitleid erregen. Die Wunde blutet, sie bedarf zur Hei= lung der Zeit, doch der briefliche Verkehr wird, wie ich hoffe und bitte, nicht abgebrochen werden, ich rechne auf balbige Nachrichten.

Helvig."

XXI. Capitel.

Krieg und Friede.

Amalie an Helvig.

Weimar, April.

„Vor kurzem erhielt ich meines Freundes Brief vom
29. März, und ich darf wohl mit tiefgefühlter Wahrheit sagen,
daß wenn irgend etwas das Zutrauen und die Achtung zu ver=
mehren im Stande war, die Sie mir bereits eingeflößt, dieser
neue Beweis Ihres Werthes es thun mußte. Gleich nach Em=
pfang Ihres Briefes würde ich geantwortet haben, hätte mich nicht
eine unbequeme Nesselsucht am Schreiben gehindert; heute drängt
mich jedoch die Furcht, daß Sie sich später auf Militär=Reisen
befinden und meine Briefe Sie verfehlen können. Mein Bruder
Charles ist seit gestern aus England hier angekommen, da aber
die Kriegsnachrichten immer bedrohlicher werden, so ist es frag=
lich, wie lange er hier bleiben wird, und ob ich ihn auf eine
Zeit begleiten kann. Ich leugne nicht, daß es mein Wunsch
ist mit ihm an einem Ort einen längern Aufenthalt zu nehmen,
wo ich bedeutendere Kunstgegenstände sehen und benutzen könnte
für meine Studien, da ich aus Erfahrung weiß, wie nützlich
mir in dieser Beziehung der kurze Besuch in Dresden war.
Da Sie mein Freund sind, bin ich von Ihrer Theilnahme an
meinem Streben nach Vervollkommnung überzeugt, Ihr eignes
Gefühl dafür läßt Sie diese herrschende Gewalt in uns ver=
stehen. Das Leben hat für mich entweder einen hohen Werth
oder gar keinen; es muß mir entweder meine volle Existenz
in ihrer vollkommensten Entwicklung geben oder es ist mir
nichts — ich kann mir das Leben und mein Glück nicht nach
Art und Umständen bilden — von innen heraus hat sich mein
Streben nur lebendig und kräftig entwickelt und meine Natur
gebietet, nicht ich, meinen Wünschen. Deßhalb bin ich ohne
Eigenwillen bei allen gleichgültigen Begebenheiten und Anord=
nungen des Lebens und folge jedem gern nach seinem Gefallen,

weil ich einen tieferen Ernst in das eigentliche Leben lege und hierin, wenn auch stillschweigend, unbeweglich auf meiner An= sicht bleibe. Es ist spät und ich bin müde durch den Besuch der englischen Geschwister. Leben Sie wohl für heute, Gott erhalte Sie gesund und heiter, es ist dieses ja eine Be= dingung für meinen Freund, Sie müssen mir darin ein gutes Beispiel geben.

Ihre Freundin Amalie."

Helvig an Amalie.

Stockholm, 3. Mai.

„Von der Güte meiner Freundin erhielt ich durch den Obersten Borgenstierna den leider sehr veralteten Brief und die Almanache. Der gute Brief riß schmerzlich die Wunde auf, die unheilbar für meine Lebenszeit ist. — Meiner Freundin letzterhaltener Brief, in welchem sie mir von der durch den Lorbeerkranz verursachten Krankheit spricht, hat mich sehr er= schreckt, gebe der Himmel, daß nun alle Folgen dieser Vergif= tung verschwunden sein mögen und nur die schöne Darstellung als Rückerinnerung in der Seele meiner Freundin blieb.

Hier in Schweden ist man in gespannter Erwartung einer Kriegserklärung sowohl von Rußland als von Dänemark. Ernste Rüstungen werden getroffen. Wir sind nicht hinlänglich vor= bereitet, aber es ist ein Vergnügen zu sehen, wie mancher, der als erschlafft betrachtet wurde, sich muthig zeigt. Oft war schon Schwedens Unabhängigkeit bedroht, aber kaum je so ernst als jetzt. — Der Däne, der sich nicht in offne Fehde wagt, lauert im Hinterhalt, doch bürgt mir der Nationalgeist meiner Lands= leute, daß von dieser Seite keine große Gefahr droht; kein Bube ist zu finden, der nicht weiß, was bei Helsingborg ge= schah, und der nicht glaubt, sich mit einem Dänen messen zu können — wenn ich die Wahl eines Commandos hätte, so würde es gegen diesen Feind unsers Vaterlandes sein. Ich habe noch eine Schuld abzutragen; ich wurde 1788 schwer ver= wundet von den Dänen gefangen genommen. Unser kleiner Haufe bestand aus 700 Mann mit 7 Kanonen, die Dänen

— 147 —

10*

waren 9500 Mann stark und hatten mehr als 20 Kanonen
gegen uns aufgeführt. Durch einen feigen Schurken, der zu
unserem Unglück Oberstlieutenant bei der Artillerie war —
wurden wir verrathen. Die alten Soldaten vom Regiment
Skaraborg streckten mit Thränen in den Augen das Gewehr,
noch nie hatte dieses Regiment solche Schmach erdulbet — zu
Gustav Abolfs Zeiten gehörte es zu der gelben Brigade, welche
damals mit Recht den Namen der Unbesiegbaren verdiente,
das ganze Regiment brennt vor Verlangen die Scharte auszu-
wetzen. Den Künsten des preußischen und englischen Gesandten
haben es die Dänen zu verdanken, daß sie damals ungestraft
abziehen durften. Keine Trophäe ist in ihrem Besitz, ein
braves Fischermädchen entriß sie ihnen. Es wäre übermüthig
zu glauben, daß wir im Fall eines Krieges stets siegen werden,
aber sollten wir unterliegen, so hoffe ich zu Gott, daß sich die
Feinde nur schaudernd ihrer Siege freuen würden.

Da mir meine schönsten Hoffnungen der Zukunft ge-
schwunden sind, bin ich zum Egoisten geworden, ich kann mir
nichts Besseres als Krieg wünschen — die friedlichen Früchte,
die uns hier beglücken sollten, sind mir nicht beschieden. —
Nur in der Tiefe meiner Seele schmerzt es mich, daß, was mir
erwünscht kommt, mein Vaterland hart trifft. Vieles was von
unsrer Seite geschieht, kann ich nicht billigen, aber alle politischen Raisonnements schweigen jetzt, da das Militär und nicht
die Diplomatie den Ausschlag geben soll. Ich habe auf meinem
Posten zuviel zu hören und zu sehen bekommen, was für den
großen Haufen verborgen bleibt, um ruhig in die Zukunft zu
blicken. Durch diese Anspannung habe ich wieder die gewohnte
Kraft in meiner Gesundheit gewonnen und glaube mich bei
Strapazen auf sie verlassen zu können. Mit meiner Stimmung
hingegen ist es anders, ich bin nicht mehr was ich noch vor
Monaten war, es dünkt mich alles verändert um mich her,
weil ich es selbst bin. Ich hätte einen Wunsch, etwas von
den Händen meiner Freundin Verfertigtes zu tragen, wie einst
der fromme Ritter den Handschuh der heiligen Elisabeth an
den Helm steckte, als er zum Kreuzzug ging; kommt es auf den

Glauben daran an, so wird es gleiche Wirkung bei mir haben wie bei dem Ritter. Heute passirt die Artillerie die Musterung, vor dem 9. können wir keine Entscheidung erwarten, dann erwarte ich auch meine Ordres. Geht alles wie es soll, so bin ich den 12. schon auf dem Weg von Stralsund, meine Freundin soll noch vor der Entscheidung Nachricht erhalten. Grüßen Sie Ihre liebe Mutter und Schwestern von einem, der nicht glücklich ist, aber vielleicht bald sich unter dem Donner der Geschütze im Waffengetümmel befinden wird, wo auch dort seine Seele erfüllt sein wird von dem Wunsch, zu sterben für Vaterland, König und seine Amalie.

Adieu ruft Freund Helvig.

Sollte kein Krieg in Schweden jetzt geführt werden, so werde ich Se. Majestät den König bitten, mir Urlaub und Betheiligung im fremden Heer zu gestatten."

Amalie an Helvig.

17. Mai.

„Schwerlich könnte ich, wenn ich es auch versuchte, Ihnen, mein Freund, den Eindruck vollkommen darstellen, den Ihr Brief vom dritten dieses, den ich in diesem Augenblick erhalten, auf mich gemacht. — Alle Kräfte meines Wesens sind aufgeregt und ein Meer von Schmerzen wogt durch meine Seele. So darf ich mir Sie nicht denken, wenn ich Besonnenheit genug erhalten will, um für uns beide zu urtheilen. Wie verschieden ist dieser Brief von Ihrer Antwort vom 29. März. Dort fand ich Sie nur bewegt aber fest in Ihrer Gesinnung und muthig zur Ausdauer. In diesem Augenblick jedoch drängt sich das Ihrem Vaterland drohende Gewitter zugleich mit Ihren eignen Besorgnissen Ihrer Phantasie auf und so sehen Sie sich mit in den Untergang hineingezogen, der Ihnen nahe dünkt. Nein, Schweden wird nicht, ein Opfer seiner Feinde, fallen, und mein Freund wird stehen als die Stütze, der Stolz seines Vaterlandes.

Bin ich durch ein feindseliges Geschick bestimmt, diesem freien, muthigen Herzen eine Last aufzuwälzen? Soll ich den

Fluch einer neidischen Macht tragen, welche den Glücklichen durch irgend etwas an die Beschränktheit des irdischen Looses erinnert und ihn nicht rein die Früchte seines Fleißes genießen läßt? — Können Sie mich in der That für zufrieden in diesem Augenblick halten? Nein, wenn Sie mich kennen, müssen Sie wissen, daß ich mit Ihnen leide, Sie werden nicht glauben, daß ich heiter bin, wenn ich Sie unmuthig weiß. Auch auf mir ruht dieser unsichtbare Arm einer Nemesis und indem mir mein Gewissen das Zeugniß giebt, daß ich eine gute Tochter und Schwester, eine dauernde Freundin bin, indem ich das Leben wie ein unerschöpfliches Gut ansehen könnte, dessen Ausbeute mannigfaltig beglückend für mich sein könnte — in diesem Augenblick ringe ich mit allen Qualen verzagenden Kleinmuthes. — Wäre ich immer das harmlos nach Liebe verlangende Mädchen, das ich in so vielen Momenten bin, o wie freudig könnte ich Ihnen in dieser Stunde schreiben: Komm, ich bin bereit Dich zum Kampf zu beleben, zur Thätigkeit aufzumuntern, nach der Arbeit Dich zu belohnen! Ich selbst muß vor dem Geist erzittern, welcher mich bis hierher getrieben und weiterführen wird — nicht wie ich's will. Wenn Ihr Geist, wie ich zu hoffen jetzt Ursache habe, frei von Selbstsucht, rein im Urtheil über andere ist — so schreiben Sie mir aufrichtig über mich, sagen Sie mir, nach ernster Selbstprüfung, ob Sie mit meinem Wesen, so wie ich nun einmal bin, dennoch glücklich sein könnten. Ob Sie meine Begriffe und Anforderungen an mich selbst einsehen und billigen, jeden Zweifel legen Sie mir dar, ich will ebensoviel, ich will noch mehr thun — ich will meinem Freund gestehen — daß ich mich nach ihm innig und von Herzen sehne, daß ich meine Gedanken nicht von seinem Bilde losmachen kann. In diesem Sinne haben Sie keinen Nebenbuhler und brauchen nie einen solchen zu fürchten. Aber dasselbe Mädchen, welches so gern den Namen ihres Geliebten mit Achtung aussprechen hört, das fühlende Wesen, welches ein häusliches Leben wünscht und den geheiligten Beruf einer Gattin in seinem ganzen Umfange versteht — dieselbe erhielt auch für's Leben als Mit=

gift Gaben, welche sie zur Entfaltung vorwärtsbrängen, sie
werden sie immer in idealische Interessen ziehen, und sie kann
nur den Mann glücklich machen, welcher liberal genug denkt,
um ihr diese Ausbildung auch durch den ungehinderten Umgang mit Personen zu vergönnen, welche ihr dazu behülflich
und anregend sind. Wie ich diese Anforderung in mir fühle,
muß ich das Bekenntniß davon unterschreiben, nur in dumpfer
Verzweiflung könnte ich vergessen, was ich mir hierin schuldig
bin und denen die mich lieben, was bliebe von Amalie übrig,
wenn ihr ein Theil ihres Lebensprinzipes genommen würde?
Schreiben Sie mir, ob Sie nach diesem Bekenntniß noch Ihr
Glück von der Verbindung mit mir erwarten und das meinige
in diesem Sinn begründen wollen — sobald Sie sich meiner
Zuneigung versichert wissen. — Entfernen Sie, theurer Freund,
jedes Mißtrauen, ich rufe Gott zum Zeugen, daß meine Sorgen
Ihnen so gut wie mir gelten, Sie müssen glücklich werden,
und weh mir, wenn ich meine Zufriedenheit mit der Ihrigen
erkaufen wollte. Sie müssen ganz klar wissen, wie das Mädchen
denkt, das Sie vor allen sich erwählten. Da sich der Friedens-
vertrag von Rußland zu bestätigen scheint, so werden Sie
schwerlich viel von dem andern Feind zu befürchten haben,
somit werden sich auch Ihre nächsten Pläne ändern; theilen
Sie mir dieselben mit und ob Sie die Hoffnung haben einen
Urlaub zu bekommen. Ihr nächster Brief wird unser Schicksal entscheiden, ich nehme ihn als letzte Instanz an. Wie viel
Vertrauen muß ich in Sie setzen, um diesen Schritt zu thun!
Die Urtheile der Welt sollen uns nicht behindern — wir sind
Tropfen, die im Meere ewig wechselnder Begebenheiten bald
verrinnen; ob wir gesondert oder zusammenströmend unsern
Weg gemacht, wird bald vergessen sein. Unser eignes Wesen
aber muß uns heilig sein, die Wahrheit unserer Gefühle, die
Lauterkeit unsers Willens bleiben folgereich für eine Ewigkeit.
Es scheint mir die Prüfung eines Verhältnisses, das noch über
das Erdenleben hinausreicht, sehr natürlich und eben so begreif-
lich, daß zwei ernste Gemüther dabei gleichsam ringen gegeneinander in ihrer Kraft. Wie leicht ist es, sich den weichen

Gefühlen zu überlaffen, wenn das Feste, unbeweglich Bleibende
ſich erſt gegeneinander beſtimmt hat. Gleich beim Erbrechen
dieſes Briefes werden Sie das Bild gefunden haben, über das
ich nicht viel ſagen kann. Ich habe es bei Störungen in ſehr
kurzer Zeit beendet, es iſt flüchtig und mit ſtarken Tinten ge=
zeichnet, eine heimliche Ungeduld und Langeweile, mich ſelbſt
anzuſchauen, ließ mich keine ruhige Stimmung gewinnen. Ähn=
lich wurde es befunden, aber der ſcharfe Blick, den ich dabei in
den Spiegel werfen mußte, iſt nicht mein gewohnter Ausdruck,
legen Sie die freundliche Erinnerung hinein, die Sie noch von
meinem Äußeren haben werden. Mein jüngſter Bruder iſt be=
reits auf der Reiſe nach der Inſel St. Vincent, wo ſein
Bataillon ſteht, er ſchreibt heitere, lebensluſtige Briefe und ſchickt
uns darin hübſche Zeichnungen nach der Natur, Gott geleite
ihn, er iſt ein braver Junge. Mutter und Schweſter Louiſe
grüßen Freund Helvig. Schweſter Käthchen reiſte mit den eng=
liſchen Geſchwiſtern nach Berlin. Ich erwarte Ihre Antwort
in Kürze.

Ihre Freundin Amalie."

Helvig an Amalie.

Nefvedvanns Kanonengießerei, 16. Mai.

„Am 8. traf der Courier ein, welcher die Entſcheidung, ob
Krieg oder Frieden, überbrachte. Alle Geſichter erheiterten ſich,
wie der Brief verleſen wurde, der nur billige Propoſitionen
enthielt. Unſre Rüſtungen wurden ſofort eingeſtellt und nur
friedliche Waffenübungen werden uns dieſes Jahr beſchäftigen.

Den 14. reiſte ich nach der hieſigen Kanonengießerei und
ordnete noch manche Arbeit an. Den 18. gehe ich von hier
nach Jönköping, den 25. weiter nach Landskrona, den 26.
nach Malmö und zum Schluß des Monats nach Chriſtianſtadt.
Den 8. Juni in Warberg, den 10. auf Marſtrand, den 13. in
Gothenburg und Ende des Monats in Stralſund — wo ich
ſicher hoffe Briefe von meiner Freundin zu finden, dort bleibe
ich drei Wochen. Es iſt mein Plan, wenn der Krieg zwiſchen

England und Frankreich erklärt wird, daran theilzunehmen, ich bezweifle nicht, die Einwilligung meines Königs dafür zu erhalten. Kommt dieses zu Stande, so muß ich vor meinem Eintritt meine Freundin sprechen, und wäre es nur für Augenblicke, ich bitte daher mir Ihren projectirten Aufenthalt mitzutheilen. Grüßen Sie Ihre liebe Mutter und Schwestern von Ihrem aufrichtigen Freund

Helvig."

Helvig an Amalie.

Christianstadt, 2. Juni.

„In meinem früheren Brief erwähnte ich meiner Reise= tour, eine ziemliche Strecke habe ich schon zurückgelegt, viele Bekannte getroffen, die sich meiner erinnerten, folglich manche süße Frucht genossen, die mir seit der Vergangenheit reifte. Viele Nothleidende habe ich gefunden, nur keine hinreichenden Mittel zur Abhülfe, was doch sein müßte, wenn alle Ge= schäftsmänner das wären, was sie sein sollten. Der gemeine Mann ist durchschnittlich eher gut als verdorben zu nennen, nur vernachlässigt ihn der Vorgesetzte und setzt ihn auf die Stufe, auf der er in unserm Jahrhundert nicht zu stehen ver= dient. Die Menschen sind freilich nicht immer wie sie sein sollten, sie sind aber auch wie man sie haben will! Schweden ist vielleicht das einzige Land, wo die Leibeigenschaft nie ein= geführt gewesen. Jeder Bauer ist ein freier Mann und nimmt in seiner Stellung Theil an allen Staatsangelegenheiten. Der Bauer, der das Vertrauen seiner Mitbrüder hat, kann zum Deputirten gewählt werden, er muß rechtschreiben, lesen und rechnen können, und die vaterländische Geschichte und Gesetze müssen ihm bekannt sein — darum hält jeder Bauer seine Kinder zum Lernen an, damit sie die Anwartschaft auf solche Wahl haben. Die Protokolle unserer Reichstage liefern Proben von Schriften und Reden, die von Bauern gemacht und ge= halten sind, welche dem größten Staatsgelehrten Ehre machen würden. Es ist interessant, solche Männer in ihrem eignen

einfachen Bauernhaus kennen zu lernen, und auf meiner
Reise zog ich solche Nachtquartiere den städtischen Gasthäusern
vor. Gustav III. verstand seine Bauern, aber er stand leider
unter dem Einfluß mancher Hofschranzen, die viel Gutes ver=
hinderten.

Meine Reise führte mich durch das Hochland Schwedens;
die Bewohner desselben sind stark, gesund, heiter, mit lebhaften
Augen, offnen Mienen, sie sind höflich und willig, in ihrer
hübschen Nationaltracht reinlich. Sie sind uninteressirt, nehmen
ungern Trinkgeld und sind gastfrei bei ihrer Armuth; für ein
ländliches Mahl von Milch, Käse, Butter, Brot nehmen sie bei
einmaligem Besuch keine Bezahlung. Bergabwärts ist der Acker
oft wie mit Steinen besät, nur der eiserne Fleiß überwindet
solche Schwierigkeit für die Ernte, jede noch so kleine frucht=
bare Ecke wird von ihnen benutzt und die Felsengegend urbar
gemacht. Die Einwohner dieses Hochlandes heißen in der
Armee die Unbesiegbaren, die Spartaner, und werden bei
Kriegen stets an die Spitzen der Regimenter gestellt. So oft
die Dänen sich an der Unterjochung Schwedens versucht, diese
Provinz wurde nie erobert. Abwärts gelangt man in die sehr
fruchtbare Ebene, der Blick schweift ungehindert bis in die blaue
Ferne, wo am Horizont die Hauptstadt des dänischen Reiches
und blühende Städte längs der Küste liegen. Alle Nutzthiere
sind dort schöner, größer, aber in demselben Verhältniß wie
diese durch das gute Futter zunehmen, scheint der Geist und
der Körper der Menschen abzunehmen; nur ungern habe ich
mit diesen schlauen Schwächlingen verkehrt. Die Provinz
Schonen hat der Geschichte noch keinen Helden auf dem Felde
des Geistes oder der Schlachten geliefert. Von hier ging es
wieder bergauf zu der Blekingschen Provinz, zu dem ehemaligen
so gefürchteten Stamm der Seeräuber; alten Traditionen nach
kamen die Eroberer von Constantinopel aus dieser Gegend der
Ackerbauer und Seeleute. Urwälder scheinen die Berge zu
krönen und durch die Felsen=Engpässe hat man die schönsten
Fernsichten, diese steilen Felsenwege führen zu den fruchtbarsten
Feldern und Weideplätzen, die sich in Schlangenform zwischen

den Felsen-Riesen hinziehen. Hier trifft man wieder den
schönen Menschenschlag, den man in der Ebene an der dänischen
Grenze vermißt. Durch diesen schönen Landstrich reiste ich zur
Musterung nach Carlskrona, die Stadt ist gut gebaut in schöner
Lage. Eine Strecke vom festen Land, mitten im Hafen, liegt
die Festung auf einer Klippe, die Gebäude von schweren Granit-
blöcken aufgeführt, ringsum mit Kanonen besetzt, nur wenige
rothe Dächer unterbrechen die graue Farbe der Mauern, kein
Baum, kein Strauch, nur ein schmaler grüner Rasenstreif längs
der Brustwehr. Die Garnison besteht aus etwa vierzig Invaliden nebst Artillerie-Mannschaft, der Commandant ist ein Greis
von achtundsiebzig Jahren, aber noch rasch und gesund wie ein
Jüngling; in zwei Kriegen kämpfte er für sein Vaterland und
hat es bis zum Capitän gebracht, auf seinem jetzigen Posten
steht er seit dreißig Jahren. Die alten Graubärte machten
ihre Sache so gut sie konnten bei der Parade. Auf meine
Dienstfrage, ob sie alles erhalten, was der König ihnen zugesagt, oder irgend eine Klage zu führen hätten, antworteten alle:
„Unser Vater sorgt für uns und wir sind mit ihm zufrieden";
bei diesen Worten wünschte ich, meine edle Freundin hätte den
Commandanten sehen können, Freude und ein befriedigter Stolz
glänzten auf seinem Antlitz. Ich dankte ihm im Namen des
Königs für seine treue Fürsorge und die Musterordnung, in
der ich alles gefunden. Von neuem mußte ich mir sagen:
nur der Soldat ist unparteiischer Richter über das Betragen
seiner Vorgesetzten, ohne diese Anerkennung sind Ordensbänder
nur schwache Verschanzungen gegen die Wahrheit.

Am 28. werde ich in Ystad zur Überfahrt nach Stralsund
bereit sein — diese ganze Zeit entbehrte ich die Nachrichten
meiner Freundin, weil alle Briefe des Stabes nach Stralsund
gerichtet wurden, dort hoffe ich Briefe zu finden, soll ich mit
Furcht, mit Freuden sie erwarten? Werden meine Gebete für
die Gesundheit meiner Freundin erhört worden sein? Da der
ausländische Krieg erklärt ist, wird mein Gesuch genehmigt sein?
Das Herz von diesen Fragen erfüllt, grüßt Sie

Ihr Sie innig verehrender Freund."

Amalie an Helvig.

10. Juni.

„Meines Freundes Brief vom 6. Mai erhielt ich erst in
diesen Tagen; da ihn seine Reise an so verschiedene Orte führt,
so adressire ich den heutigen wie den früheren Brief nach
Stralsund, wohin Sie Ende des Monats kommen und die Briefe
vorfinden werden. Ich habe seither Schweres durchlebt — der
29. Mai wird mir ein unvergeßlicher Tag bleiben. Meine
Mutter lag diesen Tag über sterbend in meinen Armen, nach=
dem sie ein Blutsturz in die drohendste Lebensgefahr gebracht —
von zwei Ärzten war sie aufgegeben, und auch ich wagte nicht mehr
an Rettung zu glauben und hielt die beiden jungen Schwestern
entfernt, die sich in ihrem Schmerz nicht zu fassen wußten. —
Ein Wunder hat uns noch einmal die Mutter wiedergeschenkt,
ganz unerwartet war der plötzliche Anfall gekommen und eben
so schnell erholte sie sich davon. Aber die Sorge bleibt uns
für einen Rückfall, den sie kaum überleben würde. Dieser Vor=
fall hat im Augenblick alle anderen Interessen in mir ver=
wischt. Infolge der Kriegsaussichten reisten meine englischen
Geschwister direkt von Berlin nach London zurück und Schwester
Käthchen kehrte allein heim. Sonst würde mir die zerstörte
Hoffnung auf Kunstausbildung Schmerzen bereitet haben, jetzt
berührt es mich kaum und ich bin froh alle meine Kräfte für
die Meinen zu concentriren, ich bin nur glücklich über die Ge=
nesung meiner geliebten Mutter. Wenn unsre Mutter so wohl
bleibt, möchte ich etwas für meine Haut= und Nervenstärkung
thun. In der Nähe von Eisenach liegt ein kleiner Curort,
die Ruhla benannt, wenig von Badegästen besucht, aber in
herrlicher Gegend mit stärkender Waldluft. Eine Tante von
mir, Frau von Scharbt, wohnt im nahen Eisenach und kann
mir daher ein Schutz sein, wenn ich dessen bedürfen sollte. Ich
schicke schon heute diesen Brief, weil es mir wohlthut einem
Freund einen Theil meiner Sorgen mitzutheilen und ich glaube,
daß dieser Brief wenigstens sicher in Ihre Hände in Stralsund
kommen wird. Von dort aus erwarte ich auch Nachricht von

Ihnen. Glauben Sie nicht, daß ich kalt bin, weil dieser Brief es ist, in diesem Augenblick beschäftigt mich nicht mein Schick=sal, mein Glück hängt von dem Befinden meiner Mutter ab. Ihre Antwort wird mich beruhigen, schreiben Sie bald

Ihrer Freundin Amalie von Imhoff."

Helvig an Amalie.

Gothenburg, 21. Juni.

„Nach Beschluß der Musterung fühle ich das Bedürfniß meine Freundin einen Blick in mein Inneres thun zu lassen. Der König hat mir die Theilnahme an dem ausländischen Krieg verweigert, und als ich diese Antwort erhielt, mußte ich beschämt der Vorsehung danken, die mich definitiv hinderte an dem Plan, zu welchem mich meine egoistische Phantasie ver=führt hatte. Meiner Freundin Urtheil war auch dieses Mal der Funke, der leuchtend in meine Seele fiel; vergessen Sie die Thorheiten, wovon mein letzter Brief voll war, als eine wahre Freundin. Gottlob, daß sie nicht zur That wurden und nur geschrieben waren; meinem aufrichtigen Bekenntniß werden Sie leichter vergeben.

Ich bin jetzt auf einer fast beneidenswerthen Laufbahn, das Vertrauen meines Königs und meiner Vorgesetzten hat mir ein großes Feld der Wirksamkeit eröffnet. Meine Stel=lung ist an der Spitze der ganzen schwedischen Artillerie, welche einer totalen Umänderung bedarf, trotz gewaltiger Kämpfe mit Vorurtheilen. Schon 1794 entwarf ich den Plan dazu und daß derselbe schon damals richtig ersonnen war, beweist, daß ich jetzt nichts daran zu ändern habe und zur Ausführung schreiten kann. Das Andenken an meine Freundin wird mir Triebfeder und Trost bei Cabalen sein, Ihr Beifall wird mich beseelen, ich hoffe Sie in diesem Sommer wieder zu sehen, erst muß ich Ihre Briefe in Stralsund lesen. Grüßen Sie Ihre liebe Mutter und Schwestern von dem zur Besonnenheit ge=brachten Freund

Helvig."

Helbig an Amalie.

Stralsund, 28. Juni.

„Gestern früh kam ich hier an um halb fünf und mußte
mit peinlicher Ungeduld fünf Stunden warten, bevor das Post-
Comptoir geöffnet wurde. Endlich erhielt ich das Packet, von
der Hand meiner Freundin adressirt. Die Wirkung auf meine
Stimmung bei der Eröffnung desselben ist unbeschreibbar zu
schildern. Ich hielt die Erfüllung meines heißesten Wunsches,
Ihr Bild, in meinen Händen als meinen Besitz. Da ich den
Tag dienstfrei war, konnte ich das Bild betrachten, die Briefe
meiner theuren Freundin ungestört lesen. Die Bemerkungen
meiner Freundin sind wahr und trafen scharf, dieses verdiente ich, mein Brief aus Gothenburg enthielt mein Bekenntniß der Reue und meine Bitte um Vergebung, sowie den
Entschluß, mich der Denkungsart meiner edlen Freundin und
meiner selbst würdig zu zeigen; die Vorsehung hat mir ein
Spiegelbild vorgehalten, das mich für die Zukunft belehren
soll, mich selbst zu beherrschen.

Mit voller Prüfung wiederhole ich das Bekenntniß meiner
Liebe, die auch über das Grab hinaus reichen wird; der Gedanke, daß nur Sie mich glücklich. machen können, steht in
meinem Herzen unauslöschlich, nie war ein Funke Mißtrauen
in meiner Seele gegen Sie; nur Zweifel gegen mich selbst,
ob ich Sie glücklich machen könne, quälten mich und zeigten mir
meine Mängel, aber in der ganzen Schöpfungskette ist keine
einzelne Natur vollkommen, sie muß mit einer anderen verbunden werden; werden Sie das Fehlende bei mir durch Sich ersetzen wollen?

Der ernste Blick des Bildes meiner Freundin war mir
lieb, ich verdiente ihn; jetzt, da es schon einige Stunden in
meinem Besitz, scheint mich Amalie ganz freundlich anzusehen.
Ob mir das Original auch so bald verzeihen, mich bald so an-
blicken wird? Ich werde bald zu dem Versuch Gelegenheit geben.
Die Nachricht der Krankheit der lieben Mutter hat mich sehr
erschreckt, ich wollte die mir theure Familie durch meine An-

kunft überraschen, was ich unter biefen Umständen nicht zu thun wage. Ich hoffe ohne dienstliche Hinderung gegen Ende nächsten Monats in Thüringen einzutreffen und nach münd= lichen Besprechungen mein Schicksal aus den Händen meiner Freundin zu empfangen. Die Kürze meines Briefes wird mir meine Amalie verzeihen, die Fortsetzung soll münblich besser sein.

Grüßen Sie Ihre liebe Mutter, wenn mein Gebet für sie erhört wird, finde ich sie vollends hergestellt, wenn ich eintreffe und Amalie zurufe:

„Hier ist Helvig!" "

Zweiter Theil.

———

XXII. Capitel.

Hochzeit.

Amalie war inzwischen durch anstrengende Pflege bei ihrer
kränklichen schwindsüchtigen Mutter selbst leidend geworden, was
sich in wiederholtem Hautfriesel und Nervenschmerzen äußerte,
so daß sie auf Anrathen des Arztes nach dem bei Eisenach gelegenen kleinen Kurort Ruhla reiste, in Begleitung einer
Schwester und Jungfer. Von dort schreibt sie ihrer Mutter:

Ruhla, 10. Juli 1803.

„Liebste Mutter, ich fange mit der Unart an, welche allen
Kurgästen eigen ist, mit der Faulheit. Seit vorgestern bin ich
hier, in Eisenach blieb mir keine freie Zeit zum Schreiben,
weil wir stets mit den Verwandten zusammen waren. Hier
wohne ich in einem kleinen Bauernhaus, dessen Gebälk grün
und gelb angestrichen ist. Die Stuben liegen gegen Morgen
und Mittag, aber die Sonne stört mich nicht, da sie früh entweder noch hinter den Bergen ist oder zu hoch steht, um in
meine niedrigen Fenster zu scheinen, die vom Dach beschattet
sind. Mein edler alter Ritter, Herr von Göchhausen, hat mir
aus Wilhelmsthal eine Matratze und eine Steppdecke verschafft
und ich schlafe recht königlich in meiner Alkove, die ein Fenster
hat, vor welches wir kunstreiche Vorhänge gemacht haben, die
nur in der Morgen- und Abendkühle gelüftet werden.“

Sonntag, Abends.

„Eben komme ich von einer sehr weiten Promenade zurück,
auf welche mir der Herr Oberförster einen Jäger zum Führer

11*

mitgegeben hatte.   Wir sahen von der Höhe den Inselsberg,
die Wartburg, das Schloß von Gotha und einen Theil der
Eisenach-Erfurter Chaussee, auch die höchsten Fichten von Wil=
helmsthal ragten zwischen der Bergkette hervor.   Morgen be=
ginne ich meine Trink= und Badekur, der unbequeme Friesel
zeigte sich vorgestern wieder am Arm, durch die Erkältung
einer Frühpromenade, übrigens befinde ich mich so wohl, als
ich nur wünsche, daß Sie sich fühlten, beste Mutter — mein
Schlaf ist vortrefflich, mein Appetit ebenso.   Der Bergrath
Kunitz ist zugleich Badearzt und kommt alle Wochen einmal
von Eisenach hierher.   Er behandelt mich so wie ich's liebe,
aufmerksam ohne Ängstlichkeit.   Schwester Louischen wird Dir
bei ihrer Heimkehr gesagt haben, daß Onkel und Tante Schardt
uns in Eisenach sehr gnädig aufgenommen haben.   Mit Tante
und dem jungen Thon war ich Nachmittags in Herrn von Steubens
Garten, nachdem wir früh den Kaffee in der sogenannten Spicke
getrunken hatten, einem Garten, der außerhalb Eisenach liegt
und dem Onkel gehört.   Beide Orte liegen der Wartburg
gegenüber und man genießt so eine fast schönere Aussicht als
von der Burg selbst.   Kramer lernte ich dort kennen und ebenso
den Generalsuperintendent von Eisenach, einen sehr gebildeten,
angenehmen Mann, der wie mich dünkt, auch sehr heiter sein
würde, wenn ihn nicht das Hauskreuz einer kränklichen Frau
drückte; das Schicksal sorgt dafür, daß die Bäume nicht in den
Himmel wachsen.   Ich hoffe, die warmen Tage thun Ihnen
wohl, beste theure Mutter, und Sie versäumen nichts, was
Ihrer Gesundheit förderlich ist.   Sagen Sie Grüße an die
liebe Fräulein von Knebel, Tante Stein, Schillers und die
Wolzogen.   Tausendmal küsse ich Ihre lieben Hände und bin
ewig und mit ganzer Seele

Ihre treue Tochter Amalie."

Schwester Käthchen besuchte Amalien in Begleitung ihrer
Tante Schardt aus Weimar und blieb bei ihr, weil fast gleich=
zeitig der Oberst Helvig unerwartet in Ruhla eintraf.   Amalie
schreibt darüber wie folgt:

16. Juli.

„Ich hoffe, beste Mutter, Sie haben meinen Brief vom
16. dieses erhalten. Seit diesen wenigen Tagen ist ein Wende-
punkt in meinem Schicksal eingetreten, Käthchen hat Ihnen
geschrieben wie mich die unerwartet frühe Ankunft des lieben
Reisenden überraschte. Helvig hat mich durch Offenheit und
Zutrauen so lebhaft von seiner Neigung und von seinem festen
Charakter überzeugt, daß ich ihm versprochen habe, Sie liebste
Mutter zu bitten, ihn zum Sohn anzunehmen. Er ist Ihrer
Gnade um so viel würdiger, als er entschlossen ist, das größte
Opfer zu bringen, um Sie zu überzeugen, daß er diese heiligen
Pflichten gern erfüllt. — Er will mir die Beruhigung gönnen,
Ihre von uns allen erflehte Genesung bei Ihnen abzuwarten.
Um ihm aber die verdiente Sicherheit und mir den entbehrten
Halt zu geben, haben wir den Plan, uns hier in aller Stille,
vor den Zeugen der Verwandten, in nächster Zeit trauen zu
lassen. Sie sehen gewiß ein, theure Mutter, daß eine Verbindung, die von der Seite des Mannes eine so seltne Großmuth voraussetzt, getrost geschlossen werden kann. Ihre Kränklichkeit, liebe Mutter, und die vielen Bekannten, die einzuladen
wären, verbieten eine Hochzeit in Weimar. Helvigs Urlaub
dauert nur bis Ende September, eine baldige Trauung hier
würde uns beiden die künftige abermalige Trennung erleichtern.
Ich darf Sie deßhalb wohl bitten, mir jetzt Schwester Käthchen
noch hier zu lassen. Wie stolz kann ich sein, daß ein Mann
mich genug liebt, meine heiligsten Pflichten zu respectiren und
mir dieses Opfer für diesen Winter zu bringen, es ist immerhin eine seltne Großmuth. Wir bringen diese Tage recht glücklich zu, uns fehlt nur die liebste Mutter! Anfangs hatten
wir sogar den Plan, Sie uns herzuholen, aber Ihr entschiedner
Widerwille gegen weitere Fahrten hat gewiß seinen Grund in
dem Gefühl, daß es Ihnen schädlich ist, und wir geben daher
diesen Wunsch auf. Wenn ich durch das Bad wieder hergestellt sein werde, welches wohl durch eine kurze Kur geschehen
kann, dann, theuerste Mutter, werde ich suchen mit doppelter
Freude und frischer Kraft die heiligsten Pflichten der Tochter

gegen Sie zu erfüllen, die mir von jeher die liebsten waren. Schwester Käthchen, welche unser englischer Bruder mit ihrem zweiten Namen Marianne genannt hat, wegen der Schwerfälligkeit seiner englischen Zunge, ist mir in diesen Tagen von großem Werth gewesen. Sie ist das Tiers zwischen uns und giebt als solche die erforderliche Decenz in unserm unschuldigen Verkehr. Ich führe die neuen Ankömmlinge auf allen Bergen herum und orientire sie, wie ich es bereits bin. Morgen reist Helvig nach Liebenstein, das Bad wurde ihm zum Gebrauch empfohlen, er kann uns leicht von dort aus besuchen. — Helvig ist ein guter und nicht minder bedeutender Mann, seine Kraft ruht in seiner Wahrhaftigkeit, seine Willensstärke macht ihn zugleich gewaltig und sanft, er kann weich sein wie ein Kind und gelassen bleibt er immer wie ein Mann.

Der Gasthof hier liegt unsrer Wohnung gegenüber und niemals kommt er zu uns, ohne irgend ein kleineres oder größeres Geschenk mitzubringen. Er gab mir eine goldne Repetiruhr, „weil sie ihm so lange folgsam war", und zu seinem Medaillon eine von den goldnen Ketten, wie ich sie mir längst wünschte — aber in ebenso stiller Weise bringt er Papier, englische Bleistifte und weiß der Himmel was sonst noch herüber. — Ich schreibe Ihnen dieses nur, um Ihnen einen Begriff seines Wesens, nicht seiner Geschenke zu geben. Meine Kur schlägt gut an und ich hoffe mit etwas dünnerem und dadurch bequemerem Blut heimzukehren, schon durch die täglichen Promenaden von sechs Stunden. Tausend Grüße an alle lieben Freunde insonderheit an Prinzeßchen, Fräulein von Knebel und Tante Stein.

Tausend Lebewohl, theuerste Mutter.

Ihre unterthänige Tochter Amalie."

Helvig präsentirte sich in Weimar der Mutter Amaliens und ihren übrigen Verwandten. Einen Monat später wurde die Vermählung nur im engsten Familienkreis in der Ruhlaer Kirche gefeiert. Als der Hochzeitszug dieselbe eben verlassen wollte, versperrten Hof=Equipagen den Ausgang. Die Königin

Louise mit Gefolge hatte auf ihrer Reise von Frankfurt a. M. nach Weimar das schöne Thüringer Thal besuchen wollen. Das junge Paar interessirte die hohe Frau und sie ließ sich die Gesellschaft vorstellen, gratulirte auch huldvollst den Neuvermählten, die solche erste Begegnung für ein gutes Omen ansahen.

Nach kurzen Flitterwochen, theils in Ruhla, theils in Weimar verlebt, trennte sich das junge Paar, da Helvig trotz verlängertem Urlaub am 9. October 1803 abreisen mußte. Der erste Brief der jungen Frau an ihn wird ein Bild ihrer Stimmung geben.

Amalie an Helvig.
Weimar, 10. October.

„Ich eile, Dir, mein geliebter Freund, zu schreiben, damit ich des Trostes gewiß bin, Du werdest in Hamburg sogleich Nachricht von mir finden, die Dich beruhigen kann. Ach, welche Schmerzen habe ich gestern erfahren, doppelt, weil ich fühlte, daß Du ebenso im tiefsten Herzen littest und daß allein Dein männlicher Muth und Deine Schonung für mich Dir Stärke genug gaben, im Äußeren den Schmerz zu verbergen. Wie ich Dich mir in Deinem Wagen allein vorstellte, hätte ich vor Jammer aufschreien mögen. Aus der Ferne wollte ich Dich noch mit meinen Blicken begleiten und so stieg ich mit meinen Schwestern auf den obersten Boden unseres Hauses, von wo aus man den Erfurter Weg überblickt. Der Wind wehte sehr scharf unsrer Dachluke entgegen und hättest Du uns dort sehen können, Du hättest trotz Thränen gelacht. Die sorgliche Mutter hatte uns eilig zum Schutz gegen das Unwetter geschickt, was sie gerade ergreifen konnte, einen Schlafrock, der mir wie ein Dolman über die Schultern hing, beide leere Ärmel umwehten mich; Marianne hatte gegen Wind und Regen einen übergestülpten alten Strohhut auf, durch dessen eingerissene Spalte sie blickte und den übrigen Theil des Schirms wie ein Visir herabzog. Louisens Köpfchen, in den großen Shawl gewickelt, guckte mit ihren braunen Augen wie eine kleine Eule aus dem Nest,

ohne von Dir etwas erkennen zu können. Ich sah Deinen
Wagen deutlich die Allee heraus fahren, und als er an die ver=
abredete Stelle kam, ließen wir unsre Tücher wehen. Wäre
die Luft rein gewesen, so würden auch wir unterschieden haben,
ob Du eine Bewegung machtest uns zu sehen, aber unsre weißen
Tücher konnten auch durch den Nebel Dir sichtbar sein und
unsrer Verabredung nach war Dein Abschiedsblick uns zu=
gewendet.

Ich wundre mich selbst, wie getrost, wie zuversichtlich ich
mich fühle, nachdem Du uns verlassen hast. Die Furcht vor
der Trennung war mir schwerer, ich wurde gelassen, nachdem
ich die heftige Erschütterung des Abschieds überstanden, gewiß
erhörte Gott Deine Wünsche für mich. Meine Sorge gilt nur
Dir und wurde mir gestern zum angstvollen Traum, wo Du
mich aus drohender Feuersgefahr rettetest.

Eben erhalte ich Deine lieben Zeilen, bester Freund —
auch Du hast Freundliches von mir geträumt und ich danke
Dir dafür, mein Gebet ist lebendig und ich habe das beglückende
Gefühl der Erhörung desselben. Mein Schicksal habe ich in
Seine Hand gelegt und meine Thränen getrocknet, weil ich mir
durch Kummer nicht schaden darf. Ein Trost war es mir,
daß Du gestern Reichardt gesprochen hast, das Gefühl wird
erleichtert, wenn es sich ergießen kann, und ich freue mich, daß
Du mehrere Ruhepunkte auf Deiner Reise hast, wo Dich treuer
Antheil erwartet. Wir leben indeß für und in diesem Sinn
mit einander und dieses Bewußtsein wird unsern Muth be=
leben und jede Entbehrung durch ein höheres Gefühl heiligen.
Heute Morgen habe ich Deine Aufträge besorgt, Deine mir
übergebenen Rechnungen bezahlt, meinen Ausstattungs=Wäsch=
schrank eingeräumt und die Staatskleider in Koffer verpackt.
Du siehst, bester Freund, daß ich nicht müßig gewesen und so
die einzige Waffe muthig ergreife, die gegen Gram und Sehn=
sucht und ihre üblen Folgen schützt. Nimm Mutters besten
Dank für Dein Andenken, sie liebt Dich herzlich, wir werden
diesen Abend und morgen Mittag von den Forellen essen und
sie wird täglich ihr Gläschen Champagner auf Dein Wohl

trinken. Noch nenne ich Deinen Namen vor niemand, weil ich dann meine Thränen nicht zurückhalten könnte und am besten schweigend niederkämpfe. Morgen will ich die Zeichnungen zum Homer beginnen, ich hoffe viel Freude von dieser Aufgabe, die, wie die Poesie überhaupt, über das Alltägliche hinweghebt und eine höhere Ansicht vom Leben gewährt, welche die Stürme des Herzens stillt. Meine Gesundheit ist ganz gut, Du kannst ruhig darüber sein und mit zuversichtlichem Blick in die Zukunft sehen. In jeder Stunde begleitet Dich meine Liebe und so sei auch ich Dir immer gegenwärtig. Tausend Segen über Dich, in Stralsund hörst Du wieder von

Deiner Amalie Helvig."

Amalie an Helvig.

14. October.

„Ich hatte diesen Morgen geträumt, man brächte mir einen Brief von Dir, liebster Freund, aber ich habe trotzdem nicht darauf gerechnet, denn die Post geht erst Dienstag von Göttingen ab, deßhalb kann ich trotz Deines liebenden Andenkens auf keine Nachricht hoffen. Von meinem Leben kann ich Dir nicht viel sagen, wenn ich's von außen ansehe, von meinem Innern desto mehr, aber besser mündlich. Dienstag waren wir zu Prinzeß gebeten, ihre Fragen konnte ich nur sehr allgemein beantworten, ich fühle, daß es einer Frau eben so schwer wird von ihrem Mann zu reden, als es dem Mädchen Bedürfniß sein mag den Namen des Geliebten zu nennen. Das Verhältniß der Ehe ist so ganz anders, wohl kann es immer idealisch sein, aber die innige Vertraulichkeit giebt ihm etwas Geheimnißvolles, und es käme mir vor, als verriethe ich geweihte Mysterien, wenn ich von unserer Liebe reden wollte — bei den Heiden schon galt es als ein Verbrechen, die Eleusinischen Geheimnisse zu enthüllen. Es ist nicht mehr jene Schwärmerei der Liebe, wo Phantasie und Gefühl die Rollen noch unbewußt vertauschen — es ist nun das Verhältniß der Natur in ihren tiefsten Beziehungen, unendlich inniger, vertraulicher und dennoch heilig, befriedigt. So fühle ich es, mein

— 169 —

geliebter Freund! Ich glaube, es ist Dir ebenso — wie kann
man Empfindungen anderen mittheilen, und wenn es unsere
nächsten Freunde wären? — Ich liebe Dich, wie meine Seele
die Tugend liebt, und dennoch erinnert mich jedes Äußere
um mich her und an mir selbst an Dich — ich kann mein
Haar nicht mehr auskämmen, ohne daran erinnert zu werden,
daß Du es mir so oft geflochten, und jede Fingerspitze meiner
Hand sagt mir, daß sie von Dir geküßt wurde. Ich war
ordentlich beleidigt, als mir die F . . ., welche auch bei Prinzeß
war, sagte: „Wir Unglücklichen haben beide unsre Männer jetzt
nicht". Der ihrige war nur für vierzehn Tage mit der
Herzogin=Mutter verreist und doch kam ich mir im Vergleich
mit ihr so glücklich vor, wenn auch zwischen unserm Wieder=
sehn Monate liegen! Auch diese werden verrollen und ein
schönes würdiges Ziel erwartet uns nach der Prüfung. Es
giebt hier wie überall manchen Klatsch, und ich habe mir für
mich und meine Schwestern eine Mauer dagegen aufgethürmt
und habe es mir auch im häuslichen Kreis recht als Gunst
ausgegeben, daß man solche Gespräche verbannt, und gleich vom
ersten Abend an lesen uns die beiden jüngeren Schwestern ab=
wechselnd vor; man muß zum Aufnehmen des Edleren flüchten,
um sich vor der Gewalt der alltäglichen oder gar abgeschmackten
Beziehungen zu schützen. Gestern früh hatte ich die Freude,
von meiner ehrlichen Goldschmidt aus Berlin ganz unerwartet
besucht zu werden, sie kam mir wie gerufen zu mancher Arbeit,
und man hat mit ihr das Gefühl der gewissenhaften Haus=
genossin. Für den Abend war ich mit Marianne zur Tante
Schardt geladen und wohnte vorher zwei Akten der Vorstellung
des „Mahomet" bei, durch Goethe neuen Schauspielern eingepaukt,
welche die ersten Rollen darin spielen; das Parterre war sehr
besetzt. Obgleich die Schauspieler viel Fleiß zeigten und man
ihnen anmerkte, daß sie Goethes Declamation nachzuahmen
suchten, so frappirte doch nicht das Talent eines Einzelnen.
Aber sie ließen sich auf unsrer Bühne nur par honneur enga=
giren, und da muß man sich schon begnügen, sich umsonst
etwas Mittelmäßiges vorspielen zu lassen. Die Abonnenten

erschienen und überdies die Kunstlustigen und Kunstverständigen, worunter man mich zu zählen geruhte.

Eben komme ich von einem Spaziergang zurück, der mir wohl und wehe gethan hat, überall fand ich Erinnerungen einer noch so gegenwärtigen Zeit, die doch schon Vergangenheit ist. An dem Baum, wo wir weidend die Heerde jenseits der Ilm sahen, glaubten die Schwestern noch die Stelle in den welken Blättern zu finden, wo wir so kürzlich gesessen hatten. Die schönen Kühe weideten an demselben Platz, eine Schafheerde verbreitete sich über die Wiese an der Avenue zum Stern, und die Silberpappeln schimmerten hell gegen den dunkeln Eingang der breiten Allee, wo wir das Exerciren der Rekruten sahen. Gott schenke Dir heute eben so viel schöne Erinnerungen als mir in jedem Sonnenblicke aufgingen. Der Herbst trägt recht den Charakter des Abschiedes, jeder säuselnde Wind führt ein Blatt von dem Zweig zu diesem allgemeinen Lebewohl der blühenden Schöpfung umher, so mag ich gern das meinige mit ruhiger Wehmuth beimischen. Diesen Abend kommt Prinzessin Caroline zu uns, ich gedenke Sie mit Deinem Voß und seinen Idyllen zu unterhalten, sie erfreut sich an jeder neuen Geistes=gabe. Die Jungmädchen=Gespräche werden leicht unbedeutend und ich rette mich vor der Sehnsucht jetzt am liebsten in das Gebiet des Verstandes oder der Phantasie; bei jedem flachen Tagesgespräch ergreift mich ein kalter bitterer Schmerz, der mir sagt, daß ich allein bin.

Jetzt ist die Prinzeß fort und ich eile, Dir noch eine herzliche gute Nacht zuzurufen, liebster Freund! Ach wie er=scheinst Du mir lebendig jetzt in dieser Abendstunde, wo die Schatten auch auf die Tagesbilder zurückfallen, nur Dein Bild scheint sich desto mehr zu beleben auf dem dunklen Hintergrund. Du wirst Dich gewiß mit mir freuen, liebster Mann, daß ich mich gar wohl befinde und Du hierin außer Sorgen sein kannst. Du weißt, wie gut die Mutter ist und wie mich die Geschwister lieben, aber da die erstere selbst leidend ist, so danke ich Gott, ihr kräftig zur Seite stehen zu können. So hoffe ich, wirst Du mit Ruhe meiner gedenken, indem ich Dir das Versprechen gebe, Dir mitzutheilen, wenn mir das Geringste fehlt. Aber auch Du, Liebster, übe die nämliche Pflicht, sage mir, wie Du Dich moralisch und physisch befindest, lasse mich alles von Dir wissen und plage Dich und mich nicht mit der Idee, mir schöne Briefe, nach Deinem Ausdruck, schreiben zu wollen — die liebsten für mein Herz werden diejenigen sein, in denen das Deinige zu mir spricht; auch die kleinste Begebenheit, von Dir mir mitgetheilt, erhält in meinen Augen Wichtigkeit. Meine Tante Stein war diesen Abend bei uns und bestellte mir herzliche Grüße für Dich, auch unsre Mutter grüßt Dich bestens, Du bist ihr wirklich so lieb als ein Sohn, die Schwestern empfehlen sich Deinem brüderlichen Andenken. Lebe wohl, Geliebtester, in Gedanken lege ich meine Stirn an Dein treues Herz.

Deine Amalie Helvig.“

Amalie an Helvig.

17. October.

„Gott segne Dich, liebster Freund, für Deinen tröstlichen Brief aus Göttingen, den ich diesen Morgen erhielt, wie schmerzt es mich, daß Du noch keine Zeile von mir gesehen, doch Du mußt morgen spätestens in Hamburg eintreffen und dort findest Du meine Briefe. In der Hafenstadt wirst Du mit dem genialen Tischbein die homerischen Gespräche wieder anknüpfen, die Du mit Heyne in Göttingen geführt. Ich danke Dir für alles, was Du mir von diesem lieben Freund sagst, aber am meisten danke ich es ihm, daß er Dich einige Stunden erheiterte und Dir Gelegenheit gab von Deiner Amalie zu sprechen. Ich freue mich darauf einst in dieses Haus eingeführt zu werden, und auch die Tochter kennen zu lernen, die Dir so liebenswürdig meine Verse recitirte. Umsomehr ver= drießt es mich, daß Voß so hartnäckig ist! Es giebt eben Leute von unversöhnlicher Gemüthsart. In ihrer vermeinten Herzens= reinigkeit bleiben sie oft verstockter als die armen Sünder, sie sind so fest überzeugt nur das Gute zu lieben, daß sie schließ= lich auch ihren Haß als löblich empfinden, doch bei allen herr=

lichen Eigenschaften, die sie an sich bewundern, fehlt ihnen die Duldsamkeit, mit der sie selbst von Gott getragen werden. Ich gratulire Dir, daß es Dir gelungen scheint, das Verhältniß zwischen Gall und Blumenbach fester zu knüpfen, wenn schon ich nicht glaube, daß sie im eigentlichen Sinn nebeneinander stehen können. Dein Wiener Freund scheint einer jener gewaltigen Menschen, denen die Natur in ihrer eignen Organisation den Schlüssel zu allen ihren Geheimnissen selbst gegeben, die in sich wie in eine heilige Werkstatt der ewigen Mutter schauen können, die von ihrem Innern nach außen gehen und durch das Gefühl ihrer Kraft die Schwächen erkennen, welche unvollkommene Organisationen entstellen und quälen. Das sind die Seher der Natur, ihre Oberpriester, und das Wahre stellt sich ihnen oft wie ein Paradoxon dar, bis es der Genius mit belebender Fackel beleuchtet. Solche Menschen deucht mich, können sich schlechterdings mit keinem andern verbinden, denn jedes äußere Hülfsmittel ist dem unnütz, welcher aus den innern ewigen Quellen schöpft — und derjenige, welchen sie auf ihrer kühnen Fahrt zum Begleiter mitzunehmen gedenken, wird sich oft klüger als sie, aber immer unendlich weit hinter ihnen finden. Das Geistreiche, oft an's Sophistische Grenzende in Blumenbachs Bemerkungen und forschendem Fleiße steht in diesem Sinne geradezu dem andern entgegen. Ich weiß nicht, ob ich in diesem Urtheil recht habe, jedenfalls war ich im Geist damit so beschäftigt, daß ich vorgestern Gall im Traum gesehen habe, Deiner Beschreibung und seinem Bilde so ähnlich, daß ich ihn bei wirklicher Begegnung erkennen würde. — Ich lese der Mutter zur Erheiterung Pahlins Briefe vor — und werde Dir nächstens wohl in Hieroglyphen schreiben; sonst lebe ich so ruhig und zurückgezogen wie möglich und lehnte auch eine Abend-Einladung bei Hof ab, weil sich am Hals wieder etwas Nesselfriesel zeigte, der inzwischen aber schon vergangen ist. Ich weiß nicht, ob ich Dir schon schrieb, daß ich Schall als italienischen Lehrer angenommen, um mich noch sicherer in dieser Sprache zu machen, auch Ehlers hat mir seine Lieder gebracht und ich werde das Versäumte diesen Winter nachholen, auch die begonnenen Idyllen auf Deinen Wunsch vollenden. Wenn meine Gesundheit so gut bleibt, habe ich Ursache Gott zu danken und wünsche Dir von Herzen eine gleiche bei Deinen anstrengenden Arbeiten. Das Gefühl, unsere Pflicht zu thun, wird uns beide stärken, der Mutter geht es besser als jemals — uns zum Lohn! — Noch habe ich Dir nicht gedankt, daß Du meine Briefe auf's neue durchlasest und darin mich selbst, so wie Du mich jetzt kennst, hast wiederfinden mögen. Ja, liebster Freund, Du warst mir wohl vom Schick= sal bestimmt — und wenn mir manche Leidenschaft zugebracht wurde, wenn mein eignes Wesen manche Anforderungen stellte, so wird nach einem höheren Gesetz Dein Charakter mich aus= bilden, Deine Liebe mein werthvollstes Besitzthum sein und Deine Achtung mein Stolz und mein Ziel bleiben. — Mutter und Schwestern grüßen Dich, wolle Gott, dieser Brief möge Dich wohl und heiter in Stockholm antreffen. Ewig und einzig gehöre ich mit allem was ich habe und hoffe Dein.

Amalie Helvig."

Amalie an Helvig.

30. October.

„Da ich versprach, alle 14 Tage zu schreiben, so zögre ich nicht, obgleich ich heute und gestern Nachricht von Dir er= hoffte, aber für Deinen lieben Brief aus Hamburg habe ich Dir noch zu danken, er war so heiter geschrieben, so ganz für mich allein. Tischbein muß recht interessant sein und die Aus= sicht, einige Zeit in seiner Gesellschaft zuzubringen, freut mich im voraus; das tägliche Sehen guter Kunstwerke wird mich wahrhaft erquicken, zumal wenn man im Gespräch mit Kennern die Ideen dabei austauschen kann, um sie zu vervielfältigen. Daß Tischbein mit meiner Madonna zufrieden ist, ermuthigt mich; ich will mich mühen, den Winter über nichts zu ver= lernen. Wie lieb ist es mir, daß auch Du für kleinere Acqui= sitionen die Quelle benutzen willst, welche Tischbein für den Ankauf seiner Kunstschätze benutzt; ich denke mit Ungeduld an

den Augenblick, wo wir unsre werthvolleren und unbedeutenderen
Kunstsachen zu gemeinsamem Genuß vereinen werden. Tisch=
beins Gemälde des Ajax kann ich mir nach Deiner Beschrei=
bung lebhaft vorstellen und finde es recht glücklich gedacht —
aber ich fürchte, Deine etwas durch Liebe verblendeten Augen
haben Dir diesmal einen Streich gespielt, wenn Du Deinen
Freund in meinem Gesicht ein Modell für sein Bild hoffen
ließest — sein Pinsel kann zwar die Wirklichkeit zum Ideal
erheben und so beides glücklich verbinden. — Ich habe seither
meine Kunst an Deinen Todtenköpfen versucht, liebster Freund,
ich habe sie mit doppelter Pünktlichkeit und Sorgfalt ausge=
führt, weil es eine Aufgabe von Dir war. Ein Billet Herders,
das ich Dir in Abschrift beilege, wird Dir erklären, weßhalb
ich die Arbeit so schnell erledigte. Ich brauche Dich nicht erst
zu bitten, auch Dein Versprechen an ihn sogleich zu erfüllen;
als Pfand Deines Willens habe ich meinen Antheil schon vor
acht Tagen abgeschickt. Leider ist unser guter Herder in diesem
Augenblick sehr krank, wie man hier sagt: an einer gänzlichen
Entkräftung, die Galle, die ihm immer zu schaffen machte,
mag wohl auch diesmal mitleidend sein. Hoffentlich wird ihn
Dein Blatt wieder wohler finden, Du brauchst am Schädel nur
die Nummer bestimmt anzugeben und bei jeder womöglich ein
paar auffallende Beispiele anzuführen, ich selbst könnte, possir=
licherweise, ein solches liefern bei der Nummer „Beharrlich=
keit", da ich während meiner mühsamen, etwas trockenen Zeichen=
aufgabe mich ein paarmal ertappte, die Stelle am Hinterkopf
zu reiben, wo diese kostbare Eigenschaft verzeichnet steht, ich
habe mich mithin unwillkürlich zu dieser Tugend an Ort und
Stelle ermuntert.

Gestern kam Einsiedel zu uns, der aus Wien heimgekehrt.
Dein Name ist ihm bei einem Besuch, welchen er Gall machte,
zum Ehrenretter geworden. Er ließ sich bei diesem ohne Titel
noch Recommandation melden, und da er zufällig denselben
Namen trug wie ein Schüler Galls, ein General v. Einsiedel,
so empfing Gall die ihm fremde Persönlichkeit steif und miß=
trauisch. Sogar das Zauberwort Weimar verbannte nicht die

Gewitterwolke des Argwohns einer Mystifikation, nur bei
Nennung Deines Namens bemerkte lächelnd Gall: Dein Schädel
befinde sich unter seiner aufgestellten Sammlung, unser Ein=
siedel hatte das Glück ihn sogleich herauszuerkennen, damit war
aller Groll und alles Mißtrauen verschwunden, Köpfe und
Zeichnungen wurden dem Willkommnen vorgelegt und um fernere
Besuche gebeten; nur an Deine Verheirathung wollte Dein
alter Freund nicht glauben, bis ihm Einsiedel versicherte, Zeuge
dabei gewesen zu sein. Es ist mir nun doppelt lieb, daß Du
Deinem alten Vertrauten von Göttingen aus geschrieben und
die Annonce schicktest, Du scheinst mir im allgemeinen ein etwas
saumseliger Briefsteller zu sein, und ich muß mir etwas darauf
einbilden, so lange und so glückausstrahlende Briefe von Dir
zu bekommen. Meine Verwandtencorrespondenz über diesen
Akt ist nun auch glücklich beendet. Vor acht Tagen hatten wir
einen langen Brief unseres guten Bruders Ernst aus Granada,
nur zwei Tagereisen von seinem Ziel St. Vincent. Er war
auf der Seereise ganz wohl geblieben, hatte günstiges Wetter
und zeichnete viel auf den verschiedenen Inseln, an denen sie
zu landen hatten, doch klagt er über die Wärme und freut sich
jetzt schon auf unser Wiedersehn in ein paar Jahren! Der gute
Junge! — Gott geleite ihn und führe ihn einst wieder heim!
Unser Stiefbruder Charles schickte uns den Brief eingeschlossen
in dem seinigen zu, worin er uns verspricht nach Beendigung
des Krieges uns in Weimar oder Stockholm zu besuchen. Noch
hatte er meinen Brief nicht erhalten, worin ich ihm die Vor=
stellung Deines Königs und Deine Abreise meldete, er hatte
auf Verlängerung Deines Urlaubes gerechnet und gratulirt
mir darauf bezüglich zum Ölmalen in Dresden. Das wollen
wir aber, so Gott will, im künftigen Jahre nachholen. Die
Dresdner Freunde haben mir durch Frl. von Göchhausen die herz=
lichsten Grüße und Einladungen bestellen lassen. Hartmanns
Gemälde[1], von dem ich Dir erzählte, soll wunderhübsch sein, er

[1] Akademiedirektor in Dresden. Das Gemälde, Amor und Psyche,
befindet sich im Besitz der Herausgeberin dieses Buches.

hat es für 100 Louisdors an die Fürstin von Dessau verkauft, aber sich eine Copie davon zurückbehalten.

Gestern war große Hofgesellschaft zu Ehren des Geburts= tages der Herzogin=Mutter. Meine Schwester Käthchen, jetzt Marianne mit ihrem zweiten Namen benannt, war mit mir geladen. Die Gr. Reußische Familie empfing uns mit wahrem Jubel. In Dresden, wo sie uns vermutheten, hatten sie in allen Gasthöfen nach uns geforscht, so auch in Leipzig. Sie sind sehr treu und gütig für uns gesinnt, und es wird für diesen Winter ziemlich mein einziger intimerer Umgang bleiben. Man fühlt sich bei ihnen sicher und in der edelsten Gesellschaft, auch wird dort oft Musik getrieben, die stets ein schönes Binde= mittel für die Gesellschaft ist. Ich nehme fleißig die Guitarren= stunden und wünschte Dir die neuen Lieder spielen und singen zu können, von Ehlers componirt, mit Guitarrenbegleitung und gut gewählten Texten von Goethe, Schiller, der Mereau und mir selbst, z. B. das Lied an die Laube.

Dir zur Beruhigung sei es gesagt, daß ich mich so wohl befinde, wie ich mich kaum entsinnen kann, jemals gewesen zu sein. Mein Schlaf ist gut, dennoch stehe ich früh auf, so bleibt mein Kopf frei, den Tag über fehlt es mir nicht an Bewegung, theils durch Spaziergänge und auch durch mein Quartier, das eine Treppe höher liegt, die ich geflissentlich nicht vermeide oft auf und abzusteigen. Auf dem Sopha meiner Mutter sitze ich nur Abends, wenn die Lichter kommen, ich denke zu viel an Dich, um Dir auch im geringsten ungehorsam zu sein. Meine Sehnsucht nach Dir, so lebhaft sie ist, kann keine schädliche, krankhafte werden, denn das Gefühl, daß Du mit mir dieses Opfer kindlicher Liebe reiflich überlegt hast, treibt mich zur Standhaftigkeit; das Bewußtsein, da wo ich bin, wohlthätig zu wirken, und die Überzeugung Deiner treuen, unwandelbaren Liebe geben mir das Gefühl Deiner Nähe. Die Mutter ist, Gottlob, recht wohl, und wir haben schon für sie zwei Flaschen Champagner mit dem weißen Messer aufge= macht, das Du bei mir zurückgelassen. Ich war betrübt und froh, als ich es fand, denn ich bedachte, daß Du es auf der

Reise ungern missen würdest, und doch war es mir so lieb, etwas zu haben, das Du zu Deinem täglichen Gebrauch in Händen hattest. Die Mutter hat recht guten Appetit, und ich schütze ihre Rechte den jüngeren Schwestern gegenüber für alle ausschließlich feinste Kost. Diese stille, aber gewiß nicht kleine häusliche Glückseligkeit ist der beste Wall für mich und die noch unerfahrenen Schwestern gegen manchen Stadtklatsch, in den sie sonst gezogen würden durch unvorsichtiges Mädchen= geschwätz. Marianne hat darin eine empfindliche Erfahrung gemacht, und ich danke es der Tante Stein von Herzen, daß sie sich sehr schützend, tactvoll dabei benommen hat, während ich nichts davon in meinen Flitterwochen wußte.

Eben besuchte mich ein Hr. Doctor Frank, der sich Dir empfiehlt; er machte Deine Bekanntschaft bei Frau von Eyben= berg in Wien. Er scheint mir ein gebildeter Mann, und ich ließ mir viel von seinen Reisen durch Frankreich und England erzählen. Ich frug nach den Gelehrten und Künstlern in Wien, aber nach Einem[1] frug ich nicht, der mir bei den gleichen politischen Ansichten von Frank einfiel; sonst war mir nicht zu Muthe mehr von ihm wissen zu wollen. Vor einiger Zeit wurde mir gesagt, Gentz heirathete die Eybenberg. Er ist noch immer Dein gefürchtetes Gespenst, von dem du wachend und schlafend träumst — glaube an mich, liebster Freund, an die Reinheit meiner Gesinnung, an die Wahrheit meines Wesens, so wird dich das Interesse, welches andere vorzügliche Naturen mir einflößen, immer in heiterer Sicherheit lassen. Ich könnte nur dann für das Wesen und Treiben der Menschen gleich= gültig werden, wenn ich überhaupt abgestumpft für jedes Ge= fühl würde. So lange meine Seele achten, mein Herz lieben kann, wird der Mann, welcher einzig und zuerst mich sein nannte, mein liebster Freund, meine einzige Stütze und der Grundpfeiler meines moralischen und bürgerlichen Glückes sein. Wie ich meinen Namen geehrt habe, wird mir mein neuer um Deinetwillen heilig sein. Ich weiß, daß Du dieses von

---

[1] Gentz.

mir sicher bist, ich bin Deiner Achtung gewiß, aber um so mehr betrübt es mich, daß Du doppelt dadurch leidest, indem Du jene Anwandlungen von Furcht nicht einmal vor Dir rechtfertigen kannst. Laß uns daher unser Glück, wie Du Dich ausdrückst, „wie eine volle Schale himmlischen Lab= sals" mit fester, ruhiger Hand halten, daß kein verschütteter Tropfen uns Bitterkeit gebe und wir, wenn uns gemeinsame Lebensdauer bestimmt ist, auch den letzten mit ewig jungen Ge= fühlen genießen mögen. — Donnerstag sind wir zu Reußens geladen, Freitag ist Hofball, aber ich habe für mich abgesagt, da ich nicht mehr tanzen will und nicht mehr das mitmachen, was mich früher anzog; entsagte ich ihm nicht gern und frei= willig, so hätte ich lieber nie einen Schritt thun müssen, der mich mehr oder minder auf immer davon entfernt. Jetzt hält mich hier nur die Pflicht; nur die Schicklichkeit führt mich bis= weilen in die Gesellschaft. So habe ich mir meinen Plan für den Winter geordnet, und ich hoffe, Du wirst ihn so wenig tadeln als loben, sondern ganz schlicht und natürlich finden. Die Frau Herzogin, die Prinzessin, auch Prinz Bernhard fragen nach Dir mit Antheil und lassen Dich grüßen, sowie überhaupt meine Freunde. Mutter und Schwester lassen Dir viel Liebes sagen, und ich rufe Dir zu: „Gehab' Dich wohl liebster, bester Freund! Träume nicht mehr angstvoll, sondern hübsch artig von mir — in heiterer, liebender Gestalt möge immer Dir er= scheinen

Deine treue Amalie."

Abschrift eines Billets von Herder.

October.

„Engelsfrau!

Erzeigen Sie mir die Gefälligkeit und lassen das verlorne goldne Schäflein[1] zurückkehren, ich habe ja nichts gethan, wes= wegen es zu mir sich einschleichen sollte. H."

---

[1] Wahrscheinlich das Bild auf Goldgrund gemalt, das ihm Amalie einst schenkte und nochmals bei sich copirte.

XXIII. Capitel.

Trauerbotschaften.

Amalie an Helvig.

Weimar, 23. November.

„Gleichzeitig mit Deinem Briefe aus Ystad erhielt ich
von Bruder Charles aus London die unglückliche Nachricht,
daß unser armer Bruder Ernst nicht mehr diese Erde bewohnt,
er starb auf der Insel St. Vincent in der Blüthe seines Lebens,
wahrscheinlich durch die Erkältung eines Bades, zu schnell nach
einem Ball beim Gouverneur genommen, am gelben Fieber,
von dem nur selten ein Deutscher gerettet wird. — Wie sehr
bedürfte ich Deiner in diesen schweren Stunden, mein Freund,
aber schon der Gedanke an Deine Liebe stärkt mich und drängt
mich, meine Gesundheit zu schonen und mich ergeben in Gottes
Rathschluß zu fügen. Die englischen Geschwister überließen es
mir, der Mutter diese Trauerbotschaft zu überbringen, aber ich
stehe zögernd davor. Sie scheint mit ihrer Gesundheit auf dem
Wege der Besserung, und ich sollte ihr durch diese Mittheilung
vielleicht den Todesstoß geben? Ich will mich mit Frl.
von Knebel berathen. Ach, in dem Augenblick, wo ich mit
Entzücken den Freuden der Mutter entgegensehe, muß ich die
Hoffnung meiner Mutter und auch die unsrige in dem Schoß
der Verwesung wissen. In unsern Hoffnungen finde ich Balsam
und die Pflicht, mein Leben zu schonen. Ein Trost liegt mir
in der Kenntniß des Charakters meines Bruders — weil sein
Herz weich und seine Seele stolz war, so machte ihm die Unruhe seines Temperaments und die daraus erwachsene Unzufriedenheit mehr Noth als andern mit gleicher Organisation,
aber dem Egoismus an Fremden auszulassen, was sie quält.
Er ist einer Welt entrückt, wo noch mancher Zwiespalt im
Innern ihn erwartete. Die Last schwerer Schuld hätte er nicht
ertragen können, und doch war er nicht fehlerfrei und in ge-
fahrvoller Lage — dürfen wir ihm mißgönnen, unbescholten,

in vollster Hoffnung in ein besseres Jenseits abgerufen worden
zu sein?" —

24. November.

„Ich habe Frl. von Knebel und der lieben Prinzeß die
Todesnachricht mitgetheilt, beide waren der Meinung, sie der
Mutter und Schwester Marianne vorzuenthalten, wenigstens
für diesen Winter und das Geheimniß nur noch meiner jüngsten
Schwester Louise zu offenbaren, die meinen unbewachten Schmerz
beim Empfang des Briefes beobachtete. Wenn Du erst wieder
im Frühjahr bei uns bist, kannst Du die Mutter bei der Mittheilung durch Deine männliche Theilnahme stützen und ihr ge-
wissermaßen den Sohn ersetzen. Louischen und ich tragen indeß
diese nicht geringe Last, und Marianne spricht unbefangen von
ihrem besondern Liebling mit der armen Mutter. Sage mir
doch Deine Meinung hierüber, bester Freund, ich glaube, sie
wird mit der von Frl. von Knebel übereinstimmen, die meine
Mutter seit dreißig Jahren kennt. Bedenke in der Antwort auch
unsere isolirte Lebensweise, welche uns erleichtert, jede Nachricht
von ihr fernzuhalten. Nachts wache ich oft auf mit dem Bilde
des Verstorbenen, und dann bedrückt mich eine schwere Last,
die ich den Nächsten verbergen muß, aber ich habe mich in
Gottes Rathschluß ergeben und vertraue seiner Vatergüte. Ich
weiß und fühle, daß Du in so weiter Entfernung schmerzlich
die Unmöglichkeit fühlst, mir beizustehen, und zu bescheiden bist,
um zu ermessen, wie viel Stärke mir die Gewißheit Deiner
Liebe gewährt. Überzeuge Dich daher, mein Liebster, Bester,
daß ich auch im schlimmsten Fall, der uns noch ferngerückt
bleiben möge, Dich als meinen Trost, als die Stütze meines
Daseins ansehen werde. Diese feste Zuversicht müsse Dich nie
verlassen und die Aufrichtigkeit, mit der ich Dir von meinem
moralischen wie physischen Befinden Nachricht ertheile, kann
Dich vollkommen beruhigen. Es giebt hier ein gutes altes
Sprüchlein:

Unglück selber taugt nicht viel,
Aber 's hat drei brave Kinder:
Kraft, Geduld und Mitgefühl.

— 181 —

.

Um der Mutter gegenüber schweigend und beschäftigt zu sein
und mir selbst ein Interesse zu wecken, was mich abzieht, habe
ich die Vollendung einer Copie vorgenommen, die ich im ver=
gangnen Jahr angefangen. Auch Du wirst das Bild gesehen
haben in Nürnberg im Braunischen Cabinet bei Frauenholz:
Abigail, welche David nachgeeilt ist, um ihn durch Gaben zu
versöhnen, von Guido Reni, eines seiner Meisterstücke. Der
begleitende Page hat mich besonders gefesselt, und ich copirte
ihn bis zur letzten Vollendung, die ich jetzt geben will. Der
Kopf des Knaben ist aufblickend, bis zur Wange beschattet von
rothsammtnem Federhut, ein wunderbarer Widerschein spielt
um Mund und Kinn des lächelnden Knaben. So verläßt mich
auch die Muse nicht in meiner schwierigen Lage.

Mit größter Spannung erwarte ich Deinen nächsten Brief
aus Stockholm, möchtest Du wohl dort angekommen sein und
meine Briefe finden. Mutter und Schwestern grüßen herz=
lich, so auch Prinzeß Caroline und Prinz Bernhard trugen
mir Freundliches Dir zu sagen auf. Ich bin mit der Freudig=
keit, welche die Liebe giebt,   Deine treue Amalie."

Amalie an Helvig.
14. December.

„Es ist lange her, daß ich Deinen letzten Brief erhielt,
und ich durchseufze den langen Land= und Seeweg, der uns
trennt. Ich bedurfte Deines Zuspruches in meiner schwierigen
Lage, da ich den Streich auffing, welcher für meine Mutter
tödtlich werden mußte. Wunderbar hat's mich erschüttert, als
uns die Mutter kürzlich ihren Traum erzählte, sie habe Ernst
gesehen, ganz dunkel, fast schwarz im Gesicht, er habe einen
Dolch gegen sie gezückt, und ich mit Louise hielten ihn zurück,
sie sei darüber aufgewacht Ernst zuzurufen: „Thue nur Amalien
nichts!" Ich brach doch in Thränen bei dieser Erzählung aus,
denn ich wußte sogar, daß Menschen, die am gelben Fieber
sterben, als Leiche die Farbe verändern[1]. Gottlob steht der

[1] Des Verstorbenen Vater, Baron Imhoff, hatte vor 15 Jahren
ein Genrebild en miniature gemalt, den Abschied eines Knaben von

Mutter die Sorge um Ernst jetzt fern, da sie nur selten Briefe
erwarten konnte.

Ich lasse die Schwestern jetzt deutsch und französisch vor=
lesen und corrigire ihre englischen Briefe, so führen wir ein
stilles, einiges Leben und es reut mich nicht, die meisten Stun=
den den Musen zu entwenden, um sie den Schwestern zu geben;
meine Nerven sind jetzt besser als je, mein Appetit desgleichen.
Wie sehr muß ich für diese Gnade Gott danken, sicher hat sie
mir Dein frommer Wunsch erbeten. Die Staël wurde erwartet
und ist nun hier angekommen, es wird mich interessiren sie
kennen zu lernen, sie ist mir merkwürdig als Geist und soll
sehr anregend im Umgang sein. Benjamin Constant begleitet
sie, was günstig für sie ist, denn unsre schönen Geister sprechen
meist nur deutsch. Goethe war ebenso gespannt ihre Bekannt=
schaft zu machen, als sie die seinige. Nach der Begegnung
berichtete Goethe seinen Freunden: „Es war eine interessante
Stunde, ich bin nicht zu Worte gekommen, sie spricht gut, aber
viel, sehr viel." Ein Damenkreis wollte inzwischen wissen,
welchen Eindruck unser Apoll auf die Fremde gemacht habe,
auch sie bekannte, nicht zu Worte gekommen zu sein. „Wer
aber so gut spricht, dem hört man gerne zu" soll sie geseufzt
haben. Wer sprach? Wer schwieg? —

Eben erhalte ich den allerherzlichsten Brief von unserer
lieben Fr. v. Holzhausen aus Frankfurt am Main durch Mme.
de Staël, die ihn mir mit ihrer Visitenkarte zuschickte, ich ließ
danken in gleicher Weise und warte ab, die seltne Frau von
Angesicht zu sehen. Die Holzhausen, wie auch die Knebel, laden
mich dringend zu sich ein, was ich schon der Mutter wegen
nicht annehmen möchte und unseres traurigen Geheimnisses halber
nicht thun kann."

seiner Mutter, die eine kleine, weinende Schwester zwischen den Knieen
hält; die Gruppe in schön decorirtem Zimmer mit dem Bild eines ge=
strandeten Schiffes an der Wand. Die Figuren sind idealisirte Portraits
seiner Frau, des Sohnes und der kleinen Marianne. Es ist, als habe
er eine Vision gehabt.

15. December.

„Wir hatten geſtern noch einen ſchlimmen Tag, der uns
kaum erlaubte zu hoffen, daß der heutige beſſer ſein würde.
Die Mutter bekam einen Anfall ihres Nervenkopfwehs und
eine Schwäche mit Betäubung, wir ſprachen vergeblich laut,
um ſie munter zu erhalten. Dieſen Morgen weckte mich Louiſe
früher wie ſonſt, da die Mutter noch immer bewußtlos war,
der Arzt kam, Caffee wurde ihr eingeflößt, ohne ihr Wiſſen,
plötzlich ſah ſie ſich um und erhielt wieder ihr volles Bewußt=
ſein, ſie ſoll ganz ungefragt und ruhig bleiben, und ich ſchreibe
Dir, Liebſter, im Nebenzimmer bei offner Thür, um mein Herz
zu erleichtern. Wenn mir doch in dieſen Tagen der Troſt
nicht verſagt wäre, etwas von Dir zu hören, noch weiß ich
nicht, ob Du in Stockholm angekommen biſt, wohin ich nun
ſchon den dritten Brief ſende. In dieſem Augenblick fragt die
Mutter nach ihrem Champagner und freut ſich, ihn dieſen
Mittag trinken zu können, Dir, Geliebter, dankt ſie dieſe Er=
quickung. Nach Tiſch iſt die Mutter aufgeſtanden und eine
halbe Stunde außer Bett geblieben, aber ſie iſt noch ſchwach
und ſchweigſam; ſo laſen wir ihr ab und zu etwas vor. Es
iſt mir, als müßte ich mich an Dein treues Herz legen, um
dort Kraft und Muth wiederzufinden. Die Schweſtern be=
obachten meine Mienen und richten ihre Hoffnungen danach.
Die Überzeugung, daß unſer wechſelſeitiges Glück Dich in dieſem
Augenblick beſchäftigt, ſtillt allein meine brennende Sehnſucht,
die mich oft bedrängt. Ich würde dieſen Brief nicht heute
abſchicken, wenn ich nicht zuverſichtlich glaubte, daß ſich die
Mutter in einigen Tagen erholen wird, und wenn es mir nicht
zum Troſt gereichte, ihn in Deinen Händen zu wiſſen; folgt
auf dieſen Brief nicht ſogleich ein zweiter, ſo mußt Du es für
ein gutes Zeichen halten. Laß Dich indeß die tröſtende Über=
zeugung erfreuen, liebſter Mann, daß ich den Meinigen nütz=
lich, ja unentbehrlich bin, daß uns einſt dieſe Zeit, wo Pflicht
uns trennte, die Quelle der ſchönſten Rückerinnerung und innerer
Zufriedenheit ſein wird. Der Schöpfer hat, indem er mein
Weſen belebte, mir Lebhaftigkeit und Phantaſie in mein Blut

gegeben, das kräftig, gleichmäßig durch meine Adern strömt,
und frühe Prüfungen haben dieser Harmonie meiner Organi=
sation noch Festigkeit und Ergebung beigesellt — so gehe ich nicht
kindisch=fröhlich, aber auch nicht trauernd durch ein Leben, das
zu viele Abwechslungen hat, als daß der ewige Geist sich ganz
damit begnügen, und zu viel Reiz, als daß das Herz sich ganz
davon abwenden könnte. Laß mich Deiner Liebe gewiß bleiben
und Deines Zutrauens — so sehe ich unser Bündniß schon als
den Anfang dessen an, was wie alles Gute uns einmal anein=
ander knüpfen wird. Bleibe heiter und thätig, bester Mann,
und lobe mich ein wenig, daß ich noch ruhig sein kann, nach=
dem ich seit beinahe vier Wochen keine Zeile von Dir gesehen
habe. Alles grüßt Dich, Dein liebes Andenken bleibt uns ge=
sichert wie ein Stellvertreter Deines Ichs. Laß mich nicht
länger auf Briefe warten, wie sehr bedarf sie

Deine treue Amalie."

Amalie an Helvig.

19. December.

„Du, mein geliebtester Mann, mußt künftig allein die Quelle
meines Glückes und der Inbegriff meiner Hoffnungen sein —
das Schicksal hat mich auf Dich hingewiesen, in diesem Augen=
blick würde mein Dasein nichts mehr für mich sein, wenn wir
uns nicht angehörten. Meine Pflichten als Tochter sind er=
füllt — mir bleiben hinfort nur die der Gattin und Mutter
übrig. Die liebende und geliebte Mutter, welche so lange wie
ein freundlicher Geist unter uns gewandelt, umschwebt jetzt ihre
Kinder in einem höheren Dasein, wo kein Schmerz sie drückt,
keine Krankheit sie bedroht. — Vorgestern, den 17. gegen zwölf
Uhr Mittags, endete ein Nervenschlag ein kurzes, kaum be=
wußtes Leiden. Umgeben von ihren Kindern, bis zum letzten
Augenblick gepflegt von ihrem Arzt, hat sie in kurzen Augen=
blicken von Besinnung kein Zeichen der Angst oder des Schmerzes
geäußert, sie blickte nur mit freudig=friedlichem Ausdruck auf
uns, ohne Kundgebung, daß sie das Herannahen des Todes

sich bewußt wäre. Ihre Liebe dauert über das Grab hinaus und bedurfte kaum des Abschiedswortes. Was ich empfinde, läßt sich schwer durch Worte ausdrücken, es ist, was alle Schmerzen des Daseins in sich faßt. Ein Trost ist, der mir fast wie ein Jubelton in meinem Innern klingt, daß unsere Mutter hinüber= ging ohne den Schmerz, welcher für sie der größte im Leben gewesen wäre, eines ihrer Kinder verloren zu haben, jetzt ist sie selig mit ihm vereint. Danke Gott mit mir, geliebter Mann, daß er mir die Fassung gab, das traurige Geheimniß zu bewahren, und ich nun den Lohn darin finde, daß ein sanfter Tod ein Dasein auflöste, das durch den Jammer gewaltsam zerstört worden wäre. Meine Gesundheit ist noch immer besser als die meiner Schwestern, ich schlafe und kann auch wieder etwas ge= nießen, ich habe mir den Arzt bestellt für die armen Schwestern und will auch für mich seine Verordnungen befolgen. Die reine Güte unserer theuren Mutter hat mehr als alle Ver= hältnisse es vermocht, die Theilnahme der besten Menschen uns hier zu erwerben, von allen Seiten her erhalten wir Trost und Freundesdienste. Prinzessin Caroline und Fräulein von Knebel gaben uns durch ihren eignen Schmerz den größten Liebes= beweis, ach, die Mutter hatte sich so edle Freunde verdient — man kann sich ein so treues, warmes Herz kaum erkaltet denken — aber dieser milde Geist wird sich erlöst, zu höherer Verklärung selig belebt fühlen.

Auch dieses Mal hat uns die Familie des Grafen Reuß mit aufrichtiger Theilnahme beigestanden. Die nun bekannte Nachricht unseres doppelten Verlustes erfüllt alle mit regem Interesse und manches Auge, von dem ich es kaum erwartet, füllt sich mit Thränen bei unserm Anblick — es ist wahr, daß in dem Moment, wo das brechende Auge meiner Mutter mir jede Hoffnung für sie abschnitt, sich der lang verborgne Schmerz um meinen Bruder Bahn brach aus dem Herzen, wo ich ihn wie mit Eisenriegeln verschlossen gehalten. Ich kann heute nicht mehr schreiben, aber morgen hörst Du mehr über mich, da Du meinetwegen besorgt sein wirst — heute und immer werde ich Dir sagen, daß ich noch für Dich lebe und mich um

Deinetwillen tröste noch länger zu leben in einer Welt, wo wir
nur Gäste sind, in welcher der Schmerz, die Trennung ein=
heimisch ist.

Eben erhalte ich Deinen Brief, den ich wie einen Friedens=
boten empfand. Du bist wohl, Du liebst mich und wirst in
Deinen Geschäften thätig vorwärtsschreiten, so denke ich mir
Dich mit tröstender Sicherheit. Du kannst begreifen, daß ich
den Schwestern nützlich und tröstlich zur Seite stehe, sie dauern
mich von Herzen und ich komme mir, im Vergleich mit ihnen,
trotz des eignen Jammers glücklich vor, da ich Dich als Stütze
besitze. Lebe wohl, liebster Mann, reichen Segen über Dich,
den guten Sohn, welcher der besten Mutter so viel Freude ge=
macht durch die Liebe, die er ihr selbst und mir erzeigte.

Deine treue Amalie."

XXIV. Capitel.

Stillleben.

Amalie an Helvig.

Weimar, 24. December.

„Ich will mich mit Dir unterhalten, geliebter Mann, um
die bösen Geister zu bannen, die mir das Warum? zurufen!
Ich kann mich noch nicht darein finden mit meiner Kindes=
pflicht gegen die Mutter abgeschlossen zu haben — meine ganze
Vergangenheit war mehr durchzogen davon als ich mir es
selbst bewußt war, noch kann ich nicht aus der Todeskammer
schreiten in ein neues Dasein, erst in fernerer Zeit wird mein
Schmerz die mildere Farbe erhalten in dem Licht der Erinne=
rung, noch stehe ich im inneren schweren Kampfe, bevor ich
mich demüthig ergeben werde. —

Prinzeß Caroline kam, uns nach der großen Hofbescherung
zu sich zu holen, wo in ihrem Zimmer für uns aufgebaut war,

sie gab mir eine schöne Schale von geschliffnem Glase und eine
silberne Zuckerzange, wie sie sagte: nach Deinem Geschmack.
Von unserer Mutter Hand fand ich neben ihrem Bette im
Schrank bereits alle kleinen Weihnachtsgaben geordnet, so auch
für Fräulein von Knebel einen silbernen Handleuchter in Form
eines Blattes mit dafür beigelegten bunten Wachslichtern; ich
gab dieses Geschenk ab und fügte die Worte bei:

> Milde leuchtete einst die reine Flamme der Liebe
> Und sie leuchtet uns hier, ob auch ihr Auge erlosch.

Wenn Du ein andrer Mann wärest, so würde ich mich
scheuen Dir zu sagen, wie es mir zu Muthe ist — ich könnte
fürchten, daß Du meinem Gefühl für Dich nicht Gerechtigkeit
widerfahren ließest und es wäre unter anderem Verhältniß
vielleicht mein großer Schmerz eine Veranlassung des Ent=
fremdens zwischen uns, aber Du kennst mich und ich liebe Dich
in diesem Augenblick auch darum so sehr, weil ich mit Dir
von unserer Mutter sprechen kann. —

Dein lieber Brief vom 9. hat mir einen neuen Schmerz
erregt, die Papiere, welche Du mir für Herder schicktest, können
nicht mehr an den trefflichen Mann abgegeben werden. Er
folgte unserer theuren Mutter nur wenige Stunden später in
ein Land, wo sein edler Geist frei, ohne zeitliche Banden in
alle Räume der Unendlichkeit schweifen und an dem ewigen
Quell alles Wissens schöpfen wird. — Wer dürfte sagen: Herder
ist nicht mehr! Es wäre eine Gotteslästerung. Die Schranken
der Endlichkeit halten nicht mehr seine Seele in ihrem kühnen
Fluge zurück und wie der Adler stieg er empor zu dem ewigen
Licht.   Kurz vor seinem Ende wünschte er eine verschärfte
Brille von dem Optikus, der für dich arbeitete; als der Bote
von der Bestellung heimkehrte, sagte Herder: „Diese Augen
bedürfen keiner Brille mehr." — Die Krankheit unseres herr=
lichen Freundes war schmerzhaft und fesselte ihn fast acht Wochen
an's Bett; er hat die Schrecken einer langen Agonie durchlebt,
in der er seinen klaren, thätigen Verstand immer mehr mit
den Finsternissen der Bewußtlosigkeit umstrickt fühlte — er soll

in hellen Augenblicken eine sehr merkwürdige, aber schreckens=
volle Schilderung seiner Empfindung dabei gegeben haben. Wir
alle erhofften seine Genesung, darum sprach ich Dir schriftlich
nur seine Bitte aus, um Dich in der fernen und langsamen
Postverbindung nicht unnütz zu ängstigen. Die Lage der Hinter=
bliebenen ist wirklich sehr traurig — sie verlieren im eigent=
lichsten Sinn ihr Lebensprincip und einige Söhne auch ihre
pecuniäre Unterstützung. Doch erregt ein großes Unglück auch
eine Theilnahme, die sonst in träger Schlaffheit geschlummert
haben würde; Herders Name verbürgt seiner Familie Freunde
und Hülfe — wie der Segen unserer Verklärten, den sie tausend=
mal liebevoll über uns ausgesprochen, sicher gute Geister zu
unserm Schutz aufgerufen hat. Herder hatte meine Schwester
Louise während dieses Jahrganges zur Confirmation vorbereitet,
sie legte nun in Gegenwart des Hülfsgeistlichen und der nächsten
Verwandten ihr Glaubensbekenntniß am offnen Sarge der
Mutter ab. Der Ernst der Situation möge ihren Eid bekräf=
tigen. — Ich habe seither viel gearbeitet, um mich von quä=
lenden Gedanken abzuziehen, die nöthigen Beantwortungsbriefe
sind geschrieben, und wir haben uns die nöthigen Alltagstrauer=
kleider selbst gefertigt — mit allem Ernst halte ich auch die
Schwestern zur geregelten Thätigkeit an. Die Schwestern em=
pfinden meinen Schutz und sehen mir alles an den Augen ab.
— Wir werden jetzt eine heiterere Arbeit gemeinsam beginnen,
die Ausstattung für das kleine Wesen, das wir zum Trost er=
warten, dessen Lächeln auch mein erster Sonnenschein wieder
sein wird. Die Natur übt doch eine große Macht über uns
aus, da ich dem Geschöpf, das ich noch nicht kenne, alles auf=
opfern könnte, was mir von Wünschen auf Erden in dieser
Stunde übrig blieb. So wird dieser Winter, den ich überall
traurig zubringen würde, wenigstens ruhig, ohne peinliche Ge=
schäfte vorübergehen und die nächsten Blüthen werden mir die
Wiege Deines Kindes schmücken — ach, wenn sie nur nicht
auf das Grab der geliebtesten Mutter auch fielen! Ich will
Deinen Gedanken über unser Wiedersehen nicht vorgreifen, aber
Du wirst mir nachempfinden, daß ich im Augenblick keinen

andern Wunsch haben kann, als im Sinn unserer Mutter zu
handeln, und das, was ich für sie entschlossen war zu thun,
nun zum Besten meiner Schwestern zu vollbringen — überdem
können wir nicht ohne großen Verlust alles, woraus unser kleiner
Haushalt besteht, im Stich lassen. Vielleicht kannst Du, bester
Mann, für's Frühjahr einen längeren Urlaub erhalten, da ich
mich jetzt verständig bescheiden will. Bis zu dieser Frist können
noch manche unerwartete Combinationen in den Verhältnissen
unsere weitere Einrichtung bestimmen. Es ist mir ein großer
Trost zu sehen, daß sich die Schwestern mit vollem Vertrauen
unserm Schutz übergeben würden und zugleich, daß ich sie Dir
nicht als eine Last bringen dürfte, indem jede von uns ihr
selbständig ausreichendes, wenn auch bescheidenes Vermögen hat
und zum Haushalt genügend beitragen könnte außer ihrem
Nadelgeld. Gott segne Dich auch dafür, daß ich ruhig daran
denken kann, Dir die Verwaisten in die Hände zu geben, und
Dein Gefühl für die Mutter genug kenne, um versichert zu
sein, daß Du jede ihrer Töchter als ein heiliges Vermächtniß
ihrer Liebe ansehen wirst. Dein Herz soll meine Heimath, Deine
Liebe mein Reichthum sein. Gott lasse mich nur vor Dir sterben,
es mag früh oder spät sein, damit ich noch mit reichem Herzen
scheide, ich kann es nicht mehr ertragen in der Liebe zu ver=
armen. Mit inniger Liebe träume ich mich in Deine treuen
Arme

Deine Amalie."

Amalie an Helvig.

29. December.

„Die Sonne bricht in hellen Strahlen durch die Schnee=
wolken und durch die Schmerzen eines öden Erwachens glänzt
mir die Gewißheit Deiner Liebe, bester Mann. Ich habe die
Horen mit der Uhr, unser Hochzeitsgeschenk, mir auf den Tisch
gestellt, der meinem Bette gegenübersteht, und Dein Portrait
einer als Halsschmuck umgehängt — wenn ich Abends mein
Kopfkissen zurechtschüttle, so siehst Du mir freundlich zu, und
mein erster Blick fällt des Morgens auf Dein Auge, das schon

wach für mich zu sorgen scheint. Es ist dies der einzige Blick
in der Welt, der mich entschädigen wird für das liebevollste
Mutterauge, was nun auf ewig geschlossen ist. Gestern Abend
stand ich am Fenster, und wie ich über die Gegend hinschaute,
die sie geliebt und oft an meiner Seite an gleicher Stelle be=
trachtet hat, war es mir, als sähe ich rings um mich her
nichts als ein Grab. — Ich fühle es tief, dieser Schmerz wird
länger dauern, als es vielleicht sonst die Natur mit sich bringt,
und alles, was ihn besiegen könnte, wird ihn in meiner Brust
erneuern. Deine Liebe und Sorgfalt muß mich daran erinnern,
daß unsre Mutter Zeugin dieses Glückes sein könnte, das sie
auf mein Haupt durch ihren Segen erflehte, und wenn Gott
mich erhält, indem ich Mutter werde, müssen meine Thränen
den Säugling benetzen, den ich als ihren Enkel auf ihrem
Schoß gewiegt zu sehen hoffte. Die Zärtlichkeit gegen unsre
theure Mutter ist meine schwache Seite von jeher gewesen —
nie werde ich es Dir vergessen, daß Du diese geehrt hast.
Dieser Verlust verändert schlechterdings nichts in meinem äußeren
Leben, aber dahingegen fühle ich mein Innerstes von allen
Seiten angegriffen und verwandelt — überall, wo meine Ge=
danken sich hinwenden, fühle ich eine Leere durch ihren Tod —
der verwüstende Strom hat sich über das ganze Feld meiner
Hoffnungen verbreitet und nach allen Seiten zu unausfüllbare
Spalten gerissen. — Hier kann nicht eins mit dem andern
ergänzt, die Kluft nicht wieder ausgefüllt werden; denn eben
wo das höchste Gut mir keimen sollte, da war sie auch noth=
wendig, und da ich bei allem Übel allein mit mir fertig zu
werden suchte und nur im Sonnenglanz den Widerschein ihrer
Freude bedurfte, so werde ich im Glück am schmerzlichsten em=
pfinden, daß ich sie verlor. Es war ein eignes Verhältniß
zwischen uns, dem ich mit wehmüthiger Freude nachdenken muß.
Schon lange hatte es aufgehört, das der Tochter zur Mutter zu
sein — aber nicht wie wohl andere gute Mütter die Freun=
dinnen der Töchter sind, war mir die meinige, sondern die Sorge,
welche ihre schwache Gesundheit mir zur Gewohnheit seit Jahren
machte, gesellte zu der dankbaren Zärtlichkeit des Kindes alles

Gefühl, welches die Natur in uns legt für Geschöpfe, welche als
hülflose Wesen unserer Liebe bedürfen. Beide Instinkte hatten
sich mit der wunderbarsten Verschlingung bei mir vereinigt,
ich liebte sie doppelt für das, was sie einst für mich, und um
dessen, was ich für sie gethan. Ich konnte seit meinem 16. Jahre
keine Stunde als die meine ansehen, und vielleicht hat mich
diese Unsicherheit den geizigen Gebrauch der Zeit gelehrt. —
Dir, nur Dir allein danke ich es, liebster Helvig, wenn mir
mein Leben noch der Erhaltung werth scheint, und unsre Hoffnung mahnt mich, daß neue Pflichten auf mich warten, die
vielleicht mich fester daran knüpfen werden."

1. Januar 1804.

„Das neue Jahr beginnt mit einem milden Morgen, die
Luft ist die eines Frühlingstages. Gott lenke meine Blicke
von den Gräbern nach dem sich darüber wölbenden Himmel.
Die Mutter hatte immer Abneigung gegen Grüfte, so haben
wir sie in ein eigens dazu gemauertes Grab gebettet; uns
bleibt der Trost, ihr einen Gedenkstein zu setzen, der sie auch
dem gleichgültigen Wanderer individuell bezeichnet. Sprich doch,
Liebster, mit Sergell darüber, und sage mir Deine Gedanken,
vielleicht kann Tieck mir etwas ausführen — ich selbst habe
noch nichts finden können, als meinen Schmerz — die Poesie
kann nur das Vorübergegangene darstellen und ausbilden; was
ich verloren habe, steht mir noch zu nah und reißt in die Tiefe
meines Herzens, wo die Phantasie keine Gewalt hat ihr
Zauberlicht zu verbreiten. Zum Trost kann ich Dir sagen: indem ich meinem Schmerz Dir gegenüber Worte gebe, löst er
sich milder auf, und wenn ich an Dich geschrieben, bin ich
ruhiger, obgleich Du weißt, daß ich auf einem gewissen Punkt
immer selbst mit mir fertig werden muß. Freunde können mir
angenehm, aber jetzt nicht viel mehr sein, selbst in Beziehung
auf meine jetzige Lage, wo ich viel Rathgeberinnen finden
würde, wenn ich sie möchte. Gott thut mir die Gnade an, mich
vollkommen wohl sein zu lassen, ich werde mir so viel als
möglich Bewegung machen und die Vernunft als Rathgeberin

befragen und ihr gehorchen. Ich weiß und fühle es, die Zu=
kunft kann mir noch viel Gutes bringen, aber ach, die Ver=
gangenheit ersetzt sie nicht, die Fühlung reicht über die Sterne
und meine Seele wird immer mächtiger in jenes Reich gelockt,
zu dem schon jetzt viele gehören, die mir theuer und heilig
waren. Ich war in Gefahr die Welt zu lieb zu gewinnen, sie
kam mir so schön vor, keine Furcht faßte mich an bei der
Aussicht, Dir einen Sohn, ihr einen Enkel zu schenken — es
wäre des Glückes zu viel gewesen, Gott hat mit mir getheilt —
jetzt werde ich nicht übermüthig sein. — Du wirst durch die
Zeitung wissen, daß in letzter Zeit der Herzog von Meiningen
starb, ich beklage es doppelt, da er ein so besorgter guter
Vater geworden war und jetzt weit glücklicher als früher. Bei
der Section hat man ihn im Innern ganz gesund gefunden,
er soll an einer unvorsichtig starken Dosis Opium, die er ohne
ärztliches Befragen nahm, gestorben sein. Aus der Ferne
werden Dir alle diese Nachrichten noch trauriger klingen. Sage
Du mir dafür von Deinen Arbeiten und Aussichten, gieb mir
ein Bild Deines neuen Quartiers, reiße mich mit allem Zauber
der Liebe und Hoffnung gewaltsam in's Leben hinein, aus dem
mich die Trauer gestoßen. Ich habe der Staël förmlich ab=
geschlagen sie jetzt zu sehen, ihre Lebensinteressen sind nicht die
meinigen, wenngleich ich ihr Talent bewundre — meine früheren
Wünsche sind alle mit in's Grab gesenkt — es müssen mir
neue aufgehen wenn ich das Leben als ein schätzenswerthes
Gut ansehen soll. Lebe wohl Liebster, Trautester! Von ganzer
Seele

Deine Amalie."

Amalie an Helvig.

6. Februar.

"Wie kann ich Dir genug aussprechen, liebster Mann,
welchen Trost mir Dein lieber Brief gegeben, ich erhielt ihn
einen Monat, nachdem Du ihn von Madstena abgesandt hattest
und alle Gefühle der treuen Liebe wehten mir wie Frühlings=
lüfte zu, trotzdem sie aus Deinem Norden kamen. Daß alle

Deine Geschäfte gut gehen, daß Du Muth und Thätigkeit genug
hast auch das Schwierigste anzugreifen, das ist der Einfluß
einer höheren Macht, die ich angerufen, Dir alle Freude in's
Herz zu senken, welche jetzt aus dem meinen entflohen war.
Deine Unbefangenheit, obgleich sie mir den schmerzlichen Be=
griff giebt, daß ein so weiter Raum uns trennt, erweckte mir
anbrerseits das wohlthuende Gefühl, daß Du wenigstens in den
bittern Stunden glücklich warst, wo uns der Schmerz erreichte.
Jetzt weißt Du mehr von uns und Dein treues Herz wird
alles mit uns theilen, nur mit dem Trost für Dich, daß es
ein überstandnes Leid ist und meine Gesundheit erhalten blieb.

Ich habe gestern Müller gesprochen, seine aufrichtige
Theilnahme that mir wohl; auch seine thätige und trostreiche
Hülfe, die er der armen verwittweten Herder bringt, ist eine
Empfehlung für ihn. Müller gedenkt Herders Leben zu schreiben,
nach einem Aufsatz, worin seine Frau alle Erinnerungen, die
sie über ihn hat, aufzeichnen will und auch alle Briefe von
ihm sammeln, die man erhalten kann. Wenn sein reiner edler
Geist so von der Liebe aufgefaßt und durch den Verstand eines
Müller gleichsam wieder belebt wird, so kann unser verstorbener
Freund auf die schönste Apotheose rechnen, sein sterblicher
Wandel wird hierdurch zu einer fortlebenden Predigt für seine
Nebenmenschen veranschaulicht.

Gestern endlich entschloß ich mich mit Tante Stein durch
einen Besuch für die Condolenz=Visite der Frau von Staël zu
danken, sie erwiderte mir den Besuch Tags darauf, und da sie
von meiner Malerei gehört, bat sie mich, ihr von meinen Ar=
beiten zu zeigen, ich brachte ihr das Bild von dem Guidoschen
Pagen, von dem ich Dir schon geschrieben. Sie war entzückt
von dem schönen Gesicht und sagte: Warum begegnet man
nicht in der Wirklichkeit so schönen Gesichtern? Ich erwiderte,
daß ich mich deßhalb an die Meister hielte, denen sie die Musen
vorzauberten, und das Copiren derselben brächte mir das Ver=
ständniß für ihre Kunst. Sie erblickte Dein Portrait auf
meinem Schreibtisch und sagte: C'est une phisionomie très-ex-
pressive, le type d'un caractère ferme, mais il n'est pas aussi

beau que le page. — Man kann ihr durch nichts mehr schmeicheln, als sie bei Einladungen von schönen Domestiken bedienen zu lassen. Auch ihre Freundin Mme. Recamier hat sie der Schönheit nach gewählt, man erzählt sich aus Paris von diesen unzertrennlichen Freundinnen, daß ihnen auf der Promenade die Gamins nachriefen: Ah, que l'une est belle et que l'autre est laide; ebenso sagt man: daß auf einer Wasserfahrt des ungleichen Paares mit Benjamin Constant Frau von Staël diesen gefragt habe, welche von ihnen beiden er retten würde, wenn der Kahn umschlüge; der Diplomat soll geantwortet haben: Certainement Mme. Recamier, car vous avez assez d'esprit pour vous sauver vous-même. Gestern lud sie mich zum Diner zu sich. Sie war sehr zuvorkommend zu mir, aber der Ausdruck ihrer Augen ist fast der einer wilden Neugierde, die mich zurückstößt, wenn mich andrerseits der Zauber ihres Gespräches anzieht, sie übt eine Art Herrschaft über die Gemüther aus, der sich nur wenige entziehen. Benjamin Constant war mein Nachbar beim Diner, unsere Unterhaltung war sehr belebt; er neckte mich, einen deutschen Appetit zu haben, und ich versicherte ihm, daß ich mir keine Gesundheit der Seele, keine Thatkraft ohne befriedigten Magen denken könne — unsere gegenseitigen Attacken und Repliken hätten Dich belustigt, ich wich standhaft keinen Finger breit zurück, jedoch mit Vorsicht gegen diese gefährlichen Waffen in Franzosenhand. Mme. de Staël nahm mich in ihr Nebenzimmer und fragte mich: Eh bien comment trouvez-vous Constant? Êtes-vous satisfaite de lui? — sie neckte Constant, er habe sich unsicher neben mir befunden; ihre Erscheinung kann meinen Verstand sehr interessiren, aber nimmermehr mein Gemüth ansprechen.

Wie sehne ich mich nach Deinen nächsten Briefen, nach Deinem Trost, der mir noch immer fehlt, und wie verlangt es mich, Deine Ansicht über unsere Lage zu vernehmen. Ich sehe jetzt einer ehrlichen Hausfrau ähnlicher als einer Dichterin. In Bergen von Leinwand sitzen wir verborgen und schneidern allerhand, worin wir Schwestern noch Novizen sind, aber Käthchen ist erfinderisch und übertrifft uns an Geschick in

13*

Schnitten. Ich bilde mir aus meinen Schwestern einen kleinen
erfreulichen Kreis und habe den Trost, meine Pflicht auszu-
üben, wenn ich die jungen Gemüther immer mehr und mehr
zu entwickeln strebe, um das natürliche Band der Familie fester
zu knüpfen durch den Zauber innerer Übereinstimmung. Alles
frägt mich, ob Du kommst und wann? Andere glauben, Du
werdest mich nun zu Dir bescheiden können — ich bleibe fest
dabei, Du kämest im Juli, aber meine Seele verlangt früher
nach Dir. Möge Gott Deinen guten Verstand alles ordnen
lassen, ich vertraue darauf und Du wirst mich zu allem bereit
finden, was Dir gut und nützlich erscheint. Es sind noch
manche Geschäfts = und Geldaffairen zu ordnen, und mir fehlt
der Beistand hierzu, aber ich bin vertraut mit dergleichen
Dingen, die ich stets für meine Mutter zu besorgen hatte, und
wenn auch unser Vermögen nicht bedeutend ist, so sind die An=
gelegenheiten doch Gottlob klar und unverschuldet. Lebe wohl,
Liebster! Meine Stütze, meine Hoffnung, mein Stolz — wie
lieb mußt Du mich haben, daß ich von sonst keiner Seele Trost
noch Freude annehmen will.

Deine Amalie Helvig."

Amalie an Helvig.

16. Februar.

    „Laß Dir zuerst, liebster Mann, für Deinen von mir
sehnlich erwarteten Brief danken, er ging wieder dreißig Tage.
Inzwischen wirst Du aus meinen vielen Briefen an Dich er=
sehen haben, daß mein Gemüth nicht frei war, Lebensluft und
freudige Hoffnung muß mir von Dir kommen, die übrigen
Bande, die mich an's Leben knüpften, sind gelöst in einem
Grabe, daß ich den Verkehr der Gesellschaft meide, der mich
sonst reizte. Jedes Deiner Worte brachte Erquickung in mein
verödetes Herz. Dein guter Muth und das Gelingen Deiner
Unternehmungen gab Dir die Freudigkeit des Siegers. Möge
Gott uns wohl einander zuführen, das Übrige findet sich alles
mit Zutrauen und Zufriedenheit. Ich genieße jetzt die tröstende
Zuversicht, daß du gleiche Ansichten über das Schicksal unsrer

Schwestern hast, während sie sich mit vollem Vertrauen unsrer
Fürsorge übergeben. Mit jedem andern Mann würde ich nicht
ohne Zagen diesen Punkt berührt haben. Der Gedanke, meine
Geschwister auf Gnade und Ungnade seiner Willkür zu übergeben, hätte meinen Stolz wie meine Liebe kränken müssen —
aber für Dich fürchte ich nichts; selbst, daß Du durch Reichthum kein Übergewicht der Zaghaftigkeit gegenüber hast, erleichtert die Situation. Du wirst ihnen Vater und Bruder
sein und Dein Übergewicht nur dazu anwenden, sie zur Ausbildung ihres Charakters zu ermahnen. Sie werden bei uns,
hoffe ich, einen Begriff von häuslichem Glück ohne Einseitig-
keit, von Genügsamkeit ohne Dürftigkeit erhalten und die Ver-
achtung lernen aller kleinlichen Vorurtheile, welche den Menschen zwingen, um anderer willen zu thun, was ihm keine
Freude giebt, oder seine gerechten Neigungen ärmlichen Rücksichten aufzuopfern.

Mich dünkt, bemerkt zu haben, daß Schiller entweder sich
vor meinem schwarzen Kleid entsetzt oder eine kleine Pike auf
mich hat, daß ich seit dem Trauerfall nicht bei ihnen war, aber
mein Schmerz und die Pflichten gegen meine Schwestern
hielten mich natürlich im Haus zurück und in meiner jetzigen
Stimmung war ich nicht aufgelegt, Bekannte aufzusuchen, mit
welchen ich doch eigentlich mehr durch poetische Interessen verbunden bin. Da ich während dieser Zeit weder von Schiller
noch von Goethe ein Lebenszeichen erhalten habe, so mag ich
mein langsam wieder erwachendes Dasein nicht gleich zu ihren
Füßen niederlegen; dieser Stolz scheint mir erlaubt, wenn man
Stärke genug besitzt, sich nicht darin zu widersprechen. Eben
erhielt ich auch Deinen zweiten Brief, Deine Schilderung des
herrlichen Wintermorgens hat mich recht lebhaft in die wunderbare Scenerie versetzt — es war mir, als schwebten meine Gedanken neben Dir auf der leuchtenden Eisbahn über den Mälarsee, und alle Herrlichkeiten einer großartigen Natur erschienen
mir durch den magischen Spiegel Deiner reflectirenden Phantasie. Gräfin Reuß nimmt so warmen Theil an uns, daß ich
ihr diesesmal aus deinen Briefen las, was ein allgemeines

Interesse erregen mußte, auch Prinzeß Caroline erfreute sich
daran und trug mir Grüße an Dich auf, als wir den Abend
allein zu ihr geladen waren; sie ist so engelsgut auch für die
Schwestern. Wenn mich etwas in meiner Stimmung jetzt
trösten, ja erheitern kann, so ist es die Sorgfalt und thätige
Liebe der Schwestern für mich; Marianne ist erfinderisch für
die Kinderausstattung. Abends um den Tisch versammelt
thürmt sich immer höher der große Arbeitskorb, Spitzen und
helle Bändchen locken die oft verweinten Augen zur Bewunderung; ich lese gewöhnlich dabei vor und heute, da mir eben
Hoffmann Homer und Ovid angemeldet, soll der „göttliche Zorn
des Achilles" angefangen werden. Es ist nicht leicht in einem
häuslichen Kreis mehr Schonung und Ruhe zu genießen; dieser
verdanke ich meine Gesundheit. Der Gegensatz davon hat mich
vorgestern desto mehr angegriffen. Eine Ahnung hielt mich
bisher stets fern von Mme. de Staël, ich fürchtete irgend eine
unangenehme Berührung mit dieser gewaltsamen Natur. Die
Wolzogen, welche seit einigen Tagen zurück ist, lud mich mit
den fremden Gästen zu Abend — wir hatten uns über die
Lebhaftigkeit der Französin ergötzt, obgleich sie zwischen durch
mit banger Unruhe nach der Ankunft von Briefen ihres Vaters
frug, welche sie sich bei der Post zu Frau von Wolzogen nach-
bestellt hatte; zuletzt wandte sie nicht mehr die Augen von der
Thüre — da hört sie im Vorzimmer ihren Namen aussprechen,
Benjamin steht auf, sie stürzt ihm nach, fällt mit den Briefen
in der Hand auf einen Stuhl und ein convulsivisches Zittern
erschüttert ihren ganzen Körper; sie hätte das Packet zerrissen,
wäre man ihr nicht in die Hand gefallen. Ihr Aufschreien,
alle leidenschaftlichen Bewegungen machten auf uns alle den
widrigsten Eindruck. Plötzlich kam ihr der Gedanke, mir dadurch geschadet zu haben; ebenso heftig stürzte sie mir nun um
den Hals, küßte mir die Hände und suchte, wenn ich so sagen darf,
mit gutmüthiger Roheit mir zu beweisen, inwiefern ihr Verhältniß zu ihrem Vater und meine Liebe zu meiner verstorbenen
Mutter uns Seelenverwandtschaft gäbe. Ich erwiderte vielleicht etwas kühl: Lorsqu'on a joui d'un grand bonheur, on

le croit toujours unique — en son genre. Ich mochte keine Pa=
rallele ziehen zwischen meiner verborgenen Kindesliebe und ihrer
mir unverständlichen Äußerung. — Ich habe Dir von einem
früheren zurückgewiesenen Bewerber von mir gesprochen, Herrn
von Thielemann, er war hier, ich sah ihn bei der Wolzogen,
habe aber seinen Besuch nicht angenommen. — Eben habe ich
einen Mittagsschlaf gehalten, zum erstenmal seit der Ruhla,
aber diese letzten Nächte waren nicht erquicklich. Jetzt bin ich
wohler und werde noch einen Pflichtbrief an den Bayreuther
Onkel Schardt schreiben.

    Gott befohlen!   Deine Amalie."

XXV. Capitel.
Übersiedelung nach Schweden.

Hier ist der Briefwechsel unterbrochen durch Helvigs Be=
such in Weimar. Im Mai 1804 wurde dem jungen Paar
ein Töchterchen geboren, Charlotte genannt nach der englischen
Pathe: Generalin von Imhoff, geb. Lady Blund, und über die
Taufe gehalten von Amaliens Freund Schiller. Man ordnete
die Erbschaftsangelegenheiten der verstorbenen Mutter, löste den
Hausstand nach und nach auf, und die Entscheidung wurde ge=
troffen, daß im August die beiden jüngeren Schwestern mit
nach Stockholm übersiedeln sollten. Helvig holte im September
die Familie in Weimar ab. Sie reisten mit Aufenthalt in
Dresden über Berlin, wo sie vierzehn Tage verblieben, im
regsten Verkehr mit alten und neuen Bekannten; da deren
Namen einen interessanten Cirkel Berlins im Jahre 1804 kenn=
zeichnen, so theile ich Überlieferungen der jüngsten Schwester
aus deren Tagebuch mit:

„Wir trafen am 26. September Abends in Berlin ein und
wollten in dem dort sehr bekannten Gasthof zur Sonne ein=
kehren, fanden aber alle Zimmer besetzt. Ein Freund Helvigs,

der ſchwediſche Geſandte hier, Herr von Brinkmann, welcher
eben aus dem Hotel trat und die Erörterungen hörte, nahm
ſich der unbekannten Landsleute an und rieth, ein Chambregarni
in der Nähe zu wählen. Als der große engliſche Reiſewagen
gleich der Arche ſeine Inſaſſen ausgab, erkannte erſt Herr
von Brinkmann ſeinen Freund Helvig und wurde uns präſentirt,
er war auch die folgenden Tage unſer täglicher Gaſt und Führer.
Am folgenden Morgen beſuchte uns die alte Gräfin Voß und
freute ſich mit Amalie, die ſie von Weimar her kannte, einige
Tage verleben zu können. Zum Thee brachte uns Brinkmann
den ſchwediſchen Oberſtlieutenant von Armfeld und den ruſſiſchen
Legationsſekretär Grafen Berg.“

28. September.

„Heute zeigte uns ein junger Schwede, Graf Cederſtröm,
die Reſidenz und Helvigs Bekannter, ein Herr von Birnatki,
begleitete uns. Den Thee tranken wir bei Kapellmeiſter Himmel,
wir bewunderten ſein Klavierſpiel; ohne dieſes muſikaliſche
Talent würde er mir nicht als bedeutend erſcheinen.“

29. September.

„Wir dinirten bei Graf und Gräfin Metternich, wo außer
uns vieren noch Graf Tauenzien und Baron Binder geladen
waren; die Unterhaltung war bei dem kleinen Cirkel ſehr ani-
mirt. Des Abends beſuchten wir die Singakademie und waren
befriedigt von dem muſikaliſchen Genuß; wir lernten auch die
Unzelmann kennen, welche außer der Bühne nicht ſo hübſch
und anziehend erſchien. Fräulein von Kalb begleitete uns nach
dem Hotel, wo wir Geheimerath Grapengießer bei Helvig
fanden, der etwas erkältet iſt.“

30. September.

„Heute Abend waren wir bei dem Director der Singakademie, Zelter, geladen und fanden dort: Chateau mit Frau,
das Ehepaar Sander, ſpäter kam der alte Nicolai mit ſeiner
Tochter, eine Nichte von Zelter ſang von ſeinen Compo-

fitionen mit herrlicher Stimme. Herr von Brinkmann brachte
uns in gewohnter liebenswürdiger Weise nach dem Hotel."

October.

„Wir tranken den Thee bei Sanders; wir fanden dort
Frau von Kalb mit Tochter, Zelter und Fichte mit ihren
Frauen, sowie Herrn Geheimerath Volkmann. Sander, der
leider sehr taub ist, zeigte uns in seiner Bibliothek die neue
illustrirte Auflage von Geßners Idyllen."

„Heute zeigte uns Brinkmann die hiesige Porzellanfabrik,
viel schöne, verlockende Gegenstände. Von dort fuhren wir
nach dem freundlichen Charlottenburg."

„Wir besahen heute das Opernhaus, das ich mir noch
brillanter vorgestellt hatte. Das Orchester und das Parterre
steht, zum Erhöhen und Niederlassen, auf Schrauben — Amalie
meinte: „es stünde viel Lebloses und Lebendes in Berlin zu
der Zeit auf Schrauben"; ich theilte die Empfindung und fühlte
mich als Weimaranerin wohler in Dresden. Noch lernten
wir heute Professor Darbes und Feßler kennen und gingen zur
Kunstausstellung, welche freilich den Vergleich mit der Dresdner
Galerie nicht aushält. Abends waren die Bekannten bei uns
und Amalie las „die Söhne des Thales" von Werner vor;
es wurde als seine beste Arbeit genannt."

„Heute war Ruhetag, nur Fichte kam zum Thee und ver=
tiefte sich in ein langes Gespräch mit Helvig."

9. October.

„Morgen verlassen wir Berlin und bleiben wohl mit ein=
zelnen Bekannten in Briefwechsel."

Aus Amaliens Reisejournal.

October.

„Wir schifften uns an einem trüben Herbstnachmittag in
Stralsund ein und nach dreißigstündiger Seefahrt, nahe der

schwedischen Küste, wurden die Anker geworfen, um mit Tages=
anbruch das Land zu erreichen, welches durch seine felsigen
Küsten gefahrvoll für die Landung bei Nacht ist. Ein mittel=
mäßiger Gasthof nahm uns Reisende in Ystad auf, wir hatten
den Grund und Boden unsrer nunmehrigen Heimat betreten.
Helllodernde Kaminfeuer in allen Stuben, reinliche Betten und
warmer Ohloft (eine Art Warmbier) boten nach der langen
Seefahrt willkommene Erquickung. Spät am nächsten Morgen
erwacht, wurde meiner Ungeduld nochmals der Zügel angelegt,
da unser Reisemarschall, mein Gebieter, für seine Damen und
das Kind ein paar Tage Rast bestimmte, um uns für die
Landreise von neunzig Meilen bis Stockholm zu stärken. Ystad
ist unsern kleinen norddeutschen Städtchen ähnlich, mit hoch=
giebligen Häusern — bei Westwind durch den Geruch des
Seetangs von der Küste her verpestet. Das flache, sandige
Gestade bietet nirgends einen anziehenden Gesichtspunkt, nur
das Meer breitet sich unabsehbar vor uns aus, als wolle es
jeden Rückblick in die geliebte verlassene Heimat verschlingen.
Endlich schlug die Stunde zum Aufbruch, die Koffer wurden
auf dem mächtig großen Reisewagen aufgeschnallt. Mundvor=
räthe eingepackt, aber mit Entsetzen betrachtete ich die vier elenden
kleinen schwedischen Postpferde in einer Reihe, mit Stricken
vorgespannt, die unser bewegliches Haus mit sechs Insassen
ziehen sollten. Die Versicherung meines Mannes, schwedisches
Vieh und Volk zu kennen, beruhigte mich, und unsere Stim=
mung wurde heiter bei der Windeseile, mit der wir fuhren
und unerwartet schnell die erste Station erreichten. Bald lag
Schoonens unerfreuliche Sandebene hinter uns, der Boden
wurde steiniger und die durch die Bevölkerung wohlerhaltene
Landstraße führte wie auf Parkwegen durch die herrlichen
Wälder von Småland. Langsam aufsteigend erhält man schöne
Rückblicke auf das Meer mit seinen Buchten. Bei heiterem
Herbstwetter, klar beleuchtet, empfanden wir die ernste Schön=
heit dieser einsamen Gegend, des einstmaligen Kampfplatzes der
Wikinger. Außer den kleinen Poststationshäusern, wo frische
Pferde von den umfriedeten Wiesen eingeholt werden, sahen

wir vereinzelte Bauernhöfe und erreichten erst nach drei Tage=
reisen die kleine Stadt Eksjö. Die sorgsamste Bodencultur lohnt
die Bauern dieser Provinz mit verhältnißmäßig reicher Roggen=
ernte, wir bewunderten den dichten grünen Teppich der Winter=
saat. Hier sieht man freilich keine zerlumpten Bettler dem
Wagen folgen wie in Italien, und es bestätigt sich die
Wahrnehmung, daß Schwierigkeiten die Kräfte des Menschen
anregen und zu einem Grade veredeln und erhöhen, welchen
der von der Natur und den Umständen Begünstigte selten er=
reicht. In den langen Winterabenden Schwedens schafft der
Hausvater für den Sommer, verfertigt seine Ackergeräthe und
sonstiges Handwerkzeug, ja sogar seine ländlichen Wagen, ebenso
verarbeitet er das Eisen für seine Hofbedürfnisse, und verlangt
man auf Reisen eine einfache Schmiedearbeit, so kann man die
Aushülfe in jedem Bauernhof erhalten. So erlebten wir einen
unnützen Schreck bei später Ankunft vor solchem Bauernhof,
der vereinsamt an einer Felswand am rauschenden Bergbach
lag. Vor Eröffnen des Wagens, welchen unser Reisemarschall
bereits verlassen hatte, hörten wir lautes Zwiegespräch von
Männern in der fremden Sprache und plötzlich wurde der schwere
Reisewagen sammt Insassen zu unserm Entsetzen in die Höhe
gehoben — beruhigend theilte man uns mit, die wißbegierigen
Schweden hätten, unbesorgt um uns, den englischen Mechanis=
mus untersuchen wollen, durch welchen die Räder zu rechter
Zeit sich selbst aus blechernen Theerbüchsen speisen. Dieser
bewunderte Reisewagen war auch durch einen Drücker zu ver=
schließen, doch verhinderten dieses die Bauern als ehrenrührig
gegen sie. Je mehr ich dieses arbeitsame, rechtschaffene, fromme
Landvolk kennen lerne, desto mehr verstehe und theile ich den
Stolz meines Mannes, einem solchen Volke anzugehören. Noch
herrscht, wie man mir versichert, der Gebrauch in jenen wald=
reichen Provinzen, daß der junge Bauer, wenn er seinen eignen
Haushalt gründen will, sich aus der nächsten Stadt Lebens=
mittel holt, Bier, Branntwein, Grütze, Syrup und dergleichen,
um seine nächsten Nachbarn bewirthen zu können, welche ihn
zum Beistand für den Hausbau besuchen. Die Bauern fällen

und behauen nun die Bäume zu zwecentsprechenden Balken und Brettern, die sie sehr dauerhaft in einander fügen und so das Haus richten. Sind die Mundvorräthe verzehrt, so steht auch dem Einzug des Besitzers nichts mehr im Wege, da die hölzerne Wohnung des Austrocknens nicht bedarf. Solch ein Bauer nimmt in der repräsentativen Staatsverfassung seines Vaterlandes einen ehrenvollen Platz ein, die zum Reichstag gewählten Abgeordneten werden in der Hauptstadt außer den Sitzungen auch als Gäste zur Königlichen Tafel befohlen und erscheinen dort in ihrem Nationalcostüm. Die Frau steht an Werkthätigkeit nicht zurück, sie spinnt und webt den Leinen= bedarf, sie webt und färbt die wollnen Stoffe zu Kleidern für die Familie, sie webt auch das nie fehlende Damasttischzeug und stickt nach selbsterfundenen Mustern die Hemdärmel und Kragen mit selbstgefärbtem rothen und blauen Garn auf das zierlichste, auch fertigt sie Strümpfe und Schuhwerk an. Sie bäckt das schwedische dünne Dauerbrot für den Winterbedarf, hält die Zimmer in größter Reinlichkeit, ja die blank gescheuerten Dielen bestreut sie mit fein gehackten Fichtennadeln, was einen guten Geruch giebt und eine reine Atmosphäre. Nie werde ich einen Abend vergessen, wo wir durch erleuchtete Fenster angelockt in solch ein einsames Waldhaus traten und herzlich bewillkommt wurden. Starke Fichtenscheite flammten knisternd im hohen praktisch gebauten Kamin, vor welchem der Familien= vater behaglich mit den Seinigen saß und bei dem hellen Feuer= schein im aufgeschlagenen Lederfolianten, der Bibel, las; denn diese, wie das schwedische Gesetzbuch, fehlen auf keinem Bauern= hof. Der selbstgezimmerte Wandschrank wurde uns gezeigt, auf dessen oberen freien Brettern nebst sauberem Eßgeschirr auch ein paar silberne Erbbecher standen, wie denn auch selten die silbernen Löffel auf dem gedeckten Tisch fehlen — ein Luxus, der den gutgesinnten Patrioten kennzeichnet und welcher erb= lich auf dem Hause bleibt. In einer Nische umrahmten ge= streifte Vorhänge das stattliche Ehebett und auch die Fenster waren mit solchen geziert, längs der Decke aber hingen an langen Stangen die durchstochenen Kneckbrote aus Weizen= oder

Roggenmehl, dünn ausgerollt und gebacken. Das anziehende
Bild erhielt noch Staffage durch die Gestalt eines schwedischen
Offiziers, der sich eben aus dunkler Ecke erhob, ein Kurier des
Königs, durch ein blankes Schild auf der Brust gekennzeichnet;
stumm grüßend verließ er nach kurzer Rast das Haus, und die
hohe Gestalt mit rundem Hut und gelbem Federbusch, sammt
dem weiten Reitermantel, in welchen gehüllt er das Zimmer
durchschritt, erinnerte an nordische Heldenfiguren. Später begegnete ich diesem Herrn in Stockholms Salon ohne den Nimbus
der Situation und — war enttäuscht.

Nach mehrtägiger Reise erreichten wir die Stadt Linköping,
wo wir einen Tag rasteten. Der herrliche Dom aus dem
14. Jahrhundert wurde von uns bewundert, ebenso in demselben ein leider verwahrlostes Gemälde, welches dem nieder-
ländischen Maler Hemskerk zugeschrieben wird. Sehr interessirte
uns eine Kirche aus neuerer Zeit, welche sich die hier einge-
pfarrten lutherischen Bauerngemeinden aus eigenen Mitteln er-
bauen ließen. Einem Bauer aus einer dieser Gemeinden, einem
Malergenie, vertraute man die Ausschmückung der Kirche.
Es scheint mir der Mühe werth, über diese Persönlichkeit und
seine Werke etwas eingehender zu berichten. Peter Hörberg
schrieb in einfach anziehender Weise seine Selbstbiographie,
welche der schwedische Dichter Atterbom herausgab, sie wurde
sehr gut in's Deutsche übersetzt durch Professor Schildner in
Greifswald, worauf ich Kunstforscher und Liebhaber hinweise.
Von der Natur begabt und in der Waldeinsamkeit aufgewachsen,
bildete sich Hörberg bis in sein vierzigstes Lebensjahr ganz
ohne Beihülfe zum Maler aus, es ist daher unmöglich, an sein
Talent wie an seine Leistung einen gewöhnlichen Maßstab zu
legen, im Vergleich mit Kunstgenossen, die durch Bildung und
Akademie auf eine zielentsprechende Bahn geführt wurden.
Seinen Compositionen begegnet man durch ganz Schweden, besonders in den Landkirchen, es scheint fast unglaublich, für die
Dauer eines Menschenlebens, daß er 600 Altargemälde, außer
den kleineren Bildern, vollendete. Allerdings mangelt öfters
die genaue Durchführung, doch sind die Licht- und Farben-

wirkungen meist staunenswerth, ebenso die Composition in
zweckentsprechender Anordnung des Ganzen, sowie die fein
charakteristische Zeichnung seiner Köpfe bewundernswerth. In
der Kirche von Linköping zeigt sich die Erfindungsgabe dieses
poetischen Geistes am vortheilhaftesten, da er hier unbeengt
seinem Talente folgen durfte. Das Altargemälde stellt die Anbetung der Hirten vor, auf den Seitenwänden sind in Relief-
weise grau in grau die Propheten gemalt, auf die Vollendung
ihrer Prophetie gleichsam hinweisend. Ein zweites langes,
schmales Bild in bunt, auf dem Chor unter der Orgel angebracht, zeigt musicirende Engel, nach der Handhabung ihrer
verschiedenen Instrumente in mannigfacher Stellung und licht-
farbiger Bekleidung. Das Innere der Kirche ist sonst einfach,
weiß getünchte Wände und Holzbänke mit weißer Ölfarbe gestrichen, die Altarbekleidung von weißem Atlas mit Goldborten
eingefaßt und von den Bäuerinnen sehr reich mit Blumen in
bunter Seide bestickt; darüber das Altarbild mit breitem Gold-
rahmen, echt silberne Leuchter und Abendmahlgeräthe — alles
zu freudiger Andacht erweckend. —

Von Linköping aus wird das Terrain wellenförmig, bergig,
was besorgnißerregend ist, bei dem schweren Wagen und den
sechs kleinen Pferdchen, die ausgezeichnet schnell laufen, aber
keine Muskelkraft zum Ziehen besitzen, so daß der Kutscher diesen
Mangel auszugleichen sucht durch beständiges Antreiben bergauf und -ab. Peitschenknallen und Schreien verbittert den
Genuß dieser schönen Strecke Weges in mannigfacher Abwechslung von Fernsichten und einsamen Wäldern. Alfieri spricht
davon nach seiner schwedischen Reise als von einem „ringsum feiernden Schweigen des Nordens“. Lebhaft gedenke
auch ich einer solchen Morgenfahrt, umgeben von den hehren
Erscheinungen großartiger Naturschönheit — der Nachtreif
funkelte an den grünen Blättern der Wintersaat sowie auch an
den tief hängenden Zweigen der Fichten — der Schmelz flimmerte
weithin über diese Herbstlandschaft von rosigem Frühlicht an-
gehaucht, bevor die Sonnenstrahlen die Feuchtigkeit einsogen.
Wir eilten beim Pferdewechsel dem Wagen voraus und genossen

in vollen Zügen dieses eigenthümliche Schauspiel in schönster
Berg= und Waldluft. Dicht an der Fahrstraße trafen wir auf
ein nur mit Rasen und Moosstücken bedecktes Haus, an dessen
niedrigen Fenstern wohl ein paar Dutzend Uhren in ver=
schiedenem Werth und Größe aushingen. Der Uhrmacher war
zu arm gewesen einen städtischen Laden zu erwerben und ver=
sorgte von hier aus die ländlichen Bewohner der Provinz und
seltene Reisende — ohne je in dem Fall gewesen zu sein, be=
raubt oder gefährdet zu werden. Kann ich hoffen, die Be=
wohner der Hauptstadt so zu finden — ist hier das geträumte
blaue Ländchen? Ein Bekannter (General von Gneisenau)
neckte mich jüngst mit meiner neuen Heimath, Schweden — er
erzählte: Als der Teufel den Herrn auf die Zinne des Tempels
führte und ihm die Herrschaft über die schöne Welt anbot, habe
er auf einen grauen Fleck im Meer gedeutet, auf Schweden,
als den Wittwensitz seiner Großmutter, dieses wollte der Teufel
sich vorbehalten — sollte es nun umgekehrt geworden sein:
das vom Herrn behütete Fleckchen der Erde?

Wir hatten endlich Norrköping, die Hauptstadt der Pro=
vinz Ostgothland erreicht. Der Motala=Fluß, welcher sich nicht
weit von hier in das Meer ergießt, wird für den Handel als
Wasserstraße dorthin benutzt, so daß die Stadt ein Waaren=
stapelplatz für Schweden wurde. In Mitte der Stadt sahen
wir die berühmten Wasserfälle des Flusses, welcher sich ober=
halb der Stadt in Arme theilt, Mühlen und Hammerwerke
treibt, und dann in mächtigen Fällen mit betäubendem Brausen
sich in die Tiefe stürzt, über ein breites Wehr sich ergießt und
dann ungehemmt als Strom dem Meer zufließt. Von einem
erhöhten Standpunkt aus zählte ich wohl achtzehn solcher Fälle.

Gleich hinter der ersten Station erhebt sich das Gebirge
Walmoden, Rückblicke von dort zeigen das baumreiche Thal
mit den ansehnlichen Thürmen der eben verlassenen Stadt.
Herrliche Aussichten genießt man von dem Kamme dieses Berg=
rückens, rechts erglänzt weithin das Meer, links werden die
verschiedenen Landseen sichtbar, deren Formen bei jeder Wen=
dung des Weges sich zu verändern scheinen. Dann wieder

führt die Straße durch dunkle Wälder, und bei Lichtungen blinken wie lichte Augen die Wafferfpiegel in den Thälern auf. So, in fteter Abwechslung der malerifchen Gegen bergab rollend, erreichten wir nach circa fünf Poftmeilen die Stadt Nyköping. Von da ab gewinnt die Landfchaft ein freund= licheres, bebautes und bewohntes Anfehen, geziert durch fchöne Edelfitze, mit Stolz das reiche Südermanland benannt. Auch die Stadt zeugt von Wohlhabenheit und Gefchmack, wie fie nach den Verheerungen der Ruffen im Anfang des achtzehnten Jahrhunderts faft neu erftanden ift, leider wurde damals auch das fchöne Schloß, ein Bau aus dem dreizehnten Jahrhundert niedergebrannt, einft von Magnus Ladulos bewohnt. So fpät erft traf der Fluch den Ort der Greuelthat, denn hier ließ König Birger, des weifen Magnus fchwacher graufamer Sohn, feine Brüder, die Herzöge Erich und Waldemar, bei verräthe= rifchem Verföhnungsmahl gefangen nehmen und in einem der Thürme Hungers fterben. Die Strafe blieb nicht aus, fein Gefchlecht wurde bekriegt und erlofch, während die einft edle That des ermordeten Bruders Waldemar, die Rettung feiner Muhme, Frau Ingeborg, aus Schiffbruch noch reichen Segen brachte, denn er rettete fo zwei Menfchenleben, da Frau Ingeborg von einer Tochter genas, Brigitta, welche einft heilig gefprochen wurde. Die feltene Reinheit und der noch feltenere Glaubens= muth diefer Fürftin begeifterte mich fpäter zu einer Dichtung.[1]

Reich an tragifchen Sagen und Gefchichtserinnerungen ift Schweden. — So cultivirt in Feld und Wald fich diefe Provinz zeigt, um fo auffallender ift der Einfluß auf ihre Bewohner. Durch Handelsverkehr in Contact mit der Fremde und durch Wohlleben faul gemacht, tritt hier die Geldgier an's Licht, Preife und Trinkgelder find erhöht, die Poftpferde find fchlecht gehalten, die Unpünktlichkeit, ja oft Trunkenheit der Kutfcher ift zu beklagen. — So verwifchten fich leider die idyllifchen Eindrücke, welche wir bisher empfangen hatten, doch aber als den Typus des echten Schweden fefthalten wollen."

---

[1] In den „Sagen und Legenden".

XXVI. Capitel.

Sieg.

Stockholm 1804.

Wir verlassen auf einen Augenblick die Neuangekommenen, um das erste wichtige Ereigniß zu schildern, das einflußreich für die Familie in ihrer häuslichen wie gesellschaftlichen Stellung werden sollte. — Ich beziehe mich hierbei theils auf Familien-Mittheilungen, theils auf den Nekrolog Helvigs, von Major Blesson verfaßt.

Helvig hatte inzwischen seine Projecte einer totalen Reform der schwedischen Artillerie keinen Augenblick aus den Augen verloren. Jene Reform wäre vielleicht noch längere Zeit unausführbar geblieben, wenn nicht die Oberstlieutenants Cardell und Armfeld mit Geschützen eigner Construction aufgetreten wären, die sie als neue Waffe für Schweden angemessen hielten. Dies veranlaßte nun Helvig ebenfalls seine neuen Röhren in die Schranken zu führen. Die Nothwendigkeit etwas zu thun, um das Artilleriematerial zu verbessern, war einleuchtend, für eine Meinung sich zu entscheiden schien gewagt, und so erhielten die beiden Oberstlieutenants und der Oberst Helvig den Auftrag: je zwei Geschütze nach ihrer Art zu construiren. Der König nahm den regsten Antheil an der Sache, wollte Helvig wohl und ließ ihn daher mehrmals warnen, lieber nichts zu wagen, wenn der Erfolg zweifelhaft sei, daß er mit seiner ganz abweichenden Ansicht durchbringe. Die Grundprinzipien, welche Helvig leiteten, waren folgende:

Schweden hat nur eine theure Bronze zur Disposition, dagegen sehr gutes wohlfeiles Eisen; es ist mithin von der Natur darauf angewiesen, Eisen zu verwerthen. Eisen, das gute Geschütze liefern soll, muß eine tüchtige Elastizität mit Härte verbinden, um der Explosion wie der Kugelreibung zu widerstehen. Er sah sich daher nach Erzen um, die ein zähes Eisen geben, doch ließ er den Hochofen so stellen, daß das

Eisen eine gewisse Gare erreichte, ohne viel Kohlenstoff zu ent=
halten. Seine Gattirung der Erze wurde so gewählt, daß er
ein weißes aber gares Gußeisen erhielt, das nur eben die
nöthige Flüssigkeit darbot. — Wir übergehen die allein für den
Kenner interessante Beschreibung der fertigen Kanonen. Genug,
er stellte seine beiden Sechspfünder zur Probe. Eine Com=
mission erhielt den Auftrag die Geschütze zu prüfen; das
Resultat der angestellten Versuche war Helvig ungünstig: die
Commission verwarf in ihrem Bericht die Helvigschen Geschütze.
Es hatten aber seine Gegner Cardell und Armfeld, der zu=
gleich Artilleriedirector war, Sitz und Stimme durch ihre Stel=
lung im Corps. Der König, der wie gesagt Helvig protegirte,
war über den Erfolg betrübt, doch nicht ungnädig. Dieses
benutzte ein alter Bekannter Helvigs, Admiral Chapman,
welcher beim Vortrag zugegen war, um mit seemännischer
Offenheit dem Könige zu erklären, daß es bei den Schießver=
suchen nicht ganz lauter müsse zugegangen sein. Seine Maje=
stät möge die Gnade haben in seiner Gegenwart eine aber=
malige Prüfung zu genehmigen. Gustav IV. ertheilte hierauf
den Befehl, daß jeder der drei Concurrenten mit seinen Ge=
schützen selbst Probe schießen solle. Tag und Stunde wurde
bestimmt, der König mit seiner Suite wolle Zeuge dabei sein. —

Somit war eine Existenzfrage für Helvig und die Seinigen
gestellt, außer dem Endresultat seiner Forschungen und der Er=
stattung bedeutender Ausgaben bei den Gußversuchen.

Helvig war, wie alle Erfinder, seiner Sache gewiß und
bat seine Damen am Morgen der Entscheidung lächelnd, sie
möchten nur gleich ihre Toiletten für Staatsvisiten bereit
halten, ohne ihnen jedoch die Tragweite des Manövers mitzu=
theilen.

Die drei Concurrenten stellten sich, jeder mit gleicher Be=
dienung, jeder mit fünfzig Kugeln und zehn Kartätschschüssen
ausgerüstet, auf dem Übungsplatz bei Stockholm auf, gegenüber
dem Schlosse, von dessen Fenstern aus der König mit einem
Fernrohr die Versuche beobachtete. Alles drängte sich zu Car=
dell, der dafür gesorgt hatte, daß man Helvigs angebliches

Mißgeſchick erfuhr, da ihm dadurch die Ausſicht wurde, ſein
Syſtem durchzuſetzen und bronzene Geſchütze beizubehalten.
Helvig ſchien aufgegeben, blieb aber unerſchüttert; er wollte ſich
ſelbſt überzeugen, daß ſeine Meinung die rechte ſei, oder unter=
gehen. Ihm wurde nun der Befehl das Feuer zu eröffnen, zu dem
eine Rakete das Signal geben ſollte. Die drei Herren hatten
wie geſagt jeder ſeinen Schießſtand und ſeine Scheibe. Sie
waren ſo weit voneinander, daß man von einem Standpunkt
zum andern kaum ſehen konnte wie der Nebenmann ſchoß. Die
Scheiben ſtanden auf tauſend Schritt Entfernung von der Ge=
ſchützmündung für den Kugelſchuß, zum Kartätſchſchuß ſollte
auf die halbe Diſtanz vorgegangen werden. Jedem war über=
laſſen, ſein Feuer ſo raſch oder langſam, wie er wollte, abzu=
geben, nur ſollte es hintereinander geſchehen und jeder an=
fangen, ſobald der erſte Schuß Helvigs fiele. Da dieſer nur
wenig Zuſchauer neben ſich hatte, ſo gewann er mehr Ruhe für
ſeine Mannſchaft, was ihm zu Statten kam. Er richtete ſelbſt und
ließ raſch und ohne Abſetzen hintereinander fortſchießen, ſo daß
ſein Feuer ſchnell zu Ende war, während Cardell noch fort=
ſchoß, Armfeld hatte nicht ausgehalten, ſeine Richtmaſchine war
nach einigen Schüſſen gebrochen.

Die anweſenden Oberen unterſuchten nun zuerſt Cardells
Scheibe. Er hatte mit acht Kugeln getroffen und die Kar=
tätſchen hatten ſchwach gewirkt. — Nun verfügte man ſich zu
der von Helvig, welche ganz zertrümmert dalag. Man zählte
achtunddreißig Treffer, nur ungefähr, weil die Scheibe ja große
Löcher aufwies, und überzeugte ſich von einer außerordentlichen
Kartätſchenwirkung. Der Rücklauf war viel geringer geweſen als
bei den andern Röhren. Alles gratulirte Helvig — die Sol=
daten aber ließen die Geſchütze nicht wieder mit den Miethspferden
beſpannen, die ſie gebracht hatten, ſondern zogen ſie jubelnd
mit Laub umwunden ſelbſt nach dem Arſenal. Am folgenden
Morgen fanden ſich die drei Concurrenten in dem Vorſaal des
Königs ein, wo die Parole täglich ausgegeben wurde. Von
allen Seiten erhielt Helvig Lobeserhebungen, er trat zurück,
als Seine Majeſtät erſchien, um nicht in erſter Reihe zu ſtehen,

— 211 —

14*

aber der König schritt gerade auf ihn zu und reichte ihm die
Hand mit den Worten: „Ich danke Helvig für die Geschütze,
welche er zur Vertheidigung des Vaterlandes zusammengestellt
und mit welchen er Schweden beschenkt hat. Helvig ist Flügel=
Adjutant und Inspecteur der Artillerie." Dann sich zu Car=
dell wendend: „Cardell ist in drei Tagen in seiner Garnison",
und zu Armfeld: „Es giebt keine Artillerie=Direction mehr,
sie ist mit der Inspection verbunden". Hierauf befahl der
König, zwei Batterien ganz nach Helvigs Idee feldmäßig
auszurüsten. Als sie fertig und die Truppen gehörig damit
eingeübt waren, ließ er sie im Arsenal aufstellen und das
ganze Artilleriecorps versammeln. Der König verfügte sich
sodann selbst dahin und, seine Stellung zwischen den älteren gleich=
falls aufgestellten Geschützen und den neuen einnehmend, ließ
er alle Offiziere vortreten und fragte sie, welche Geschütze sie
nun vorzögen. Einstimmig war die Antwort: „Die neuen!" —
„Sie, meine Herren", sagte der König, „sind nicht allein
competente Richter, sondern mehr noch der Soldat, der das
Werkzeug handhaben muß, und dessen eigentliche Waffe es ist;
dieser kann Unbequemlichkeiten bemerken, die wir nicht ahnen,
auch er muß daher seine Meinung sagen, bevor ich entscheide."
Er ließ darauf einen großen Kreis bilden und fragte nun die
Artilleristen selbst. Ebenso einstimmig war auch hier die Ant=
wort zu Gunsten der Helvigschen Geschütze. Nun verkündete
der König mit erhobner Stimme: „So nehme ich sie als ein=
geführt an, und befehle, daß niemand ohne meine specielle Ge=
nehmigung daran irgend etwas ändere."

Somit war die Sache entschieden und Helvig Herr der
Situation, auch der Staat war ihm verpflichtet wegen be=
deutender Ersparnisse im Kriegsschatz. Inzwischen waren die
angekündigten Visiten eingetroffen und mit freudigem Stolz
die Gratulationen empfangen worden. Erst jetzt konnte die
Gefahr besprochen werden, in welcher das Schicksal der Familie
Helvig geschwebt hatte.

XXVII. Capitel.

Stockholmer Geſellſchaft.

„Schon längere Zeit bin ich in Stockholm", ſchreibt Amalie, „und wurde bereits in mehreren Hofkreiſen präſentirt, ohne mir ein klares Bild der Geſellſchaft machen zu können, denn nirgends vielleicht wie hier ſtimmt der Großſtädter ſo wenig überein mit dem Typus des Landbewohners. Noch fühle ich mich eher im Faubourg St. Germain von Paris als im Mittelpunkt der ſchwediſchen Ariſtokratie, und faſt entſchwindet mir der Ein= druck, den ich durch die nordiſche Landbevölkerung erhielt, wo tiefgewurzelte, mit unbewußter Treue feſtgehaltene Väterſitte wie ein Segen in der Familie waltet. In Stockholm ſuche ich vergebens nach charakteriſtiſchen ſchwediſchen Sitten und Per= ſonen, nur noch wenige althergebrachte ſchwediſche Hofcoſtüme fand ich, aber deren Träger mit der Sucht ſich franzöſiſcher Sitte anzupaſſen, ohne die Leichtigkeit in Form und Ausdruck zu beſitzen. Meine erſte Viſite war im Palais des Grafen Ferſen, eines Seigneurs in Prachtgemächern, in denen Gräfin Piper, ſeine Schweſter, vormals Oberhofmeiſterin der Herzogin von Südermanland, die Honneurs mit aller Grazie und Fein= heit des Hoftons machte; auch hier wird in Geſellſchaft nur franzöſiſch geſprochen. Mir war die Rolle bekannt, welche Graf Ferſen während der letzten traurigen Kriſen des ſterben= den Königthums in Frankreich geſpielt hatte. Er war es, der als Kutſcher verkleidet, die königliche Familie bis Varennes brachte und man ſagt, daß er nochmals nicht ohne eigene Ge= fahr heimlich nach Paris zurückgekehrt ſei, um die Befreiung der unglücklichen Marie Antoinette aus ihrem letzten Gefäng= niß zu ermöglichen. Damals lernte ich ihn auf ſeiner Rück= kehr nach Schweden kennen, als er ſich am weimariſchen Hof präſentirte. — Nicht minder vornehm, doch von weniger modernem Prunk umgeben, fand ich noch einige Häuſer des altſchwediſchen Adels, wobei ich mich mit Liebe und Dankbar=

keit der edlen Gestalt der Gräfin Wachtmeister erinnere, der
Gemahlin des Reichsdrostes, die mir, der Fremden, mit milder
Frauenhoheit mütterlich zur Seite stand, in allen geselligen
Beziehungen. Voll Bewunderung erblickte ich die hohe Gestalt
der Matrone mit allen Spuren nordisch-eigenthümlicher Schön=
heit, in der damals vorgeschriebenen schwarzen Hoftracht, nur
durch kostbare Perlenschnüre um den Hals und die blendend
weißen Arme geziert. Weniger sympathisch erschien mir die
Gräfin Cederström, Gemahlin des Chefs und Freundes meines
Mannes. Noch möchte ich besonders hervorheben Gräfin Lobo,
Gräfin Baronin Munck geb. Hebbe, Gräfin Schwerin geb. Prin=
zessin Putbus, Gemahlin des Generals.

Die von König Gustav IV. vorgeschriebene Hoftracht in
schwarzen oder weißen Stoffen erhöhte nur die blendende Schön=
heit der schwedischen Blondinen, die tanzende Jugend in Weiß
schmückt wie ein lichter Kranz den Ballsaal. — Nochmals
komme ich auf die Französirung Schwedens zurück, indem ich
den städtischen Dialekt der schwedischen Sprache berühre. Im
Munde des Landvolkes hatte diese mir so musikalisch und leicht
verständlich geklungen, hier fand ich sie bei den höchsten Ständen
bis zum Handwerker herab entstellt, durch sogenannte Verbesse=
rungen der Akademie (ein Institut von Gustav III. gegründet),
mit französischen Worten und Endungen durchspickt und daher
noch unverständlicher für Ausländer. Schwedischen Fachmännern
sprach ich diese Bemerkung aus, und sie gaben mir zu, daß es
ihrer Sprache nicht an Ausdrücken fehle, falls man sich die
Mühe gebe, Sprachforschungen zu machen, um altvolksthümliche
Schätze an's Licht zu fördern aus dem Schutt der Vernach=
lässigung.

Es war bereits Winter, als eine befreundete Familie
meines Mannes von ihrem Landgut nach der Hauptstadt über=
siedelte. Bei den Montgomery fand ich endlich in aus=
geprägter Weise den Typus des nordischen Adels, die Sitten,
wie solche seit Jahrhunderten in Schweden bestanden haben,
mit der fortgeschrittenen Bildung neuester Zeit, den Kennt=
nissen fremder lebender Sprachen und ihrer klassischen wie

modernen Litteratur. Das Haupt der Familie war die achtzig=
jährige Großmutter, durch Erfahrung und hervorragenden Geist
von jedermann respectirt. Ihre Enkelin Malla war das einzige
Kind der verstorbenen Tochter und des reichbegabten Schwieger=
sohnes, welchen die politischen Stürme unter Gustav III. aus
seinem Vaterlande verbannt hatten und der erst kurz vor seinem
Tode in die Heimath zurückgekehrt war. Dieses traurige Er=
lebniß trug wohl dazu bei, in dem lebhaften Geist der Matrone
die redliche, doch kühne Opposition gegen die bestehende Regie=
rungsform zu nähren, welche von Alters her dem Adel Schwedens
als zu beengend erschien und durch Vernachlässigung dieses
Adels den Königen gefahrbringend wurde. Das Haus der
Gräfin war ein sehr gastfreies für den gewählten Cirkel,
welchen sie um sich versammelte. Die Bewirthung war aus=
gesucht, aber doch einfach zu nennen, wie sie wohl in den ge=
priesenen Zeiten unter der Regierung Karls XII. gewesen sein
mag. — Es gab ein schönes Bild, die feine alte Dame im
Rollstuhl am Camin des großen Gesellschaftszimmers sitzen zu
sehen, wie sie mit regem Antheil die verschiedenen Gruppen
ihrer Gäste beobachtete oder voller Freude den Spielen der Jugend
mit klugen Augen folgte. Tapeten, Möbel, selbst der alte
Kammerdiener zeugten von vergangenen Zeiten und ehrenhaftem
Überdauern. Die Luft, die in diesen Räumen wehte, heimelte
an. Auf diesen rothdamastnen Sesseln, die jetzt von Enkeln
bei Spiel und Tanz hin und her geschoben wurden, empfing
einst die Greisin, als Gemahlin des Oberstatthalters von Stock=
holm, die Besucher, welche gern das Urtheil der klugen, charakter=
vollen Frau einholten, in der Zeit der politischen Schwankungen.
Noch erzählt man von einem gelbdamastnen Himmelbette,
das in jenen Tagen ein Gastzimmer schmückte, welches bis=
weilen von Gustav III. bewohnt und zu geheimen Sitzungen
benutzt wurde; der Damastvorhang des erwähnten Bettes deckte
an dessen Kopfseite eine Verbindungsthür zum Wohnzimmer
der Hausfrau und barg diese als stumme Zeugin. Der Monarch,
dessen Scharfblick nichts so leicht entging, bemerkte mit Be=
fremden, daß sein Oberstatthalter niemals so standhaft seinen

Übergriffen widerstand, als bei Berathungen in dessen Land=
haus. Spione des Königs verriethen diesem den Zusammen=
hang und bei ferneren Sitzungen verbat sich Seine Majestät
das sogenannte „Gelbe Zimmer". — Dieser interessante Kreis
wurde nun auch der meinige, und die Freundschaft mit den
Gliedern der Familie selbst wie mit deren Bekannten sollte
eine Lebenszeit dauern."

XXVIII. Capitel.

Häuslicher Verkehr.

Nach den hergebrachten Visiten und gegenseitigen Ein=
ladungen lebte die Familie Helvig den ersten Winter noch sehr
zurückgezogen. Die Häuslichkeit mit schwedischen Dienstboten
mußte geregelt, die Verkehrssprache geübt werden; auch machte
sich die kleine Charlotte als Mittelpunkt geltend und Amalie
begann eine Chronik von ihr in reizenden Zeichnungen und
Malereien anzulegen. Helvig war den Tag über in Anspruch
genommen und am Abend Vorleser für seine Damen. Der
intimere Verkehr beschränkte sich, wie es scheint, nur auf die
Gräfin Schwerin, Montgomerys und einige Herren vom
Militär und der Diplomatie. Helvigs Geburtstag ward ge=
feiert und er erhielt von Amalie eine Haarkette zur Taschen=
uhr, mit Versen, durch das kleine Lottchen überreicht:

> Ein Löckchen, das mit zarten Schwingen
> Sich um des Kindes Schläfe schmiegt,
> Eh es, in reichgelockten Ringen
> Einst auf der Jungfrau Brust sich wiegt,
> Bringt heute, zu dem schönsten Feste,
> Das einst den Vater ihr gebar,
> Das Kindlein, als der Gaben beste,
> Mit unschuldvollem Lächeln dar.
>
> Und dunkel webt in dichter Flechte
> Der Mutter Haar, das leichte Band,

Die Locke ift's, die Deine Rechte
So oft in lofe Knoten wand.
So fei vom Liebes=Netz umfchlungen,
Das hold Natur um Dich vereint —
Und durch des Lebens Wandelungen
Bleib' ftets uns Vater, Gatte, Freund."

1805.

Helvig begleitete den König zum Frühjahr=Manöver, und
während diefer Zeit folgten die Seinigen einer Einladung der
Familie Montgomery auf deren Landfitz Edsberg für acht
Tage und bezogen dann eine Sommerwohnung auf Marienberg,
dicht bei Stockholm. Von dort aus fchreibt

Amalie an Helvig.

Marienberg 4. Juli 1805.

„Taufend Dank für Deine ausführlichen Briefe, die ich
fchnell nacheinander durch die Vermittelung Deines Adjutanten
erhielt. Gottlob, daß die anftrengende Dienftzeit bald über=
ftanden ift und wir Dich erquicken können, wenn Du die Abend=
ftunde nach heißer Arbeit heimkehrft. Wir verlebten eine an=
genehme Zeit in Edsberg mit der lieben, klugen Großmutter,
die mich lebhaft an die meinige in Weimar erinnert. Ihre
Enkelin Malla las uns im kühlen Park „Wilhelm Tell"
vor und beweint mit mir Schillers Tod — aus Böttigers
Brief erfuhr ich Näheres und daß ganz Weimar bei Schillers
Begräbniß trauernd zugegen war. Malla ift eine reich=
begabte, felbftändige Natur und ihrer Seele werden noch harte
Kämpfe bevorftehen: augenblicklich werben zwei Freier um ihre
Hand, der eine ein gewandter, intereffanter Lebemann der
Malla verftehen, aber kalt ausbeuten würde. Der andere,
Silferftolpe, ein fehr ehrenwerther Charakter, der fie auf
Händen tragen wird, wonach fich ihre lebensfrifche Natur
nicht fehnt und die langweilige Liebesfeffel fcheut. Den
letzteren bevorzugt die Großmutter und appellirt an den Ge=
horfam der Enkelin, der fiegen wird."

„Seit vorgestern find wir hier ländlich eingerichtet, die
Schwestern haben mir bei der Übersiedelung brav geholfen.
Wir sind auch schon fleißig im Garten und Küche mit Ein=
machen der Früchte als echte schwedische Hausfrauen beschäftigt,
und Lottchen fährt ganz strahlend im kleinen Rollwagen spazieren,
wenn sie sich müde gelaufen hat, sie gedeiht zusehends und macht
dem neuen Ankömmling Platz. Du mußt die Heimreise be=
eilen, um beim Empfang des kleinen Weltbürgers zugegen
zu sein." —

Als Helvig abermals in der Suite des Königs reiste,
richtete Amalie folgenden Brief nach Mariafred=Akern:

29. Juli.   Amalie an Helvig.

„Deine Abreise ist mir nach dem kurzen Besuch sehr
schmerzlich gewesen. Wie wehe es mir thut, dich gerade jetzt,
bester Mann, entbehren zu müssen, brauche ich Dir nicht aus=
zusprechen. Deine tröstliche Gegenwart, Deine thätige Theil=
nahme fehlt mir, ich empfinde, wie innig ich Dir angehöre,
und hätte dem Boot nachschwimmen mögen, das Dich mir wieder
entführte. Ich griff nach meinem alten Mittel, der Arbeit und
habe heute die Wochenstube eingerichtet mit Kinderbett 2c., Frau
Westermann kommt nächste Woche, so kannst Du ruhig sein
meinetwegen, Du weißt mich versorgt. Heute besuchte mich der
Dichter Franzén, er ist anspruchslos in seiner Erscheinung
und gleicht in der Dichterstirn und dem Haaranwuchs Jean
Paul, übrigens aber sieht er schwächlich aus und wird kaum
ein episches Gedicht machen. Er erinnert mich an die schwedische
Immortelle auf dem grau=grünen Felsen, lieblich und zart an
Form und Farbe, aber ohne Glanz noch Fülle. Wir sprachen
deutsch, was er versteht — ich könnte stolz darauf sein, daß
meine „Schwestern von Lesbos" bis nach Finnland gedrungen
sind, wenn nicht „Rinaldo Rinaldini" dasselbe Glück gehabt
hätte. Morgen ist unser Hochzeitstag, wie viele Erfahrungen
haben wir in diesem kurzen Zeitraum gemacht, wie reich bin

ich geworden trotz mancher Verluste! Deine Liebe erstattete
sie mir. Adieu, Liebster, gedenke

Deiner Amalie."

Ein Knabe wurde ihnen geschenkt und erhielt den schwe=
dischen Namen Bror (auf deutsch: Bruder). Die Familie blieb
bis zum Winter in Marienberg, da Helvig mannigfach aus=
wärts beschäftigt war. Von ihm hören wir durch Blessons
Schrift:

„Das Zutrauen des Königs nahm mit jeder Verbesserung
zu und der neue Inspector hatte daher ganz freie Hand; seinem
thätigen Geist war ein weites Feld geboten."

Der König erhob Helvig in den Adelstand (in Schweden
ist das „von" nicht gebräuchlich). Das selbstgewählte Wappen
ward ihm nicht gewährt: eine Eule mit der Umschrift „Minerva
help". Dies schien dem König zu wenig christlich; er bestimmte:
zwei Centauren mit Blitz und Donnerkeil, Kanonenkugeln
zwischen den Füßen, nebst zwei gekreuzten eisernen Kanonen=
röhren. Diese veranschaulichten Helvigs Hauptverdienste in
den Augen des Monarchen. Mit dem Oberstenrang erhielt er
den Schwert=Orden. — Nicht allein das Technische beschäftigte
Helvig, auch die Anwendung der Waffe entging seiner Auf=
merksamkeit nicht. Ferner führte er die Tertienuhren ein, die
Lundstedt nach seiner Angabe baute und die jeder Compagnie=
chef im Felde bei sich trägt, um die Distanzen zu messen.

In den darauf folgenden Jahren hatte sich der Helvigsche
Cirkel schon bedeutend erweitert, und zu den Hausfreunden
rechneten sich noch der englische Gesandte Forster, Fräulein
Sophie von Silfersparre (Hofdame der Prinzessin Albertine
von Schweden), eine sehr heitere, musikalische Dame, welche wir
noch durch Briefe näher kennen lernen; der Baron Albedyll
mit Frau, der vom diplomatischen Dienst zur Schriftstellerei
übergegangen war; der Baron Gyllensköld, in Berlin geboren,
dann im schwedischen Dienst; Oberst Skjöldebrand, später Gouver=
neur von Stockholm, und endlich die drei musikalischen Brüder
Preimeyer, Deutsche, jedoch naturalisirte Schweden.

1806.

Ein größeres Fest mußte zur Erwiderung gegeben werden und Amalie dichtete dazu eine dramatische Idylle, welche von ihr und ihrer jüngsten Schwester, sowie von Herren aus ihrem Kreise aufgeführt wurde: „Die Schwestern von Corcyra"; die Handlung fällt in die Jahre 1150—60 n. Chr. unter der Regierung des Comnenus. Das Stück wurde gut gespielt und als eine neue Art der Unterhaltung, auch ohne Karten und ohne Tanz, freundlich aufgenommen.

Im Herbst ging der Oberst Helvig abermals auf Dienst-reisen, am 28. November schreibt Amalie an ihn:

„Die klare Sonne, welche so freundlich durch die beschneiten Bäume hereinbringt und mein Cabinet noch freundlicher macht, diese schöne Sonne begleitet auch Dich auf den Höhen von Småland, wo Du augenblicklich weilst. Wie gern theilte ich dort in den Bauernhöfen Dein Mahl und holte mir in klarer Bergluft Kraft in den matten Blutlauf. Ich bin aber auch gern die Henne im Nest und begnüge mich, Segen für Deine Reise zu erbitten. Gestern brachte mir der Präsident Graf Cederström die deutschen Zeitungen, woraus ich, wie Du be-greifen wirst, mit tiefem Schmerz die Noth der armen Weima-raner ersah, zugleich bin ich frappirt von der wahrhaften Auf-opferung der Herzogin Louise — mich deucht hierin das Walten einer höheren Macht zu erkennen. Sie, welche von der Natur nicht die Gabe empfangen hatte, die Gemüther an sich zu ziehen und mit dem milden Zauber der Grazie zu gewinnen, darf büßend für den strengen Stolz ihres Geistes sich ein ewiges Verdienst aneignen auf der öden, freudlosen Laufbahn ihres Lebens und sich dessen unbewußt und ungesucht eine klassische Unsterblichkeit erwerben. Der Herzogin Amalie ward es gegeben, durch Milde und Liebe die Herzen zu erfreuen und ihrer Absicht rechnete man mehr Gutes an, als man empfing — die Herzogin Louise, verkannt, weil sie es unter ihrer Würde hielt, sich bekannt zu machen, sie, die schweigend kühl in der Familie und ihren Unterthanen umherzuwandeln schien — sie wird der Schutzengel diefer aller — und bezahlt die jahrelang gehäufte Schuld in einem einzigen Augenblick, der in seinen engen Grenzen die größte Aufopferung, deren nur die reinste Nächstenliebe fähig ist, in sich faßt. — Beifolgenden Brief an Prinzessin Caroline bitte ich Dich, lieber Helvig, zu adressiren. — Sicher stimmst Du mit mir überein, daß auch wir unser Scherflein beitragen müssen für die armen Weimaraner, ich habe nicht ohne Thränen die Noth der Heimath lesen können. Wolle Gott unser liebes Schweden vor solcher Noth gnädig bewahren! Lebe wohl, bester Freund, die Schwestern grüße herzlich, gedenke mit Liebe Deiner Kinder und

Deiner treuen Amalie."

XXIX. Capitel.

Scherz und Ernst.

Im Winter trafen Oberstlieutenant Graf Gneisenau und Arndt in Stockholm ein und waren fast tägliche Gäste bei Helvigs. Amalie erkrankte und ihr Mann reiste in militärischen Angelegenheiten nach Malmö. Amalie schrieb an ihn:

1806.

„Mit dem Direktor Söhm schicke ich Dir den ersten Brief, welchen ich wieder selbst schreiben kann; ich hoffe, Du erhältst ihn bald zu Deiner Beruhigung; denn Du bist, Gottlob, nicht von mir gewöhnt, diktirte Briefe zu erhalten. Mein Fieber hat abgenommen, und ich fühle mich nur noch schwach und weiche dem Verkehr mit vielen Menschen aus. Gestern besuchte mich Graf Cederström und beklagte Dein Schweigen ihm gegen= über. — Darf ich Dich herzlich bitten, ihm ein paar Worte der Entschuldigung baldigst zukommen zu lassen, wenn Du noch längere Zeit von hier zurückgehalten bleibst? Die Nachricht Deines Avancements zum General cursirt hier. — Außer

— 221 —

Deinem wohlverdienten Recht weißt Du am besten, wie er=
wünscht diese Gehaltserhöhung für unsere Verhältnisse wäre,
und wie gerecht für Deine so mühevolle Laufbahn. Ist es
Dir möglich, so zeige Dich einmal wieder bei Hof, wo man
Dich vermißt. Theuerster Freund, vergieb, was ich Dir zu
rathen für nöthig hielt und thue dann nach Deinem Ermessen,
was Du Dir und den Deinigen schuldig zu sein glaubst. Malla
Montgomerys Hochzeit mit Silferstolpe wurde gestern in
Edsberg gefeiert, wir waren alle geladen, aber durch mein Be=
finden behindert zu kommen. Das junge Paar trank heute
den Thee bei uns. Eben tritt Gneisenau und Professor Arndt
in's Zimmer, im Galopp verfolgt von dem Verzug des letzteren,
unserm kleinen Schlingel Bror. Der Thee kocht und ich sage
Dir mit allseitigen Grüßen Lebewohl.

Deine treue Amalie."

1807.

Helvigs Rückkehr aus den nördlichen Provinzen Schwedens
verzögerte sich, da er auch die Küsten= und See=Artillerie einer
Reform unterwarf. Auch die Pistolen, welche bis dahin, so zu
sagen, nur ein Signalmittel waren, versah er mit breiten Zügen,
verminderte die Ladung und gab ihnen doch eine so große
Schärfe des Schusses auf 600 Schritt Entfernung, daß die
Kugel noch durch ein Brett schlug, wie die vorhandenen, von
Oberstlieutenant Gneisenau mitunterzeichneten Protokolle be=
wiesen, welcher Helvig zeitweise auf dieser Reise in Schweden
begleitete. Das Ideal, nach welchem Helvig als Artillerist
strebte, war: Zweckmäßigkeit, Einfachheit und Wohlfeilheit. In
der That, die Summen, welche seine Grundsätze Schweden er=
spart haben, sind bedeutend gewesen. Er war nur Streber zu
Gunsten seines Vaterlandes, aber ohne egoistischen Ehrgeiz.
Er prüfte Vorschläge, die ihm auf diesem Feld gemacht wurden,
und ließ dem fremden Erfinder die Ehre davon, wenn sie zu
günstigen Resultaten führten. Das machte ihn selbst als so
jungen Chef bei der Artillerie sehr beliebt, und die Offiziere
erfanden ihm zu Ehren ein Anagramm aus den versetzten Buch=

ſtaben ſeines Namens: Carl Gottfried Helvig = „God tog Ar=
tillerie=Chef" (Guter Artillerie=Chef).

Wir finden die Familie im Sommer wieder vereint in
der Vorſtadt Marienberg nach der Feier von Amaliens Ge=
burtstag im Auguſt. Ihre jüngſte Schweſter ſchreibt darüber
an ihre Freundin Sophie Silfersparre, welche auf Schloß
Tullgarn bei der Prinzeſſin weilte:

„Offiziere, Muſiker, Maler, Dichter bringen ihre Hul=
digungen dar, ein Zelt iſt im Garten aufgeſpannt, da im
Sommerhaus zu beſchränkte Räume ſind; am Abend verherr=
lichen den Schluß die Artilleriſten, welche ein brillantes Feuer=
werk am Fuß des Hügels, am Strand und auf Booten ab=
brennen." —

Frl. von Silfersparre antwortete hierauf mit einem Spott=
brief und einer gezeichneten Caricatur, worauf Amaliens
Schweſter in Ekſtaſe, und mit ausgebreiteten Armen nach den
Raketen und Lichtgarben deutet, welche vom Meer aufſteigen
und ſich darin ſpiegeln — hinter dieſer jungen Dame ſieht
man drei trauernde Figuren, die Muſen der Malerei, der Muſik,
der Dichtkunſt mit gezückten Dolchen zur Rache bereit, während
Artillerielieutenants die Siegesfahne davontragen. —

Die Hofdame überraſchte ihre Fürſtin zu deren Geburts=
tage mit einem ländlichen Feſt. Auf das einſame Luſthaus
Tullgarn entbot ſie heimlich aus Stockholm die Gratulanten und
ſchrieb darüber an Fräulein von Imhoff:

„Ich ſchützte Migräne vor, und Prinzeſſin Albertine fuhr
ohne mich für ein paar Stunden in die Nachbarſchaft. Bei
der ſpäten Heimkehr war das Schloß illuminirt und machte
ſchon aus der Ferne viel Effekt. Im großen Corridor war ein
von mir erfundenes und vom Maler ausgeführtes Transparent
angebracht. Auf dem erſten Abſatz der breiten Freitreppe hatte
ich unter Orangerie zwei Gruppen, jede zu 16 Kindern, rechts
und links poſtirt, als les petits plaisirs buntfarbig coſtü=
mirt mit kleinen Schellen und Tamburins, ein Page präſentirte
ſie der Prinzeſſin mit geſungenen Couplets, deren Endſtrophe
die Kinderſtimmchen repetirten. Dann ertönte aus dem noch

geschlossenen Saal eine rauschende Musik, die Flügelthüren
öffneten sich und 130 Gratulanten in verschiedenen National=
costümen begrüßten, aus allen Welttheilen kommend, die so
gefeierte überraschte Prinzessin; der Page brachte ebenfalls
seine 32 petits plaisirs, und die Quadrillen wurden sehr gut
als Huldigung getanzt. Das that ich!! Staunt auch, Ihr
drei Musen! Prinzeß war hoch erfreut und ich kleine Person
sehr ermüdet, alles dieses auf eigne Hand arrangirt zu haben.
Kommt und erlöst einmal die Verwunschene in Tullgarn."

Ernst Moritz Arndt besuchte oft das Landhaus in Marien=
berg. Er las einer Gesellschaft bei Amalie aus seinem „Geist
der Zeit" vor; nach schwedischer Art saß man auf einem
langen, schwanken Brett, das nur an beiden Enden auf Holz=
klötzen zwischen Eisenstiften ruhte. Arndt nahm die Mitte des
Sitzes ein und gestikulirte so heftig beim Vortrag, daß plötzlich
die beiden Klötze auseinander rutschten und die ganze Gesell=
schaft auf dem Boden saß. Amalie rief: „Der Geist der Zeit
ist zu Falle gekommen, möchten wir sein Aufstehen erleben!"

Helvig traf wieder ein, nachdem er längere Zeit abwesend
war, und Amalie arrangirte eine Wasserpartie nach Skurö; es
waren dazu geladen der englische Diplomat Forster, der Oberst
von Gyllenskjöld, Graf und Gräfin Albedyll, Fräulein Sophie
von Silfersparre, der Capitain von Köckeritz und Lieutenant
von Maule, von der Artillerie die Herren Crusell, Hirschfeld
und Franz Preimeyer, und selbstverständlich außer dem Hel=
vigschen Ehepaar die beiden jüngeren Schwestern Amaliens.
Das Schiff war Herta benannt, zu deutsch: Herz. Die
Herren waren musikalisch, und die heiteren Klänge von Clari=
nette, Horn, Fagott, Flöte und Guitarre wechselten mit
Gesang. An dem Morgen vor der Abfahrt trafen wieder
traurige politische Nachrichten aus Deutschland ein, und Amalie
improvisirte ein Lied, welches man der Melodie J'ai vu par=
tout anpaßte und dann gemeinsam sang; es schließt mit den
beiden Strophen:

Indeß uns hier die blaue Welle
Mit leisem Kräuseln nur umspült,

Zuckt dort der Tod mit Blitzesschnelle,
Der grausam in den Reihen wühlt —
Hier ruht der Blick auf heitren Gründen,
Auf segensreichem Saatenfeld,
Sie aber stehn den Feuerschlünden
Des Unterdrückers bloßgestellt.

Doch Heil und Muth dem edlen Krieger!
Der Kampf für's Vaterland ist Lust —
O drückten wir ihn bald als Sieger
Den Freien an die freie Brust —
Hier, an des Nordens fernem Strande,
Folgt Euch der Brüder nasser Blick
Und ruft: Wascht blutig diese Schande,
Auf, gründet neu — der Deutschen Glück!

Helvig reiste nach der nördlichen Provinz Eskilstuna, wo nach seinen Vorschriften in den Eisenhammern gearbeitet wurde. Amalie adressirt dorthin ihren Brief aus Stockholm:

August.

„Soeben erhalte ich Dein Schreiben, liebster Helvig, ich sehe Dich in Gedanken vor den Schmelzöfen bei Deinen Cyklopen stehen und bewundere den schönen Widerschein des glühenden Metalles. Du klagst aber über die absolute Einsamkeit und ich beeile mich daher, Dir die gewünschten Bücher zu schicken und Dir von uns zu erzählen. Wir besahen gestern die reiche Medaillensammlung des Schwiegervaters von Malla, Silfer=stolpe, die mich sehr interessirte; ich will an Goethe schreiben, um ihm die angenehme Aussicht zu machen, daß mir Silfer=stolpe versprach, für ihn eine Anzahl Stempel davon hier prägen zu lassen. Den Abend brachte Malla bei uns zu, Skjöldebrand kam auch, und wir erfreuten uns abermals an unserer großen Prachtausgabe des Musée Napoléon. Gestern brachten wir den Abend bei der Großmama Rudbeck häuslich, gemüthlich zu und wurden noch erfreut durch den unerwarteten Besuch von Baron Albedyll und Graf Otto Wrangel. Ersterer theilte mir mit, Du würdest wohl von Deinem jetzigen Aufent=halte aus noch einen zweiten Eisenhammer und Eisenbrüche besuchen müssen. — Albedyll nannte mir einige, von denen ich

noch nichts wußte durch meinen lakonischen Mann! — Berg=
stadt war gestern bei uns, auch Hensken kam und breitete alle
Gelehrsamkeit, die er in den leeren Taschen seines Geistes hatte,
vor uns aus, aber ehrlich gesagt, es war trotzdem immer noch
nicht der Rede werth — weil es eben der Rede werth sein
sollte. Wie viel lieber spreche ich mit einfach anspruchslosen
Menschen, die weit mehr Anziehungskraft in ihrer Wahr=
haftigkeit haben, als solch ein Aufbau von menschlich eitlem
Wissen.

Wenn Du damit einverstanden wärest, könnten wir für
den Herbst eine billige hübsche Villa im Thiergarten bekommen,
was Dir vielleicht paßte, weil sie Deinen Geschäftsplätzen nahe
liegt und Dir die Erquickung am Abend unter den herrlichen
Bäumen zu gönnen wäre; schreib mir Deine Meinung hierüber,
ich würde dann miethen und alles für Deinen Empfang bereit
halten. — Heute Abend kamen Arndt und Malla, ich zeigte
ihnen meines lieben Vaters Miniaturen und indische Malereien
und erzählte von seinem Wesen und seltsamen Schicksalen. Wir
wurden dabei durch die Feuer=Alarmglocken unterbrochen. Der
Flammenschein erhellte fast unsern Salon, soweit auch die
brennende Münze davon entfernt ist. Bis drei Uhr Nachts
wurde gelöscht, viele Werthpapiere sollen verbrannt sein, aber
das Wichtigste wurde gerettet. Es ist unbegreiflich, wie das
Feuer entstand, alle Öfen waren schon zu Mittag ausgebrannt,
eine biebische Frevlerhand war wohl im Spiel. Ich hoffe auf
baldige Nachrichten von Dir, die Kinder sind Gottlob wohl;
gieb mir, bitte, Deine nächste Adresse.
                                            Deine Amalie."

Helvig theilte ihr mit, daß er zum General=Feldzeugmeister
der Artillerie Schwedens avancirt sei. Somit erhielt er die
ehrenvolle Anerkennung seiner Verdienste und Amalie eine Be=
ruhigung über die pecuniäre Lage der Familie. Er kehrte für
kurze Zeit nur zurück und nahm die Sommerwohnung im
Park, bevor er nach Jöteborg abreiste. Amalie schrieb ihm
dorthin:

Thiergarten, September.

„Liebster Freund, den Tag nach Deiner Abreise habe ich
fleißig im Hause geschafft, Früchte eingekocht, Pilze zum Trocknen
gereiht, das Haus von oben bis unten lüften und säubern
lassen, damit wir getrost mit den Kindern nach dem Thier=
garten übersiedeln konnten, die nun unbewacht auf dem großen
Rasenplatz vor dem Häuschen sich tummeln. Wir sind alle
wohl, gedenken aber sehnsüchtig Deiner, heute wurde die Haus=
thür geöffnet und wir meinten, Du müßtest es sein, aber
es waren leider nur drei Maler, Kraft, Rota und Belanger.
Letzterer hat eine hübsche Landschaft von Stockholm, vom Thier=
garten aus gesehen, gemalt und will sie für unsere Projekte
verwenden. Eben kommt Charlotte Albedyll und erzählt, was
Du vielleicht schon weißt, daß Alopöus einen Courier be=
kommen, welcher bei der ersten Bombe, die in Kopenhagen ein=
fiel, von dort abgegangen ist. Die Note war an die hiesige
Regierung gerichtet, worinnen erklärt wird, daß, wenn die
Schweden den Engländern längeren Vorschub leisteten, 80 000
Mann bereit stünden, in Finnland einzufallen. — Eine Anek=
dote noch über unsere Alliirten: Die Engländer sollen in Blekingen
von ihren Schiffen an's Land gesetzt worden sein und maro=
dirten im Lande herum, vorzüglich nahmen sie fette Hammel.
Nachdem die Bauern vergebens dagegen protestirten, aber keine
militärische Abhülfe bekamen gegen diese saubern Herren, welche
sich darauf beriefen Alliirte zu sein, verließen sie sich echt
schwedisch auf eigene Nothwehr — und mit Knütteln bewaffnet
prügelten sie die Marodeure braun und blau aus der Provinz,
mit der Weisung, dem englischen Capitän zu berichten, wie
man hier zu Land sein Eigenthum zu schützen wisse.

Hierzu noch die Nachricht, daß die Generäle Toll, Essen
und Wrede nach Rügen in Ungnade verwiesen wurden und
der König Gustav allein mit Vegesak in Stralsund sei! —
Man kann nicht mehr errathen, was der folgende Tag bringt.
Gott sei Dank, daß ich Dich in Deiner Stellung nicht auf
diesem ungewissen Meere weiß — in dieser verhängnißvollen
Zeit. — Mein Geist späht nach Rettung in einem, wie mich

15 *

dünkt, höchst bedeutenden Moment der Weltgeschichte — möge
Gott die resignirte Lethargie so vieler Souveräne in die Energie
des Widerstandes umwandeln — ich hoffe noch, daß unsere
Enkel uns einst um solch eine Erhebung beneiden werden. Ich
sehne mich nach Aussprache mit Dir und bin bang gestimmt,
ich arbeite darum fleißig und werde jetzt hier in dem stillen
Park die Öl=Copie nach Berghem beendigen können. Wir
grüßen Dich, so auch die Freunde, von denen eben Albedyll's
eintreten.   Gott schütze Dich.
                                        Deine treue Amalie."

31. September.

　　　„Noch habe ich keine Antwort von Dir, ich schiebe dieses
auf Deine vielen Geschäfte und möchte Dir nur einen Gruß
zu Deinem nahen Geburtstag senden und Dir nur zur Freude
ein Geschenk ankündigen: die Goldstickerei zur General=Feld=
zeugmeister=Uniform, Du wirst mir erlauben, diese glänzenden
Eichzweige als den einzigen Deiner würdigen Schmuck Dir zu
Füßen zu legen; die schöne Uniform harrt Deiner Ankunft.
Von Deutschland wissen wir nichts, in Malmö hat man die
Kanonade von Kopenhagen gehört und den Rauch längs der
Küste verspürt — welche traurige Lage für die Dänen! Und
wie ist die unsrige? Ich wage nicht weiter in die Zukunft
zu sehen, der nächste Tag soll nur meine Sorge sein und meine
Thätigkeit in Anspruch nehmen. Bergstedt, Skjöldebrand, auch
Arndt sind noch nicht zurück, ich hoffe aber, daß sie bald mit
reicher Nachrichtbeute heimkehren werden. Die Kinder sind wohl,
Bror hat Schauspielertalent und ahmt den blinden Violin=
spieler nach, auch ist er sehr zärtlich für die kleine Albedyll,
deren dicke Patschchen er beharrlich cajolirt. — Eben treffen
Nachrichten aus Deutschland ein! Das arme Rügen! Arndt
dauert mich recht, er hat die Seinigen dort, er wird hierher
nicht so heiter zurückkommen, als er fortgegangen ist. Der un=
glückliche Krieg! Wann wird man wieder frei aufathmen können?
Komm, bitte, möglichst bald, man sehnt sich nach des Mannes
Wort und Schutz.
                                        Deine treue Amalie."

Amalie an Helvig.

18. October.

„Nur eiligen Dank für Deinen lieben, wenn auch kurzen Brief; mein Cid ist eben im Dienst des Vaterlandes und die Ximene muß schweigend sich fügen. Wir hatten indeß eine Freude, welche ich Dir gegönnt hätte. Der alte englische Freund Robinson ist durch das Gewitter des Krieges auf einen Augenblick hierher verschlagen worden und gestern hatte ich seinen unerwarteten Besuch. Er aß mit uns bei Engströms und die Herren nahmen ihn dann mit zu Cafforti, gestern besah er die Herrlichkeiten Stockholms und heute erwarte ich ihn bei uns, morgen gedenkt er nach Gothenburg und von da nach England abzureisen, er beklagte es sehr, Dich nicht getroffen zu haben. — Wir lesen jetzt unter den herrlichen Bäumen des Nachmittags die „Corinne" von der Staël. Es ist ein interessantes Buch, die abgeschmackten Stellen ausgenommen. Ihr gehört das Reich des menschlichen Herzens sammt den Leidenschaften überhaupt, das lichte Reich der Kunst kann sie vor den Nebeln der Erde nicht schauen. Lebe wohl, bester Mann, Gottes Segen und Schutz über Dir!

Deine treue Amalie."

Amalie an Helvig.

22. October.

„Tausend Dank für beide Briefe vom 3. und 13., die ich erhielt, als ich eben meine Jeremiade abgeschickt hatte. Ich beneide Dich fast den Anblick gehabt zu haben des fürchterlich schönen Schauspiels des Brandes von Kopenhagen, Du giebst mir eine so treue lebhafte Beschreibung davon; ich las sie noch Robinson vor, der als Politiker nicht bloß Engländer ist, sondern ehrenhafter Weltbürger, wie es einem braven Manne jetzt ziemt. Alles, was Du mir schreibst, fühle ich mit Dir, und mehr als billig vielleicht — ich bin eine zu gute Deutsche, um nicht jeden Vortheil zu beklagen, welchen unsere Unterdrücker gewinnen, und eine zu gute Schwedin, um nicht leb-

hafter zu fühlen, was Ihr dabei verliert. Da Kopenhagen ge=
nommen ist, hätte Stralsund vielleicht noch bedeutender als
Handelsstadt werden können? Das alles ist nun geschehen, und
nichts in der Welt löscht aus, was einmal im Buche der Be=
gebenheiten geschrieben steht. — Die brave, liebe Königin Louise
bewundere ich, sie ist das Bild einer edlen deutschen Frau und
giebt ihrem Geschlecht ein stummes, aber doch wieder beredtes
Beispiel. Ein gewisser lutherischer Kreis hier sieht Tugend und
Treue nur wie eine nebensächliche Abart von Religion an —
sie verschanzen sich allein hinter ihr strenges Glaubensbekennt=
niß und sind getrosten Gewissens, bloß weil sie nicht mehr
katholische Ave=Marias beten und nicht mehr alle Tage zur
Ohrenbeichte gehen. Die stille, innige Gemeinschaft mit Gott,
diese tiefe Goldgrube, verborgen vor den Blicken der Welt —
erkennen diese am wenigsten bei ihren Nebenmenschen. So
wird auch das preußische Königshaus nicht genug verstanden.
Lebe wohl! Die Kinder rufen: Komm, lieber Papa.

Deine Amalie."

XXX. Capitel.

Stockholmer Skizzen.
1808.

Helvig kehrte im Spätherbst nach Stockholm zurück, und
wir finden im Januar 1808 die Familie wie fast alle Stock=
holmer in freudiger Aufregung. — „Nach langem Harren sollte
die Enthüllung des Standbildes Gustav III., von Sergell ge=
fertigt, stattfinden. Der 24. Januar 1808 war dafür bestimmt
und der schönste Wintertag begünstigte die Festlichkeit. Wir
begaben uns nach dem einen Flügel des Schlosses, um aus den
Fenstern einer uns befreundeten Palastdame das Schauspiel
überblicken zu können. Bald darauf marschirte in voller Parade
die Garnison der Hauptstadt am Schlosse vorüber, die In=
fanterie=Regimenter nahmen ihre Stellung auf der Höhe des

Platzes ein, längs der Hauptkirche und den angrenzenden Ge=
bäuden. Die Cavallerie, an ihrer Spitze die schönen Leib=
dragoner, bildete ein offenes Carré, dem Standbild gegenüber.
Jetzt erschien vom Hauptportal des Schlosses der königliche
Festzug und bewegte sich dem Standbilde zu. Er wurde von
dem Grafen Uglas, dem Statthalter von Stockholm angeführt,
welchem die Spitzen der Bürgerschaft folgten. An diese schloß
sich der Leibtrabanten glänzende Schaar, mit gelben Lederkollern
und schimmernden Stahlharnischen angethan, mit dergleichen
Helmen durch Federbüsche gekrönt, an den Prunk längst ver=
flossener Zeiten erinnernd — hiernach der Generalstab, die
Admiralität, der gesammte Hofstaat und endlich Gustav IV. zu
Pferde, umringt von einer glänzenden Suite. Auf das ge=
gebene Signal einer steigenden Rakete fiel die Umhüllung und
der lautlos harrenden Menge zeigte sich die königliche Gestalt
Gustav III., von den Musketensalven der Infanterie begrüßt,
abwechselnd mit dem Kanonendonner der Batterien der Admirali=
tät Holm, jenseits des Kanals, deren mächtiger Schall sich an
der Felsenküste brach. Erschütternd war der Gesichtsausdruck,
mit welchem der Monarch die Spitze seines Degens gegen die
Statue seines hohen Vaters neigte; alle Fahnen senkten sich,
und das laute Hurrah der Zuschauer folgte geräuschvoll jener
stummen Huldigung. — Man gedachte des nicht lang ver=
flossenen Tages, da Gustav III., an demselben Platze landend,
seinem Volke den Ölzweig mit dem Lorbeer vereint zurück=
brachte aus dem ungleichen, aber siegreichen Kampfe gegen die
weit überlegene Macht Rußlands. Ein ähnlicher Krieg be=
drohte auch jetzt das Land, und wenn auch gleicher Muth
das Volk beseelt, kann doch der Einzelne nicht ohne Span=
nung der Zukunft entgegenblicken. — Meine Augen suchten
Helvig bei den Offiziergruppen, die sich mittlerweile auf dem
Platze gebildet hatten. Er stand mit einigen von Gustav III.
Zeitgenossen auf seine Waffe gestützt, in stummer Betrachtung
nach dem Antlitz des Herrscherbildes aufblickend, das ihm die
wohlbekannten Züge zurückrief von dem Manne, der ihm einst
auf dunkler Erdenbahn wie ein Glücksstern erschienen war.

Ich glaube, er sah den hohen Verewigten, von den Schlacken
der Sterblichkeit durch den versöhnenden Tod gereinigt, wieder
als schützenden Heros, umgeben von seinen lebenden Unter=
thanen, von denen wohl mancher im verschwiegenen Herzen den
Schwur der dankbaren Treue erneute."

Auch über die klimatischen Einflüsse Schwedens auf seine
Bewohner hat Amalie Interessantes notirt:

„Bei der anerkannt größeren Sterblichkeit der Kinder im
Norden wird man an die Gesetzgeber Spartas erinnert, welche
alle schwach zur Welt geborenen Kinder dem Tode übergaben —
hier besorgt das Klima diese Entscheidung.

Der Normanne trägt die klare Stirn, das helle Auge der
mächtigen Sonnengluth des kurzen Sommers, wie der wind=
stillen Kälte des langen Winters fest entgegen. Unser Arndt
rühmt mit Recht den eigenthümlich zarten und dennoch dauer=
haften Gliederbau des Schweden, der von den Metallen seiner
Berge die Eigenschaft geschmeidiger Gediegenheit empfangen zu
haben scheint, wie sich dieses in dem elastischen Gang und guten
Anstand beiderlei Geschlechter bekundet. Der Einfluß der ver=
schiedenen Jahreszeiten auf die äußere Erscheinung der Menschen
ist hier im Norden entgegengesetzt dem Süden, wo die Wärme
den Menschen gedeihen läßt, die Blumen zum Blühen, die
Früchte zur Reife bringt. Hier in kurzer heißer Sommerzeit
zeigt sich beim Schweden der Ausdruck von Erschöpfung, ja
Verdrossenheit. Stockholms Straßen und Promenaden sind
leer, die Jugend lagert sich träge unter schattige Bäume' oder
angelt gelangweilt am Ufer der Seen. Selbst der Geschäfts=
mann scheint zu pausiren, bis Schwedens Season — der Winter
beginnt und mit ihm frische Lebenslust erwacht. Bei wind=
stiller Kälte von oft sechszehn Grad ist die Stadt voller Leben
und die Promenaden gefüllt von spazierendem beau monde.
Die hiesigen Damen werden durch die erfrischten Farben nur
verschönt, während wir durch scharfe Winde in Deutschland das
Gegentheil an uns erfahren und der Schleier uns bergen muß.
Der Winter in Schweden hat nicht Wechsel noch Kampf in
der Temperatur, sondern übt die Herrschaft eines steten Frostes,

der von der Erde unbestrittenen Besitz genommen hat, indeß
am wolkenlosen Himmel die Sonne in klarer Herrlichkeit die
glitzernde Landschaft bestrahlt. Selbst Fremde leiden nicht unter
dieser Kälte, nur muß man sich nicht gegen Pelze und wollene
Garderobe auflehnen, wie ein schwedisches Witzwort vom renom=
mirenden Deutschen behauptet, er sage: „Frisch Wetter heut"
und erfriere sich dabei Hände und Nase.

Im Norden überrascht der Winter die Menschen nicht wie
ein Dieb in der Nacht — nein, er wird als erwarteter Gast
willkommen geheißen, denn alle Vorkehrungen sind zweckmäßig
für ihn getroffen, Teppiche in den Zimmern und Treppenläufer
schützen den Fußboden der Reichen, Strohmatten den der Ar=
beiterklasse. Die nach außen angebrachten Doppelfenster lassen
nur durch ein stellbares Ventil Luft ein, und sind außerdem
polizeilich bis Ende April durch einen Kitt verschlossen, welches Ge=
schäft durch Knaben mit Kittbüchsen von Haus zu Haus versehen
wird, ähnlich unsern Schornsteinfegern. Die Öfen heizen so gut,
wie ich es nie in Deutschland gefunden habe, und kein Wohnraum
bleibt ungeheizt, um eine gleichmäßige Temperatur zu erzielen.

Die großen Landseen, ja die Buchten des Meeres bieten
im Winter neue Verbindungsbahnen, welche durch den Schnee=
pflug freigemacht werden und theilweis durch eingesteckte Tannen=
bäumchen in dem festbleibenden Schnee markirt sind. Dann giebt
es viel Verkehr zwischen den Inseln Stockholms, ebenso inner=
halb der verschiedenen festgefrorenen Seebuchten und deren
hervorspringenden Landzungen, wie auf den meilenweiten Land=
seen. Wie wir Deutsche im Frühling Badereisen projektiren,
so die Schweden Schlittenfahrten, zwei bis vierspännig zu den
entfernten Freunden am jenseitigen oft meilenweiten Ufer.

Am großartigsten offenbart sich die Schönheit nordischer
Natur, wenn die Sonne, in purpurgefärbten Wolken versinkend,
noch ihre letzten Strahlen über die unbegrenzte Fläche eines
solchen Sees sendet; da dann der leuchtende Spiegel, vom tief
flammenden Feuerfarb bis zum zartesten Rosenroth nach und
nach sich abstufend, das Auge durch diese Wandelungen ergötzt —
bis über der Landschaft wie über einem weißen Leichentuche

der leuchtende Mond, durch die Schneenebel vergrößert, erscheint und am dunklen Himmel das nordische Sternbild des Kreuzes sichtbar wird. — Die zartesten Damen, durch Stubenwärme verwöhnt, würdigen die Reize solcher Fahrten, allerdings wie ein Knäuel in Wolfspelze gewickelt. Die Eisdecke dauert oft bis in den April hinein — auch wir fuhren in Gesellschaft zahlreicher Schlitten von dem Festland hinab auf die Eisstraße, von Schellengeläute und dem dröhnenden Trabe der Pferde begleitet, an den Inselgruppen des königlichen Parkes von Haga vorüber, da wo sich im Frühjahr bald frischbelaubte Bäume im Wasser spiegeln werden. Oder seewärts in den gefrorenen Buchten, wo sonst Dreimaster majestätisch segeln. Donnernde Krache geben im Frühling Kunde von den ersten tiefen Rissen in der Eismauer und wehe denen, die sich zu solcher Zeit noch auf das unsichere Element wagen. Eine tragische Erzählung gehört hierher:

Einer Wittwe war es gelungen, durch jahrelange Sparsamkeit die Summe von mehreren Tausend Thalern zu sammeln, welche als Schuld auf dem Gute lasteten, das sie ihrem Sohne übergeben wollte. Unter den wenigen Dienstboten, welche mit ihr das einsame Landhaus bewohnten, wählte sie einen als treu erprobten Diener zum Kutscher für die Eisfahrt zum jenseitigen Ufer, wo sie auf dem Stadtamt das Capital zu zahlen wünschte. Das Eis schien noch fest in vorgerückter Jahreszeit und das Gefährt flog über die glatte Fläche. Aber böse Geister begleiteten den Schlitten und verlockten den Diener mit Geldgier — der mit Eisen beschlagene Eisstock an seiner Seite zeigte sich ihm als Mittel zur That in dieser Einsamkeit. Er springt vom Bock, erhebt den schweren Stab und schreit der Herrin zu, sich für die Reise in die Ewigkeit zu rüsten. Flehend erhebt diese die machtlosen Hände zum Gebet — da horch: Ein entsetzlicher Krach! — Ein tiefer Spalt! Und hinter ihr und dem Schlitten ist der Bösewicht in das unermeßlich tiefe Grab versunken. Die Pferde rennen erschreckt die gewohnte Bahn vorwärts mit der geretteten Frau. „Gott spricht nicht, aber er richt't" sagt ein altes Sprichwort, und wir mit ihm."

Der gepriesene Winter war noch nicht vorüber, als in der
Dichterseele Amaliens wie beim Zugvogel das Sehnsuchtslied
nach der deutschen Heimath erklang — sie schreibt im
April 1808:

Sehnsucht nach dem vaterländischen Frühling.

Wieder scheuchst Du mir vom Aug' den Schlummer
Allzufrühe, unwillkommner Tag,
Und erneust der Sehnsucht regen Kummer,
Der verhüllt in milden Träumen lag.
Hast Du eine Blüthe mir zu zeigen,
Wie sie vormals dort der Lenz mir bot? —
Eine Knospe nur von jenen Zweigen,
Schwellend in dem neuen Morgenroth?

Keine Lerche wirbelt mir entgegen
Aus dem jungen Grün der Wintersaat;
Keinem Landmann bietest Du den Segen,
Den er fromm vor seinem Pflug erbat.
Keine Blum' entfaltet Deinem Strahle
Zwischen zartem Laub die holde Brust,
Und es grüßet Dich aus keinem Thale
Hier der Jubel neuer Frühlingsluft.

Denn wohin ich seh', nach jeder Seite
Deckt die Flur das weiße Leichentuch,
Rosse traben stampfend in die Weite,
Die vor Monden stolze Segel trug;
Krähen ächzen durch die Luft und Raben,
Wild im Sturm getrieben, heimathlos.
Nur, um ihre Todten zu begraben,
Öffnet sich der braunen Erde Schoß.

Wo sind Deine Keime, Deine Farben,
Deine Stimmen, Deiner Blumen Duft?
Mutter Erd', ach, Deine Gaben starben
Längst in dieser ew'gen Winterluft.
Keinem Winzer reifet hier die Traube,
Keiner Hirtin blüht der Frühlingsstrauß,
Denn die Rose haucht, dem Nord zum Raube,
Nur in Mauern ihren Purpur aus.

Darfst Du Liebe von den Kindern fordern,
Da unmütterlich Du Dich gezeigt?

Menschen werden überall und modern,
Wo der stolze Bau der Städte steigt —
Aber können frohe Menschen wohnen,
Fühlen menschlich sie hier sich beglückt,
Wo herab auf Millionen
Phöbus seitwärts kalte Strahlen schickt?

Eisen nur entgraben sie der Erde,
Starr und eisern ist die Menschenbrust.
Der Empfindung heilig schaffend „Werde!"
Wecket nie des Daseins höh're Lust. —
Ach, wie dort der Erzesadern Schimmer,
Steht das Gute hier, erstarrt, getrennt;
Keiner forscht, ob dort in dunklem Flimmer
Des Demanten Sonnenfeuer brennt.

Laßt mich immer denn, ein Fremdling, weilen,
Besser hier Entbehrung als Genuß.
Wie so gern wünscht' ich mein Glück zu theilen!
Doch der Freude williger Erguß
Strömt in die verschwiegne Brust zurück.
Ach, das Herz allein bleibt ewig jung! —
Und ihm bleiben von dem ersten Glück
Nur noch Schätze der Erinnerung.

Ja, das Süßeste hab' ich empfunden,
Und das Herrlichste hab' ich gesehn! —
Laß es hold in diesen trüben Stunden,
Phantasie, an mir vorübergehn,
Daß in diesem reichen Zauberbilde
Leiser sich der herbe Schmerz vergißt
Und, in Wehmuth aufgelöst, die milde
Sehnsuchtsthräne meinem Aug' entfließt. —

Ach, des Lenzes bunte Blumenaue
Sah — wie oft! — ich selig und entzückt!
Primel, Veilchen, hell im Morgenthaue,
Und die Rose bräutlich ausgeschmückt.
Blühender Kastanienbäume Schatten
Und des Apfelbaumes rosig Dach,
Zwischen tausendfarbig bunten Matten,
Überhängend an dem Erlenbach.

Aufwärts sah ich stolz die Pappel streben,
Säuselnd in der lauen Frühlingsluft,

Und der Bienenschwärme emsig Leben,
Summend jetzt in der Akazie Duft,
Erdwärts senket sie die Silbertrauben,
Liebend schlingt das Geisblatt sich herauf,
Und in solchen Düften, solchen Lauben
Steigt der Liebe heil'ger Tempel auf.

Jedem Busch enttönen tausend Kehlen,
Wirbelnd, girrend, schwirrend hier zugleich.
Keiner je versuchte sie zu zählen,
Neigt ein Nest sich doch auf jedem Zweig;
Gastlich wohnt dies leichte Volk zusammen,
Sorglos, tonreich, zärtlich, keck und scheu,
Unbeständig oft in seinen Flammen,
Aber immer der Natur getreu.

Lieblich tönte mir im Eschengange
Oft Dein zärtlich Lied, o Nachtigall!
An des Felsens grün verwachsnem Hange
Schallend zu dem nahen Wasserfall,
Schnell vermehret locken hundert Stimmen
Um mich her, im mächt'gen Zauberklang,
Der mein Aug' in Thränen feucht zu schwimmen
Und die Brust zu Wehmuth = Seufzern zwang.

Fernhin sah ich oftmals mit Entzücken
Fohlen tummeln sich, auf weitem Ried;
Sah die Schnitter sich mit Blumen schmücken,
Hört' ihr schallend frohes Erntelied.
Horchte hier der Sensen fernem Klange,
Sah im Abendlicht die Funken sprühn,
Sah um mich im niedern Rebengange
Reifend noch des Winzers Hoffnung glühn.

Bin ich gänzlich denn von Euch geschieden? —
Grüß' ich nie Dich wieder, Vaterland? —
Nein, mich hält dem Orkus gleich hienieden
Nicht auf ewig dieser rauhe Strand. —
So gewähre, Schicksal, denn die Bitte:
Soll dies heiße Herz, ach, früh verglühn,
Laß in des geliebten Thales Mitte
Frühlingsblumen meinem Staub entblühn.

XXXI. Capitel.

Mädchenbriefe.

So traurig das Lied klingt und so wahr es empfunden
ist — die Poesie zaubert, Amalien zum Trost, auch heitere
Bilder. Der Verkehr mit ihrem Familien= und Freundeskreis
bleibt ihrem warmen Herzen stets das Wichtigste des Lebens=
berufes, und die gleichmäßige Entwicklung des Verstandes wie
des Gemüthes bewahrt sie vor sentimentalem Egoismus. In
Briefen von ihr nahestehenden Personen kennzeichnet sich der
anregende Verkehr mit den drei Imhoff'schen Schwestern.

Die Hofdame Fräulein Sophie von Silfersparre war für
den Herbst 1808 wieder mit ihrer Prinzessin nach deren Landsitz
Tullgarn übergesiedelt, Amalie wurde mit Marianne dorthin
geladen, während die jüngste Schwester Louise bei Helvig und
den Kindern zurückblieb.

Sophie von Silfersparre an Louise von Imhoff.

Tullgarn.

„Siehe, meine liebe Louise, ich bin gleich mit einem Briefe
da, nur um wieder einen zu verdienen. Der Himmel war
unserer Reise nicht hold, mit Blitz und Donner kamen wir
recht herrschaftlich hier an. Unterwegs hatte ich das Glück
den kleinen gefiederten Favorit, den Papagei der Prinzessin,
der gar nicht der meinige ist, auf dem Schoße zu halten, was
mich hinderte, meine finstern Abschiedsgedanken durch einen
kleinen tröstlichen Schlaf zu verjagen. Wir begegneten vielen
Reisewagen, die aber alle nach Stockholm sich dirigirten, die
glücklichen!

Die Gegend hier ist schön, ja prächtig; Ihr Landschafts=
maler würdet hier viel zu schaffen haben; aber so angenehm
das Local, man braucht Menschen hinein. Hunde und Wellen
sind auch dieses Jahr so gut en voix wie bisher, aber hinzu=

kam noch ein musikalisches Möbel, ein klapperndes Spinnrad, worauf Prinzeß Baumwolle doublirt — ein greulicher Lärm, der die noch vorhandenen Nerven vollends zerreißt. Aber still! Dafür erhielt ich statt der zierlich unbrauchbaren Möbel einen praktischen Secretär und einen breiten Maltisch, um alles von Euch Erlernte zu reproduciren, aber es wird doch nur Stümperei ohne Eure Beihülfe.

Schreibe mir Muth zu. Sophie.“

Louise an Sophie.
Marienberg.

„Da sitze ich! Die Feder in der Hand, den Mund offen, die Augen starr auf die gegenüberliegende Windmühle gerichtet und besinne mich, was ich wohl schreiben könnte, das werth sei von der geistreichen Sophie gelesen zu werden und der verbannten Freundin Zerstreuung brächte. Ich habe Lust es wie die Zeitungsschreiber zu machen, wenn ihnen Neuigkeiten fehlen — „Gefundenes und Verlorenes“ anzuzeigen. — Gefunden habe ich nun leider nichts, aber verloren desto mehr. Hört! hört!

Kürzlich wurde mir gegen 10 Uhr Abends eine angenehme, liebe Freundin entführt. — Da ich in Erfahrung gebracht, daß der anmaßliche Eigenthümer mein Gut nicht genug zu schätzen, noch richtig zu gebrauchen versteht, verspreche ich ein reiches Trinkgeld, wenn mir das Geraubte wiedergebracht wird. Hier das Signalement:

Zierlich und klein, geistig und fein,
Schnell wie der Wind, edel gesinnt,
Flüchtig im Lauf, halt’ es nicht auf,
Leben einst aus, Himmel sein Haus.

Louise.“

Sophie an Louise.
Tullgarn.

„Ich danke für die Annonce aus Deiner zierlichen Feder. — Leider zeigte sich noch kein Herzensdieb, so muß die Kleine noch unerkannt, entfernt von Dir nach einem Finder schmachten.

— Heute versäumst Du eine Freude hier. Alle möglichen Ma=
jestäten und Fürstlichkeiten kommen her, denen auch Deine
Schwestern vorgestellt werden, sie haben daher viel mit ihren
Toiletten zu schaffen. Marianne zum Beispiel pufft ihre Ärmel,
hat dabei tausend niedliche Inventionen — ich muß mir aber
all so etwas ernstlich verbitten — alles muß sein neumodisch,
höfisch sein — sie verwünscht die unkleidsame Tracht, pufft
wieder ihre Ärmel, sieht sich im Spiegel und frägt mit etwas
Ungeduld: „Ist es nun so recht? so recht, echt schwedisch?“ Ich
werde handgemein und die Arbeit geht von vorn an. — Alle
möglichen Partien werden verabredet, aber ich glaube, die lieben
Engelein haben die Wassersucht bekommen, solche Regengüsse
bekommen wir. Ich muß Dich nicht auch überfluthen mit
wässrigem Schwatz. Bald mehr   Deine Sophie.“

Hierauf tritt eine Briefpause ein und Fräulein von Silfer=
sparre schickt ihrer Freundin aus Neckerei ein an sie adressirtes,
wohl versiegeltes, aber leeres Couvert. Louise von Imhoff
antwortet:

Marienberg, 2. November.

„Heftig drehte der Wind die Flocken des Schnees im Wirbel,
Nebel bedeckte wie Flor schwärzlich die brausende See,
Einzelne Lichter nur glänzten wie Sterne von dorten herüber,
Wo sich ein königlich Schloß hoch über alles erhebt.
Ferne tönete schon die Glocke zum Abendgebete,
Und von der Arbeit erschöpft kehrte nun alles zur Ruh'.
Jeder erwartete bald den heimischen Gruß zu empfangen
Und mit verdoppeltem Schritt eilt' er den Seinigen zu.
Aber bewegt wie die Welle, die schäumend am Ufer heranstieg
Und sich dann klagend zurück in die Gewässer ergoß —
Also war auch das Herz im Busen mir innig gerühret,
Und ich gedachte mit Schmerz, daß mir die Freundin so fern!
Da erhalt' ich ein Briefchen! — ich traue dem trunkenen Sinn nicht,
Doch ich erkenne die Hand, die mir so theuer und werth! —
Hastig erbrech' ich das Siegel, wie dünkte die Arbeit so groß mir,
Und wie erwartet' ich viel, da es so sorglich verwahrt. —
Schweige, schweige, mein Lied! — Ihr Sterne, senket Euch nieder,
Decke, Fittich der Nacht, decke — der Freundin Betrug.“

Sophie an Louise.

Tullgarn.

„Ich kann ganz und gar nicht auf Deinen schönsten der
schönen Briefe antworten, Deine Verse machen eine so graziöse
Affaire aus meinem plumpen Spaß und Du behandelst den
Schein von Betrug mit solcher Großmuth — ich sage Dir,
das ist mir ein Dolch in's Herz! Ich kann nichts erwidern,
vollends in der fremden Sprache, wo ich „mir" und „mich" 2c.
verwechsele. So sage ich heute gar nichts, gar nichts, aber ich
komme bald zur Stadt, da werde ich sehen, ob Du mir diesen
Dolch aus meinem Herzen ziehen willst. Ich sitze eben ganz
matt am Tisch, es ist bald 3 Uhr Nachts — das ist eben nicht
meine Compositionsstunde, das Licht brennt trübe, all meine
Gedanken, Sinne und Kräfte stecken vollkommen in der Nacht=
mütze, in der mitschlafenden, nicht mehr in der träumenden
Coiffure.

Gute Nacht! Besuche mich im Traum.

Sophie."

Das Weihnachtsfest wird in Schweden meist im erweiterten
Familienkreis gefeiert, dem sich alleinstehende Hausfreunde oder
kinderlose Familien anschließen. Diese Fremden schicken in
diesem Fall der Hausfrau ihre Geschenke für die Mitglieder
des Kreises in Hüllen verborgen oder in falsche Adressen
gesteckt zu, damit sie anonym befördert werden können. So
wurde auch bei Helvigs am ersten Feiertag 1808 der Christ=
baum abermals für die Gäste angezündet, welche sich davor um
eine lange Tafel reihten. Die Hausfrau zieht nun aus dem
geheimnißvoll verdecktem Korb die Weihnachtspäckchen und ver=
liest die Adresse, die zu erster Neckerei meist falsch angegeben
ist, die zweite Verpackung bezeichnet erst den Empfänger, welcher
seine Schätze im Angesicht aller auspackt und vor jedem Ohr
die Knittelverse preisgiebt. So sind uns aus dieser Zeit einige
Scherze erhalten nebst einem Dankbrief an Fräulein von Silfer=
sparre, die ihre Geschenke übersandte, da sie von der Gesell=
schaft durch den Hofdienst zurückgehalten war. Amalie erhielt

eine gehäkelte Decke für die Chaiselongue, ihre Schwester
Marianne ein paar gestickte Strumpfbänder und die jüngste
Schwester Louise einen Arbeitsbeutel (un ridicule) gefüllt mit
rothen Bändern zum Haarschmuck. Der Dankbrief enthält eine
amüsante Zeichnung: die drei Schwestern beim Gebrauch ihrer
Geschenke beschäftigt.

Louise an Sophie.

„Was hast Du gethan, Du Zauberin! Aus drei soliden,
ehrbaren Frauen hast Du fribole Damen gemacht, die sich auf's
Sopha strecken, Hosenbandorden bei helllichtem Tage anpro-
biren und sich die schwarzen Flechten mit Purpurbändern durch-
schlingen — wie in der Heidenzeit. — Die klügste Gabe war
das ridicule, ein neues elegantes, gefälliges, nicht das timide,
für den grand monde so unverständliche, das mir schon längst
anhing. — Wir haben noch viele Päckchen erhalten und werden
Nachfeier mit Dir halten, Du liebe kleine Fee. Tausend Dank.

Louise."

XXXII. Capitel.

Schwere Zeiten.
1809.

Ein politisch wichtiges Ereigniß warf seine Schatten auch
auf die Helvigsche Familie.

Gustav IV., erbitterter Feind der Revolution und Na-
poleons, ohne richtiges Verständniß für das Interesse seines
Landes (seit 1808 im Krieg mit Rußland, das Finnland eroberte), fiel endlich als Opfer seines Starrsinns durch eine
Militärrevolution, als durch den Übergang über den gefrorenen
bottnischen Meerbusen und die Wegnahme der Alands-Inseln
die Hauptstadt Stockholm bedroht war. Der König wurde am
13. März 1809 durch die Generale Klingspor und Adlerkreutz
verhaftet, zur Abbankung gezwungen, mit seiner Familie Landes

verwiesen und unter Mißachtung des Erbrechtes seinem Oheim, dem Herzog von Südermanland, als Karl XIII. die Krone über= tragen.

Helvig, der nicht aktiv dem stehenden Heere angehörte, stets nur mit der Verbesserung seiner Waffe beschäftigt, hatte diese Katastrophe nicht vorausgesehen; er machte sich Vorwürfe sie nicht verhindert zu haben und war erbittert über die gewalt= same Entthronung eines Königs, dem er soviel verdankte. Auch soll des Königs erste Frage bei der Verhaftung gewesen sein: „Steht Helvig auf der Liste der Empörer?", und eine melancholische Genugthuung malte sich in seinen Zügen, als man Helvigs Unkenntniß dieser Maßregel versicherte.

Helvigs Wohnung lag dem Schlosse gegenüber. Als er an jenem verhängnißvollem Abend in militärische Arbeiten vertieft war, beobachteten seine Damen die Fenster des ersten Stockes jenes Prachtbaues; um 10 Uhr erloschen wie gewöhn= lich die Kerzen, bis auf das Schlafgemach des Königs. — Eine bange Ahnung erfüllte wohl die Gemüther der Königstreuen, die nicht in das Geheimniß gezogen waren. Im Verkehr mit dem Hof wie mit der eingeweihten Gesellschaft herrschte längst die schwüle Luftstille, die einem schweren Gewitter vorangeht. Auch heute Nacht schien Stockholm wie ausgestorben. Da plötzlich, gegen Mitternacht, sah man Windlichter im König= lichen Schlosse von Saal zu Saal vorwärts leuchten bis zum Eckzimmer des Königs. Wie mit einem Schlage war der eben erst so dunkle Prachtbau in allen Räumen erhellt und belebt, einem Bienenschwarm vergleichbar, der aufgestört wird. Bald erlosch auch dieses Licht und Gewirr — der König war aus seinem Schlaf geweckt und in die öde Nacht der Vereinsamung hinausgewiesen worden, als er das Erwachen noch für einen bösen Traum hielt. —

Helvigs erster Gedanke bei dieser Nachricht war, den Ab= schied einzureichen; doch hielt er sich dem Vaterland ver= pflichtet, glaubte auch an eine mögliche Restauration und be=

16*

hielt daher seine Stellung, in welcher ihn der neue Regent, der Herzog von Südermanland, gern sah und uneingeschränkt ließ.

Am 17. September 1809 wurde der Friede zwischen Schweden und Rußland zu Friedrigsham geschlossen. Schweden überließ Rußland das Großfürstenthum Finnland bis an den Tornea-Fluß nebst den Alands-Inseln. Durch Rußlands Ver= mittelung schloß Schweden mit Frankreich den Frieden von Paris am 6. Januar 1810, durch welchen es dem Continental= System beitrat und Schwedisch=Pommern zurückerhielt. Der Herzog von Südermanland, zum König gekrönt als Carl XIII., adoptirte zum Thronerben den Prinzen August von Holstein= Augustenburg.

Nach dieser Abschweifung kehren wir nach Stockholm zu= rück, wo sich die Krönungsfeierlichkeiten für Carl XIII. vor= bereiteten. — Sophie von Silfersparre hatte mit ihrer Fürstin den Sommer in Tullgarn verbracht. Helvigs blieben in Stock= holm, da Amalie ihrer Gesundheit halber die Unruhe des Um= zuges nach einer Sommerwohnung vermeiden wollte. Gneisenau und Arndt waren die fast täglichen Theegäste, Helvig dagegen durch seine Geschäfte oft abwesend auf Reisen zu Eisen= schachten und Gießereien.

Sophie von Silfersparre an Louise von Imhoff.

20. November 1809.

„Wir kommen auf kurzen Besuch in diesen Tagen nach Stockholm. Krönung — Große Oper (Gustav Wasa). Gala. Nous avous la paix, nous avous Monseigneur, nous vous avons, vous m'avez. — Große Cour, großes Souper; wahre Souffragen werden es sein. Adieu, beste Louise, ich schließe aus Barm= herzigkeit für Dich. Auf Wiedersehen!

Sophie."

Sophie an Louise,

als sie durch Helvigs die Geburt eines zweiten Sohnes erfahren.

Tullgarn, 23. November.

„Einen glücklichen Tag sollte ich also noch in Tullgarn haben, der mich aber auch entschädigte für bange Sorge um Euch. Gott im Himmel sei Dank! Unsere gute, geschätzte Amalie ist sammt dem kleinen Bengel wohl; o, die Freude darüber kann nicht tiefer gefühlt werden. — Was der liebe Gott doch gnädig ist! — giebt mir meine beste Amalie wie ein Präsent wieder zurück; ich weiß nicht, ob ich ihm hätte den Egoismus verdenken können, wenn er sich gleich solch einen Schatz behalten hätte. Aber ich liebe ihn noch zehntausendmal mehr, daß er mit uns so generös gehandelt, das werde ich ihm künftigen Sonntag im Dankgebet recht deutlich versichern. Ich weiß ja nun unsre Amalie außer aller Gefahr, mit einem kleinen Böse= wicht beschäftigt, der schon Grimassen macht. Bald kommen wir zur Stadt; hier ist schon alles in Eis und Schnee, nur mein Herz ist noch warm geblieben. Ihr Schwestern seid so standhaft und hilfreich im Hause, wie ich höre — Glück muß über einer solchen Familie ruhen — es kann gar nicht anders sein. Aber wie soll der Schlingel heißen? Ich rathe Carl nach Helvig, oder so was wie Wilhelm, gebt ihm nur schöne Namen, keine außergewöhnlichen, wie: Niels, Abraham, Isaak, Jacob, Joseph, Joachim, Hieronymus, Dionysius oder Poly= carpus, Jeremias, Bonifacius oder Nicodemus, Svante, Bry= nolf ꝛc. — Aber Eduard, Ewald, Agathon, ja Carl Agathon könnte er heißen. In Agathon klingt so was Corchyrisches heraus, und doch der deutsche Carl, das paßt mir. Lasse mich bald etwas darüber hören. Komme ich, so will ich auch ganz wenig, ganz leise sprechen, nur in's Zimmer gucken — aber dann, wenn es wieder mit der Freude, mit der Freundschaft los= gelassen werden kann, da wird es eine wahre Orage geben — denn ich bin hier zu einsam mit meinem Glück. — Meine Mutter freut sich sehr über die Ehre des Gevatterbriefes, wie dies wohl heißt, und will Amalie selbst antworten.

Deine Sophie.“

— 245 —

Der Kleine wurde Bernhard genannt, und das blühende Kind schien ein Glücksstern in der Familie werden zu wollen. Doch wir greifen Amaliens Berichten hierüber nicht vor und können leider nur erzählen, daß ihre Gesundheit von da ab sehr geschwächt war, ja sehr bedenkliche Symptome sich zeigten, sodaß man eine ererbte Anlage zur Schwindsucht befürchtete. Im Winter trat kaltes Fieber hinzu und die Ärzte erklärten das Leben Amaliens für gefährdet, wenn nicht ein Klimawechsel rettend eingreife. Alle medicinischen Mittel wurden erschöpft, um diese Trennung vom Heim zu umgehen, bis endlich der General selbst den entscheidenden Ausspruch that und alle Vorbereitungen zur Reise nach Deutschland übernahm. Im Laufe des Winters hatte sich Amaliens zweite Schwester Marianne mit einem reichen, angesehenen Eisenbergwerksbesitzer, Mr. de Ron, verlobt, und ihre Hochzeit sollte im heimathlichen Verwandtenkreise, bei Steins in Kochberg gefeiert werden. Somit wurde die Abreise Amaliens mit den Schwestern und drei Kindern auf den Mai 1810 festgesetzt. Amalie, in Betten verpackt, trug man in den großen englischen Reisewagen und dieser fuhr auf das Deck einer sogenannten schwedischen Yacht, da man die Reise nach Deutschland von Stockholm aus zu Wasser machen wollte.

XXXIII. Capitel.

Reise nach Deutschland.

1810.

Amalie an Helvig.

Am Bord der „Königin Friederike", 13. Mai, Nachmittags.

„Mein geliebter Helvig!

Wie soll ich Dir, bester Mann, für Deinen lieben Abschiedsgruß danken, welcher mich ebenso gerührt als überrascht hat, aber ich habe Dich auch von allen zuerst gesehen aus dem

Wagen, in dem ich saß. Ich gestehe, es hat mich heiße Thränen
gekostet, Dich an der Bucht zu Pferde zu erblicken, durch einen
so kleinen Raum von mir getrennt und doch unerreichbar, die
Züge Deines lieben Angesichtes waren deutlich und selbst das
wehmüthige Lächeln erkennbar — wer hätte gedacht, als wir
öfter von dieser Stelle die schöne Aussicht betrachteten, daß sie
einst durch Abschiedsthränen bezeichnet werden sollte! Noch
lange saß ich im Wagen, von wo aus ich die Küste zurück=
schwinden sah, träumend ruhte ich so zurückgelehnt, als ein be=
kanntes Gesicht zum Wagenfenster hereingrüßte. Es war Capitän
Boye, dessen Leute bei den Tiäderholmen vor Anker lagen —
das Militär hatte sich zwischen die kahlen, grauen Klippen be=
haglich gelagert, indeß ihre Kanonenschaluppen, mit bunten
Flaggen und Wimpeln versehen, einen Halbkreis um die Fels=
ecke bildeten. Ihre Musik begrüßte uns und Boye war dankbar
für ein Glas Porter aus unserm Vorrath; unsere Reisegesell=
schaft freute sich der Begegnung. Die Nacht war so windstill,
daß ich nicht einmal das Plätschern des Wassers gegen unser
Schiff hörte. Früh 7 Uhr erscholl der Ruf: „Waxholm". —
Ich frühstückte und nahm dann mein Chinin. Vom Wagen aus
beobachtete ich die raschen Ruderschläge der Mannschaft auf den
in langer Reihe ziehenden Kanonenböten, sie hatten uns während
der Nacht überholt, nun segelten wir an ihnen vorüber, wäh=
rend sie zur Rast an einer Insel anlegten. Die See, durch
viele Segelschiffe belebt, bot ein schönes Bild; der Strand war
noch hie und da mit Eis bedeckt, das im Sonnenlicht glänzte;
auch in den Buchten war das Wasser noch gefroren, indessen
das Meer wie ein goldgrünes Netz sich unter uns leise be=
wegte. Es wundert mich keinen schwedischen Marinemaler zu
kennen, an herrlichen Naturstudien würde es ihnen nicht fehlen.
Der Stoff muß aber freilich verstanden und nicht bloß copirt
werden. Wieder mußte ich mein bitteres Chinin nehmen, aber
eben kocht mir das Kindermädchen eine schöne Suppe. Eine
unserer mitgenommenen Hennen hatte ein Ei gelegt — der
kleine Bror behauptete, Dina hätte dieses selbst gethan, aber
als wir alle lachten, corrigirte er sich und meinte: dann sei

es der Hahn gewesen. Die Schwestern und Kinder sind alle,
Gottlob, wohl und der Capitän sehr besorgt für uns. Tausend
Grüße, mein geliebter Helvig,

von Deiner treuen Amalie."

Amalie, die auch während der Seereise vom kalten Fieber
geplagt war, verließ kaum ihr Bett in der Kajüte oder auf
Deck im Reisewagen. Da erwacht sie den letzten Tag vom
Hurrah der Matrosen, welche die deutsche Küste erblicken. —
Auf ihr Verlangen führte man sie an den Kiel des Schiffes,
und als sie in vollen Zügen die laue Frühlingsluft einathmete,
fühlte sie die Fieberkälte schwinden und war von diesem Übel
für immer geheilt. Die Ärzte erklärten es nun für ein ver=
stecktes, unbewußtes Heimweh. Sie schreibt am Bord folgende
Verse:

> Ist von mir das Ungeheuer,
> Fieber, endlich weggebannt? —
> Ja, und singen, wieder singen
> Kann ich, die erst Fesseln trug!
> Seht! mit neuerstarkten Schwingen
> Wag' ich schon den Himmelsflug.

Ihre Reisebeschreibung in Versen endigt mit diesen Stanzen:

> Da Gothland dort im Sturm vorüberflieget
> Wie man Gewölk im fernen Osten schaut,
> Und jene Stadt, die sich auf Wellen wieget,
> Zur Krone Carls[1] verheißend einst erbaut,
> Bald ferner schon, — wie schnell wir segeln! lieget
> Uns Scandinavia, im Duft ergraut.
> Es säuselt schon ein milder Hauch gelinde
> Mir um die Brust, und leiser wehn die Winde.

> Und jenes Übels langverjährte Plage
> Mit jener Küste scheinet sie verschwunden,
> Kaum öffnet sich mein Aug' dem neuen Tage
> Und schon erquickten mich die günst'gen Stunden,
> Wie ich die Hoffnung froh im Herzen trage,
> So fühl' ich auch vertrauend mich gesunden,
> Denn was dem Blick im Nebelstreif sich zeigt —
> Mein Deutschland ist's, das dort dem Meer entsteigt.

[1] Carlscrona auf der flachen Küste von Schonen.

Gegrüßet sei, mit deinen Kreidewänden,
Du Jasmunds Stolz[2]. O heil'ge Felsenhöh!
Die stummen Grüße scheinst du mir zu senden
Vom Vaterland hinaus in öde See;
Dir jauchz' ich zu mit aufgehobnen Händen,
Wie ich in heller Buchen Kranz dich seh',
Den Busen drängt ein unaussprechlich Sehnen
Und aus dem Auge stürzen meine Thränen.

Wie heben rings nun aus den Wellen
Die Ufer sich im Frühlingsschmuck empor! —
Vom fernen Pachthof schallt ein wachsam Bellen,
Im Saatfeld klingt der Lerchen Jubelchor,
Und dort aus Ulm' und Buche schaun die hellen,
Bescheidnen Kirchlein heiter fromm hervor —
Da, wie von Kirch' und Saatfeld, jetzt aus mir
Im Einklang tönt's: Herr Gott, dich loben wir! —

XXXIV. Capitel.

Deutschland und Schweden.

Amalie an Helvig.

Berlin, 31. Mai 1810.

„Endlich kann ich Dir von hier schreiben, bester Mann.
Mittag reisten wir von Stralsund ab und trafen schon um
8 Uhr in Loitz, unserm Nachtquartier, ein, fanden auch in der
Apotheke gutes Logis und Betten — wir hatten unsern Thee-
apparat mit, und ich lud unsern freundlichen Herrn Apotheker
zu einer Tasse Thee, was ihn ganz gesprächig machte — er
klagte uns die Kriegslasten, er habe aber ein Belobigungs-
schreiben vom König von Preußen erhalten wegen guter Ver-
pflegung eines Majors; das Schreiben war mit dem Cabinet-
siegel versehen. So sind die Menschen überall auf Brief und

[2] Rügen.

Siegel erpicht, gut, daß ſich die armen Deutſchen noch mit
dem Wahn begnügen, da die wirkliche Macht ſo ſpärlich ge=
blieben iſt. Tags darauf fuhren wir ohne Mittagsaufenthalt,
nur mit gewechſelten Pferden, bis Neubrandenburg; der Typus
einer deutſchen Stadt, von frühlingsgrünen Linden umgeben
und Kaſtanien, an denen ſich ſchon die Pyramidenblüthen zeigten.
Von dort fuhren wir früh gegen 5 Uhr aus, paſſirten Mittag
Alt= und Neuſtrelitz und kamen Nachts in Granſee an, das
wir beim erſten Morgengrauen verließen, unſerem Ziel Berlin
zuſtrebend. In Oranienburg machten wir Mittag und beſahen
das ſchöne Schloß, das die Sieger mit zerſchlagenen Fenſtern
und ausgehobenen Thüren zurückgelaſſen hatten. Ein verbranntes
Dorf baute man eben aus der Aſche auf und die halbge=
ſchmolzenen Glocken hingen als traurige Kriegserinnerung in
dem noch ſtehen gebliebenen Holzgebälk des Kirchthurmes; ich
gedachte, mir zum Troſt, an Schillers Verſe:

> Es brenn' der Feind auch unſre Hütten nieder,
> Die Saat zerſtampfe ihrer Hufe Tritt,
> Der neue Lenz bringt neue Saaten mit
> Und leicht erſtehn die leichten Hütten wieder.

Nun, mein Liebſter, ſuchen uns, hoffe ich, Deine Gedanken
hier in Berlin auf und Du freuſt Dich mit uns des behag=
lichen Bewußtſeins, daß wir morgen noch nicht wieder weiter=
reiſen müſſen und unſere müden Glieder ſtrecken können nach
Herzensluſt."

4. Juni.

„Heute erhielten wir den erſten Beſuch von Geheimrath
Dr. Grapengießer, — noch ganz der Alte, aber untröſtlich,
Dich nicht zu finden. Gneiſenau war noch nicht eingetroffen,
auch er hat viel gelitten — wer hat es nicht in dieſer troſt=
loſen Zeit? — Grapengießer entführte uns mit Kind und
Kegel auf die ſchöne Pfauen=Inſel. Man ſtaunt, was durch
der Menſchen Fleiß, Geſchmack und guten Willen aus der
Sandwüſte um Berlin ſchon geworden und noch werden wird.
— Mein Befinden iſt leiblich und das Fieber ausgeblieben;

Grapengießer hat heute eine Consultation angesetzt. Die Kinder sind vollkommen wohl. Bror litt am meisten auf der Reise durch seine leidige Furcht und Heftigkeit, er drohte mit beiden Fäusten und puterroth im Gesicht dem Kutscher, wenn die Wagenstellung etwas schief war. Bernhard ist munter, dabei ruhig, allerliebst, unsere wahre Freude auf der langen Reise.

Gute Nacht, bester Helvig, Du mein theurer Mann.

Deine treue Amalie."

5. Juni 1810.

„Liebster Mann! Gestern Abend war ich so glücklich, die ersten Zeilen von Deiner Hand zu erhalten und zwar den mit Nr. 3 bezeichneten Brief; gerade an diesem Tage hatte ich Dir von Ystad geschrieben, unsere Gedanken hatten sich also gekreuzt. — Wo blieben aber Deine ersten zwei Briefe? Wahrscheinlich waren sie nach Stralsund adressirt, und Landrath Libbin wird sie mir, wie er versprach, nachschicken — drei Wochen war ich ohne Nachricht von Dir seit unserer Trennung, geliebter Freund, und wenn ich jetzt auch fieberfrei bin, fühle ich mich doch leidend durch die Sehnsucht, wenn ich der Entfernung gedenke, die zwischen uns liegt, und der Schwierigkeit des Postverkehrs. Ich denke an die Einsamkeit, welche, wie ich nur allzuwohl weiß, Dich seit unserer Abreise umgiebt, wie öde müssen Dir, bester Mann, die Zimmer erscheinen, wo Du mich und unsere Kinder zu finden gewohnt warst — die Theestunde, wo sich unsre Hausfreunde sammelten, — könnte ich Dir nur für einen Augenblick am treuen Herzen ruhen und Dir die blühenden Kinder zeigen! Du würdest Dich ihrer so freuen, Lottchen ist recht brav, still geschäftig — ihre Schattenseiten suche ich in den Hintergrund treten zu lassen durch Anregen der guten Eigenschaften, und so hoffe ich, wird sie einst selbst vergessen, wie sie durch ihre Fehler hätte werden können. Baron Ritterstolpe sagte ihr auf dem Schiff, als sie ihr empfindliches Mäulchen machte: „Was kostet der Eintritt für diese Komödie"; jetzt noch darf sie nur daran erinnert werden, und die Selbstbeherrschung kehrt zurück."

9. Juni.

„Ich ſuchte heute die gute alte Frau von Kalb auf. Sie
iſt am Erblinden und hat deshalb die Erlaubniß erhalten bei
ihrer Tochter im Schloß zu wohnen, da Edda Hofdame bei
Prinzeſſin Wilhelm iſt. Fichte hat durch die Gicht ſehr ge=
litten und war in's Bad gereiſt.“

10. Juni 1810.

„Eben war Graf Egloffſtein bei mir und bat mich, über
ſeine Dienſte und Zeit während meiner Anweſenheit hier ganz
zu verfügen. Graf Lehndorff hatte ihn zu mir begleiten wollen,
als die Zeitungsnachrichten aus Stockholm eintrafen, ſcheute
er ſich als Fremder, mir dieſelben zu bringen. — Alſo das
Entſetzliche, längſt Gefürchtete iſt geſchehen, und der Liebling
von allen gut denkenden Schweden iſt durch Intriguen zu
Grunde gerichtet, iſt todt! Welchen Eindruck dieſe Nachricht
auf mich gemacht, brauche ich Dir nicht zu ſagen — ſie dünkt
mich ein Schandfleck für Schweden. — Ach, wie gern ſpräche
ich mit Dir und nur mit Dir darüber, mein theurer Mann —
was wirſt Du dabei empfinden! Unſer junger, lieber Kron=
prinz todt! Sein gerader, das Gute anſtrebender Charakter
verſprach auch Dir ſo viel für die Zukunft. Was verliert durch
ihn gerade jetzt die durch Eitelkeit und Eigenſinn demoraliſirte
Nation. Sie bedurfte der Leitung eines reinen, ſtarken Willens,
um ihren alten Heldenſtamm würdig zu führen. Wenn ich den
Parteigeiſt bedenke, welcher jetzt in unſerm Lande herrſcht, ſo
graut mir vor der Fortſetzung ſolcher Vorfälle. Heute ſteht
die Trauerkunde ſchon in den Zeitungen.“

Inzwiſchen erhielt Amalie Nachricht von Helvig durch
einen Hofcourier und antwortete:

„Wie danke ich Dir die Rückſicht, geliebter Mann, ich
läugne nicht, daß mich Dein Brief tief erſchütterte, und doch
erhielt ich durch ihn wunderbare Glaubensſtärkung, daß ein
allwiſſender Richter unerhörte Verbrechen auch mit göttlichem
Zorn beſtraft — daß die langſam ſchreitende Nemeſis endlich
doch ſicher und ſchrecklich trifft. Soll ich Dir geſtehen, daß

dieſes Sünderhaus der Ferſen=Piper (den Borgias ähnlich) mich
oft ſtutzig gemacht hat, wenn ich an eine Wiedervergeltung
dachte? In Herrlichkeit und Ehren lebten bisher diejenigen,
welche alle Arten von Schuld auf ihre Häupter geſammelt
hatten und noch den Schwachen Schlingen legten, um ſie in
gleiche Verderbniſſe hineinzuziehen. Mag die Wuth des ſelbſt=
richtenden Pöbels tadelnswerth ſein — doch waren ſie nur
die Werkzeuge einer höheren Macht; ſie thaten was ſie mußten,
durch ſie hat Gott gerichtet. Nochmals danke ich Dir für den
detaillirten Bericht. Die Zeitungen brachten nur ſchwankende
und erſchreckende Vermuthungen."

Hierzu theile ich Überlieferungen der Familie Helbig mit:

„Der Reichsmarſchall Graf Axel Ferſen, der dem Kron=
prinzen Carl Auguſt zunächſt ſtand, gehörte einer politiſchen
Partei an, welche dieſe erwählte Erbfolge nicht wollte und
daher des Prinzen Tod beſchloſſen hatte, den man lang=
ſam und in verborgenſter Weiſe zu erzielen hoffte. Das
Reſultat lohnte die böſe Abſicht, aber das ſchaudervolle Ge=
heimniß wurde im Volk bekannt.[1] — Am Tage vor der Bei=
ſetzung des jungen Prinzen ließ ſich der alte treue Kutſcher
bei Seiner Exzellenz dem Grafen Ferſen melden, ſtand an der
Thüre ſtramm und bat unterthänigſt, für den Trauerzug
nicht den Galawagen und nicht die in Stockholm bekannten
vier Schimmel nehmen zu müſſen, ſondern das zweite Vier=
geſpann Rappen — aber hochmüthig gebieteriſch wurden die
Schimmel befohlen. Am folgenden Morgen ſaß der alte Kutſcher
bleich auf dem Bock der Staats=Equipage und lenkte un=
beirrt ſeine Schimmel durch die Menſchenmenge dem königlichen
Leichenwagen nach, unter dem Geläute aller Glocken, unter dem
dumpfbröhnenden Donner der Salutſchüſſe. Lautlos folgte die
Menge durch die Straßen Stockholms zur Königsgruft. Erſt
auf dem Heimweg klang es plötzlich wie ferner Donner, immer
näher und näher umbrauſte das Menſchengeheul den gräflichen

---

[1] Im Juni 1810.

Wagen bis auf den Schloßplatz, wo der Kutſcher die ſich
bäumenden Pferde kaum mehr zu halten vermochte, da fiel man
ihm in die Zügel, der Wagenſchlag ward aufgeriſſen und der
Graf Ferſen war bald nur noch ein blutüberſtrömter Knäuel, den
ſich des Pöbels Mordbegier zuwarf, bis nichts mehr von ihm
erkenntlich blieb als die Fetzen der goldbeſtickten Uniform und
das blaue Band des Seraphinen=Ordens, vom Winde ge=
wirbelt. —

Seine Schweſter, die verwittwete Gräfin Piper, die all=
mächtige und gefürchtete Bundesgenoſſin, welche ſich bisher für
gelähmt ausgab und nur auf Seſſeln getragen oder gerollt wurde,
hörte von dem Schickſal ihres Bruders, erhob ſich plötzlich in
voller Kraft, enteilte den Prunkgemächern die Treppen hinab
bis in's Erdgeſchoß zur Dienſtmagd, wechſelte mit dieſer die
Kleider und entrann durch die Flucht in einem Marktkahn
des nahen Hafens einem gleichen Tod. — Wo Gott gerichtet,
da wollen wir ſchweigen, und einen dichten Schleier werfen
über die Vergangenheit und das Ende dieſes Geſchwiſter=
paares."

Amalie an Helvig.

„Deine beiden Briefe habe ich jetzt auch erhalten. Ach,
nur zu wohl weiß ich, wie wenig du thun wirſt, um die Lücke
auszufüllen, welche meine Abreiſe dir zurückließ — nur zu ſehr
bin ich überzeugt, wie kein anderes als häusliches Glück dich
anſpricht und beruhigt, deßhalb wurde mir und iſt mir noch
der Entſchluß unſerer Trennung ſo ſchwer — aber wieder wenn
ich bedenke, wie viel Sorge dir meine abnehmende Geſundheit
gemacht, wie wenig ich Dir in dieſem kranken Zuſtand ſein
konnte, ſo erkenne ich, daß die Ort= und Luftveränderung ge=
boten war und ſich jetzt ſchon als einziges Mittel zeigt, mich,
ſo Gott will, ganz wieder herzuſtellen und ſo mich tüchtig für
meinen lieben Poſten als Frau und Mutter zu machen. Mich
freut es, daß du dir als Zeitvertreib einen Katalog Deiner
Bücher anlegen willſt, und er wird auch umfangreich, wenn Du
Deine mannigfachen Karten und Kupferſtiche mit aufführſt. Du

wirst so eigentlich erst Deine Schätze übersehen und leichter be=
nutzen können, hier erhalte ich den Maßstab, was wir in
unserer Privatsammlung für Seltenheiten haben. — Wir waren
Mittwoch zur Prinzessin Radziwill geladen und wurden auf
das freundlichste empfangen. Dort trafen wir die Obersthof=
meisterin Gräfin Neale, Gräfin Brühl und auch Humboldt.
Die Zimmer der Frau Prinzessin sind edel und gemüthlich ein=
gerichtet, an sie stößt ein Wintergarten, von dem wir entzückt
waren. Die Prinzessin war ganz erfüllt von unsers Freundes
Gneisenau Lob, welcher sich augenblicklich noch in Petersburg
befindet. Aus den Zeitungen weißt du, daß bedeutende Ver=
änderungen im hiesigen Ministerium stattgefunden haben, und
daß Hardenberg (mit französischer Erlaubniß) als Chef der
Finanzen angestellt wurde, zugleich hat Scharnhorst seinen ge=
suchten Abschied erhalten — das ist ein Mann nach Deinem
Sinn. Hier denkt man auch durch öftere Änderung der höchsten
Beamten die verfahrene Sache zu bessern und sucht in äußeren
Veranlassungen die Ursache dessen, was im tiefsten Grunde
fehlerhaft ist. Als wir gestern ausgingen, hielten eine Reihe
von Karossen vor dem Palais des neuen allmächtigen Ministers,
tout comme chez nous. Welch ruhiger, bedeutender Geist die
Gesellschaft bei Radziwills durchwehte, kann ich Dir nicht be=
schreiben. Frau Prinzeß legte selbst an dem fertig servirten
Tisch die Speisen vor, so hausmütterlich edel wie sie in jeder
Bewegung ist, das nahm die Steifigkeit und die Unterhaltung
blieb angeregt bis zuletzt; ich hatte das Glück neben der lieb=
reizenden Prinzeß Louise Radziwill zu sitzen. Der Prinz soll
meine componirten „Geister des Sees" sehr schön singen und
wir würden diesen Genuß schon diesen Abend gehabt haben,
wenn jemand ihn hätte begleiten können auf dem Klavier.
Frau Prinzessin gab mir keine guten Nachrichten vom Weimar=
schen Hof — die Herzogin Louise sei gefallen und habe sich
dabei am Fuß verletzt und die Großfürstin hätte den Keuch=
husten. — Heute lernte ich bei der Sander Clemens Brentano
und Achim von Arnim kennen, den Herausgeber von „Des Knaben
Wunderhorn". Wir dankten ihm für diese schöne Gabe und

lernten in ihm einen sehr angenehmen Mann kennen. Auch Capell=
meister Carl Maria von Weber war da und spielte, auf meine
Bitte, von den Compositionen zu „Martin Luther" (Dr. Kraft)
den Chor der Bergleute, den Marsch zum Reichstag, dann die
Lieder von der Hyazinthe und dem Karfunkelstein. Wir
sprachen über Vogelgesang und er war entsetzt zu hören, daß
es in Schweden keine Nachtigallen gebe. Eben fährt der Wagen
vor, der mich nach Weimar bringen soll, von dort erzähle ich
Dir rückwärts und vorwärts, damit Du uns eng verbunden
bleibst.
                                Deine treue Amalie."

XXXV. Capitel.
Die Heimath.

Amalie an Helvig.
Weimar, 26. Juni.

„Den ersten Tag fuhren wir zu Mittag aus Berlin bis
Benlitz als Nachtquartier. In Potsdam kamen wir zur Thee=
zeit an, und nachdem ich meinen kleinen Gelbschnäbeln Futter
geschafft, schickte ich meinen Carl an Graf Brühl (später
Theater=Intendant in Berlin), der sich als Kammerherr der
Königin hier aufhielt; er kam sogleich und zeigte mir die
Freude seines freundschaftlichen Gemüthes, wie er immer
war und fühlte. Wir ließen den Wagen nachfahren und
gingen mit Brühl an der Kirche vorüber, wo Friedrich der
Große ruht. Hier erfuhr ich, daß Napoleon, als er das Grab zu
besuchen ging, auf gut Dionysisch erst alle Gänge mit Gardes=
du=Corps besetzen, dann Marschall Duroc hinter den Särgen
visitiren ließ, und als dieser sagte: Votre Majesté peut entrer,
kam er erst, den Sarg mit seinem triumphirenden Blick zu
durchdringen, um womöglich noch die stille Asche des Größeren
zum Zorn zu entzünden. Wir nahmen Abschied von unserm
Freund und begaben uns muthig auf den langen Sandweg

nach Wittenberg, welches wir am folgenden Tag Abends erreichten. Unser Gasthaus lag außerhalb der Stadt, fast vis-à-vis der Kirche, in welcher Luthers Grabmal ist. Da gingen wir alle hin, denn auch unsre Schweden verlangten sehr es zu sehen. Eben fielen die letzten Sonnenstrahlen durch die Fenster des einfachen hohen Gebäudes; die Grabsteine Luthers und Melanchthons liegen vor dem Altar, sie ruhen hier nebeneinander, die im Leben soviel miteinander gearbeitet haben, und ihre Werke folgen ihnen nach. — Wir werden auch bereinst schlafen wie sie — aber wer dürfte es mit reinerem Seelenfrieden hoffen? — Ihre Bildnisse standen schon durch die Abenddämmerung umschleiert wie ein paar Riesen= gestalten der Vorzeit vor uns, auch geistig genommen, verdunkelt durch den Egoismus, die Schlaffheit der Jetztzeit. Die kräftigen Contouren, die reinen Linien der einfachen Stellung drangen durch das abendliche Halbdunkel wie durch ein feindliches Ele= ment und stellten sich uns dadurch fast noch erhabener dar.

Nun vorwärts nach Weimar, von Auerstädt noch sechs Stunden dahin! Da steigt endlich der Ettersberg empor — zur Linken Belvedere, zuletzt das Webicht und nun fahren wir mit klopfendem Herzen den Weg von der Altenburg herunter. Am Thor fand ich einen Brief der treuen Frl. von Knebel; sie hatte in dem Goullonschen Haus an der Ackerwand für uns Zimmer miethen können. Ich schreibe Dir in dem Zimmer, wo die gute Mutter starb, wo unsre Lotte geboren ist, wo ich den herbsten Schmerz einer Tochter und die höchste Freude einer Mutter empfunden habe. Tausendmal habe ich Deiner gedacht, stündlich bin ich Dir nahe, möchtest Du es mit em= pfinden. Die Schwestern und Kinder sind wohl und grüßen herzlich; bald mehr von

Deiner treuen Amalie."

30. Juni.

„Eben erhalte ich Deinen lieben Brief; wie danke ich Dir, wie liebe ich Dich dafür, daß Du mir so treu schriebst, daß über das trennende Meer mir Deine lieben Zeilen zukamen und mich in stetem Zusammenhange mit Dir erhalten; ich kenne

so Deinen Gedankengang, daß es mir bisweilen scheint, Du be=
antwortest mir meine leider nur gedachten Fragen an Dich.
Gottlob, daß Dein Fieber nur vorübergehend war; ich bitte
dich innigst, Deine Gesundheit zu schonen, Du mein größter
Trost. Doctor Huschke, den ich wegen meiner Gesundheit con=
sultiren wollte, ist noch in Jena bei der kleinen Prinzessin,
deren Zustand noch recht bedenklich ist; doch hofft man das
Kind[1] durchzubringen. — Die arme Großfürstin ist in schwerer
Sorge und nun noch die Trennung von ihrem Liebling, ihrer
Schwägerin Prinzessin Caroline! Letzten Sonntag lud uns
der Erbprinz zum Dejeuner nach Belvedere und Prinzeß
Caroline holte mich dahin ab. Ich fand die Anlagen sehr
verschönt und freute mich, Hinzenstern hier wiederzufinden,
der den Wald hineingezogen hat in die erweiterten Parkanlagen.
Ich lernte dort auch einen Herrn von Rantzau, Begleiter des
Erbprinzen von Mecklenburg, kennen und Herrn von Bielke,
einen Dänen von Geburt, der beim Erbprinzlichen Hof ist,
beides gebildete, feine Herren. Prinz Bernhard ist, ungeachtet
seiner riesenhaften Größe, anspruchlos wie ein Jüngling, was
ihm doppelt gut läßt, da er sich sehr tapfer und mannhaft bei
den schweren Zeitereignissen benommen haben soll. Um halb
2 Uhr kam ich nach Hause und ließ mich für das Hof=Diner
entschuldigen, weil ich abgespannt war und Abends einem Hof=
Concert beiwohnen sollte. Dort fand ich unsern sächsischen Be=
kannten Herrn von Funk in Generalsuniform; er frug mich,
ob ich viel Neues vorgefunden; ich antwortete: ja, viel Neues
und mehr Schlimmes als Gutes; er bat um die Erklärung und
ich erwiderte, daß ich Deutschland in der Fremde doch unmög=
lich untreu habe werden können; Funk meinte, man müsse aus
Deutschland heraus, um dafür als für ein Ganzes zu empfinden.
Nun, sagte ich, dann wünschte ich, daß Sie einmal alle aus
Deutschland herausgehen möchten, um recht zu empfinden, daß
Sie Deutsche sind. — Du siehst, der General als solcher im=
ponirte mir nicht sehr. Herr von Bielke erzählte mir, daß der

---

[1] Marie, die spätere Prinzessin Carl von Preußen.

Tod unsers Kronprinzen in Paris als eine ganz gewöhnliche
Zufälligkeit aufgenommen wurde; ein vollblütiger Mann kann
vom Schlage getroffen werden. Hieraus erhellt, daß sich Frank=
reich so zu sagen unsrer Reputation annimmt — ob dieser
Advocat vor allen Richterstühlen geltend ist, bleibt eine andere
Frage. — Begierig bin ich durch Deine nächsten Briefe zu
hören, wie man sich in Schweden zu dieser Frage stellt; ich
fürchte, man läßt die Todten ruhen und gönnt den Lebenden
den Frieden, den sie nicht haben. Schweden thäte jetzt ein
Beherrscher noth, wie den Fröschen in der Fabel, die sich zankten,
bis der Reiher sie verschluckte. Ein König wird nicht zittern,
solange er die Macht in sich spürt zittern zu machen, wo es
sein muß — wenn er klug dabei wäre, so könnte ich mich für
Dich freuen, denn Consequenz ist eine der wenigen guten Eigen=
schaften eines Despoten und bei dieser kann auch der ehrliche
Mann noch auf etwas fußen. Ein Zwittergeschlecht zerstört
andere, wie es in sich nichtig untergeht.

Sehr erfreute mich das Wiedersehen mit Knebel, welcher
zufällig hier ist; er hat nicht gealtert und ladet uns herzlich
nach Jena ein. — Die Schiller störte mich eben im Schreiben,
auch Tante Stein ließ mich holen; so machten wir einen ge=
meinsamen Spaziergang durch den Park und fanden dort eine
kleine Fräulein von Fritsch aus Dresden, die Hofdame der
Großfürstin. — Die Kinder haben einen kleinen Wagen auf=
getrommelt, in dem Bernhard gefahren wird; eben kehrt er
schlafend heim mit rothen Bäckchen, die fetten Patschchen vor
sich auf die Decke gestreckt; ich kann mich gar nicht satt an ihm
sehen, das heitere, behagliche, besonnene Kind. — Bror hält
sich zu den Kammerhusaren und wird von diesen auch gelegent=
lich einmal mit in den Marstall geführt — ich lasse ihm par
principe freies Spiel, weil ich glaube, daß Du hierin mit mir
übereinstimmst; eine Sicherheit, die auf die physische und mora=
lische Verkrüppelung gebaut ist, kann keine solche genannt werden.
Wir müssen und wollen ihn in Gottes Hände geben, damit
er nicht in der Menschen Händen verderbe. Der Junge spricht
jetzt fast alles deutsch; wenn er nur nicht so leicht heulen wollte,

— 259 —

17*

die Ruthe steckt auch hier hinter dem Spiegel und bleibt nicht
immer an dieser verborgenen Stelle, sondern bringt auch in
andere Verborgenheiten ein.   Übrigens kann ich Dir sagen,
daß unsre strammen Jungens aussehen wie einst die Knaben,
welche später Panzer und Sturmhaube getragen haben. Gott
erhalte sie uns. — Wenn ich Deiner gedenke und der vielfachen
Schattenbilder von Männern, denen ich hier als servilen
Franzosen-Dienern, sogenannten guten Patrioten, begegne —
dann weiß ich, daß ich unter besserm Schutz stehe, als die meisten
meiner Mitschwestern.   Deinen Namen nenne ich mit Stolz und
Sicherheit, niemand brauche ich darauf anzusehen, ob er eine
andre Meinung von Dir habe. — Alle, die Dich kennen, müssen
Dich achten, wie ich Dich liebe und ehre. Lasse dieses Dir
für's erste genügen, mein theurer Freund!   In einer Zeit, wo
dem Versucher scheinbar Freiheit gelassen ist, kann der die
Hände froh aufheben, der sie sich rein erhalten hat, zu dem,
der über den Wolken thront und seiner Zeit die Aufklärung
so vieler Räthsel geben wird. Lebe wohl für heute; die Schwestern
haben noch fleißig für die Hof-Hochzeit zu nähen, ich trage
meine schöne schwedische schwarze Hof-Tracht mit weißen Spitzen
und Perlen.

                                    Deine treue Amalie."

Amalie an Helvig.

10. Juli.

„Ich hatte zur Feier von Prinzessin Carolinens Hochzeit
einen Dialog gedichtet für ihre nächststehenden Freundinnen
und wartete die Gelegenheit ab, ihn in die Festlichkeiten ein-
zureihen.   Die Casino-Gesellschaft hatte von meinem Vorhaben gehört und bat mich durch Herrn von Spiegel, mich ihnen
anzuschließen, da sie ein Fest im Park zu Ehren der Vermählung Ihrer Durchlaucht der Prinzessin Caroline zu geben
beabsichtigten und ich die Staffage dazu liefern möchte, während
sie alles Übrige übernehmen würden. Der sogenannte Stern
im Park von Weimar war als Festplatz gewählt worden. Herr
von Spiegel hatte für einen gedielten Tanzplatz gesorgt, für
ein herrschaftliches Zelt, worin das Dejeuner eingenommen

werden sollte, und hatte vor die dichte Baumwand einen Tempel
bauen lassen, dessen Rückseite durch einen grünen Vorhang
die erst später erscheinenden Personen barg.“

In diesem Tempel stellte Amalie ein Bild durch die Gruppe
von sechs Nymphen dar, welche die Lustschlösser Weimars
repräsentirten und, nach und nach sich belebend, Abschiedsworte
an die Prinzessin richteten, die ihre Freundinnen in ihnen erkannte. Amalie berichtet weiter darüber:

„Ich traf mit Herr von Spiegel im Park die letzten An-
ordnungen und nun ging es an das Einpauken meiner Verse,
durch die sechs jungen Damen gesprochen, und an die Vorschrift
der Toiletten; auch keine Kleinigkeit! Freundlicher Gehorsam
erleichterte mir die Aufführung, die ich Dir nun beschreiben will:
Ich gruppirte meine hübschen Mädchen mit der Idee der
Oceaniden im Äschylus: Ettersburg (Comtesse Caroline Egloffstein) saß bedeutend erhöht in der Mitte, alle überragend, wie
eine Diana gekleidet, auf die Armbrust gestützt, das schöne, mit
Eichenlaub gekrönte Haupt traurig aufwärts gerichtet; an ihrer
Brust ruhte die Nymphe der Ilm (Frl. Marianne von Imhoff) der Überwurf in Silber-Gaze mit Weidenzweigen gar-
nirt, der Gürtel von Vergißmeinnicht, im blaßblauen Schleier
mit Silber durchwebt und von Perlen im Haar gehalten. Links
von der Ettersburg saß, die rechte Hand auf der Bibel, die
Wartburg (Frl. Finetta von Reitzenstein) in Sammt gekleidet,
altdeutsch, die langen Locken von einem Brillantreif gehalten,
an die h. Elisabeth erinnernd. Hinter dieser bog sich Tiefurt (Frl. Louise von Imhoff) vor, mit Ähren und Korn-
blumen bekränzt, nach der Ettersburg blickend, das Kleid mit
Silberstreifen, die Ilm anzeigend, eingefaßt. Auf den Knieen
der Wartburg ruhte mit gesenktem Haupt und herabhängender
Hand die Dornburg (Frl. von Diskau) mit Weinlaub und
Trauben geziert, das lila Florkleid mit breitem Silberband
eingefaßt, an die Saale erinnernd. Auf der rechten Seite der
Gruppe lehnte sich an die Ilm in sitzender Stellung, als unterer
Schluß der pyramidalischen Gruppe, Belvedere (Frl. Emma

von Staff); sehr schön, unter dem erhobenen Arm heiter coquett vorblickend, wie sich schützend vor der Sonne, das Haar mit Orangen= und Granatblüthen geziert, auf den Schultern den rückwärts fallenden Purpurmantel durch Brillantagraffen gehalten, den Gürtel von Smaragden mit langen Perlentropfen, das weiße Kleid von Atlas mit Granat=Blüthenzweigen geziert. — Die Musik hinter den Bäumen gab das Signal der Ankunft des Hofes und spielte, bis die Gruppe sich belebte und die Figuren mit ihren Gaben das junge Ehepaar begrüßten. — Zuletzt, als Überraschung für alle, trat ich als Meerfrau mit meinen Gefährtinnen hinter dem Tempelvorhang vor, eine goldne Leier im Arm und scheinbar spielend, während ich schöne Harfenbegleitung vom verborgnen Orchester hatte. Durch mein freudiges Willkommen aus der neuen Heimath am Meeresstrand wollte ich die wehmüthige Abschiedsstimmung verbannen — und erntete so beglücktes Zunicken des fürstlichen jungen Gemahls, daß ich leicht aus der Fassung vor Lachen gekommen wäre. Alles war geglückt und ich erhielt sehr schmeichelhaftes Lob von allen Seiten, besonders herzlich von Wieland und Herrn von Knebel. Die Großfürstin lud mich in ihr Zelt und ich hatte die Ehre, neben dem Erbprinzen von Mecklenburg zu sitzen.

Bei Gelegenheit der Vermählung Ihrer Durchlaucht der Prinzessin Caroline von Weimar trug die Weimarische Zeitung den Geleitsspruch:

> Sieh, wir segnen dich, wir bringen
> Dir ein bleibendes Geschick
> Und auf himmlisch reinen Schwingen
> Ruhet über Dir das Glück.
>
> Goethe.

Diesem Tage folgte eine Abschiedscour bei der nunmehrigen Erbprinzessin von Schwerin und dann ein Thee bei der Herzogin Louise; Frau Großfürstin hielt mich noch sehr gnädig zurück, als ich den Saal unbemerkt verlassen wollte, einen letzten Abschiedsblick wechselte ich noch mit unserer allverehrten Prinzessin Caroline und die Brücke war abgebrochen, die nach der Vergangenheit führte." —

Amalie an Helvig.

„Ich habe Dir noch einiges nachzutragen aus der Festzeit, die meinen ruhigen Briefwechsel unterbrach.

Ich habe von manchen Rathschlägen gehört, die zwar wohl= gemeint, aber taktlos unserer Prinzessin gegeben wurden als Richtschnur für die neuen Verhältnisse, in welche sie tritt, und ich entschloß mich, das Vorrecht der Freundschaft zu benutzen, um ihr noch einen schriftlichen Abschied zu senden. — Nach einigen Tagen, wo ich zur Tafel befohlen war, sagte mir die Großfürstin nach gleichgiltigen Redensarten: „Warum soll ich es Ihnen verhehlen, liebe Frau von Helvig, ich habe den Brief gelesen, den Sie an meine Schwägerin richteten und er hat mich tief ergriffen. Sie haben ihr die Aufgabe einer Frau und Fürstin sehr klar dargestellt, mit ebensoviel Erfahrung als Verstand und tiefer Erkenntniß unseres Geschlechtes — wenn sie diese Winke befolgt, kann sie nicht anders als glücklich machen und werden; ich gestehe, daß ich mir den Brief copirt habe". Die Großfürstin zeigt bei ihrer Jugend viel Schärfe des Verstandes und Tiefe des Gemüthes; ohne schön zu sein hat sie etwas Idealisches in Gestalt und Wesen. Man erzeigt mir viel Freundschaft hier und ich sehe an dieser Rückwirkung, daß der Aufenthalt in der Fremde und unter Deinem Einfluß fördernd auf mich gewirkt hat — ich sage Dir diese Wahr= nehmung, weil ich weiß, daß ich Dir eine Freude damit machen kann.

Gestern Abend waren die besonderen Verehrerinnen der Prinzessin bei mir versammelt. Emilie Gore, Frl. von Knebel, Frl. von Bose, Tante von Schardt, Cousine von Stein und Tante von Stein, die leider durch die Frau Herzogin abgerufen wurde. Wir besahen meine Skizzen aus Schweden und die kleinen Aquarellen von Bellanger, das Lottchen=Buch ꝛc.

Unsre Kinder wurden geholt und haben wirklich sich viel Liebe gewonnen; Bernhard steht schon an der Stuhllehne allein und ist ein herziges Kind, er ist so gleichmäßig in seiner Stim=

mung, so wenig schreckhaft, was mir gute Zeichen einer festen
Gesundheit sind. Die kleine Prinzessin der Großfürstin ist noch
immer in Jena unter ärztlicher Behandlung; sie wird durch
Champagner erhalten und gekräftigt. — Ich habe aber die Zu=
versicht, daß die Kleine erhalten bleibt und sich im zweiten Jahr
kräftigt wie unser kleiner Bror, der jetzt ein so strammes Kind
geworden ist und auch nur eine langsame Lebensentwicklung
hatte, durch schwaches Blut. Grüße Sophie Silfersparre,
L. Gyllenskjöld und die Gräfin Skjöldebrand — ich freue mich
über seine neue Stellung[1]. Lebe wohl, bald mehr von

Deiner Amalie.

Bevor ich den Brief abschicke, muß ich noch nachholen,
daß ich am Abend bei der Schiller war, wo ich die vier Kinder
fand und mich die Ähnlichkeit Ernsts mit seinem Vater rührte; er
hat auch etwas Poetisches, aber noch ganz Verschlossenes und ist
kränklich, stumm. Karl studirt in Tübingen; die beiden Mädchen
sind nicht hübsch, aber graziös. Wie mir in diesem Zimmer
zu Muthe war, kannst Du Dir vorstellen, zumal mir Ernst
recht gut unaufgefordert den Marsch zum „Wallenstein" und den
Hirtenreigen zum „Wilhelm Tell" auf dem Piano spielte. Ich
brach in Thränen aus. Die vereinsamte Familie brachte mich
nach dem Thee nach Haus." —

Amalien wurde zur Herstellung ihrer Gesundheit der Ge=
brauch von Schwalbach verordnet. Sie verließ Weimar, trennte
sich von ihrer Schwester Marianne, deren Hochzeit mit Mr. de
Ron bei dem Onkel Stein in Kochberg gefeiert werden sollte,
und reiste mit Louise und den Kindern über Frankfurt a. M.
nach dem Taunusbad. Wir lesen in ihrem Brief an Helvig,
aus Frankfurt datirt:

29. Juli.

„Es dunkelte schon, als wir die zerstörte Festung Hanau
und den Main, unsern letzten deutschen Strom, sahen! Das gab
mir trübe Gedanken; ach, dieses schöne Rheinland schien mir

---

[1] Grand-Gouverneur de la ville de Stockholm.

einer blühenden Erbin vergleichbar, der man vater- und mutter-
los das Ihre geraubt und die so ohne Stütze und Rath in
die Hände des kühnsten, raubgierigsten Werbers fallen mußte,
den sie selbst lange als den würdigsten Bewerber ansah, bis
die Erfahrung sie eines Besseren belehrte. Es war Nacht, als
wir nach Frankfurt kamen, und der Kutscher hatte mir ein paar
Gulden und Aufenthalt erspart, dadurch, daß er an der Barriere
rief: „Eine französische Generalin!", welche hier wie überall
umsonst passirt. Ich hätte mich nicht dafür ausgegeben quand
même. Am folgenden Morgen holte uns meine liebe Freundin
Frau von Holzhausen mit Kind und Kegel nach ihrer nahe
gelegenen Besitzung, „die Öde" benannt. Eine freundlichere
Öde giebt es wohl kaum auf der Welt. Das Haus liegt von
einem Wallgraben umgeben, über welchen eine schöne Stein-
brücke bis an die Steinstufen vor dem Hause führt, herrliche
alte Bäume beschatten das Landhaus und den großen Garten.
Ich that den Einblick in ein glückliches Familienleben, ohne
großen Luxus, aber behaglich für die Bewohner und Gäste.
Frau von Holzhausen unterrichtet selbst ihre Kinder, zu diesem
Zweck ziert eine Hausbibliothek ihr Wohnzimmer. Er ist Landwirth und Geschäftsmann, mit viel natürlichem Verstand und
besseren, gesünderen Urtheilen als ich sie bei manchem unserer
Schöngeister gefunden. Wir verlebten zwei reizende Tage bei
ihnen. — Seit gestern sind wir in Schwalbach, der Arzt scheint
ein verständiger Mann, ich trinke nach seiner Vorschrift den
Weinbrunnen, auch eine unerwartete Gesellschaft habe ich vorgefunden! Rathe, wen! Unsere schwedische Familie Bremer.
Als sie hörten, schwedische Badegäste seien eingetroffen, schickten
sie ihre Karten und ließen um Auskunft bitten — sie waren
eben bei mir. Doch muß ich meinen Brief noch schnell be-
fördern. Herzliche Küsse und Grüße von uns und ein Vergiß-
michnicht von Deiner

Amalie."

Der nächste Brief ist aus Schwalbach vom August datirt.
Amalie schreibt befriedigt von der schönen Gegend und ihrer Wohnung und lobt den günstigen Erfolg der Brunnenkur. Sie dankt

für empfangene Briefe Helvigs; aus diesen und den deutschen
Zeitungen erfährt sie, daß hochgestellte Männer in Bezug auf
den Tod des schwedischen Kronprinzen zur Verantwortung ge=
zogen würden, und beklagt den schlechten Ruf, den sich Schweden
durch seine Hof-Intriguen im Ausland erworben. Sie schreibt
an ihren Mann: „Ich denke trotz allem, die Liebe, welche Dich
an Dein Vaterland, an Deine Thätigkeit knüpft, kann durch
augenblickliche Unzufriedenheit gedämpft, aber nicht erlöscht
werden. Wie ganz anders wäre jetzt Schwedens Ruf, wenn es
unter günstigen Schicksalen langsam hätte reifen können und
stark werden, wie die mächtigen Fichten seiner Gebirge, stand=
haft wie das Erz in seinen Schachten.

Auch hier in Deutschland ist außer dem Druck der Unter=
jochung viel Gährungsstoff, man flickt, wie es im Evangelium
heißt, neue Lappen auf alte Schlumpen und sie müssen mit den
alten und neuen verworfen werden, damit ein Ganzes, ein
Echtes erstehen kann. Es fehlt uns wahrlich nicht an Männern
von starkem Willen und hohem Geist, aber sie sind jetzt un=
beschäftigt — man hat sie kalt gestellt, sie müssen sich ge=
wöhnen, ihren Verstand, ihre Kenntnisse und Erfahrungen als
ein todtes Capital anzusehen, ob sie schon gern ihren Schatz
als Gemeingut der Menschheit zum Besten gegeben hätten.
Solche Männer müssen feiern, während Pinsel und Speichel=
lecker wichtige Ämter bekleiden — tout comme chez nous. — Ich
lernte hier den jetzigen Gouverneur des Prinzen Bernhard von
Weimar kennen, Herrn von Rühle; ein gewandter Mann, er giebt
ein militärisch = wissenschaftliches Wochenblatt heraus, „Bellona"
— ich sprach ihm von Deiner Stellung, Deinen Interessen,
er würde sich glücklich schätzen, Ausarbeitungen von Dir über
das Wesen der Artillerie in sein Blatt aufnehmen zu dürfen.
Schicke mir von Deinen Schriften mit genauen Angaben Deiner
erprobten Verbesserungen. Es müßte auch für Deutschland inter=
essant sein und würde Deinen Namen auch hier bekannt machen.
Lächle nicht, daß ich stolz auf meinen gelehrten Mann bin und
auch meiner Heimath seine Erfindungen zu Gute kommen lassen
möchte. Cotta hat die Herausgabe der Zeitschrift übernommen."

Inzwischen wurde der französische Marschall Bernadotte zum Kronprinzen von Schweden erwählt, der nachmalige König Karl Johann.

Amalie an Helvig.

„Laſſe Dir die neuen Aussichten für Schweden hoffnungs= voll werden, überall höre ich den neu erwählten Kronprinzen rühmen. Daß er ſich den Sitten Schwedens leicht fügen will, hat er in Feindesland gelernt — warum ſollen wir zweifeln, daß die Geſchicklichkeit nicht die Herzen ſeiner Landeskinder eröffnen ſollte? Du biſt ja auch der französischen Sprache mächtig, nur zum Geſchwätz nicht, was entbehrlich iſt für Männer der That, der Wiſſenſchaft — faſſe Muth, mein Helvig, ich habe frohe Hoffnung für die Zukunft. Der Mann, welcher frei= müthig wie Du erzählt, daß er der Trommel gefolgt ſei, wird ſich gewiß in einem Punkt mit Dir begegnen, in dem eblen Stolz, ſich ſelbſt die Carriere zu verdanken. Ich ſehe, die Kriegs= göttin nimmt ihren Flug nach Norden, da wird ſich Dein Wiſſen, Deine Unentbehrlichkeit zeigen, ich ſammele jetzt neue Kräfte im Süden in dem ſtillen Leben hier und kann Dir dann neubelebt zur Seite ſtehen. Geſtern las ich einen alten rheiniſchen Spruch:

> Nicht laut gerügt,
> Was Keckheit lügt!
> Verachten g'nügt,
> Der Schwatz verfliegt,
> Lob überwiegt,
> Die Wahrheit ſiegt.

Mich dünkt, dies Verslein drückt den Troſt aus gegen das Leiden ſo vieler ehrlichen Leute in unſerer ſchweren Prüfungszeit. Dir, theurer Mann, möchte ich vor allem heitere Lebensphilo= ſophie entgegenbringen, denn Deine Einſamkeit iſt jetzt doppelt ſchwer zu ertragen, wo mancher Kampf mit höfiſchen Gegnern broht, ja ſelbſt Ungewißheit für die Zukunft bei dieſen ſchnell ſich folgenden Regierungswechseln. Möchte Dich die feſte Über= zeugung beruhigen, daß ich in Gedanken Dir gegenwärtig bin, wie es Dir meine Briefe, mein Tagebuch beweisen können, und Dich mit uns fortleben lasse, denn ich weiß, wie gewohnt, ja ich wage es zu sagen, wie unentbehrlich Dir der Gedanken=austausch mit mir ist — da Du verschlossen gegen die meisten Menschen bist und sie nur an Dir kennen, was Dein Pflicht=gefühl zur That bringt. Heute vor einem Jahr erlangte ich nach schwerer Krankheit zum erstenmal wieder volles Bewußt=sein, darauf folgte das kalte Fieber und nur Deiner Großmuth habe ich, nächst Gott, meine Lebenserhaltung zu danken, denn damals schon faßtest Du den Entschluß, mich im Frühjahr nach dem Süden ziehen zu lassen. Jetzt schon erntest Du den Lohn, Dir die Frau, unsern Kindern die Mutter erhalten zu haben, denn das Fieber hat mich verlassen und die Kräfte heben sich. Die Kinder gedeihen prächtig, was Dir mein Tage=buch detaillirt. Ich zähle die Tage, bis ich wieder Nachricht aus Stockholm erhalte.

Deine treue Amalie."

Helvig war noch nicht mit dem projectirten Winteraufent=halt in Heidelberg einverstanden; er gab Paris den Vorzug des Klimas halber und wies darauf hin, daß Amalie dort am besten ihr Maltalent ausbilden könne, was ihr wichtig für die Zukunft sein müsse. Die Mittel zur Bestreitung der Mehr=kosten rieth er getrost zu borgen, da sich die Capitalanlage bei ihr reichlich lohnen werde und sie dann die Summe aus eigenen Mitteln ersetzen könne.

XXXVI. Capitel.

Heidelberger Leben.

Amalie an Helvig.

Heidelberg, 17. September.

„Hier bin ich endlich gestern mit den Meinigen an=
gekommen und fühle mich wie neugeboren in dem schönen
Thal von bewaldeten Bergen umgeben, abseits von der großen
Heerstraße und wie geschützt gegen die stürmenden Welt=
ereignisse. Die Bergstraße, welche von Frankfurt hierher
führt, beschreibe ich Dir nicht, Du kennst sie und die üppige
Schönheit von Süddeutschland, sammt ihrem freundlich=heitren
Landvolk. Meine Schwester und ich fühlten uns heimisch hier
vom ersten Augenblick an und es wird auch, so Gott will, ein
passender Aufenthaltsort für die Kinder sein. Als wir im
Gasthof ankamen, erfuhren wir, daß die Schiller an demselben
Morgen nach Stuttgart abgereist war, nächsten Sonnabend wird
sie zurückerwartet, sie schrieb mir, daß sie von Dannecker ein=
geladen worden sei Schillers Colossalbüste zu sehen und bei
ihm zu logiren. Ich schrieb den Morgen nach meiner Ankunft
ein Billet an den alten Voß und wir wurden sogleich gebeten
den Thee bei ihnen zu trinken. Wir wurden im Garten auch
von Mutter und Sohn Voß herzlich willkommen geheißen und
fanden eine wahre Idylle eines nutzbaren Gartens, von altem
Gemäuer mit Epheu bewachsen umgeben, mit Nutz= und Zier=
obst reichlich versorgt; auch die schöne Schlingpflanze Cobea
(Wachsblume) fand ich hier, welche mich entzückt hatte in
Berlin, im Wintergarten der Prinzessin Wilhelm, dort ein
Geschenk Alexander Humboldts an die Europäer. Wir ver=
lebten einen ruhig=heitern Abend, und wenn ich der Art trauen
darf, wie Vater und Sohn einfach=verbindlich sich zeigten, so
werde ich noch manche belehrende und heitere Stunde in diesem

Cirkel zubringen. — Du erinnerst Dich wohl, bester Helvig,
jener Aprikose, die er mir in Jena als seine schönste am
Spalier aussuchte; so hier die erste Melone einer neuen An=
pflanzung. Bei der Heimkehr empfing ich Deine beiden Briefe
und eile sie zu beantworten."

19. September.

„Du ließt mir freie Wahl und ich hoffe nach Pflicht und
Gewissen für mich und die Meinigen entschieden zu haben, in=
dem ich mich in Heidelberg einlogirte. Ich gestehe Dir, daß
Dein Hinweis nach Paris, als ich ihn in Schwalbach las, mir
viel zu denken gegeben hat, ja eine Versuchung für mich ent=
hielt, die vergrößert wurde durch brillante Recommandationen;
Freunde, welche das Pariser Leben kennen, prophezeiten mir,
daß sich dort ein interessanter Cirkel um mich sammeln werde,
und ich gestehe Dir, daß ich diese Meinung schweigend theilte.
Die Neigung aber, mit Menschen umzugehen, empfangen und
mittheilen zu wollen auf geistigem Gebiet, würde mir bei dem
eitlen, kalt=genußsüchtigen Verkehr in Paris zur Klippe ge=
worden sein, statt zum Wachsthum dessen, was ich in mir selbst
zu schätzen wage — der kostspielige Aufenthalt hätte mir nur
einen bitteren Nachgeschmack hinterlassen. Die Wahl steht uns
frei bei derartiger Entscheidung, muß aber nach individueller
Prüfung getroffen werden, man kann dem Götzen dieser Welt
nicht zugleich dienen und ihn beherrschen. Ich beantworte
nun den zweiten Punkt, die Kunst betreffend: Du urtheilst sehr
richtig, wenn Du in Paris die beste Gelegenheit erwartest,
mein Talent für Portraitmalerei ausbilden zu können; Fleiß
bei richtiger Anleitung könnte mich selbst jetzt noch auf eine
vielleicht bedeutende Stufe der Kunstausübung führen und ich
würde dadurch eine große Befriedigung empfinden, aber dann
müßte ich als Malerin dem Ziel entgegenstreben, als Frau und
Mutter den Meinigen durch den Erwerb zu nützen, was mir
in Schweden als Gemahlin des General=Feldzeugmeisters nicht
gestattet wurde. Zur Dilettantin wäre die theure Ausbildung
ein Luxus, den wir uns jetzt nicht leisten können. — Ich habe mich

nie als stark noch tugendreich empfunden, deßhalb habe ich stets
gesucht, meine Kraft in dem Entschluß zu concentriren: allem
aus dem Wege zu gehen, was den reinen Spiegel meines
Innern trüben könnte. Ich möchte die Erholungszeit, die mir
Deine Liebe gönnte, zweckentsprechend für Geist und Körper
ausnutzen. Hier kann ich mit den Kindern anspruchslos billig
und doch behaglich leben, im Verkehr mit gebildeten Deutschen,
die auch herzliche Beziehungen zu uns haben werden, und nichts
will ich versäumen, um mich zu bereichern für meine Lebens=
aufgabe: beglückend für Dich, bildend für die Kinder zu werden.

Wir haben eine nette Wohnung gefunden, ein Erker des
Wohnzimmers hat die Aussicht nach dem Schloß, die Kinder
haben freies Spiel im geräumigen Garten. Professor Voß
will mir heute den Geheimrath Mai zuführen, ebenso den Arzt
Dr. Nägele. Voß hat nebst seinem Sohn Heinrich die Vol=
lenbung der Übersetzung Shakespeares übernommen, die Schlegel
im Stich gelassen. —

Könnte ich jetzt mit Dir eine Promenade durch den Wein=
berg am gegenüberliegenden Neckarufer machen, das sollte Dich
schon freudiger stimmen, mein Helvig; die Bilder welche Du
mir in Deinen letzten Briefen von Stockholm und seinen Be=
wohnern entwirfst, sind mit trostlos düstern Farben gemalt,
nur Schatten und kein Licht. Tauche den Pinsel tiefer in
Dein Herzblut und Du wirst Dir die heiteren Bilder Deiner
Frau und Kinder hervorzaubern.

Deine treue Amalie."

Amalie an Helvig.

1. October.

„Wir wurden gestern bei Professor Voß im Garten mit
herrlichem Obst und Elsässer Wein bewirthet, der alte Herr
im langen Hausrock war innig vergnügt und ordentlich muth=
willig, während unser kleiner Bror mit Ernst Schiller Pferd
spielte und diesem die Hacken beschlug, was sich der vierzehn=
jährige Knabe ganz freundlich gefallen ließ. Dort machte ich
die Bekanntschaft des Professor Welcker aus Gießen, er war

Hofmeister bei Humboldts und auch in Italien gewesen; ohne
hübsch zu sein, hat er etwas sehr Angenehmes, viel natürlichen
Verstand; er hat etwas zurückhaltend Vorsichtiges in seinen
Äußerungen, was mich an die g u t e n Schweden erinnerte. Heute
verlebte die Schiller ihren letzten Reisetag hier bei mir. Morgen
führt mich Heinrich Voß zu den Brüdern Boisserée, welche
alte Bilder zu einer Gallerie ansammeln und Ansichten des
Doms zu Cöln in Kupferstichen herausgeben werden, sie be=
sitzen vorzügliche Zeichnungen dafür, unter andern auch welche
von Hoffmann, dessen Namen Du Dich erinnern wirst aus der
Kunstausstellung von Goethe."

3. October.

„Wie soll ich Dir die freudige Überraschung ausdrücken,
bei Boisserées eine wahre Fundgrube von bester Kunst ge=
funden zu haben, verwaltet von ebenso liebenswürdigen als
kenntnißreichen Sammlern. Aus mancher durch den französisch=
deutschen Krieg zerstörten Kirche wurden werthvolle Bilder ge=
rettet und von den Brüdern Boisserée und einem Kunstkenner,
Herrn Bertram, angekauft. Ein herrliches Bild aus der Schule
Bolognas hat mich besonders entzückt, es ist von dem alten
Meister Francia, der zu erkennen ist an der Simplicität im
Ausdruck seiner Darstellung, man sagt, daß er starb beim An=
schauen von Raphaels Cäcilia. — Das Bild stellt den Tod der
Mutter Jesu vor, die Jünger erweisen ihr die letzten Dienste,
Johannes, des Herrn Liebling, segnet sie ein, Thränen auf den
Wangen, Petrus, der Fels der Kirche, ist beschäftigt mit Kerzen
und Weihwedel, alle Apostel scheinen den letzten Athemzug der
Sterbenden noch mit Liebe auffangen zu wollen. Sie liegt in
himmlischer Verklärung still verscheidend da; die linke Hand
streckt sich im Tode aus, die rechte ·öffnet sich matt, die Kerze
loslassend; die Füße ziehen sich im letzten Krampf etwas auf=
wärts, so daß die herrlich gezeichnete rothe Decke dadurch herab
zu sinken scheint. Es ist alles Tod und doch alles Leben an
diesem Sterbelager. Auch die Nebensachen sind so fein beachtet,
zur Seite des Bettes ist ein weitgeöffnetes Fenster, durch welches

man den heitern blauen Himmel sieht, Vögel flattern von Dach
zu Dach und an dem bewegten Vorhang erkennt man einen
frischen Luftzug, der das Zimmer durchströmt, bereit, die reine
Seele mit sich fortzuführen. — Ich sah eine Belohnung meiner
Standhaftigkeit bei der Pariser Tentation darin, daß mir die
Herren unaufgefordert anboten Copien von diesen Bildern in
meinem Hause nehmen zu dürfen, morgen beginne ich in Aqua=
rell die Copie des heiligen Georg. Die Zahl der werthvollen
Bilder beläuft sich schon auf dreihundert, in nächster Woche
kommt ein neuer Transport, durch Herrn Bertram geholt, aus
Cöln. Die Herren nehmen sich selbst recht gut aus in dem
Cadre ihrer Gemälde und scheinen der Kunstaufgabe, die sie sich
gestellt, gewachsen zu sein, auch ihr gesellschaftlicher Verkehr
scheint angenehm und ihre Stellung hier eine sehr geehrte zu
sein; ich wurde wohl mehrere Stunden bei diesem Besuch auf=
gehalten.

Heute proponirte mein Hauswirth, Geh. Rath Erb, mir
eine der schönsten Bergpromenaden zu zeigen, seine Frau liegt
in den Wochen, er selbst ist 68 Jahr, rüstig wie ein Fünfziger
und begrüßte in diesen Tagen sein neuntes Kind, bei dem ich
Gevatter stehen soll. Die zwei ältesten unserer Kinder und zwei
kleine Erbs begleiten uns, und auch für Mundvorrath habe
ich gesorgt — wärest Du mit! Früh um sieben Uhr brechen
wir auf, mit einem Esel für die Kinder zur abwechselnden Be=
nutzung. Professor Welcker schließt sich mit Heinrich Voß an."

5. October.

„Die Fußpartie war sehr geglückt, das Endziel war der
sogenannte „heilige Berg", eine Klosterruine am jenseitigen
Ufer des Neckar. Man überblickt von dort die herrliche Ebene,
durch welche der Neckar dem Rhein zuströmt, die Vogesen im
Hintergrund waren durch den Morgennebel nicht ganz klar zu
sehen, die Aussicht soll sich auf dreißig Meilen erstrecken, fast
unglaublich; bei hellem Wetter soll man den Straßburger
Münster als Strich sehen. Eine Chokolade wurde von Schwester
Louise gekocht und nebst Semmeln und Weintrauben gefrüh=

stückt. Wir nahmen den steilen Rückweg durch Weinberge und
Nußbaumanlagen und waren zu Mittag wieder heim, gestärkt
und entzückt von Luft und Naturschönheit. Vor dem Heidel=
berger Thor war ein Caroussel aufgestellt und weil es noch
unbesetzt war, schwang sich Louise in einen der Muschelwagen
und die gelehrten Herren bestiegen übermüthig wie Knaben die
hölzernen Rosse und legten die Lanzen ein zum Jubel der
Kinder. — Das sind nicht nervenerregende Vergnügungen
und doch gesund für Leib und Seele. Der junge Voß reist
morgen nach Stuttgart, er leidet an innerer Gicht wie man
glaubt und soll dort sich im wärmeren Klima erholen. Meine
lieben weimarischen Freunde Gr. Reußens passirten Heidelberg
und besuchten mich in alter Treue. Die Familie ist gefürstet
worden, sie wollen in Mannheim Wohnung nehmen.

Boisserée recommandirte mir einen Architekten, Herrn
Leger, der in sehr bedrückter Lage hier lebt, um ein bedeutendes
Werk über Architektur zu vollenden, er giebt als Nebenerwerb
Perspectivunterricht. Schon habe ich angefangen meine Grund=
risse unter der Basis zu zeichnen und so meine Linien recht
zierlich in Augenpunkte und Distanzpunkte zu ziehen, und
hoffe Dich mit diesen Lehrblättern zu erfreuen, wenn auch Dein
geübter Blick die Differenz eines Hundertheils vom Zoll be=
merken würde. Mich unterhalten diese Übungen sehr. —

Mein Brief wurde unterbrochen durch eine sehr angenehme
Überraschung, den Besuch Sr. Hoheit des Erbprinzen von
Weimar mit seinem Begleiter Herrn von Bielke, er hatte die
Rheinreise gemacht und kam nun von Darmstadt nach Karlsruh
gehend hier durch. Er meldete sich gleich bei mir für Nach=
mittag und Abend an, so promenirten wir erst zum Schloß,
während dieser Zeit konnte Thee und ein kleines passendes
Souper bei mir hergestellt werden. Der hohe Herr sammt
seinem Kammerherrn ließen es sich wohl schmecken und wir
feierten nach Herzenslust weimarische Reminiscenzen, zogen auch
gelegentlich etwas über die Gesellschaft des Hofcirkels her und
trennten uns erst zu später Stunde. Der Prinz hatte von der

Boisseréeschen Sammlung gehört und ich bot ihm an, durch ein
Billet den hohen Besuch meinen Freunden für den folgenden
Morgen anzumelden.

Den Vormittag holte mich der Prinz schon früh zu
Boisserées ab und ich freute mich der gegenseitigen Befrie=
digung der neuen Bekanntschaft, als auch des Kunstgenusses.
Die kleine Stadt war natürlich ganz erfüllt von dieser Neuig=
keit. Ich schließe in Erwartung Deines Briefes, der mir
hoffentlich wichtige gute Nachrichten bringt. Die Kinder sind
alle wohl und erquicken sich am schönen Obst, könntest Du es
mit genießen!

Deine treue Amalie."

Amalie an Helvig.

20. October.

„Ich danke Dir herzlich für Deine beiden Briefe vom
21. und 23. September, die ich eben gleichzeitig erhalten habe.
Der Himmel scheint Deine und meine Wünsche zu begünstigen
und führt unsern Briefwechsel an allen Klippen glücklich vorbei.
Zu Carbells neuer Niederlage gratulire ich, da die Frau Nemesis
ersparte, einen schlimmen Neider zu entlarven — er ist in die
für Dich bestimmte Grube selbst gefallen und Dein Werth ist
dadurch von selbst an's Licht getreten. Du bist darin glücklich,
daß Deine Feinde Dir meistens nicht gewachsen sind und sich
durch Gottes Rathschluß selbst blamiren. Wenn die Geschichte
mit Carbell so endet wie zu vermuthen steht, so wird sein
Regiment frei und wohl von Armfeld übernommen werden, so=
mit wäre dessen Regiment Svea vacant und für Dich, Theuerster,
wie bestellt, als Regiments=Commandeur hättest Du eine Sicher=
heit für die Zukunft, was Du mit Recht beanspruchen kannst.
In dem, was Du mir von der diplomatischen Sendung Deines
Adjutanten sagst und ihrer glücklichen Wirkung, finde ich mit
Freuden die Bestätigung dessen, was ich Dir darüber mittheilte;
man weiß höheren Orts, wie unentbehrlich Du bist, man will
nur versuchen, wie wohlfeil man Dich haben kann, daher kannst
Du Dich getrost nach Deinem Werth veranschlagen.

18*
— 275 —

Der Kreis Deines Wirkens liegt so bedeutend und lohnend um Dich, daß ich nur wünschen kann, Dich fest darin gebunden zu sehen, Du wirst Dich dabei erinnern, was ich Dir mündlich sagte in Momenten Deiner Unzufriedenheit, wo Du Dich glaubtest leicht daraus lösen zu können. Die erworbene Achtung in Schweden, welche Du nur steigern kannst, wäre schon hinreichend Dir Deine bleibende Stelle zu bezeichnen. Einen Mann im wahren Sinn des Wortes wollte ich zum Gatten haben, diesem Bedürfniß meines Charakters habe ich willig jedes Opfer gebracht, wie könnte ich je anders denken. — Es ist etwas anderes, durch die Brille der Spekulation die Verhältnisse der Menschen, der Nationen anzusehen, oder gleich aus diesem imaginären Gesichtskreis heraus in den eignen Cirkel der Wirklichkeit überspringen zu wollen. — Wenn ich mich augenblicklich in deutschen Freundesbeziehungen wohl fühle, so mußt Du das als eine Cur ansehen, die vorübergehend mich für Besseres, für mein eigenes Haus stärkt und mich Dir freudiger zuführt.

Der Kronprinz wird in Stockholm erwartet, er hat seinen Sohn Oskar genannt, ich glaube, er wird alle die Stockholmer Franzosen von achtundvierzig Stunden herzlich verachten, wie sie es verdienen, und die Schweden höher schätzen als diese quakenden Frösche. — Das schönste Herbstwetter erquickt uns hier, wir pflücken die zweiten Erdbeeren im Wald und Weintrauben auf den Bergen. Bei jeder Freude, die mein Herz erweitert, rufe ich: O wäre Helvig da!

Deine treue Amalie."

Amalie an Helvig.

23. October.

„Mein lieber Helvig!

Allerlei Bekanntschaften muß ich Dir wieder vorführen, die ein seltsamer Zufall mir verschaffte — doch erst lasse mich Dir für Deine beiden letzten Briefe innig danken, leider höre ich durch dieselben, daß Dein angenehmer Hausgenosse, Herr

von Biernacky Dich verlassen hat und auf der Reise nach Paris
ist — es war eine glückliche Schickung, daß dieser mittheilsame,
liebenswürdige Pole Deine einsame Häuslichkeit bisher etwas
beleben konnte und Dir sympathisch war. Wie oft gedachte
ich in diesen Herbsttagen unseres vorjährigen Aufenthaltes in
Drottingholm und Deiner Sorgen um mein verlöschendes Leben,
jetzt schon erntest Du die Früchte Deines aufopfernden Ent=
schlusses mich reisen zu lassen, denn ich fühle mich wie ver=
jüngt, kräftig und schaffensfreudig — Gott gebe Bestand dafür,
dann soll es auch nur Dir und den Kindern zu Gute kommen.

Seit gestern ist Frau von Wolzogen hier für ein paar
Tage, die wir gemeinsam genießen wollen. Wir gingen am
Nachmittag nach dem Schloß mit Professor Nägele und ich
malte von unserm Sitzplatz aus den gesprengten Thurm. Der
Abend war schön, die Ebene herrlich beleuchtet, fröhliches Rufen
tönte durch die Luft und Freudenschüsse knallten aus den Wein=
bergen. Mein kleiner Bror amüsirte sich mit einem zahmen
lahmen Storch im Schloßgarten, welcher drollig gravitätische
Bewegungen machte, und wie dieser davonging, zog der Junge
ganz ernsthaft seine Mütze ab und sagte sich verneigend: „Ich
danke recht sehr, Herr Storch, für alle diese schönen Kunststücke".
Der Kleine hat etwas Originelles in seinem Wesen, aber er
muß exakter in seinem Denken werden. Sein kleiner Bruder
ist glücklicher beanlagt, so wahr und arglos mit den Menschen,
so behaglich ruhig und doch lebhaft im Geist, recht als ver=
spräche er ein kernhafter Mensch zu werden — und dabei gut=
müthig, liebevoll mit den Geschwistern, denen er Stückchen
Biskuit in den Mund steckt, wenn er solch einen Leckerbissen
erhält. Seine Schwester Lottchen hat ihm schon nach meiner
Anweisung ein rothes Flanelljäckchen genäht, worüber beide
ganz stolz waren."

Freitag, 24. October.

„Die Wolzogen führte mir heute einen Graf Rothe zu,
dessen Bekanntschaft sie gestern beim alten Voß gemacht hatte
und welcher sie um Einführung bei mir bat. Er war Gesandter

in Portugal, Spanien und Dänemark und ich versprach mir
nicht viel von einem zugeknöpften Diplomaten, aber ich lernte
in ihm einen angenehmen alten Herrn kennen, mit dem Geist
der Zeit vorwärtsgeschritten, aber durch feste Grundsätze über
ihm stehend; er beurtheilt mit gleicher Feinheit und treffendem
Scharfsinn die Werke des Geistes, wie auch die Lage der
Politik. Er hat sich aus dem Staatsdienst zurückgezogen auf
sein Gut bei Frankfurt a. M. und will diesen Winter in
Italien zubringen — der Abend verging uns sehr angenehm
und der Graf bat um die Erlaubniß, morgen wiederkommen
zu dürfen, da er einen Tag länger in Heidelberg verweilen
möchte — noch wünschte er sich die Bekanntschaft des renom-
mirten Archäologen Creuzer zu machen und ich versprach ihm,
diesen ungeleckten Bären in's Garn bei mir zu locken; das
wäre eine Dir angenehme Gesellschaft gewesen, denn der Graf
machte die interessantesten Mittheilungen aus seiner politischen
Laufbahn. — Ich freue mich über alles Gute, was ich über
unsern französischen, nein, schwedischen Kronprinzen gehört, auch
durch den Grafen Rothe, der ihm in Frankfurt a. M. vorgestellt wurde und welcher in des Kronprinzen Äußerungen,
über seine eigene Stellung Schweden gegenüber ebensoviel
Herz als Verstand gefunden. Gott führe alles zum Guten —
so wie er mir geschildert wurde, werden die französischen Gedichte der schwedischen Damen keine so großen Breschen in seine
Meinung schießen als eine einzige Deiner schwedischen Bomben
aus der Werkstatt des Vulkans. Ich würde mich schämen,
wenn mein Mann ein Wort von mir bedürfte, um von seinem
Fürsten auf den Fleck gestellt zu werden, wohin ich ihn
wünsche — nur mein Gebet kann ich hinzugeben, bei allem
was Du thust.

Der Sohn Heinrich Voß ist von seiner Erholungsreise
zurückgekehrt, sieht aber sehr leidend aus, und die Ärzte prophezeihen ein kurzes Leben, wer aber will es messen, trotz der
Kunst. Er ist ein großer Grieche und Ästhetiker wie sein
Vater, er schrieb in der litterarischen Zeitung die Recension
über Schlegels Elegie „Rom", man sagt: sehr gelehrt; er selbst

ist ein einfacher, bescheidener und guter Mensch, die Heidel=
berger Freunde beklagen seine Kränklichkeit, die seine Mutter
nicht als so besorglich glaubt. Diese alte liebe Frau soll einen
Aufsatz geschrieben haben: „Ehemals und jetzt", anonym in
einem Almanach, herausgegeben vom hiesigen Professor Schreiber,
worin auch ungedruckte Gedichte von Herder. Der Titel heißt:
„Taschenbuch für das Jahr 1810", — Zu meiner und Louisens
Freude will Professor Schreiber uns und ein paar Bekannten
zweimal in der Woche an meinem Theetisch Geschichtsvorträge
halten, die Schwester Louise nachschreiben will.

Gestern Abend machte ich bei Frau Professor Voß die an=
genehme Bekanntschaft der Professorin Thibaut, welche nebst
der kleinen Wilken dort war, sie ist aus Kiel und hat die
feine Bildung des nördlichen Deutschlands, auch diesen Dialekt.
Wir besprachen die Reinlichkeit des Nordens und ich propo=
nirte, ihr das schwedische Scheuern zu lehren. Du siehst aus
meiner Mittheilung, daß ich ein fast einförmig stilles Leben
nach außen hin führe, aber dies thut meiner Gesundheit gut
und scheint ein passendes Element für meine innere Regsamkeit
zu sein. Ich lege mich zeitig zu Bett und bin schon früh
sieben Uhr für den Tag angekleidet beim Frühstück mit den
Kindern. Meine Copien in Aquarell schreiten vorwärts und
gleichzeitig die dazu gedichteten Legenden. Nachmittag mache
ich mit Louise und den beiden ältesten Kindern Entdeckungs=
promenaden in der herrlichen Gegend, selbst der kleine Bern=
hard steht nun fest auf seinen dicken Füßchen in den ersten
Schuhen mit Lederbesatz.

Die Poststunde schlägt, lebe wohl und lasse Dir die Bilder
der Deinigen etwas Ersatz für die stillen Stunden der Einsam=
keit des Abends geben — wir alle leben im Geist mit Dir
fort und ich hoffe dasselbe von Dir.

Deine treue Amalie."

XXVII. Capitel.

Helvigs Stellung in Schweden.

Da sich Helvigs Briefe aus diesen Jahren leider nicht ge=
nügend vorfinden und seine Antworten dann nur aus Amaliens
Blättern herauszulesen sind, so beziehe ich mich in solchen Fällen
abermals auf den Nekrolog des Major von Blesson.

Der neu erwählte Kronprinz, der nachmalige König Carl
Johann von Schweden war ein erfahrener Feldherr und wollte
in der Armee eine allein maßgebende Stimme haben; er traute
sich ein sicheres Urtheil über die Artillerie zu, woburch Rei=
bungen entstanden, da nach Helvigs Ansicht Bernadotte nur
wie er selbst ein Soldat war, der etwas mehr Glück gehabt
hatte. Helvigs Lage wurde bei seinem schroffen Charakter
daher eine sehr schwierige. Doch ließ es der Kronprinz, der
bald den offenen Mann durchschaute, nicht an Zuvorkommenheit
fehlen, um den tüchtigen Soldaten zu versöhnen und bis auf
die nöthige Abhängigkeit zufrieden zu stellen. Mehrfach wieder=
holte Ausbrüche des Unwillens schien er nicht zu bemerken
und schenkte Helvig Vertrauen, um ihn zu gewinnen.

Im Anfang wollte sich das Verhältniß nicht stellen und
es schien, daß es zum Bruch kommen müsse, da der Kronprinz,
der Nachgiebigkeit müde — vielleicht auch durch den General
von Cardell aufgereizt —, seine Autorität fühlen zu lassen be=
gann.

Der Kronprinz hatte noch nicht die Helvigsche Artillerie
gesehen, die in der äußeren Erscheinung in einiger Entfernung
durchaus von der Cavallerie nicht zu unterscheiden war, weil
ein Mann auf jedem Pferde, drei Mann auf der Protze sitzen
und die reitenden Artilleristen zu dreien in den Zwischenräumen
reiten. Er ließ ein Cavallerie = Manöver vornehmen und sah
mit seinem Stabe von einer Anhöhe aus zu. Plötzlich schien

ihm ein Fehler aufzufallen und er schrie laut auf: Mais où est
donc l'Artillerie? und sich zu Helvig wendend, herrschte er ihn
unwillig an: Qu'on fasse avancer de l'Artillerie! C'est horrible!
Im selben Augenblick fiel der erste Schuß. Der erstaunte Fürst
sah seinen Irrthum ein und mit Herzlichkeit sich umdrehend,
da er als erfahrener Feldherr die ganze Wichtigkeit des Um=
standes erkannte, rief er: Helvig, c'est superbe, c'est incompa-
rable, c'est tout ce que j'ai jamais vu de parfait, worauf er
zu Helvig trat, ihm die Hand mit leuchtenden Augen reichte
und zum Dank ihn umarmte. Länger konnte Helvig nicht
widerstehen, und von Seiten des Fürsten war er in seinem
ganzen Werth erkannt.

Amalie an Helvig.

Heidelberg, 13. November.

„Heute erhielt ich Deinen lieben, tausendmal willkommenen
Brief vom 2. November, an dem Tag, zu dem er bestimmt
war — am Geburtstag unseres Bernhard! Wir tanzten eben
mit dem einjährigen Goldjungen und seinen Geschwistern Ringel=
reihe, und er krähte wie ein Hähnchen. Deine Liebe, Dein
Zutrauen, die besseren Hoffnungen für Schwedens Zukunft —
alles dieses ergoß sich wie ein Freudenstrom in mein Herz,
auch das kleine Mißverständniß, das aus Deiner Eigenheit
Dich auszudrücken entstanden war, schwand wie eine Nebel=
wolke vor dem warmen Sonnenstrahl.

Das Benehmen des Kronprinzen gegen den Sohn des A . . .
scheint mir nicht allein verständig, sondern fast heldenmüthig,
da man jetzt schon berechnen kann, wie mächtig bisher die
Partei dieses Mannes war. Der Moment, wo sich des Prinzen
Blick mit dem Deinigen verständnißvoll begegneten, war ent=
scheidend, mein Helvig, und der Gedanke daran durchschauert
mich freudig. Wenn Du in seinem Gesicht edlen Ernst lasest!
wie wohlthuend muß das Deinige auf ihn gewirkt haben unter
den mancherlei Masken, die ihn umstanden. Wolle Gott seinen
Eingang segnen und ihm beistehen diese Nation zu dem zu
bilden, für das sie geschaffen ist. Der Kronprinz kann herr=

— 281 —

licher als Odin ihrer Geschichte werden, denn diesem schreibt
man die Entwickelung der noch rohen Kräfte der nordischen
Söhne zu, ihm aber scheint es vorbehalten, die Mißleiteten
wieder auf ihr Ziel hinzulenken und die Canäle zu verstopfen,
die den klaren Strom in Moräste verschwemmten. Alles das
wogt in meiner Seele auf und ab und ich fühle deutlich, daß
Schweden kein fremdes Land für mich ist, daß ich mit heimath=
lichem Antheil seiner Entwickelung gedenke. Mich dünkt, der
Kronprinz tritt wie in eine Polterkammer, wo viel veraltete
Herrlichkeit und Hausrath noch aufgestapelt liegt. Manches
wird als unbrauchbar verworfen werden, manches wird man
repariren wollen und dann kostspieliger finden als neue An=
schaffung. Ich muß an die gläserne Perücke denken, die uns
im grünen Gewölbe in Dresden gezeigt wurde. Kinderplunder
auch in Schweden! den man am besten mit einem großen Kehr=
besen ausfegt, wenn auch dadurch viel Staub aufgewirbelt
wird. Das Neue läßt sich erst aufbauen, wenn alles rein und
hell zu Grunde liegt. Es ist viel in des Kronprinzen Hand
gegeben — Gott lenke sie!

Nun aber lächle nicht über mein Politisiren, das ich doch
nur vom engen Gesichtskreis einer accuraten Hausfrau aus be=
treiben kann; daher die Anspielung vom beliebten Besen. —
Ich möchte Dir Einsamem nun noch allerhand Lectüre recom=
mandiren: „Axel und Walborg" von Öhlenschläger, ein nor=
disches Trauerspiel, das Dir gefallen wird, Heinrich Voß las
es uns gestern Abend vor. Man kennt die Jugend des Ver=
fassers heraus, aber auch eine Seelenverwandtschaft mit Shake=
speare. Die Treue, die als Charakterzug des Nordens darin
angegeben wird, ist fein behandelt, sie ist als eine zarte Blüthe
zum Schmuck für das weibliche Geschlecht bezeichnet, da nur
irdisches Attachement leicht den schönsten Trieb der Natur zu
einem bloß sinnlichen Empfinden herabwürdigen müßte und
somit der Frau mildernder Einfluß auf den Mann ihr entzogen
würde, der sie in der Ausübung selbst erhebt. Im Süden,
wie bei südlichen Naturen zeigt sich diese individuelle Treue
nicht so hervortretend, dahingegen die höhere Treue an das

Ideal in uns, an der durch Gottes Geist belebten Seele erscheint. In meinem Kopf und Herzen entwickeln sich aber diese Ideen klarer als ich sie schriftlich auszudrücken vermag. Öhlenschläger ist jetzt wieder in Kopenhagen, wo „Axel" aufgeführt werden soll, ich zweifle noch an seinem Erfolg, er wird viel Gegner mit Zöpfen haben.

Noch empfehle ich Dir das zweite Heft des „Vater=ländischen Museums", Monat August 1810; Boisserée brachte mir die Broschüre, die ihm wohlgefallen hatte. Der Aufsatz darin über „Festhalten des Nationalcharakters bei einem unter=jochten Volk" soll von Arndt stammen. Ebenso erfreulich und verständlich waren mir die in dem Heft enthaltenen Auszüge aus „Luthers Sermon über Kindererziehung". Der Katholik Boisserée lobte mir diese Schriften, die er als Christ billigte. Ich habe noch kaum einen Mann begegnet mit so ernster Religiosität, die sich wie ein goldener Faden durch all sein Sprechen und Handeln zieht.

Zu Ehren des Geburtstags unseres Bernhards hatte ich alle Kinder unserer Bekannten hier geladen, eine jubelnde Gesell=schaft, die Abends von den betreffenden Eltern abgeholt wurde. Denke an Deine heitern Kinder, wenn Dir das Leben düster scheint. Unsere Liebe sei Dein Sonnenschein.

Deine treue Amalie."

Amalie an Helvig.
28. November.

„Diesen Morgen erhielt ich mit Freuden Deinen lieben Brief, aus dem ich ersehe, daß Du wohl bist und unser mit Zufrieden=heit gedenkst. So will ich gleich damit beginnen, Dich einen Blick in unsern Kreis, unser Treiben thun zu lassen.

Der erste Casino=Ball fand hier statt, die Herren Professoren stehen an der Spitze der Gesellschaft, die darinnen aufgenommenen Studenten präsentiren sich vor der Saison in den betreffenden Familien, so wurde mir auch ein Herr Leopold von Gerlach vor=gestellt, der die Militär=Carriere aufgegeben, um zu studiren,

auch Herr von Rochow,[1] Stiefsohn des Herrn von Fouqué, Schrift=
stellers, von dem ich Dir schon erzählte, ebenso Graf Wiesen.
Louise war eine sehr gefeierte Tänzerin, mich findest Du indessen
am soliden Spieltisch, ich gönne meiner Schwester die seltene, harm=
lose Freude, die sie hier erst mit ihren Landsleuten genießt.
Heute Abend hat sich bei mir die liebe alte Voß ansagen lassen
und ich habe Kirchenrath Schwarz, Schwiegersohn des Jung=
Stilling, dazu gebeten. Boisserées kamen ungeladen und brachten
uns merkwürdige Stiche zur Ansicht. Blätter von Albrecht
Dürers Composition, Phantasien, die er als Randzeichnung zu
verschiedenen gedruckten lateinischen Gebeten machte, jedem die
Illustration angepaßt, nur als bunte Federzeichnung meisterhaft
ausgeführt, in ein Gebetbuch zusammengefaßt für den Kur=
fürsten Maximilian; das Original befindet sich in München,
wo es erst seit zwei Jahren copirt und gestochen worden ist.
Die Composition ist höchst geistvoll, bisweilen grillenhaft und
endigt immer in einen künstlichen Schriftzug, als ob es eben
gar nichts als ein Scherz wäre. Schade ist es, daß auf den
herausgegebenen Blättern nicht die ursprünglich dazu gehörigen
Gebete copirt sind, worauf sich die Zeichnungen beziehen, man
hat sich bloß an die Kunst gehalten, die hier obligat war, und
dadurch dem trefflichen Dürer geschadet. Goethe soll eine sehr
gute Beschreibung dieser Blätter in der Jenaischen Litteratur=
Zeitung gemacht haben, doch schon vor Jahr und Tag, viel=
leicht kannst Du sie Dir verschaffen, wie auch ich Nachforschungen
machen will. Könntest Du nur einmal Dich in unserm stillen
und doch belebten Kreise ausruhen, mein Helvig, jetzt wo Du
mir wie auf stürmischer See schwimmend gegen die Wogen des
Lebens erscheinst. Doch Du thust es für die gute Sache und
für die Deinen, das wird Dir freudige Ausdauer geben und,
will's Gott, Belohnung. Nun muß ich Dir noch erzählen,
daß ich den Geheimen Rath Mai und seine Familie besuchte,
er hatte mich dringend dazu eingeladen, als er mir eine von
ihm gehaltene Rede mit einer Dedication an mich über=

---

[1] Nachheriger Minister in Preußen.

brachte. Er ist der Vater der Frau Dr. Nägele, die uns dort
einführte.

In des Geheimraths Zimmer stand ein noch seltenes
Zimmer=Harmonium, worauf der alte Herr schön phantasirte
und präludirte. Die Familie: Eltern, Kinder und Enkel leben
friedvoll und glücklich miteinander in aufrichtiger Christenliebe,
in geistigen Interessen und fleißiger Arbeit — ein gesegnetes
Haus. Ist mir das nicht heilsamer zu sehen als Paris mit
seinem Schein und wenig Sein? Ich hoffe auf baldige Nach=
richt von Dir, mein geliebter Mann, und bleibe

Deine treue Amalie."

Amalie an Helvig.
21. November.

„Heute erhielt ich Deinen lieben Brief vom 8. und 9.,
also ungewöhnlich schnell, so eile ich auch, denselben zu beant=
worten. — In der Frage des Kronprinzen an Dich: Colonel
de quatre Régiments? lese ich eine Verwunderung über etwas
Unstatthaftes — da man aber den Leuten wohl Titel ohne
Verdienst, nicht aber Ämter ohne Fähigkeiten giebt, wie einem
Obersten das eines General=Feldzeugmeisters, so muß dieser
Umstand dem Prinzen einleuchten und zu einer baldigen
günstigen Änderung führen. Ich sehne mich nach einer glänzenden
Genugthuung für Dich, mein Helvig. Unendlich freut es mich,
daß die Einladungen des Kronprinzen zu kleinen Diners eine
persönliche Bekanntschaft begünstigen. Von Deinen klaren Dar=
stellungen unter vier Augen bin ich im voraus überzeugt, weil
Du der französischen Sprache mächtig bist, wenn auch nicht des
Gesprudels derselben. Der Sévigné Briefe zu lesen, würde Dir,
glaube ich, eine nützliche Übung sein, sie schreibt wahr, einfach
und präcis in ihren Ausdrücken, besonders werden Dir ihre
Schilderungen des Turenne gefallen.

Innig hat mich Deine Aussprache über Dein Verhältniß
zu Schweden gerührt. Mein Herz respectirt aufrichtig diese
Gefühle. Der Mann muß ein Land haben, für das er sein
Leben einsetzt, und Schweden (nicht Stockholm) ist werth

Deines edlen Eifers in mannhaftem Wirken. Aber Dein Geist
hat sich, unabhängig von diesem Gefühl, weitergebildet; nachdem
nun die gefahrvolle Periode für das Vaterland vorüber war —
nachdem, sage ich, empfindest Du eine Leere, denn das Land,
für das Du alles einsetzen willst, stellt im Augenblick keine An=
forderungen an Dich, giebt Dir selbst kaum die nöthigen
Existenzmittel für Dich und die Deinigen. Die Reorgani=
sation der Artillerie hat sich vollzogen und activer Dienst mit
seinem Avancement fehlt Dir.

Ich möchte den Zustand vergleichen mit dem eines Sohnes,
der seine todtkranke Mutter mit Aufopferung aller Kräfte
pflegte. Das Bild der Mutter, die ihn großzog, von der er
sich gebildet, anerkannt wähnt, wird ihm zum Ideal, das er
mit Leidenschaft zurückerflebt. Aber wie die Krankheit sich
seicht verläuft — steht er, der Gebildete, durch Welt und
Wissenschaft vollgereifte, mit kaltem Schreck vor der schwachen,
gewöhnlichen Matrone, der entkräfteten, in allen Vorurtheilen
eines engen Kreises grau gewordenen Frau. Er hat ihr
nichts zu sagen, sie weiß ihm nicht zu rathen — fremd sind
sie sich geworden und er gäbe viel darum, wieder in den Fieber=
zustand der Besorgnisse versetzt zu werden, um wenigstens für
sein Herz Nahrung zu finden, da alle übrigen Berührungs=
punkte zerstört sind.

Aber mitten in diese Jeremiade kommt ein Brief aus
Stockholm von unserer treuen Sophie Silfersparre, worin sie
mir die Worte wiederholt, die der Kronprinz bei Tafel im
Palais gesprochen hat und welche den Kammerherren ꝛc. wohl
etwas die Suppe versalzen haben. Nenne mich nicht sanguinisch,
wenn ich Deine Zukunft auf diese verständnißvollen Worte auf=
baue. Wenn der Kronprinz glaubt, daß Napoleon Deine Er=
findungen billigen und annehmen würde, so ließe sich hieraus
viel spinnen, wenn Du Dir nur nicht die Elemente aus den
Händen nehmen läßt von Weltklügeren als Du, von trägen
Leuten, die den großen Geistern die Gedanken aus dem Kopf
und die Resultate aus den Taschen stehlen möchten. Gedenke
daran für Dich und die Deinigen. Deine treue Amalie."

Aus dem Brief der liebenswürdigen Hofdame entnehmen wir noch Berichte über Festlichkeiten, welche in den Hofkreisen dem neuen Kronprinzen gegeben wurden.

„Eine musikalische Gesellschaft hat sich in unserm Kreis gebildet, wo nur Amateurs sich hören lassen. Unser Casino, „der Amarant-Orden", zeichnete sich glänzend aus durch ein Fest, bei dem sich der Kronprinz feierlich aufnehmen ließ. Man hatte das Haus zu einem wahren Feenschloß umgestaltet, den Tanzsaal und die breite Treppe herrlich decorirt. Die jungen Damen empfingen in schwedisch-weißer Balltoilette den Kronprinzen und Graf Flemming hielt ihm die Ansprache — dann sang ich von einem zwischen hohen Pflanzen erbauten Balcone ein Empfangslied für den neuen Ritter des Amarant-Ordens und Fräulein von Rosensward tanzte ein Solo, das mit der Überreichung eines Lorbeerkranzes schloß. Es war unsagbar voll und der Prinz blieb zwei Stunden beim Fest. Er nimmt alles an, sieht freundlich dazu aus, das ist wohl auch das Klügste, was er thun kann — vorläufig. Neulich wurde auf einem Liebhabertheater eine schwedische Operette auf= geführt, gedichtet und componirt vom Grafen Oxenstierna. Ich sende Dir alle diese Festtexte, weil Du die Gesellschaft kennst und es Dich daher interessiren kann. Gräfin Posse grüßt Euch herzlich, sie hat aber ihrer Gesundheit halber jetzt die Stadt mit ihrem Landsitz vertauscht. Der Oberst Sachow ist ganz geschwind an einem Schlaganfall vor einigen Tagen gestorben. Graf Engströms möbliren neu und bezahlen horrend, aber sie haben ihr Haus noch nicht geöffnet, so etwas geht hier zu Lande nicht so schnell fertig zu bringen. Der junge Carl de Gus ist hier mit seiner schönen Frau; die Fräulein Redber= stolpe heirathet den Baron Yerta, Euren Reisegefährten zur See. Die Baronin Wrede heirathet den Grafen Carl Mörner, bei der Garde.

Ich schmiere Dir alle diese Neuigkeiten ohne Zusammen= hang hin, aber das vergiebst Du mir wohl zum Neuen Jahr — mein Herz hat eben keinen Antheil daran — aber, an Euch, liebe Schwestern, desto mehr, Ihr müßt bald wiederkommen, mich entnüchtern, ach! wenn ich des Weihnachtens mit und bei Euch gedenke.

Thomas Sjöblad, Arenius, der scharmante Arbin, der kleine gute Forsell — alle liegen Euch zu Füßen und haben sich expreß den Platz ausgebeten, sogar der große besternte Skjöldebrand, dem freilich das Wiederaufstehen aus der demüthigen Stellung fast so schwer werden wird, als sie einzunehmen. — Was werdet Ihr denken zu alle dem Klatsch? „Gottlob, daß wir fern davon sind und im Heidelberger Cirkel", auf den ich toll eifersüchtig bin! Mama und meine Schwester liegen Euch fest um den Hals — nein, lacht nicht, das war wohl wieder schlecht deutsch, aber gut schwedisch gemeint. Kommt bald wieder nach Stockholm zu Eurer treuen

Sophie Silfersparre."

Es sind bei der Ernennung Helvigs zum Flügel=Adjutanten und Inspekteur der Artillerie seine beiden Gegner Cardell und Armfeld genannt worden, welche damals in Ungnade fielen. Helvig erhielt Einsicht in Acten, die keinen Zweifel ließen, wie übel ihm diese beiden Herren mitgespielt hatten, um die Einführung seines Systems zu verhindern. Helvig zu Ehren muß daher mitgetheilt werden, daß bei dem Regentenwechsel 1810 Cardell sich abermals in Mißcredit befand, aber da er bei dieser Anklage schuldlos war, sich getrost an den als wahren, gerechten Mann gekannten Helvig wandte und durch dessen Schutz Ehre und Stellung behielt. Leider lohnte Cardell mit bitterem Undank solchen Edelmuth Helvigs, als er diesen 1812 durch abermalige Intriguen aus dem Sattel hob und an Hel=vigs Stelle als General=Lieutenant dem neuen Kronprinzen nach Deutschland in den Krieg folgen durfte. Der kleinliche Geist vergißt eher eine Unbill von dem überlegenen, als eine Gutthat, die ihm den Neid erregt und das Gewissen be=lastet. —

Wir kehren nach dieser Abschweifung zu Amalie zurück, welche den Weihnachtsgruß an ihren Mann schreibt:

Weihnachten 1810.

„So lebhaft Dich meine Gedanken auffuchen, geliebter Helvig, ſo unmöglich war es mir in dieſer Woche, dieſe Gedanken zu Papier zu bringen, da meine Hände viel zu ſchaffen hatten für das liebe Weihnachtsfeſt. Am Vorabend nach beendeter Schneiderei für die Kinder wurden, wie Du es in Stockholm mit angeſehen haſt, Äpfel und Nüſſe verſilbert und vergoldet und Marzipan= und Pfeffermännchen angereiht und angebunden. Unſere jungen Bekannten, die vereinſamten Studenten von Gerlach, von Rochow, Graf Haugwitz und der junge Schiller, baten ſich an der Vorfreude betheiligen zu dürfen, ſo daß der Aufbau reizend wurde, mit zwei Tannenbäumchen und einer großen Lichterpyramide hinter der Krippe mit dem Chriſtkind, über welches von der Decke herab der glänzende Stern hing. Am Weihnachtstag hatte ich unſere Kinder zu denen unſerer Hauswirthin im oberen Stock geſchickt und unſere Zimmer außer dem Weihnachtsſaal, links vom Corridor, ganz ſpärlich erleuchtet. Boiſſerées ſammt den hülfreichen Studenten kamen, Geheimrath Erbs ebenfalls mit unſern und ihren ſieben Kindern zur Beſcherung und harrten der Glocke, die das Signal zum Öffnen der Flügelthüren gab, durch welche man den ſtrahlenden Aufbau erblickte. Bror war in geſpannteſter Erwartung geweſen, Lottchen in ſtiller Faſſung, Deiner Tochter würdig, und Bernhard jubilirend, wie es wohl einſt die Engel thaten. Bror war entzückt von einem Leiterwagen mit vier Pferden zum Aus= und Anſpannen und einer blechernen Plumpe zum Tränken, die allerdings meine Dielen auch bewäſſerte, denn Bernhard hatte hier Poſto gefaßt und fand die Pferde ſammt ſeinen Goldfiſchchen immer durſtig. Lottchen erhielt ihre Puppe renovirt im Wintercoſtüm und einen gefüllten Nähkaſten für ihren Fleiß. Am Nebentiſch lagen ſieben Chriſtgeſchenke für die Erbiſchen Kinder und Naſchwerk für die Gäſte. Wie hätte ich Dir gegönnt, die Kinderfreude zu ſehen und zu hören — wir hätten mit gejubelt in Dankbarkeit für dieſes Friedensfeſt. So wußte ich Dich einſam in Deiner Bibliothek, mein Helvig, und die Sehnſucht ließ mich mit Thränen kämpfen;

v. Biſſing, Am. v. Helvig.

denn ich weiß ja, daß nichts anderes uns bei Dir erſetzen kann. Deine generöſe Geldanweiſung zu einem Geſchenk für mich will ich für uns beide zu einem edlen Luxus anwenden, ich hoffe, es erfreut Dich einſt mit mir gemeinſam. Ich ſchrieb Dir von der Madonna des Francia; nun befindet ſich jetzt in Mannheim ein Künſtler, ſehr geſchickt im Copiren alter Meiſter, dieſer hat ſich durch Boiſſerées Vermittelung bereit erklärt, das Bild bei mir zu copiren, um mir ſeine Manier dabei im Öl= malen zu lehren. Schon iſt die ſchöne Madonna untermalt und zwar auf einem Kreidegrund, den er auf Holz herrlich glatt aufgetragen, wie er es den alten Meiſtern nachahmt. Dieſer Unterricht und die Copie koſten die ſechs Louisdor und ſind ſomit beſſer als für Kleider und unnütze Spitzen veraus= gabt, uns beiden zur Freude und zum Nutzen.

Ich erhielt von Boiſſerée einen Strauß ſelbſtgepflückter Monatveilchen aus dem Garten, von denen ich Dir welche bei= lege, damit mein Brief ſchön duftet; ich hielt die Blumen lange in meiner Hand und dachte Deiner. Könnten ſie Dir meine Gedanken übermitteln! —

Wieviel Güte mir hier ſo unverdient noch erwieſen wird, iſt nicht aufzuzählen, auch Mais ſchickten mir in ſchöner alt= deutſcher Schüſſel ein Gericht Dampfnudeln, wie ich ſie einmal bei ihnen ſehr gerühmt, als eine Lieblingsſpeiſe. Dieſe Freund= ſchaftsbeweiſe geben mir nicht Eitelkeit, nur fröhliches Menſchen= vertrauen; laſſe Dich davon anſtecken, mein Helvig, durch

Deine treue Amalie."

XXXVIII. Capitel.

Neue Prüfung.

Amalie an Helvig.

Heidelberg, Sylvesterabend.

„Am Jahresschluß suche ich meinen geliebten Einsiedler in seiner Bibliothek mit meinen Gedanken auf und möchte in seine Hände allen Dank von mir, alle Wünsche für ihn selbst nieder= legen, welche dieses künftige Jahr reifen wird.

Nach allem, was Du mir mittheilst, muß ich es für einen verhängnißvollen Zeitpunkt unseres gemeinsamen Schicksals an= sehen; es muß wohl in Deiner Lebensstellung anders werden — auf welche Art, steht in Gottes Hand. Dein Brief schließt mit der Nachricht, daß der Kronprinz Rapport über die Artillerie gefordert; damit hast Du meine Neugierde gespannt und Dein langes Schweigen hierauf lege ich mir auf ver= schiedene Weise aus. Es muß ihn doch frappirt haben, Dich nicht auf dem Artilleriehof zu finden; es wird wohl von Dir das Rechte gewesen sein? Jedenfalls hat der Kronprinz dort die Puppen der Laterna magica kennen gelernt, welche Du regierst und verbindest.

Die Beschreibung Deines Gelehrten=Diners hat mir viel Spaß gemacht, da es nicht auf gut Schwedisch mit vollem Magen und schwerem Kopf endigte, die Herren müssen die Wissenschaft verzweifelt hoch halten, wenn sie Dir auf aber= malige Einladung wiederkommen.

Was Du über den Stockholmer Bekanntenkreis schreibst, macht mich ganz irre, nicht an der Menschheit, aber an den Männern, die ich gewöhnt war als Deine Freunde anzu= sehen. — Bergstedt schien mir Dein ganzes Vertrauen zu be= sitzen, Skjöldebrand zeigte uns das seinige, Björsterna dankt Dir Kenntnisse und Rath, Sandels wurde durch Dich, Deine

Karten und Waffen in den Stand gesetzt, sich bei der Ver=
theidigung in Finnland auszuzeichnen. Ist in allen diesen
Männern keine Stimme für die Wahrheit, keine Achtung voriger
Gefühle und Verhältnisse? Kannst Du noch hoffen, von den
Dornen Trauben zu lesen und von den Disteln Feigen?

Möchtest Du dies neue Jahr heiter und mit hellerem Blick
in die Zukunft beginnen, bester Freund! Ich muß noch die Be=
antwortung des zweiten Theiles Deines Briefes hier hinzu=
fügen. Fände ich die rechten Worte, mich Dir klar darzustellen,
mein geliebter Freund, und Dein geistiges Mißtrauen gegen
meine Liebe zu Dir ein für allemal zu bannen! —

Du glaubst nicht der Mann zu sein, den eine poetische
Natur beglücken könne, weil Du wähnst, eine solche müsse
überhaupt in der Liebe zum Manne volle Genüge für ihre
Seele finden, und darin liegt Dein Irrthum, Deine Selbst=
quälerei, die auch mich bewegt. — Du hast mir den klaren Be=
griff von der Abhängigkeit des Weibes und unserm Glück gegeben,
im Schutz eines edlen, festen Mannes zu ruhen. Dieses Be=
dürfniß meiner weiblichen Natur führte mich Dir entgegen, die
innigste Achtung, das festeste Vertrauen machten mein Gemüth
Deiner Liebe geneigt — auf diesen Grundpfeilern ruht mein
künftiges Dasein, welches dadurch in die einfachsten Verhält=
nisse bürgerlichen Glückes sich mit Sicherheit versetzt fühlt.
So wie ich organisirt bin, mit wie unendlichen Saugfasern
ich an der Welt in ihren mannigfachen Beziehungen hänge,
die mir Nahrung für Kunst, Phantasie und bis zur technischen
Fertigkeit in Schrift und Bild geben muß — wie kannst Du
da mit Deiner Wissenschaft, in Deinem Streben, mir alles sein
zu wollen, Dich umsonst zerquälen und mich vergebens kränken?
Ebensogut könntest Du Grammatik, Palette und Bleistift um
den Antheil beneiden, den ich diesen Instrumenten schenke.
Du hast mich vorher gekannt, bester Freund — ich habe Dir
selbst zugerufen, daß es ein gewagter Schritt sei, mich zu
wählen. Meinen festen Willen zum Guten hast Du nicht
verkennen können, gleich stark fühle ich dieses Pflichtgefühl noch
jeden Augenblick meines Lebens; aber gesetzt, ich wäre in

der Einöde eines menschenleeren Daseins, so würde ein Ideen weckendes Buch Dein gefährlichster Nebenbuhler sein. Einen Mann, welcher mein ganzes Wesen nach allen seinen Richtungen ausfüllen könnte, habe ich nicht begegnet — Du aber bist mir als Gatte Schutz und, der Kirche nach zu sprechen, als Haupt und Herr der Würdigste, durch tausend Beweise gegenseitiger Liebe mir theuer geworden; Dich zu kränken wäre mir unerträglich — wie ich an meinen Vater denke, wenn ich unthätig und lässig zu sein mich geneigt fühle, so zeigt mir Deine Achtung den Richtpunkt meines Betragens. Es ist mir oft ängstlich, wenn ich denke, daß die Art, wie mich die Menschen suchen, ja zu Rathe ziehen, Dich, wärest Du hier, unzufrieden machen könnte. Meinen Weg gehe ich zur Bildung und Läuterung aller meiner Neigungen und Affecte.

Die Gewalt über mich selbst kennst Du, aber jedes Gedicht, das Dich erfreut, ist ja nichts anderes, als das volle Hingeben an einen fremden Eindruck, der Dich nicht zum Ursprung hat; es ist mithin eine Untreue der Seele, denn wenn Gott in mein Inneres blickt, so findet er es in solchen Augenblicken nur von meinem Phantasiebilde ausgefüllt. Lasse mich Dir mittheilen, was mich belehrend anregt! Möchte ich tröstlich empfinden, daß Dir diese Offenheit genügt! Du hast gesehen, wie der Mangel an solchen Eindrücken auf mich wirkte; Gott, der mich mit diesem Lebensbedürfniß ausgestattet, weiß auch, daß ich sie nicht zu nichtiger Eitelkeit begehre — ich muß vorwärts oder vergehen. Gönne mir Deine leitende Hand mit Deiner Dich selbst beglückenden Liebe. Du reibst Dich und mich auf, wenn Du Dein und mein Glück auf dem Wege der Isolirung suchst. Lasse mich Dir offen den Spiegel meines Lebens hier zeigen, Du wirst darin immer wieder erkennen

Deine treue Dich liebende Amalie."

14. Februar.

„Von unserm Hauswirth Geheimrath Erb habe ich Dir eine traurige Nachricht mitzutheilen: sein kleiner Sohn ist an der sogenannten häutigen Bräune gestorben; ich habe die übrigen Kinder, welche abgesperrt waren, während dieser traurigen Krankenzeit bei mir gehabt, um dadurch eine kleine Hülfe den Eltern zu leisten. Nach der Section zeigte mir Profeſſor Nägele die zähe Haut, welche ſich im Kehlkopf bildet und ſich bis in die Lunge erſtreckt. Leider kennt man noch kein Mittel gegen dieſe tödtliche Krankheit. Ich kann Dir nicht ſagen, wie es mir troſtvoll war, als ich nach dem ſchweren Todeskampf das Kind ſo ruhig liegen ſah, ſo ſtill und ſchmerzlos; mir war, als bedauere es mit einem wehmüthigen Lächeln unſern Zuſtand von Leiden und Unruhe, und ich mußte denken: „Tod, wo iſt Dein Stachel?“, in wenig Stunden iſt es ja überwunden und alle die Sorgen, Wünſche und Unzufriedenheit, all die vergebliche Sehnſucht, all das Treiben und Drängen nach einem Ziel, das unſeres Strebens ſpottet — es iſt vorbei, aufgelöſt in Vergeſſenheit auf Erden, in Schlummer. Ich begreife nicht, wie ſich die Menſchen vor dem Anblick einer Leiche fürchten können, mir hat er noch immer wohl gethan, als ſähe ich die Erlöſerhand, die ſich über das Irdiſche legt. Wie mir aber bei der Heimkehr meine Kinder jubilirend entgegenſprangen, bat ich Gott inbrünſtig, ſie mir noch am Leben zu erhalten, ich befahl ſie ſeinen Vaterhänden, alle irdiſchen Verluſte er= ſchienen mir daneben unwerth unſerer Sorge und Freude.

Ich habe inzwiſchen fleißig geſchrieben und manches zum Druck vorbereitet. Heinrich Voß hat die vorläufige Recenſion der Manuſkripte übernommen, was mir nach dem Druck manche fatale Bemerkung erſpart. Die Voſſiſche Familie iſt einer Auſternart gleich, die ſich ſchwer öffnen läßt, aber deren In= halt dann ſchmackhaft und ſtärkend iſt. Sie quälen ſich zu viel mit ihren alten ſchweinslebernen Büchern herum und gerathen beim Überſetzen derſelben in ein ſtummes Weſen hinein, woraus ſie mit guten, biedern Herzen doch nicht hervor an andere bringen können. Der innere Quell iſt wohl nicht reichhaltig genug zum ſelbſtändigen Schaffen.“

21. Februar.

„Ich habe in letzter Zeit oft an Geſichtsreißen gelitten, man rieth mir ein Senfpflaſter auf den Arm zu legen, das half gegen den Geſichtsſchmerz, brachte mir aber die Blaſen= roſe am Arm, Du kennſt die Empfindlichkeit meiner Haut, ich litt durch dieſe mehr als durch das erſte Übel und hielt mich ſtill zu Hauſe, als beſte Arznei. Louiſe machte indeſſen ein paar Tanzgeſellſchaften unter Frauenſchutz mit. Geſtern folgte ich, geheilt, einer Diner=Einladung zu Geheimrath Mais. Gegen Abend kamen ſelbſt in dieſes ſtille Haus unverhofft Masken: vier Charlatane, welche lateiniſch und deutſch über Medicin disputirten, zur Ergötzung des alten liebenswürdigen Herrn, der auf den Scherz einging. Das Maskenfieber ſteckt hier völlig an, ſelbſt die alte Mama Voß ließ ſich bereden, mit ihrem ſteifen Sohne zum Mardigras nach Mannheim zu fahren; Graf Haugwitz im Rittercoſtüm, führte die unmas= kirte, einfach gekleidete Matrone, die man deßhalb auch für eine gelungene Maske gehalten hat.

Unſere Kinder ſind wohl, Bernhard wird Dir immer ähn= licher, es iſt das wildeſte, gutmüthigſte Kind, das ich noch ſah. Ich umarme Dich in Gedanken tauſendmal.

Deine Amalie."

2. März.

„Lottchen kam heute mit Halsſchmerzen aus der Schule, ich ließ Dr. Nägele kommen, der ihr Mittel gab, doch nicht beſorgt war, ich behielt ſie aber im Haus. Wenn ich die Kinder mit all ihren kleinen Eigenheiten ſo lebensfroh und friſch ſehe, ſo kommt es mir unmöglich vor, ſie ſo lange von Dir getrennt zu denken, da mir Dein letzter Brief die Schwierig= keiten Deines Herkommens, unſeres Zurückholens nach Stock= holm ausſpricht. — Meine Geſundheit iſt hergeſtellt, wie ich hoffe, und ich fühle mich bereit, alles und jedes mit Dir zu tragen, was die Zukunft uns bringen kann, nur nicht die lange Trennung von mir und den Kindern, denen ich den Vater nicht erſetzen kann. Sehr bedauere ich, daß wir durch

ben Hausverkauf unser hübsches Stockholmer Quartier mit der
freien Aussicht verlieren, suche nur wieder ein freistehendes
Haus zu bekommen, was mir auch für Dein Befinden unentbehrlich scheint. Zu träumen glaubte ich, als ich von den Ein-
griffen des Kronprinzen in Deine Arbeiten las. Aber Du hast
Recht: das spornt an, statt abzuschrecken. Hätte ich Dir in diesen
Tagen nur ein paar Stunden nahe sein können, damit Du
gleich jemand gehabt, um Dich auszusprechen! Sorge Dich jetzt
nur nicht um meine Geldangelegenheit, Du mußt jetzt freie
Hände haben. Ich sparte mir ja das Rückreisegeld und greife
es nächstes Quartal im schlimmsten Falle an. Auch mit der
Verwerthung der Manuskripte bin ich zu sorglos gewesen und
will gleich Schritte thun, sie zu verkaufen, ebenso unseres Bekannten, Baron Fouqués, Anfrage beantworten. Ich wünschte,
ich fände einen Künstler, der meine Sagen und Legenden nach
meinem Geschmack illustrirte, was sie anziehender und verständ-
licher machen würde. Wir leben in einer dürren Zeit — die
spitzfindigste Philosophie hat in ihren Resultaten keine Ausbeute für's Leben gegeben, ebensowenig erweckt das frömmelnde
Geklingel eine tiefe, wahre Religiosität. Ein neuer Geist muß
erscheinen und zwar ein mächtiger, von Gott gesandter. Unser
Zeitalter steht wie vor Christi Geburt wieder auf dem höchsten
Punkt des materiellen Indifferentismus — man deutet Träume
und glaubt nicht an Gott, in solchen Widersprüchen schwankt
der menschlich = stolze Verstand, es wird nicht anders bis nicht
wir selbst in uns gekreuzigt werden. Wunderlich genug spüre
ich selbst bei kalten Verstandesmenschen Anklänge der Sehnsucht
nach Gott, von dem sie sich gelöst fühlen.

Bester Mann! Warmen Dank für alle Liebe, die Du mir
aussprichst, für alle Opfer für uns, zu denen Du Dich bereit
erklärst, füge diesem auch den Glauben hinzu, daß ich nicht
glücklich sein kann, wenn ich Dich so lange entbehre, daß ich
die Erfüllung meiner Frauen = und Mutterpflichten für mein
bestes Glück erachte und jede andere Gabe Gottes als Schmuck
des Lebens für diesen Beruf halte, das glaube

Deiner treuen Amalie."

11. März.[1]

„Die Art der Überlieferung dieses Briefes wird Dich vor=
bereitet haben, um von mir die traurigste Nachricht zu erhalten,
die Dein und mein Herz gemeinsam trifft, daß unser süßes
Kind, das engelgleiche Lottchen, nicht mehr der Erde angehört —
wir haben sie zusammen verloren, bester Mann, aber ach —
wir können sie in diesem Augenblick nicht gemeinsam beweinen!
Den entsetzlichen Schmerz, wie ihn eine Mutter fühlt, möchte
ich an der Brust des Vaters ausweinen und Dir, geliebter
Freund, möchte ich den Trost gönnen, mir welchen zu ertheilen.
Gott hat es anders über uns verhängt und seinem Willen
müssen wir uns ohne Murren fügen, was uns gegen die
fragenden Seufzer „Warum?" schützen soll. — Gestern vor acht
Tagen schrieb ich Dir von einer leichten Unpäßlichkeit unseres
Lieblings, die jedoch durch die Mittel sich zu heben schien, als
zwei Tage darauf in der Nacht ein heiserer Husten sich ein=
stellte, was mich veranlaßte, Lottchen neben mich in mein
Schlafzimmer zu betten, sie freute sich darüber und sagte:
„Nun bin ich gern krank, Mama". Dr. Nägele suchte dem nun
gefürchteten Übel auf alle Weise vorzubeugen, auch Geheimrath
Mai betheiligte sich an der Berathung — leider entschied es
sich nur allzu klar, daß es dieselbe Krankheit sei, welcher der
kleine Erb erlegen. Obgleich die Ärzte bei dieser Krankheit an
keine Ansteckung glauben, so gab ich doch die beiden Knaben zu
Mais in sichere Obhut, um ungestörter Tag und Nacht bei
Lottchen zu sein. Das theure Kind erweckte durch seinen liebens=
würdigen Gehorsam die regste Theilnahme auch bei den Ärzten,
die ihre Wissenschaft erschöpften, um Hülfe zu bringen. Da
das Kind bei vollem Bewußtsein war, blieb die Hoffnung bis
zuletzt, wo ein Gehirnschlag der Erstickung, Gottlob, zuvorkam
und ein leichtes Ende dem heißgeliebten Wesen machte. Während
dieser Tage entwickelte sich Lottchens Äußeres wie Inneres
ordentlich sichtbar zu einer jungfräulichen Reise, auch die Ärzte
beobachteten diese Veränderung mit Sorge, die meinem Mutter=

[1] Durch Vermittelung geschickt.

herzen wie die Wandlung zu einem erlösten Engel schien — in dieser Verklärung schlief sie sanft hinüber. Daß mich Gott aufrecht erhielt bei dieser Pflege, diesem Schmerz, wird Dir hoffentlich ein wehmüthiger Trost für meine Gesundheit sein, den ich Dir aussprechen will. Der Freundeskreis hat mir alles abgenommen was meine Kräfte überstieg. — Gestern, den 10. März, unter Blumen gebettet, haben wir die theure Hülle in die Erde gesenkt — wir haben unser einziges Töchterchen in des himmlischen Vaters Hände zurückgegeben. Darf ich klagen, daß sie so selig entschlafen? Aber weinen darf ich! und möchte meine Thränen mit den Deinen mischen. Die Trennung von Dir jetzt ist mir sehr schwer. Das gezeichnete Jahrbuch von Lottchen habe ich bis zuletzt geführt, wo sie in ihrem engen Schrein bekränzt ruht. Theuerster Mann, füge Dich in Gottes Rathschluß, den unsere Kurzsichtigkeit nicht begreifen kann — der Glaube an Gottes Liebe muß unsern gerechten Schmerz stille machen. In vertrauungsvoller Zärtlichkeit umarmt Dich

Deine Amalie."

20. März.

„Meine Gedanken schweifen traurig und folgen dem Brief, der Dir das Herbste verkündete, Gott lasse es Dich tragen mit mehr Ergebung, als ich es noch vermag. Gestern hat mir derselbe Geistliche das Abendmahl gereicht, welcher unser Lottchen zur Ruhestätte geleitete; Gottes Gemeinschaft läutere meinen Schmerz und mache ihn bescheiden. — Viel habe ich über unser theures, verklärtes Kind nachgedacht, und ein Resultat drängt sich hierbei mir auf, das ich auch zu Deiner Beruhigung Dir mitzutheilen schuldig bin.

Schwerlich wäre Lottchen in dieser Welt glücklich geworden: in ihrem Innern lag eine tiefe Sehnsucht nach Liebe, indeß sie die ihrige nicht leicht zu äußern vermochte und so dem oberflächlichen Blick kalt erschien. — Große Klarheit im Überblick ließ sie schnell das Mittelmäßige unzureichend finden, der wohlthätige Schleier der Illusion war nicht für sie vorhanden. Ordnung, Thätigkeit waren ihr Element — ein Zweck sollte in

allem sein — die Hoffnung konnte sie nicht hinhalten — nur
was sie sah ergriff sie — von nichts habe ich sie für die Zukunft jemals träumen hören, als wie sie mir nützlich werden
wolle in allen Handreichungen für Handarbeit und Küche —
und dieses bescheidene Kind habe ich verloren! Aber sie wäre
leicht eine Lastträgerin mit diesen Eigenschaften geworden, die
fremder Egoismus ausgenutzt — ihre Eigenthümlichkeit hätte
sich dieses, ihr unbewußt, selbst zubereitet. Schön wäre sie geworden — das zarte Ebenmaß ihrer Glieder entwickelte sich
immer reizender, ebenso das reine Oval ihres rosigen Gesichtes,
umrahmt von dem reichen blonden Haar, das ich täglich in
Flechten flocht — alles hätte sie zu einem holdseligen Wesen
gemacht. — Ach, könnte ich Dir ein Bild von ihr geben, wie
es unvergeßlich in meiner Seele ruht — das zarte, bleiche Gesicht mit dem heiligen Ernst im Ausdruck, sanft mit gefalteten
Händen in die Ewigkeit hinübergeschlafen zu himmlischem
Frieden — aus meinem Fenster sehe ich auf dem nahen Kirchhof ihren mit Blumen bepflanzten Grabhügel; es ist mir, als
stände das Schicksal still mit allen meinen Wünschen. Du wirst
wahrscheinlich viel mit Dr. Travenfeld in Stockholm gesprochen
haben und daher theile ich Dir das Urtheil des hiesigen Geheimrath Mai über den Verlauf der Krankheit mit: Wenn sich
die Bräune auf den Luftröhrenkopf concentrirt, soll alle Hülfe
vergebens sein, indem der Reiz in der Luftröhre selbst dadurch
schon gehemmt ist und so die Wirkung des Hustens sich nicht
mehr auf die Luftröhre erstrecken kann, ebenso wenig ein Brech-
mittel mehr wirkt. Mir zum Trost will ich sagen: Ich bin im
Schmerz, sie ist in Ruh! Du weißt, ich bin nicht schwach,
wenn es noth thut, aber ich bin ein zärtlich Weib und will
nichts mehr sein; daß Du stärker bist, ist mein Trost und
meine Hoffnung! Wüßte ich nur schon etwas von Dir seit
dieser Trauerbotschaft! Hier zieht der Frühling mit aller Pracht
ein: „Alle Blumen kehren wieder, meine Tochter kehret nicht".

Bester Freund, lasse mich, bitte, jetzt klarer über Deine
Verhältnisse in Schweden sehen und schreibe ob Du jetzt unsere
Rückkehr wünschst, ich muß mich mit dem hiesigen Quartier ꝛc.

darnach richten. Wolle Gott Dich in allem leiten und nachdem
er hier mein Herz durch den Verluſt geſtählt hat, Dich den
Entſchluß faſſen laſſen, welcher am angemeſſenſten Dir dünkt,
welcher ſich mit Deinem Charakter am beſten verträgt. Nimm
keine Rückſicht auf mich, Du könnteſt mich in dieſem Augenblick nach Sibirien folgen heißen und ich würde es ohne Aufopferung thun. Du haſt bei aller Feſtigkeit doch ſo viel Geduld in Deiner jetzigen militäriſchen Lage bewieſen, daß ich nur
wünſchen kann, Du erträgſt auch jetzt ſo unſer Mißgeſchick und
läßt Dich nicht dadurch für Deine Entſchließungen entmuthigen.
Dir zum Troſt rühme ich abermals meine Geſundheit. Es
umarmt Dich in Gedanken

Deine Amalie."

── · ──

XXXIX. Capitel.

Ungewiſſe Zukunft.

Amalie an Helvig.

Heidelberg, 18. April.

„Dein heiß erſehnter Brief vom 1. April ſagt mir endlich,
daß der unerſetzliche Verluſt, welcher uns gemeinſam betroffen,
auch Dein Herz mit der Zuverſicht eines Wiederſehens mit
unſerm Liebling erfüllt und ſo uns beide über etwaige neue
Leiden des Lebens zu einer höheren Anſicht unſerer Beſtimmung emporhebt und zeitigt. Danken möchte ich Dir für Dein
inniges Gefühl, welches auf meinen Beſitz ſo viel Werth legt;
wollte doch Gott, daß wir uns bald am Zuſammenleben erfreuen könnten, möchte Dir in Deinen Söhnen das Glück aufblühen, das uns durch unſer heißgeliebtes Lottchen entzogen
wurde. Deinem Wunſche gemäß bei Erwägung der unſicheren
Zukunft habe ich ein neues Quartier mit monatlicher Kün-
digung gemiethet, es liegt am Karlsplatz und ich bin umwohnt
von den treuen Menſchen, die ſich durch thätige Theilnahme
bewährten. Gneiſenau ſchrieb erſchüttert über den Todesfall

— 300 —

unseres Kindes, er selbst scheint sehr niedergedrückt durch die
Zeitverhältnisse und versteht den Gram! Aber warum grämen
wir uns auch so selbstsüchtig über den Verlust der Lieben, die
eine Welt verlassen, in welcher wir selber nur das Glück ge=
ahndet, nie erreicht haben; möchten wir sie nicht lieber glücklich
wissen? Aber wir kennen noch nichts Höheres und meinen in
Anwandlungen von Lebensfreude, es sei gar wunder etwas
schönes um unser Erdenleben, bis der Schmerz uns erfaßt
und daran erinnert, daß wir Pilgrime sind durch die Wüste
heißer Schmerzen. Du scheinst ergebener als ich, an Dir will
ich mich aufrichten, reiche mir durch Briefe aus der Ferne
Deine stützende Hand — führe mich in's Leben, in die Hoff=
nung wieder ein, durch Ergebung und Deine Liebe. Jacobi
sagte mir einst eine nun erfahrene Wahrheit: Die einzig ein=
geborene natürliche Leidenschaft der Frau sei die zu ihren Kindern,
alle andern Gefühle wichen in nichts zurück gegen jenes Glück
und jene Schmerzen. — Ich male jetzt meiner Schwester Bild
nach der Natur und schreibe auch fleißig, die Trauer darf mich
nicht träge machen. Geheimrath Mai benachrichtigte mich, daß
am Nachmittag die Badenschen Herrschaften mit unserer ent=
thronten Königin und ihren Kindern auf dem Schloßberg sein
würden unter seiner Führung. So konnte ich nicht widerstehen,
sie wenigstens aus der Entfernung zu sehen. Bald hielten die
Equipagen und ich glaubte mich erkannt, ich war ergriffen bei
dem Anblick der beiden Kinder, der kleine Prinz war in Schwarz
gekleidet, mit dem weißen Stern an der linken Seite, er ist
gewachsen, doch sieht er kränklich aus. Die kleine Prinzessin
gleicht zu sehr ihrem Vater um hübsch zu sein, die Mutter ist
noch ebenso schön wie früher. Heute ist der erste Mai, wo
ich einst bei Eröffnung des großen Frühlingscorsos die Königl.
Familie von Glanz und Hoheit umgeben sah, im Thiergarten
von Stockholm. — Wir setzten uns an einem entfernten Platz,
während meine Knaben im Schloßhof spielten; bald kam Bror
hochroth gesprungen mit der Nachricht, eine Dame habe ihn
schwedisch angesprochen und gefragt, ob seine Mutter noch auf
dem Schloßberg sei, sie wünsche mit ihr zu sprechen. Ich folgte

dieſer Einladung und fand außer der Königin die Markgräfin
und ihre andere Tochter, die Erbgroßherzogin von Darmſtadt
nebſt Gefolge — man bat mich, an dem Spaziergang theilzunehmen. Mit warmem Intereſſe wurde ich nach Deinen, nach
unſern Ausſichten für die Zukunft befragt, was ich nur un-
genügend beantworten konnte, meine Gegenfragen an ſie ver-
ſchluckend. Nach menſchlichen Begriffen iſt die arme Königin
kaum einem ſo tragiſchen Schickſal gewachſen.“

4. Mai.

„Heute wurde nach hieſiger Sitte mein Namenstag gefeiert, Louiſe hatte die Thür meines Zimmers mit weißen und
blauen Schwertlilien und Epheu bekränzt und als wir früh-
ſtückten, brachte man von den lieben Nachbarn vier thürhohe
Bäume in Kübeln zum Zimmerſchmuck: Lorbeer, Lebensbaum,
Myrthe und ein Orangenbäumchen mit Früchten nebſt un-
zähligen Blumenſträußen, die ganze Frühlingspracht mir nahe
gebracht von Freunden, die mich zu erheitern wünſchten. Der
herzliche Antheil erfreute mich, wenn auch die Erinnerung des
herben Verluſtes unauslöſchlich bleibt. Sie brachten mir auch
ſchöne Stiche zur Anſicht, was mich wiederum an Lottchen
erinnerte. Dieſer hatten wir zwei Tage vor ihrem Tode
Bilder gezeigt, um ſie ein wenig zu zerſtreuen, ſie war zu matt
und ſchob die Blätter weg; Tags darauf, als ſie ſehr klar war,
verlangte ſie darnach, ſie nahm eines nach dem andern bedächtig in die Hand, beſah es und ſagte „nieblich, recht nieblich“, legte ſich um und war damit fertig.

Es iſt mir, als habe ſie in dieſen bald ſympathiſchen,
bald gleichgiltigen Geſtalten das Leben an ſich vorüberziehen
laſſen: ſie ſah ſeine mannigfachen Bildungen an, alle irdiſchen
Hoffnungen, Freuden, wie ſie bunt ſich aneinander reihen —
ſagte: „Nieblich!“ und verſchied, das Beſſere wählend, wo
nicht trügliche Formen und geiſtloſe Reize den Blick verwirren
und vom Beſten abwenden. Lebe wohl! nicht wahr, wir gedenken gemeinſam ihrer.

Deine Amalie.“

15. Mai.

„Deinen Brief vom 12. April erhielt ich vorgestern und las mit größter Bekümmerniß, daß Du, auf die unangenehmste Art von außen her erregt, fast Deinen inneren Frieden ver= loren hast. Gott wolle doch bald ein Ereigniß herbeiführen, welches Deine Thätigkeit wieder aufruft, Dich wenigstens in handelnden Kampf mit den feindlichen Constellationen setzen möge. Du darfst nicht so leicht das Feld den Feinden über= lassen; warum sammelst Du nicht schriftlich alles was Deine bisherigen Erfindungen und Resultate beleuchten kann und theilst es dem Kronprinzen mit, um ihm einen klaren Einblick in die Verhältnisse zu schaffen? Ein Übersetzer in's Franzö= sische muß sich leicht finden. Gönne nur dem Unmuth keinen Raum, daß es Dein kostbarstes Gut, Deine Gesundheit, nicht angreift. Versäume nicht die Bewegung in frischer Luft, ihr Männer habt ja das Vorrecht des Reitens, genieße es aus Regime und die Lust daran wird Dir wiederkehren. Auf Ge= duld mag ich Dich jetzt nicht hinweisen, bester Mann, sie wäre wie das Fasten für einen hungrigen Magen. Daß Du aus einem schönen Traum ungern erwachst, begreife ich und gedenke des Ausspruchs Albedylls: „Der Schwede kann den Deutschen nicht leiden, er beneidet ihm seinen Fleiß, seine Mannigfaltig= keit, schwer kann in Schweden ein Deutscher heimisch werden und als Landsmann angesehen sein". — Übrigens stehst Du nicht allein mit Deinem unsichern Schicksal in unserer Zeit! Gneisenau schreibt mir, daß er zwischen Bettelstab und Wohl= stand schwebt; dafür, daß er seinen Credit und sein Blut zur Vertheidigung seines Vaterlandes hergegeben (setze ich hinzu). Es ist auch für ihn ein hartes Loos, auf seinem Gute thaten= los zu vegetiren, bei drohender Gefahr für die deutsche Heimath. Bei Dir ist es noch lange nicht so weit und Du brauchst Dich nicht, wie Du schreibst, zu schämen, den Umständen nachgeben zu müssen — treibe nur das stolze Schweigen nicht zu weit Deinem Kronprinzen gegenüber, Du machst dadurch das Spiel den Feinden leicht. Äußerungen gegen Zwischenträger werden meist falsch wiedergegeben durch Ungeschick oder bösen Willen;

zerſtreue dieſe Nebel durch die klare Wahrheit Deines eigenen
Weſens. Ich hätte vielleicht lieber ſterben, als mich von Dir
entfernen ſollen, Dein Gemüth iſt durch die Vereinſamung
bitter geworden, aber doch hat mich Gott ſo länger erhalten
wollen und Dein freier Wille, dieſes Opfer zu bringen, kann
Dich durch das Reſultat belohnen.

Nun locke ich Deine Gedanken an meine Seite und rechne
auf einen lieben Zuhörer. Du kennſt meinen Wunſch, die
Sagen und Legenden, welche ich im Laufe dieſes Jahres ge=
dichtet, illuſtrirt für die Herausgabe zu bekommen und ich hoffe
dies Ziel zu erreichen. Herr Bertram, der Freund von Boiſſerées,
lernte in Frankfurt a. M. einen jungen Maler Cornelius
kennen, welcher zu Goethes Fauſt herrliche Zeichnungen gemacht
haben ſoll, die Goethe ſehr bewunderte. Sie ſind im alt=
deutſchen Geſchmack gehalten und mit graziöſer Präciſion aus=
geführt. Bertram will ihn hierher einladen und ich ſetze große
Hoffnungen auf dieſes Begegnen und ſchreibe um deſto eifriger
an meinen Sagen.

Zur Erholung machten unſere Bekannten mit uns eine
Landpartie im Wagen nach einer romantiſchen Berggegend,
nach Schönau. Dort wurde gefrühſtückt und dann die Kirche
beſehen, ein Bau aus dem zwölften Jahrhundert, der einzig
ſtehende Reſt eines herrlichen Kloſters, dem dieſer Theil als
Speiſeſaal diente. Mit Intereſſe erkannten wir allerwärts
Anklänge der neugriechiſchen Bauart, an den Ornamenten, ja
bis in das Kreuzgewölbe zeigt jede der Roſetten, durch die es
verbunden iſt, ein verſchiedenes Muſter. Ein Student, Herr
von Berger, ſetzte ſich an die Orgel und mit ſeiner Begleitung
ſangen Frau von Wambold, Sophie Sartorius und einige
Herren lateiniſche geiſtliche Lieder. Im ganzen Ort faſt zeigen
ſich die Spuren jenes coloſſalen Kloſtergebäudes; man führte uns
in einen Gemüſegarten, wo hinter Krautbeeten prächtige Pilaſter
die Stelle zeigten, wo der Hochaltar geſtanden — zwiſchen
Schweineſtällen und Holzhaufen erhob ſich das majeſtätiſche
Hauptportal mit runblaufenden Steinwülſten oben im Halb=
kreis, zur Seite mit kleinen ſchlanken Säulen geziert. Zwiſchen

ben herrlich behauenen Ecksteinen und Pilastern hatten arme
Leute ihre bescheidenen Wohnungen gleich Schwalben eingekittet.
Der Gastwirth des Dorfes hatte die Mauern der alten Säle
benutzt und überdacht, zum Tanzplatz für das Landvolk, welches
eben irgend ein Fest mit Tanzmusik feierte. Ein ländliches
Mahl wurde von mitgenommenen und vorgefundenen Speisen
gehalten und der Rückweg im großen Kahn auf dem Neckar ge=
macht, wobei der Gesang mit Guitarrenbegleitung nicht fehlte.

Bis Du diesen Brief erhältst, ist der Monat zu Ende und
ich muß Dich abermals dringend bitten mir meine Zinsen zu=
kommen zu lassen, da ich für die Meinigen hier einstehen muß
und noch zögere, mein Reisegeld anzutasten. Kannst Du, so
triff möglichst bald die Entscheidung für unsern Aufbruch oder
Deinen Urlaub, die bedrängte Zeit muß, wie mich dünkt, ver=
eint erlebt und ertragen werden. — Sind wir nicht alle Pilger
auf Erden, geführt oder verirrt von einem Punkt zum andern,
ohne sichere Ruhestätte, ohne Heimath des Gemüthes, bis sich
die einzig bleibende letzte Thüre für den müden Wanderer er=
öffnet und zum Vaterhaus führt! Wohl meinem Kinde, das dort
weilt. Ich lege unser Erdenschicksal in Deine treuen Hände.

Deine Amalie."

XL. Capitel.
Neues Dichten.

Amalie an Helvig.
Heidelberg, 18. Juli.

"Endlich erhielt ich Deinen lieben Brief vom 9. Mai, nach=
dem mich Dein langes Schweigen beunruhigt hatte. Wie viele
Meilen Weges hast Du nicht seither gemacht — der Gedanke,
wie thätig, wie rastlos Du auf solchen Inspectionsreisen bist,
war mir tröstlich für meinen Ulysses! Deine Beschreibung der
ärmlichen Wachtstube in Gothenburg hat mich empört, ich möchte

Dein Portrait malen und es dort als Wandzierde stiften,
manchen Soldaten würde es erfreuen und zu neuem Streben
erwecken können.

Vor einigen Tagen erhielt ich einen gar freundlichen Brief
von Fouqué, welcher mir mittheilt, daß Hitzig in Berlin meinen
Beitritt zu der Damenbibliothek sehr wünscht und unter vor=
theilhaften Bedingungen für mich. Wenn ich noch vier Wochen
in meiner jetzigen Stimmung bleibe, so kann ich ein vollendetes
Manuscript abschicken. Solche pecuniäre Beihülfe thut mir
noth, da auch der Vetter Carl mir meine Zinsen statt zu
Ostern erst zu Michaelis schicken will und ich die versprochenen
Wechsel aus Stockholm seit April vergeblich erwarte und doch
die täglichen Ausgaben für eine Familie allein zu bestreiten
habe. In meiner Noth, da ich ohne Nachricht blieb, schrieb
ich an Deinen Geschäftsmann N. in Hamburg, der die An=
weisung für April wohl noch zurückbehalten will bis auf meine
Bitte. Du kannst mit diesem Schritt nur einverstanden sein,
da Du meine Ansicht theilst, das Gold für die Rückreise aufzu=
sparen. Ich hoffe in Deinem Sinn gehandelt zu haben und
will mich noch nicht von den alarmirenden Gerüchten erschrecken
lassen, als könnten wir im Briefverkehr durch die Kriegsaus=
sichten behindert werden. Ich hoffe auf baldige Nachricht für

Deine Amalie."

25. Juni.

„Kaum habe ich den Muth der Post abermals einen Brief
anzuvertrauen, da ich seit April keine Antwort von Dir erhielt;
ich muß annehmen, daß der Schriftverkehr unsicher oder um=
ständlich ist, dennoch versuche ich mein Glück, um Dich wo=
möglich von Deinen schweren Gedanken weg zu uns herüber
zu ziehen. Ich spüre in meinem Schicksal die liebevolle aber
strenge Hand meines himmlischen Vaters, der meine Schwächen
nicht schont, sondern gerade in diesen mich verletzt, um mich
durch seine Kraft zu stählen; die jetzige Feuerprobe brachte mich
dahin, die nutzlosen Sorgen zu verbannen und selbst thätig zu
bleiben, wozu mir Gott den Weg anwies. Der Maler Ebb ist

hier angekommen, um Öl=Copien in der Boifferée=Gallerie zu
nehmen; so wurde er gleichzeitig mein Lehrer und dadurch
siehst Du Deinen Wunsch erfüllt, daß ich gründliche Studien
im Ölmalen mache — zwei Bilder sind bereits untermalt.
In der Zwischenzeit ertheile ich Louisen, Frl. Sartorius und
der Enkelin des Geheimraths Mai italienischen Unterricht; sie
machen schnelle Fortschritte, denn wir betreiben es ernstlich;
auch hat die Tochter des Rath Schwarz zweimal die Woche bei
mir Zeichenstunden nach Gyps.

Zur Erholung machen wir dann weite Spaziergänge, so
kürzlich mit Schwarz, seinen sieben Knaben und Bror nach dem
Wolfsbrunnen; ich bewirthete alle mit Milch und Kuchen für
24 Batzen. Kürzlich machte ich bei Boifferées die Bekanntschaft
des Kirchenraths Daub und Frau. Sie hatten dasselbe Unglück
wie wir, ein Kind an der Bräune zu verlieren; das war unser
nächster Anknüpfungspunkt. Er ist sehr gelehrt und sie eine
gar gemüthliche, klare, feine Frau. Ich wurde gebeten, meine
Legende von der Scholaftika zu lesen, dann sang Fr. v. Wam=
bold; wir saßen in der Bildergallerie und Daub sagte, auf die
Bilder weisend: „Wovon diese zu uns reden, was eben gelesen
und dann gesungen wurde, ist ein und dasselbe mit verschiedenem
Ausdruck: deutsche Seele und Gemüth."

Von Deinen Knaben kann ich nur Erfreuliches berichten,
sie wachsen und gedeihen. Bernhard ist voll heiteren Muth=
willens; noch spricht er nicht deutlich, er schwankt wohl
zwischen Deutsch und Schwedisch, was er von seiner Amme hört.
Alle Schreibmaterialien nennt er „Krah Krah", eine Menschen=
menge oder Kinder „Krabbel Krabbel"; nur „Papa" ruft er
deutlich und klinkt dabei, seltsam genug, an dem Thürschlosse
eines unbewohnten Zimmers, als ob da noch jemand neben mir
logiren müsse, den er im Geist erblickt.

Zum Schlusse bitte ich Dich: lasse mich nicht länger die
Versorgung von sechs Menschen allein tragen, nimm durch
Rath und That die Last von mir; sie übersteigt fast meine
Kräfte, wenn ich kein Wort von Dir auf meine Fragen und
Bitten höre. Gedenke   Deiner Amalie."

25. Juli.

„Gestern noch war ich in gespanntester Erwartung Deiner
Ankunft, da seit zwei Monaten die Nachrichten von Dir aus=
blieben und im Frankfurter Anzeiger die Abreise des General=
Feldzeugmeister Helvig aus Stockholm nach Deutschland gedruckt zu
lesen war, was sich wohl auf Deine Inspectionsreisen bezog.
Heute erhalte ich den ersehnten Trost durch Deinen Brief, aber
gleichzeitig die getäuschte Hoffnung Deines Wiedersehens. Da
Du aber noch über Dein Befinden klagst und die Dienstreisen
absolvirt sind, könntest Du Urlaub erhalten für eine Badereise
nach Deutschland. Ich würde ganz stolz sein, wenn ich das.
Geld dazu liefern dürfte. Denn ich bin meiner kostbaren
Silbertoilette aus England in Stockholm ganz überdrüssig, mit
dem prunkhaften Spiegel, den vielen unnützen Silberbüchsen
und Deckeln, die nichts mit der Reinlichkeit zu thun haben, da
ein colossaler Schwamm sie alle ersetzt — also, bitte, fort damit
und das dafür eingewechselte Geld für die Gesundheit meines
lieben Helvigs angewendet; nebenbei hege ich den egoistischen
Gedanken des baldigen Wiedersehens. Ich will Dir nun auch
meine Hoffnungen mittheilen:

Zwei neue Legenden und die Sage vom Kaiser Maximilian
sind zum Druck bereit, Fouqué will mit mir einen Band der
Sagen und Legenden herausgeben, wozu er seinen Beitrag
bereits fertig hat, und Cornelius hat sich bereit erklärt die
Illustrationen dafür zu übernehmen und wird sie hier in
meinem Zimmer entworfen und malen, während er bei Boisserée
logirt. Auch meine „Schwestern von Corcyra“ nebst dem
Band „Griechischer Idyllen“ sind vom Verleger angekauft. Die
Anzahl der Exemplare dieser verschiedenen gewünschten Taschen=
bücher bitte ich die Herren Buchhändler Viborg und Ulrich in
Stockholm genau mir schriftlich direct anzugeben, diese Mit=
theilung wird meine Verleger sehr ermuthigen. Du wirst Dich
über die auf die Herausgabe bezüglichen Briefe von Fouqué,
Cornelius, Rath Schlosser und Brockhaus freuen. Alles dieses
thue ich nicht aus Ruhmsucht, sondern, neben dem Vergnügen
es hervorzubringen, bloß um das tägliche Brot in dieser un=

sichern Zeit zu erwerben und in dieser Hinsicht unabhängig
von den Eventualitäten des Lebens zu sein. Mein Frauen-
schicksal gehört Dir, Deines aber nicht mir an, deßhalb suche
ich Dir den Ballast der täglichen Nothdurft möglichst aus dem
Wege zu räumen und doch nicht mein Capital anzugreifen.
Glaube mir, bester Mann, alles ist in uns und kommt von
innen, alles Äußere aber wirkt nur, sofern wir fähig oder
willig sind es in uns aufzunehmen — so erschafft sich das
Gemüth die Welt. Immerhin sind wir glücklich zu nennen,
wenn wir durch die Wogen des Lebens uns über Wasser erhalten, denn was dem Menschen unantastbar von außen bleibt
ist sein Gewissen und sein Wille. Könnte der hiesige einfache
und doch geistig bedeutende, harmlose Cirkel bei einer Trauben-
kur auf Dich einwirken, Du würdest, wie ich, an Leib und
Seele wieder genesen."

XLI. Capitel.
Trost in der Arbeit.
Heidelberg, 3. August.

„Die seit Mai erwarteten, mir von Dir zugesendeten
schwedischen Werthpapiere habe ich zum Wechseln sogleich an
einen Banquier nach Frankfurt a. M. geschickt; man nahm sie
hier nicht an und bezweifelt mein Gelingen anderwärts, da
die schwedischen Papiere außer Cours gesetzt sind, worauf man
Dich in Stockholm hätte aufmerksam machen müssen. So bleibt
mir manche schwere Sorge. Für alle diese Auseinandersetzungen
wäre eine mündliche Aussprache nöthig; kannst Du daher jetzt
nicht Deinen Posten verlassen, so bin ich entschlossen, Anfang
October Dich zu meiner Abholung in Stralsund zu erwarten.
Du darfst keinen Winter einsam, wie Du Dich isolirt hast,
mehr erleben.

Deine Knaben sind wohl. — Bernhard wird Dein Liebling werden, so frisch, muthig und von Herzen gut wie er ist;
Bror will noch gar nicht zu etwas Ernstem hinneigen, er hat

immer ſeine eigenen Ideen und Thorheiten, auch Anlage zum Phantaſten; ihm wird eine männliche Umgebung ſehr gut thun, denn er will gezwungen und imponirt ſein. Heute iſt ſein Geburtstag, da wirſt Du ſein gedenken, liebſter Freund; er wird ihn fröhlich lärmend mit einer Knabengeſellſchaft feiern. Mich erinnern ſolche Gedenktage immer an mein liebes Lottchen mit heißer Sehnſucht. Sie hatte ſich ſo ſehr auf ihren 7. Geburtstag gefreut; der Länge nach ſtreckte ſie ſich auf das Sopha und rief: „Am Geburtstage werde ich es ausfüllen"; vorher betteten wir ſie darauf — zum letzten Strecken.

Schreibe mir bald wieder, ich ſehne mich nach Fühlung mit Dir.

Deine treue Frau."

9. Auguſt.

„Schon ſind wieder drei Wochen verſtrichen, ſeit ich Deinen lieben Brief vom 5. Juli erhalten habe, alſo in vier Monaten zwei Briefe! Wohl weiß ich, daß die Gegenſtände, welche Dich beſchäftigen, nicht von angenehmer und zum Schreiben ein= ladender Art ſind, aber voriges Jahr war es kaum beſſer und dennoch gaben mir Deine Briefe die Beweiſe, daß Du auch Kleinigkeiten mir gern mittheilteſt, auch Unangenehmes leid= licher fandeſt, wenn Du mir davon geſprochen hatteſt. Laſſe mich doch dieſes freundliche Zutrauen nicht entbehren, deſſen ich nicht unwürdig bin, ja deſſen ich auch für mich bedarf, um mich in der Welt feſtzuhalten.

Ich finde in nichts als angeſtrengter Arbeit Zerſtreuung, aber ſowie dieſe endet, überfällt mich tiefes Weh, und das Herz ſchlägt fern von mir, von dem ich Troſt erwarten und em= pfangen darf. Alles, was mich umgiebt und was Dir von mir beſchrieben vielleicht ſo anziehend ſcheint, iſt mir doch fremd, muß und wird es ewig bleiben — ich ſtelle mich dem gegen= über allein hin, den Blick auf Deinen Willen gerichtet, der mir Geſetz und Glück iſt.

Laſſe mich aber doch nicht ſo allein ſtehen, — reiche mir aus der Ferne die Hand, damit ich es mir nicht bewußt werde, daß daher, wo mir Freude und Troſt kommen ſollte, nur ein

weiter, öder Raum sich dehnt. Jede Trennung, welche Verhältnisse mit sich bringen, wäre ja schrecklich, wenn sie die Liebe
nicht zu überbrücken verstände. —

Den Lazarus von A. Dürer habe ich eben vollendet, das
erste Bild, das ich in Öl gemalt; es steht auf der Staffelei
mir gegenüber und strahlt, auf Goldgrund gemalt, gar herrlich
und ernst, wie Dürers Werke sind, grandios und tief und doch oft
nach außen hin heiter und prächtig anzuschauen. Die Bischofs-
mütze ist mit Perlen und Edelsteinen geziert, die ich gar lustig
zu machen fand. Gestern arbeitete ich bis Abends gegen sieben,
da ließ Bertram eine Tasse Thee machen, den Fr. Sartorius
uns einschenkte; lange schmeckte uns kein Thee so gut; sie
meinte, ich solle auf meinen Lorbeeren ruhen.

Ich will Dir selbst gestehen, daß ich über das Gelingen
der Arbeit erfreut bin; so leicht hätte ich nicht gedacht, daß
sich mir Form und Farbe fügen würde. Nun will ich frisch
fortfahren und sehen, ob ich mir die Kunst ganz zu eigen
machen kann. Ebbs Manier ist unstreitig eine sehr angenehme
und meine Aquarellstudien kommen mir dabei zu statten, weil
auch die altdeutsche Malerei sich auszeichnet durch Richtigkeit
und Schärfe des Contours, Bestimmtheit der Localtinten und
einfach strenge Behandlung. Sehr viel hat mir die fast tägliche Betrachtung der Boisseréeschen Bildersammlung geholfen;
denn indem ich die Kunst bewunderte, fiel mir auch die technische Behandlung in's Auge, da man bei vielen Bildern,
ungeachtet ihrer Zartheit, doch deutlich sehen kann, wie der
Pinsel geführt wurde. Das Schaffen selbst giebt einen hohen
Genuß, — der Gedanke, daß etwas vollendet wurde, hat mich
schon oft emporgehalten, ohne weitere Belohnung. In der
Zwischenzeit lese ich zur Belehrung im „Theuerdank" und „Weis-
kunig", auch Plinius' 35. Buch über alte Malerei, worin gar
hübsche Sachen stehen. Du kannst über diese meine Lebensweise
nicht unzufrieden sein, daß ich neben Dir auch als selbständig
denkendes Wesen existire, mich ausbilde und in Mittheilung
und Aufnehmung anderer Gedanken lebe und dieser Nahrung
für meine intellektuellen Kräfte bedarf: Du hast mir dieses

ſelbſt zugeſtanden und Werth auf die Gaben gelegt, welche mir
angeboren ſind und die mich bisher Dir ſtets näher gebracht
und nicht von Dir entfernt haben. Sie feſſelten mich an's
Haus und nahmen mir den Geſchmack an leerer, eitler Luſt=
barkeit; möge daher Dir mein Treiben hier nicht falſch er=
ſcheinen, es führt mich Dir zu, da Du Freude an Kunſt und
Poeſie haſt und dieſe mir vollends lucrativ werden. Ob ich
unter günſtigen oder minder günſtigen Umſtänden mehr oder
weniger dichte, meine Bilder gelingen oder weniger gut aus=
fallen, wird bei uns beiden hoffentlich nicht in die Wagſchale
fallen. Nur muß mein Beſtreben daſſelbe bleiben, mir ſelbſt
getreu immer mehr Einheit zu erzielen, meiner Lebensaufgabe
mit Ernſt näher zu kommen, — mein Verſtand ſoll mir dabei
nicht zeigen, was ich bin, ſondern wohin ich gelangen muß,
nach Gottes Rathſchluß „zu einem unſterblichen Theil eines
großen Ganzen“. —

Das Bedürfniß mich auszuſprechen liegt tief und unver=
tilgbar in meinem Weſen, — ſo mögen denn mehr oder weniger
Blätter dahin fliegen zu den Menſchen und ihnen in ver=
ſchiedener Form zeigen, was ich genoſſen und gelitten, wie die
wechſelnden Erſcheinungen des Lebens auf mich gewirkt haben.
Keines meiner Geiſtesproducte kann ſchädlich wirken, keines un=
würdige Verhältniſſe verrathen, die mir fern blieben, wie ich
ihnen.

Wenn ich mich genau prüfe, finde ich mich bereit, in
Stockholm ein ruhiges, durch falſche Geſelligkeit ungeſtörtes,
häusliches Arbeitsleben mit erfriſchter Kraft wieder zu beginnen;
die Herausgabe meiner neueſten Sachen erfordert nicht mein
längeres Hierſein, dafür ſorgen meine Mitarbeiter. — Darum,
kannſt Du, ſo ſuche mich auf zur Abholung. Vertraue

Deiner Amalie.“

19. Auguſt.

„Ich eile, Dir für Deinen Brief zu danken, der mir der
liebſte Geburtstagsgruß war. — Wie beklage ich die Fortſetzung
der Stockholmer Intriguen, den abermaligen Ausfall von

Ehrenström! Einer Schlange sollte man frisch den Kopf zer=
treten, wenn man sie gefangen hat, durch ihr Gift darf sie
fürder nicht schaden; Cederström will sich Freunde menagiren,
die ihm nichts helfen und Dir schaden, — Gott öffne dem
Kronprinzen die Augen, daß er sehe und recht richte. Wie mir
Dein Benehmen bei der Angelegenheit gefallen, brauche ich Dir
nicht erst zu sagen; in Deinem eigenen Bewußtsein liegt das
Lob. Heute lese ich das in's Leben getretene Luxusgesetz für
Schweden; wie wird diese Einschränkung dem Hofkreis behagen?
Dich umgiebt der Dunstkreis des Neides, gekränkten Ehr=
geizes, erstickten Hasses — unser Heidelberger Treiben erscheint
mir dem gegenüber wie eine Idylle im hellen Sonnenschein.

Für nächsten Monat projectiren Kirchenrath Daubs und
Boisserées eine Rheinreise von etwa sechs Tagen, — könntest Du
Urlaub bekommen! Wir schlössen uns an und Du ruhtest Deinen
gequälten Geist aus. Beantworte mir, bitte, ein wenig specieller
meine Fragen; Du mußt erkennen, daß sie Anspruch darauf
machen können. Viel besser als alle Briefe wäre Deine
Ankunft hier, für Dich und

Deine Amalie."

24. September.

„Seit Empfang Deines letzten Briefes vom 16. August
war Cornelius hier und hat uns vor acht Tagen verlassen;
seine schönen Skizzen wandern mit ihm über den Gotthard
und in die heilige Roma ein, wo sie vollendet werden sollen.
— Schwester Louise ist in einer Legende als betende h. Eli=
sabeth, vor einem Kreuz im Walde knieend, von ihm verewigt
worden; die zwei Paar dunklen Augen haben sich wohl etwas
tief in die Seelen geblickt. — Voß schlug uns vor, bei mir
ein neues Trauerspiel von Öhlenschläger „Correggio" vorzu=
lesen, und da es Cornelius sehr zu wünschen schien, so lud ich
die allernächsten Bekannten, worunter auch der junge Graf
Haugwitz, von Rochow und von Richter waren, ein. Es war
Casinoball an diesem Abend, aber die strebsamen jungen Leute
zogen die interessante Lectüre vor. Öhlenschläger hat Correggios
Geschichte sehr frei behandelt und der Historiograph vermißt

manches; doch wird ihm niemand läugnen können, eine ſchöne Dichtung daraus gebildet zu haben. Die Charaktere von Michel Angelo und Giulio Romano ſind mir darin beſonders werth als wahr und conſequent gehalten. Correggio hat er wie ein hohes, wunderbar begabtes, aber ſich unbewußt kindliches Gemüth geſchildert, mit der Reizbarkeit des Künſtlers in Höhen und Tiefen der Begeiſterung und Verzweiflung, voller Muthloſigkeit auf= und abwogend — zu ſtark gezeichnet, wenn man Correggios ausgebildetes Talent daneben ſtellt, denn man kann hier nicht des „Taſſo" von Goethe erwähnen: der Dichter bleibt ewig be= wußtloſer als der Maler; denn was er ſingt und ſchreibt bedarf ſo wenig äußerer Hülfsmittel, daß er ſich immer ungeſchickt und mit der Außenwelt in Mißverhältniß fühlen kann, wenn ſchon ſeine Lieder dieſe entzücken. Der Maler aber bedarf ſo mancher Vorkenntniſſe und techniſcher Fertigkeit; ja das Werk ſeines Pinſels tritt wahrhaft belebt im Licht der Wirklichkeit vor ſeinen Blick, gehört gleich nach der Entſtehung ſchon in allen ſeinen Beziehungen dem Ganzen, daß er unmöglich lange in Ungewißheit über ſeinen Werth und die Wirkung ſeiner Kunſt auf andere bleiben kann. Gewiß iſt, vor Dichter und Compoſiteur, der Maler allein ſich klar bewußt; ein Zweifelnder ſcheint mir unnatürlich in der Darſtellung. Ich glaube, Du wirſt bei Leſung des Gedichtes meiner Anſicht beipflichten und auch finden, daß ſo manches poetiſch Auffallende doch auf Koſten der Wahr= ſcheinlichkeit errungen wurde.

Während Voß las, zeichnete Cornelius Kaiſer Maximilian auf der Martinswand, wohin er ſich verſtiegen hatte und die Sacramente von dem gegenüberliegenden Felſen durch den Prieſter gezeigt bekommt, als Jlluſtration zu meiner Legende. Cornelius fand hier vieles, was mit ſeinem Innern überein= ſtimmte; Du kannſt Dir auch vorſtellen, daß er ſich mit Louiſe ſchnell verſtehen mußte und ihre hieſigen Verehrer ausſtach, trotzdem er zart und nicht ſchön iſt. Aber abgerechnet, daß Cornelius ſein Künſtlerleben erſt beginnt, ſich erſt einen Namen zu erwerben hat, ſo würde er, trotz aller Liebenswürdigkeit, kaum geeignet ſein, meine Schweſter glücklich zu machen; zwei

so ausgesprochen poetische Naturen bedürfen jedes für sich einer
prosaisch festen Stütze für's Leben, um sich frei entwickeln zu
können neben einer sicheren Führung im Alltagstreiben. Die
unerwartete Gelegenheit, welche sich unserm Künstler bot, mit
Freunden nach Rom weiter zu reisen, war mir daher willkommen
und wurde zum Fingerzeig für ihn. Er war sehr bewegt beim
Abschied; es schlummern große Kräfte in ihm, Rom mit seinen
Kunstschätzen, seiner Natur und Anregungen im Verkehr wird
sie wecken." Nach dreißig Jahren hatten die damals jungen
Leute eine zufällige Begegnung in Dresden bei Professor Vogel
von Vogelstein. Das Bild war frisch in Cornelius' Innerm
geblieben, denn er sah die Fremde lange mit prüfendem Blick
an und rief dann bewegt: Liebe Louise!

„Iffland kam nach Mannheim und gab vier Vorstellungen;
ich folgte der Einladung der Frau von Wenningen dahin und
sah aus ihrer Loge Iffland im „Nathan". Wir bewunderten
seine treffliche Mimik; sein Spiel war musterhaft, ganz der
Jude, der unterdrückte, an Knechtschaft und Verfolgung gewöhnte
Israelit und dabei der bessere, in sich erhaben stehende Mensch.
Was jedoch an ihm zu tadeln bleibt, ist, daß er die ersten
schönen Stellen in der Declamation vernachlässigt, um die
Schlußwirkung zu erhöhen; er unterschätzt hierin sein Publikum,
es ist bei ihm zuviel Calcul; nach meiner Erfahrung giebt nur
das mit dem Herzen selbst Empfundene auch den richtigen Tact
es andern mitzutheilen und mit fortzureißen. — Bei der
zweiten Vorstellung sahen wir Iffland als gutherzigen Polterer
in einem Stück, welches er selbst für sich dem Goldoni nach-
gebildet hat. Bei dieser Rolle war er in seinem Element unüber-
trefflich, daher oft gezwungen beim Weiterspielen das tumul-
tuarische Applaudissement abzuwarten; mir gellten die Ohren
von meines Nachbars Bravorufen. Das Stück drehte sich um
Ausschelten, Bedrohen und Wiederabbitten des hitzigen Onkels
gegenüber von jungen Nichten, Freunden, Dienstpersonal. Das
ganze Stück und Gesammtspiel war meisterhaft natürlich und
komisch, ohne im geringsten burlesk zu werden. Capellmeister
Weber hatte in Mannheim ein Concert gegeben und ließ sich

mir in der Loge durch Frau von Wenningen vorſtellen; er
beſchloß ſeine Rückreiſe nach Berlin über Heidelberg zu machen.
Er nahm dankbar meine Einladung zu einem Dejeuner an für
den nächſten Morgen. Unſer alltägliches Mittagbrod ſtellte
ein ſolches vor und das non plus ultra von pfälziſcher Deli=
cateſſe, ein Gericht Dampfnudeln, ſchloß und krönte das ſoge=
nannte Dejeuner um 1 Uhr und ſchien dem Herrn Capellmeiſter
trefflich zu munden. Er war ſehr gut gelaunt, da er ſich vor
Tiſch an der Boiſſeréeſchen Gallerie ſatt, aber körperlich hungrig
geſehen hatte, und bot ſich nun an den „Eiſenhammer“ uns
vorzuſpielen. Die Nachbar=Geſellſchaft verſammelte ſich daher
im Hauſe des Dr. Nägele, welcher das ſchönſte Flügel=Inſtru=
ment hier beſitzt. Weber bat mich dringend um einen ähnlichen
Text zu einer neuen Compoſition für ihn und ich ſagte ihm
für ſpäter zu.

Wir beſchloſſen den Abend auf einem Weinberge, wo ge=
keltert wurde. Dort wurden die Trauben zum Keltern noch
von den Weinbergknechten mit ihren bloßen Füßen getreten. Ich
ließ mir die Procedur genau zeigen und hatte meine vergleichen=
den Gedanken dabei, ich gedachte der Entwicklung des Mannes.
Auch er muß manches ſtreitende Element paſſiren, mit Druck
belaſtet und von fremdem Schmutz unausweichbar beſudelt, doch
durch eigne innere Vortrefflichkeit ſelbſtändig, denn Fremdartiges
gährt aus und er kann ſeine unvermiſchte, feurig thätige Natur
bewähren und herſtellen. Das Weſen der Frau hingegen läßt
ſich am beſten mit der Milch vergleichen, welche ohne Kunſt
von der Natur ein gegebenes mildes, belebendes Weſen erhält,
durch die kleinſte heterogene Beimiſchung aber gleich verbirbt,
ſo daß eine Meſſerſpitze Säure genügt, um die Maſſe zu zer=
ſtören, aus welcher viele Durſtige hätten gelabt werden können.“

12. October.

„Dieſen Morgen erhielt ich Deinen lieben Brief vom
13. September, der mich nach langer Pauſe recht beruhigt hat.
Ich ſehe ein, daß Du zuviel auf's Spiel ſetzeſt, wenn Du jetzt,
auch nur für kurze Zeit, Deinen Poſten verläßt und anderer=

seits nicht sicher genug der Zukunft bist, um Deine Familie nach Stockholm schon jetzt zurückzufordern. So füge ich mich dem Schicksal und Deinem Wunsch diesen Winter abermals in Deutschland zu bleiben; ich will suchen das Zutrauen zu rechtfertigen, welches Du dadurch sowohl in meine Thätigkeit als in alle andern Rücksichten setzest. Deine Achtung ist mir so unentbehrlich, daß ich alle meine Kräfte aufbieten werde, sie mir zu erhalten und nach Deinem Wunsche das Haus wie die Kinder zu versorgen. Sehr dankbar bin ich, daß ich nun hoffen kann, die zahlbaren Wechsel zu erhalten, die ich seit fünf Monaten vergeblich erwartete, so daß ich mein Rückreisegeld verwenden mußte, bei strengster Sparsamkeit. Ich hatte die Freude, jetzt ein Honorar von 50 Louisdors für meine „Idyllen“ und ebensoviel für die „Schwestern von Corcyra“ zu bekommen, mit Vorbehalt für weitere Auflagen. Es war mir eine rechte Freude, gleich Wintersachen für die Kinder und uns dafür bestellen zu können. Bernhard wird täglich kraftvoller, sinniger, schon seines Bruders Spielkamerad, auch dieser wächst und lernt besser, will aber kein Held werden; möchte ihm Dein Einfluß das Bild eines tüchtigen Mannes geben! Sind die schriftlichen Arbeiten jetzt bald erledigt, so nehme ich die Ölmalerei wieder vor und lade mir den Maler Ebb für ein paar Tage ein, um den letzten Schliff, das Lasiren mit Pariser Lackfarben von ihm zu lernen und an den bereits vollendeten Bildern noch anzuwenden. Wollte Gott, ich könnte Dich mit meinen Anstrengungen ganz unabhängig von Deiner Lebensstellung machen, damit Du Deinen gelehrten Studien und Erfindungen ungestört nachgehen könntest — dann erst hätte mein Talent einen wahren Werth in meinen Augen. Heute Abend liest Voß uns abermals ein Trauerspiel von Öhlenschläger vor, „Palnatoke“.

Ich schließe meinen langen Brief mit herzlichen Grüßen von Louise, den Knaben und Deiner treuen Amalie.“

Amalie machte im October mit ihrer Schwester Louise eine Rheinreise und schickte das Journal aus diesen Tagen statt der Briefe an Helvig.

Amalie an Helvig.

28. November.

„Da Du so freundlich die „Legenden vom heiligen Georg"
von mir aufgenommen, sammt der Zeichnung dazu, so muß ich
glauben, daß Dir auch solche Sendungen Freude machen, Du
erhältst daher meine letzte Lieblings=Legende zu Weihnachten.
Ich dichtete diese Sachen auf= und abgehend in dem Weinlaub=
gang am Hausgarten, oft bis spät Abends, wenn die Sterne
am Himmel und die Johanniskäfer in den Rosenhecken leuchteten,
wie schwebende Geister aus anderem Gefilde. — In acht Tagen
erhältst Du die Fortsetzung meines Reise=Journals bis zur An=
kunft in Cöln. — Ich habe in dieser Woche viel gezeichnet,
auch ein Pendant zum Lazarus von A. Dürer untermalt,
die Tage sind nur jetzt gar so kurz, daß sich wenig fördern
läßt, doch hoffe ich wenigstens zwölf Bilder aus der Boisse=
réeschen Sammlung copiren zu können und somit Dir die Wand=
decoration für ein Cabinet in altdeutscher Kunst anzufertigen,
nach den besten Meistern, ohne die Geschmacklosigkeit einzelner
Maler aus dieser Schule. Die Manier, erst den Carton auf
das Papier, Leinwand oder Holz mit der Feder reinlich und
mit Schraffirungen in den Schattenpartieen zu zeichnen, so
wie es durchgehend die alten Maler machten, ist mir durch die
Aquarell=Malerei sehr bekannt. — So suche ich die Zeit auszu=
nutzen, die mir Deine selbstlose Güte gestattet, indem ich Deine
Wünsche, die mit den meinigen gleich sind, in Hinsicht meiner
Beschäftigung gewissenhaft zu erfüllen strebe. Die Knaben machen
mir viel Freude, wenn ich ihr frisches Wachsthum an Leib und
Seele beobachte; Bror schreibt schon recht hübsch bei mir und
scheint eine gute Handschrift zu bekommen — thue ihm doch
die Ehre an und schicke ihm eine Vorschrift von Deiner kunst=
fertigen Hand. Er ist leichtsinnig, aber folgsam, und ich halte
ihn kurz, daß er in Respekt vor mir lebt. — Bernhards lieb=
liche Entwickelung gönnte ich Dir zu sehen, ein holderes Kind
giebt es nicht leicht — stark, fast männlich in all seinem Thun,

über die Maßen gutmüthig und von der niedlichsten Schalk-
haftigkeit. Er bekommt lichtbraunes Haar, ein gebogenes
Näschen, scharf gezeichnete Augenbrauen, große Augen, worin
das Weiße lichtblau wie Email glänzt, ein rundes Kinn mit
kleinem Unterkinn, auch bildet sich sein Körper fortdauernd
voll und schön aus. Beide spielen recht gut zusammen und
oft liegen alle meine Stühle im Kreis als Festung auf der
Erde.

Unser Cirkel hat durch die gestrige Abreise des musikalischen Herrn Kestner viel verloren; gehorsam dem Ruf seines
älteren Bruders kehrte er nach Hannover zurück. — Dafür kam
Achim von Arnim, den ich in Berlin schon kennen lernte; er
besuchte mich auf seiner Durchreise nach Straßburg. Er ist
ein selten liebenswürdiger Mann, doch schien mir der Verkehr
mit dem mysteriösen Schwager Clemens Brentano verstimmend
auf ihn gewirkt zu haben, da seine Natur klar und wahr mir
erscheint. Josephine Sartorius sang ihm seine neucomponirten
Lieder vor, was ihn sichtlich erheiterte. Daß Dir der herrliche Komet eine gelehrte Beschäftigung giebt, sah ich voraus
und gedachte Deiner, als uns sein Schein auf der Rheinreise
ergötzte; ein gar stiller, aber kluger Mann, Professor Fries,
will astronomisch-populäre Vorlesungen diesen Winter halten,
woran sich auch unser Damenkreis betheiligen wird, und Du
wirst mich dadurch etwas instruirter in dieser Beziehung
hoffentlich wiederfinden. Boisserée stellte mir heute neu ange-
kommene Studenten vor, die beiden Brüder von Bodelschwingh
aus Curland; es sind artige Leute voll Kenntnisse und guter
Lebensart; den vorigen Winter brachten sie in Paris zu und
wollen hier ihre Studienzeit beschließen. Mein Reisejournal
für Dich schreitet vorwärts und wird die Briefe detaillirt ergänzen. Herzliche Grüße von Schwester und Kindern und
einen Kuß von

Deiner Amalie."

December.

        „Lieber Helvig!

    Eine große Freude hat mir Dein letzter Brief gemacht, da er mir ſagt, daß Dir die meinigen willkommen ſind, auch daß Du mit meiner Reiſe nach Cöln zufrieden biſt; Du wirſt inzwiſchen mein Reiſejournal vollſtändig erhalten haben. — Laſſe mich Dir Glück wünſchen zu der Verleihung des hohen Ordens [1]; ich hätte mich nach Stockholm zum Ordensfeſt hin= zaubern mögen, um Dich zum erſtenmal im blauen Sammet= coſtüm mit großem Stern zu ſehen; — es iſt gut am Hof auch äußerlich in Ehren zu ſtehen. Da die Ernennung auch in den Zeitungen ſtand, habe ich hier die Gratulationen für Dich angenommen; noch muß ich Dir ſagen, daß es mich ganz be= ſonders erfreute, daß Dir dieſe Ehre in Gemeinſchaft des alten braven Obriſten Mannerſchantz widerfuhr, den Du mir ſtets als Deinen erſten Wohlthäter nannteſt. Auch mir wurde eine kleine Genugthuung durch die gnädige Antwort der Frau Herzogin Louiſe von Weimar auf die Zuſendung meiner „Schweſtern von Corchra"; ich lege die Abſchrift bei!

       Liebe Frau von Helvig:

    Soeben erhalte ich, zugleich mit dem Taſchenbuch, Ihren gütigen Brief und bin durch die freundliche Art, womit Sie meiner gedenken, ſehr erfreut und überraſcht worden. Nehmen Sie, liebe Frau von Helvig, meinen innigſten Dank dafür an und die Verſicherung, daß ich ſehr geſchmeichelt bin zu ſehen, daß ein Werk, von dem ich ſchon ſoviel Vorzügliches gehört habe, durch Ihre Güte mir zugeeignet iſt, und ſehr freut es mich es näher kennen zu lernen.

    Ich bin, liebe Frau von Helvig, ungemein erfreut zu bemerken, daß die Erinnerung der früheren Zeit, welche Sie hier zugebracht haben, in gutem Andenken bei Ihnen bleibt; ſein Sie fort und fort von der warmen Theilnahme überzeugt, die

---

    [1] Schwert=Orden 1. Klaſſe.

ich schon längst für Sie fühle und zu allen Zeiten Ihnen er=
halten werde. Mit diesen Gesinnungen und der vollkommensten
Hochachtung habe ich die Ehre zu sein
Ihre ergebene
L. Herzogin zu Sachsen.

Vielen Dank sage ich Dir für das lebhafte Interesse, das
Du meinen Arbeiten zuwendest. Deine sehr passenden An=
merkungen zur „Martinswand" habe ich sogleich benutzt durch
Abkürzung des Unwesentlichen, doch muß man beim Lesen fest=
halten, daß es eine Sage und keine Legende ist. In der Legende
des St. Georg, die Du nun wirst erhalten haben, stellte ich
die heidnische und christliche Auffassung noch näher gegen einander
und hoffe, daß Du den Contrast, der dadurch an's Licht tritt,
billigen wirst; hier und in Cöln zollte man der Absicht Beifall.
Wenn dergleichen Freiheiten dazu dienen, das Charakteristische
zu bezeichnen und einen starken Gegensatz hervorzubringen, so
haben wir Poeten die Erlaubniß uns verschiedenartiger Ele=
mente zu bedienen, obschon ich es nicht so vermischt wagen
möchte, wie in der „Braut von Messina", wo man eben durch
die oftmalige Verwechslung nicht mehr weiß, ob man es mit
Heiden oder Christen zu thun hat. Ich habe durch Boisserée
Gelegenheit erhalten in das Gelehrtenjournal nach Wien Auf=
sätze von mir einzuschicken, was mir von Wichtigkeit ist, bevor
unser Taschenbuch der Sagen und Legenden erscheint. Der
Verleger kann dann wie nach Schweden, so nach Oesterreich
auf Absatz rechnen. Fragmentarisch möchte ich das Reisejournal
und meine Beschreibung der Boisseréeschen Bilder einschicken;
beides bitte ich Dich dringend mir zukommen zu lassen. Ich
übersende dann mein Manuskript an Friedrich Schlegel, der
in Wien, wie Du weißt, ehrenvoll angestellt ist und in seinen
neuen Arbeiten mit vielem Glück sich ganz dem kritischen und
historischen Fache gewidmet hat, worinnen er äußerst fein und
tief ist; ich habe mir seine historischen Vorlesungen angeschafft.
Wenn Gott mir ferner Gesundheit verleiht, so denke ich diesen
Winter sehr fleißig zu sein und mein volles Jahres=Einkommen

für mich und die Kinder zu erwerben; ich schreibe Dir dieses
nur, damit Du für die weit wichtigeren Angelegenheiten der
Familie, die bleibende Zukunft-Existenz, freie Hand und frohen
Muth behältst, trotz aller Cabalen der Jetztzeit. —

Nach Neujahr kommt das kleine zwergartige Männchen,
Kupferstecher Fuchs hierher, welcher die Ornamentik des Cölner
Doms für Boisserées vortrefflich gezeichnet hat, zu einem Werke,
das letzterer herausgeben wird; auch Maler Ebb wird sich
diesen Winter hier aufhalten, um altdeutsche Bilder zu copiren,
wovon ich auch wieder profitiren will. Noch zwei Gedichte lege
ich bei, welche unser Mitarbeiter am Almanach mir zuschickte."

XLII. Capitel.

Die „Sagen und Legenden".

Der Bund mit Cornelius.

F. de la Motte Fouqué an Amalie von Helvig.   1811.

> Was hat den Sänger also kühn
> Doch an des Malers Herz gezwungen? —
> Kaum ist der Bundeszweig entsprungen,
> Und Lieder sieht man aus ihm blühn.
> Es that's ein holdes Frauenbild,
> Dem also viel der Herr vertraute,
> Daß ihr von Tönen süß die Laute,
> Von Farben hell der Pinsel schwillt.
> Mich rief die Laut' in einer Hand,
> Ihm strahlt' in andrer die Palette,
> Da flog's electrisch durch die Kette,
> Und nie löst sich das feste Band.
>
> Fouqué.

An Cornelius in Rom.   Winter 1812.

> Am nördlich dunkeln Fenster,
> Es ziehen wie Gespenster
> Schneewolken durch die Luft,

Rühr' ich der Zither Saiten
Ein Lied ihm zu bereiten,
Den meine Seele ruft.
O schwingt euch rasch, ihr Klänge!
Durch manche Bergesenge
Bahnt euch zu ihm den Pfad.
Er weilt in Südens Räumen,
Die ich wohl oft in Träumen,
Im Wachen nie betrat.
Auch hat noch nie uns beide
Herzfrohe Augenweide
Einander kund gethan,
Doch klangen Freundesworte
Von ein= zum andern Orte,
Drin wir uns spiegelnd sahn.
Aus eblen Griffels Wendung,
Bildner, ward mir die Sendung,
Von Deinem Wunderbaum,[1]
Auf dem die Böglein sangen,
Die goldnen Frücht' entsprangen
Vor armer Hütte Raum —
Ich sah wie Sankt George
Der bangen Mutter Sorge
So milbiglich bedacht,
Wie er des Kindes Leben
Ihr siegend rückgegeben,
Heilig in Ritterpracht.
Auch Du vernahmst hinwieder
Schon manches meiner Lieder,
Das freud'gen Sinn Dir gab,
Und das mit kräft'gem Schildern
Hat neu belebt in Bildern
Dein sichrer Zauberstab. —
So sei der Bund geschlossen!
Von Fraun und Kampfgenossen
Sing' ich aus alter Zeit.
Du lehrest die Alt=Vordern
Sichtbar an's Licht zu fordern
In junger Herrlichkeit.
Gegrüßt sei aus der Ferne!
Wohl sieht mein Geist Dich gerne

[1] St. Georg-Legende.

— 323 —

21*

Auf Roma's Hügel hoch,
Die Vater Dürer nimmer
Geschaut, wie Südlands Schimmer,
Obgleich die Sehnsucht zog.
Kühn trink' aus Römer=Quelle
Die läßt gesund die Welle,
Die Du im Becher schwingst.
Du kehrst altfromm und bieder
Deutsch malend zu uns wieder,
So wie Du von uns gingst.

     Friederich Baron de la Motte Fouqué."

Heidelberg, Januar 1812.

 „Diese Woche erlebte ich die Freude, daß mir Cornelius die acht Bilder, in Sepia und Tusche ausgeführt und herrlich componirt, als Illustration der „Sagen und Legenden" zu=schickte, als Geschenk für mich, wenn sie der Kupferstecher wird für den Almanach copirt haben. Denke, welch unschätzbares Geschenk dieses für unsere Sammlung von Original=Handzeich=nungen ist! Ich sandte mit meinem Dank Cornelius den Wechsel von Reimer dafür, wozu dieser mich bevollmächtigt hatte. Cornelius' Pünktlichkeit ist mir sehr lieb und ich freue mich auch, daß ich ihm nützlich sein konnte. Dieses Gelingen meiner Wünsche gab mir neuen Muth für die Zukunft. Er=halte mir Deinen Schutz, Deine Liebe, dann will ich thun, was meine Kräfte vermögen, Gott wird mich nicht verlassen, in dessen alleiniger Macht das Gelingen ruht. Gedenke

     Deiner Amalie."

 „Deinen lieben Dankbrief von Weihnachten erhielt ich heute und freue mich, daß Dir meine Gabe paßte, ich sehe Dich im Geist vor dem „Theuerdank" sitzen — lies doch darin die hübsche Stelle, die davon handelt, wie Kaiser Maximilian das Satteln lernt, es heißt darin: „Ein Huf=Nagel erhalt ein Eisen — ein Eisen behalt ein Pferd" 2c. In jener Zeit sah man das Wichtigere auch im Kleinen und that ihm sein Recht an, ohne Kleinlichkeit — wie anders jetzt!

 Gern wollte ich Dir alles was Dir fehlt durch Briefe er=setzen, wenn Dir dann nur auch die erheiterte Stimmung ver=

bliebe, da Du Dich anderen als mir so schwer mittheilen
kannst und willst, mein lieber Helvig, ich wußte wohl, weßhalb
ich so dringend einen Urlaub für Dich wünschte oder meine
Heimkehr! — Vergiß bitte nicht mir die Auszüge zu schicken,
Boisserées Sammlung betreffend. Gerade die Briefform hat
bei einem Stoff, der für den Nichtbeschauer etwas trocken ist,
durch einige vorangeschickte Worte mehr Reiz. Die subjective
Ansicht mit der individuellen Art der Mittheilung macht die
Sache dem Laien anziehend und giebt dem Kunstkenner eine
angenehme Erholung zwischen der bloß technischen und kritischen
Darstellung des Gegenstandes.

Die Sage vom „Gang durch Cöln" ist nun auch vollendet
und Du würdest gelächelt haben, wenn Du mich mit Deinen
Gedanken unter Folianten vom Jahr 1499 wie vergraben ge=
funden hättest. Es behandelt die wahre Geschichte der Vor=
eltern der noch lebenden Familie de Groote. Der Stoff ist
schön und reich und meine Kenntnisse der alten Zeit und Sitte,
kamen mir zu statten, selbst die Sprache jener Zeit suchte ich in
Ton und Ausdruck nachzuahmen. Deine reizenden Porphyr=
sachen aus Schweden, welche Du mir zum Verschenken an unsere
Bekannten schicktest, sind glücklich angekommen und haben viel
Bewunderung erregt. Die beiden großen Tintenfässer erhielten
Professor Voß und Wilken. Auf ersteres hatte ich eine silber=
vergoldete Lyra als Stöpsel machen lassen, das andere bekam
einen dergleichen mit einem Musenkopf. Beide Herren waren
ebenso überrascht als erfreut von unsern Gaben. Geheimrath
Mai erhielt die zwei Porphyrleuchter zu Wachskerzen, auch
hierzu hatte ich in passendem Styl silbervergoldete Licht=
manschetten machen lassen. — Bror bekam als Spielzeug
einen großen Reiter in Generaluniform, er nannte ihn gleich
„Papa", küßte ihn und brachte ihn mir zum Küssen, dann
schmückte er ihn noch mit bunten Hahnenfedern nebst aller=
hand Schmucksachen und hatte dabei eine eigene respectvolle
Art mit ihm zu spielen. Unsere Bescherung war sehr
einfach — unser Lottchen fehlte und der Vater war uns
fern. —

Schreibe mir bald, die politischen Nachrichten beängstigen mich und ich wage nicht sie brieflich zu besprechen.

Immer Deine treue Amalie."

März.

„Auf gutes Glück hin schreibe ich, da ich noch immer keine Nachricht von Dir habe, ich hoffe, Du hast die Vermittelung der Gesandtschaft benutzt und ich erhalte dann vielleicht die Sendung und Briefe zusammen.

Unser Freund Gneisenau schreibt mir in sehr gedrückter Stimmung, er scheint abermals das Vaterland meiden zu müssen, seiner politischen Ansicht wegen; wenn ich nicht irre, wirst Du ihn eher wiedersehen als ich, er will nach Peters= burg und Stockholm gehen. — Welche Zeit — „dem Narren= könig gehört die Welt" wie Talbot sagt. — Professor Rösel besucht uns oft und begleitet uns auf den Spaziergängen mit seinem Skizzenbuch. Er schenkte mir eine hübsche Aquarelle, welche er bei dieser Gelegenheit nach der Natur untermalte, mit beifolgendem Vers:

Zwei Schlösser Landschaden sind hier, ohne Grauen
Durch die Pforte eines dritten bequem zu schauen!
Das Städtlein Neckarsteinach kann auch nicht schaden,
'S ist alles beisammen, um Ihro Gnaden
Den froh verlebten Tag in's Gedächtniß zu rufen —
Oft gedenk' ich der Edlen, die mir solchen schufen. —

Dies Bildlein hab' ich mit Lieb' und Fleiß
Zu Baden gemacht. Samuel Rösel ich heiß.

1812.

Knebel hat mir geschrieben und mich zu Beiträgen für einen Almanach aufgefordert, der für „die Musen der Saale" herauskommen soll. Fouqué giebt eine Quartalschrift „Der Elfe" heraus, bei der ich mich ebenfalls betheiligen soll. Von F. Schlegels Monatschrift „Das deutsche Museum" sagte ich Dir bereits und bitte abermals um die Abschrift der beiden Briefe, Boisserées Bildersammlung betreffend; Schlegel sind die= selben zugesagt und ich werde von ihm gedrängt. Der Inhalt und die Tendenz seines Blattes verspricht bedeutend zu werden.

Brockhaus hat mir die volle Bezahlung meiner Manuſkripte geſchickt und fordert mich unter ſehr guten Bedingungen auf, ihm Beiträge zu der „Urania" für nächſtes Jahr zu liefern. So ſind mir von allen Seiten ehrende Anerbietungen gemacht worden und bei meinem Vorrath von Manuſkripten und meiner Arbeitsluſt kann ich nicht leicht auf's Trockne kommen. Aber bei all dieſem fehlt meinem Herzen die Ruhe, Nachrichten von Dir und Deinem Leben zu haben, zu wiſſen, welche Aus= ſichten für unſer Schickſal Du haſt. Gott verhüte, daß Krank= heit die Urſache Deines langen Schweigens iſt. Deine Briefe können mich durch die ſchwediſchen Couriere, die auch Dir zur Verfügung ſtehen, leichter erreichen, als ich nur durch den Poſt= verkehr correſpondire. Die Knaben gedeihen, Bror lieſt und ſchreibt geläufig bei mir. Bernhard ſagt, wenn ich traurig, ſehnſüchtig bin, mit ſeiner reizend unſchuldigen Miene: „Mein Amelichen", was er ſich für ſolche Theilnahme von Tante Louiſe abgehört, ſonſt nennt er mich reſpektvoll „Mama". Trockne meine Thränen durch einen Brief.

Deine Amalie".

16. März.

„Endlich zwei liebe Briefe vom Januar und Februar; leider täuſchte mich meine Ahnung nicht, Du warſt krank und die Car= bunkeln waren ebenſo ſchmerzhaft als langwierig zu heilen; Du warſt allein mit dieſem Übel in Pflege des Arztes und Bedienten und ich habe Dir nur aus der Ferne auf kurze Momente die Zeit ver= treiben können. Wie ſchmerzlich empfinden wir da beide die Tren= nung! Mit Schrecken las ich auch die Abtretung von Pommern; ich hatte auf die lang aufgeſchobene Inſpectionsreiſe gehofft, welche Dir bevorſtand und es Dir ermöglicht hätte, uns hier abzuholen! Aber wer kann unter den Zeitverhältniſſen ſich irgend einer Hoffnung hingeben!

Du wünſchſt die Perſönlichkeit von Boiſſerées Freund, Hrn. Bertram, beſchrieben zu haben, was ich wohl bisher als unwichtig vernachläſſigte. Dem fernen Beobachter ſtellt er ſich gefliſſentlich als Kobold dar, um ſeinem beißenden Witz freien Lauf zu laſſen. Er hat eine originelle Häßlichkeit und alle

kleinen Tücken ungeliebter und dadurch selbstisch gewordener
Naturen. Faul bis zur Possierlichkeit, hat er jedoch alle Kennt=
nisse, die man sich, auf dem Sopha ruhend, erwerben kann —
tiefe Kunstansichten und Geschmack — dabei ein fortwährendes
Treiben gegen andere, daß etwas geschehe, so daß er ohne
Zweifel großen Theil an Boisserées schönem und mühsamem
Werk, den Cölner Dom und die Gallerie betreffend, hat, ohne
dabei einen Finger gerührt zu haben. Daß er ein Niederländer
ist, verleiht ihm die Grazie der Natürlichkeit, des Selbstver=
gessens, welches auch dem Häßlichsten steht; man vergiebt ihm
darum leichter seine Koboldnatur, seinen Egoismus. Freunde
können seinem Urtheil unbedingt trauen und sich seine Kennt=
nisse zu Nutze machen. Seine böse Zunge ist von Fremden
zu fürchten, da er einen beißenden Witz hat, welchen er jedoch
nie an Freunden auslassen wird. Bror ist in stetem Zank mit
ihm, weil Bertram seine Schwächen geißelt, der dafür der sanfteste
Spielcamerad vom kleinen Bernhard ist, der ihn mit seiner heiteren
Lieblichkeit bezaubert hat; dieser ist, was die Altdeutschen ihren
Spielvogel nannten. Hoffen wir, daß Du Dich bald selbst an
ihm erfreuen wirst und dabei die Gedanken über die schweren
Zeitereignisse für Augenblicke in den Hintergrund treten. Ich
muß ja in Briefen darüber schweigen.

Deine Amalie."

April.

„Ich benutze, bester Helvig, die sichere persönliche Ver=
mittlung, um Dir wissen zu lassen, daß ich Deinen Brief vom
März erhalten habe und Deine Ordre darin befolgen werde:
vor der Hand noch hier mit den Kindern die Entscheidung
unsers Schicksals abzuwarten; ich sehe in Deinem Wunsch ein
Vertrauen, das mich ehrt und verpflichtet. Gott stehe mir
ferner bei! Mein längerer Aufenthalt macht es mir nun zur
Nothwendigkeit, der Aufforderung aus Mannheim Folge zu
leisten und mich der Großherzogin daselbst vorstellen zu
lassen; dort werde ich Herrn von Ende sehen und mit ihm
von Dir und seinem letzten Aufenthalt in Stockholm sprechen
können. —

Geſtern habe ich die Großherzogin und alles, was zum
Hofe gehört, geſehen und bin ſehr gut aufgenommen worden;
dieſen Morgen erwiderte bereits die Hofdame mit Herrn von
Ende meinen Beſuch in Mannheim. In der bedrohlichen poli=
tiſchen Lage iſt mir dieſe Art Schutz von Wichtigkeit, ich hoffe,
Du biſt damit einverſtanden.

Deine Amalie."

XLIII. Capitel.

Helvigs Abſchied von Schweden.

Nur kurze, durch Gelegenheit übermittelte Briefe bezeichnen
nun die gedrückte Stimmung beider Gatten. Helvig verſchwieg
den Groll durch Unwürdige aus dem Sattel gehoben zu werden
und verſchmähte es, ſich direct an den Kronprinzen von Schweden
zu wenden, welcher die Situation in den Details unmöglich
noch überſehen konnte, ſo daß der General natürlich zu den
Mißvergnügten gerechnet ward. Amalie kannte die Gefahr ſeiner
ſchroffen Natur, warnte vor nutzloſem Schweigen und bat ihn
genaue Mittheilungen zu machen, damit ſie Helvigs und ihre eigne
Lage überſehen könne, erhielt aber weder Antwort noch Unter=
ſtützung für den doppelten Haushalt. Helvig war kein Geſchäfts=
mann in Geldangelegenheiten; ohne eigene Bedürfniſſe, ſetzte er
doch bedeutende Summen zu bei den koſtſpieligen Verſuchen und
Erfindungen und fand ſich, aus Mangel an exacten Abrechnungen,
großen Verluſten preisgegeben, die andern zum Vortheil, ge=
reichten. Dieſes Kreuz mußten Amaliens ſchwache Kräfte tragen
und es behinderte ſie nebenbei noch bei den nöthigen Erwerbs=
arbeiten.

So rückte drohend das ſorgenſchwere Jahr 1813 heran,
ohne Entſcheidung für das zukünftige Schickſal der Familie.
Nach dem Aufruf zum Krieg der Verbündeten gegen Napoleon
beanſpruchte Helvig ſeine Artillerie in den Krieg zu führen,
aber das Commando kam an Carbell. Die von Helvig laut

geäußerte Unzufriedenheit über das Abtreten Finnlands an
Rußland war ihm unvergessen geblieben und er erhielt den
Oberbefehl über die in Schweden verbleibenden Truppen. —
Überraschend für die Seinen traf er im zeitigen Frühjahr in
Heidelberg ein, wurde, ohne Paß wie er war, von den Franzosen
als schwedischer Spion in Mainz festgesetzt, aber durch Amaliens
Vermittlung bei der Großherzogin von Baden wieder freige-
geben. Er scheint in Heidelberg schwedischerseits eine diplo-
matische Sendung an den Wiener Hof erhalten zu haben,
welche er ausführte. Amalie beantwortet einen kurzen Brief
Helvigs von dieser Reise:

„Ich kann die Empfindung nicht ausdrücken, welche mich
bei dem Stempel Deines Briefes „Prag" erfüllte. Ich wußte
Dich für den Augenblick wenigstens geborgen, Deinem Ziele
sicher zusteuernd, nach so langer Zeit, nach abermaliger Befreiung aus Feindeshand. Der Kronprinz von Schweden ist
nun in Berlin, und Du wirst ihn, Deiner Absicht gemäß, dort
sprechen. Unser Schicksal steht auf dem Spiel! — aber es ist
noch nichts verloren und ich bleibe still in Arbeit und Gebet
wie tausende von Frauen in diesem Entscheidungsjahr." —

Helvig glaubte im Laufe des Krieges nach der Schlacht
von Dennewitz seine Artillerie aufsuchen zu dürfen. Durch
falsche Ohrenbläser ward ihm hinterbracht, der Kronprinz werde
ihm wegen dieses Schrittes den Proceß in Schweden machen.
In Folge dessen erfüllte er den Wunsch seiner Neider und reichte
den Abschied ein, welcher ihm verweigert wurde mit dem Bedeuten, das Weitere in Berlin abzuwarten, bevor er nach
Schweden zurückkehre.

Somit ist das Ehepaar abermals getrennt; Helvig im
theuren Gasthof zu Berlin, unfreiwillig kaltgestellt in der
Zeit des Krieges, weil seine Beurtheilung mit der des Kronprinzen auseinanderging in Betreff der Führung der schwedischen Truppen und deren Antheil an den Schlachten. Amalie
mit der Familie in Heidelberg festgehalten durch die gefahrlose
Lage der Stadt während des Krieges und durch Aussichten
auf Zuwachs der Familie leidend auf das Ruhebett gebannt.

Nur selten konnte sie Nachrichten aus Berlin erhalten; ein Brief des General Gneisenau eröffnete ihr die Aussicht, daß General von Helvig dem Blücherschen Corps beigesellt werden solle; — auch dieses ward verhindert, so daß Helvig durch seines Kronprinzen Befehl und eigenen Geldmangel in Berlin festgehalten und Amalie ohne jede Unterstützung in Heidelberg blieb.

In dieser Bedrängniß kam endlich im Spätherbst pecuniäre Hülfe aus England vom Stiefbruder Sir Charles Imhoff. Amalie erholte sich von einem falschen Wochenbett und wartete das Frühjahr 1814 ab, um mit den Ihrigen von Heidelberg aufzubrechen. — Helvig hatte bei der Abreise von Stockholm auf seine Einreihung in eines der Heere der Alliirten gerechnet. Im Drang der Begebenheiten entließ er seinen Bedienten, und das Quartier mit allen Kostbarkeiten, Bibliothek, Bildern und Silbersachen wurde unverwahrt einem jungen, unerfahrenen Offizier zum Verschluß übergeben. Ebenso ungeregelt blieben seine Angelegenheiten mit dem Kriegsministerium wegen der Forderungen und Vorschüsse, betreffend die Einführung der neuen Gewehre; selbst der Banquier war ohne Anweisung und Adresse des Generals geblieben. Diese Geschäfte drängten nach persönlicher Erledigung.

Helvig wollte nicht mehr nach Schweden zurück; er hatte die Hoffnung, ja Aussicht, nachdem Stralsund, sein Geburtsort, deutsch geworden, als nunmehriger Preuße in seinem Vaterland angestellt zu werden. Amalie war mithin gezwungen, diese Geschäfte in die Hand zu nehmen und bei abermaliger Einreichung des Abschiedsgesuches den König von Schweden günstig für Helvigs Pension zu stimmen und somit durch Veräußerung von Werthsachen, Einziehung der rückständigen Forderungen und Abzahlung der Schulden den Rest des Vermögens zu erhalten für ihre gefährdete Existenz.

Die brieflichen Vorschläge Amaliens wurden von ihrem Mann zurückgewiesen als unzulässig und unbequem für ihn. Amalie fühlte demungeachtet, von welcher Wichtigkeit ihre Vermittlung sein würde, und reiste, von der Pflicht getrieben, mit den Kindern zu ihrem Manne.

Bei der Ankunft am Stadtthor Berlins erhält sie ihren
Namen nennend ein Billet des Generals, der ihr droht, sie mit
der Pistole in der Hand zu empfangen, falls sie gerüstet zur
Weiterreise nach Stockholm seine Wohnung beträte. Ihre
Schwester sieht, wie beim Lesen die verhängnißvolle Röthe der
Gesichtsrose Amaliens Stirn überzieht; diese aber befiehlt vor=
wärts zu fahren. Beim Eintritt in das Haus erblickt sie wirklich
Helvig oben an der Treppe, eine Pistole in der Hand. Furchtlos
lächelt sie ihm freundlich zu und der so entwaffnete Mann stürzt
ihr mit ausgebreiteten Armen entgegen, seine heldenmüthige
Frau, wie er ausruft, an's Herz zu drücken.

Die Rose forderte eine Wartezeit von acht Tagen. Dann
brach die kleine und große Gesellschaft abermals im geräumigen
englischen Reisewagen gen Norden auf. —

Dritter Theil.

XLIV. Capitel.

Poesie und Prosa.

Vor dem Eintritt in eine neue Lebensperiode Amaliens wollen wir noch einen kurzen Rückblick auf ihre Thätigkeit in Heidelberg werfen.

Sie schrieb neben dem fast täglich geführten Briefwechsel mit ihrem Mann die „Sagen und Legenden", woran sich Fouqué, der Dichter der „Undine", betheiligte und welche P. Cornelius illustrirte. Das Taschenbuch erschien 1812 in der Verlagsbuchhandlung von Reimer, Berlin. Ferner in Brief= form: „Beschreibung altdeutscher Gemälde" aus der Boisseréeschen Sammlung, aufgenommen in das Novemberheft des Schlegel= schen „Museums" 1812. Ebenso erschien 1814 in Berlin die „Sage vom Wolfsbrunnen", dem Neckarthal entsprungen, mit Hineinverwebung nordischer Überlieferungen. Zuletzt: „Reise= Erinnerungen am Rheinufer mit dessen Geschichts= und Kunst= denkmälern", auch in Berlin verlegt. Außerdem früher ge= dichtet und neu mit Voß durchgesehen: „Griechische Idyllen", „Die Jahreszeiten" und die 1812 im Druck erschienenen „Schwestern von Corcyra", eine dramatische Idylle.

Der freie Drang der Dichternatur verband sich mit der harten Nothwendigkeit des Erwerbs durch dieses ihr verliehene Talent.

Sie schildert anmuthig ihren poetischen Trieb:

Blüthenfall.

Wie herab in leichtem Kräuseln
Um mich her Jasmin und Flieder,

So mit leisem Geistersäuseln
Schweben Reime, tönen Lieder
Durch den neu erregten Sinn,
Drängend eins das andre hin.

Ob ich's schreibe — ob ich's singe,
Was mich also reich umgaukelt?
Ähnlich buntem Schmetterlinge,
Der auf dunkler Blume schaukelt,
Meines Innern trübe Welt
Noch mit flücht'gem Glanz erhellt.

Nein, nicht darf ich mir versagen
Deiner letzten Muse Gabe!
Hallet, sanfte Liederklagen,
Nieder über meinem Grabe —
Wie vom Blüthenfall umschwebt
Selbst der Frühling sich begräbt.

Als Helvig im Jahre 1813 in Heidelberg eintraf, fand er
Amalien auf Selbsthülfe angewiesen, da er sie, gekränkt in seiner
Militärstellung, Monate lang ohne Nachricht und Unterstützung
gelassen hatte. Es verstimmte ihn, keinen Theil an dieser
Thätigkeit gehabt zu haben, trotzdem er sich der treuesten Liebe
für sie bewußt war und — wie der Mensch gern dies Auskunfts=
mittel gegen unausgesprochene Selbstanklagen findet — ver=
suchte er den Vorwurf auf sie zu lenken und tadelte als
unweiblich den nimmer müden Briefwechsel einer Schriftstellerin,
der ihr doch schon von Jugend auf geläufig und als harmlos
gestattet war.

Amalie hatte von jeher diese Verschiedenheit der Lebens=
anschauung bei ihm gefürchtet. Der nach Auszeichnung ringende
Mann konnte sich im Schweiß seines Angesichtes große Über=
legenheit in seinem Fache erwerben, er konnte mit edler Willens=
kraft sich selbst spartanisch erziehen, aber die milde Sphäre der
feingebildeten Familie fehlte seiner Kindheit und dieser Ein=
fluß mangelte ihm später im Verkehr mit gleichberechtigten
Menschen.

In Amalie begegnete er diesem friedvoll=liebenswürdigen
Element, das er aber nunmehr auch nur für sich allein beanspruchen

wollte, wie eine seltene Pflanze, die der Besitzer in den Schatten
stellt, um sie nicht den erquickenden Sonnenstrahlen auszusetzen,
damit sie länger für ihn blühe, ohne zu bemerken, daß bei dem
Experiment der Pflanze Lebenssaft vertrocknet; so wußte auch
Helvig nicht, daß die Gottesgaben an Geist und Nächstenliebe
reichlich ausgegeben werden müssen, wenn sie sich vermehren
sollen.

Amalie war bei allem Reichthum der Phantasie doch sehr
praktisch in der Führung ihrer hausmütterlichen Pflichten; sie
ließ sich nicht beirren, behielt die Lage der Familie fest im
Auge und diente ihr mit ihren verschiedenen Talenten ohne
Ruhmsucht, da sie, Helvigs Empfindung schonend, sich bei
Herausgabe der „Sagen und Legenden" anonym betheiligte,
obgleich nur drei derselben von Fouqué stammten. Bei Herausgabe des zweiten Bandes verlangte der Verleger ihre Namens-
unterschrift, um das Publikum nicht irre zu führen.

Nach dieser kurzen Abschweifung kehren wir zu unsern
Reisenden zurück und entnehmen Amaliens Journal Folgendes:

Sommer 1814.

„Zaghaft schifften wir uns in Stralsund ein. Als ich
mit meinen Gefährten die Schiffsbrücke betrat, rief ein Passagier
vom Deck aus einen herzlichen Abschiedsgruß in englischer
Sprache seiner zurückbleibenden Begleiterin zu und wendete sich
dann mitleidsvoll nach unserer Frauen- und Kindergruppe.
Des Fremden Trennung gemahnte mich, daß auch andere mein
Schicksal theilten und befreite mich von meinem selbstischen
Trübsinn. Mr. Talmahoy, ein Schottländer, überblickte unsere
einsame Lage und stellte sich uns als wohlerprobter Reise-
beschützer vor. Sein erster Ritterdienst bestand in einem von
ihm selbst gebrauten Getränk gegen die leidige Seekrankheit,
das sich bewährte. Da er, wie es schien, ein wohlsituirter und
sehr gebildeter Geschäftsmann war, verstand er uns die Zeit
zu vertreiben, auch durch neueste englische Lectüre. Wir
landeten den zweiten Morgen in Ystad, wo uns der Reise-

gefährte Geschäfte halber verließ und des Nachts gleich weiter=
reiste, während wir der Kinder wegen raften mußten und erft
am folgenden Morgen seiner langsam ausgesuchten Reiseroute
gen Carlsham folgten. Nach einem heißen Tage empfing uns
am Thor dieser Stadt unser Reisemarschall mit dem will=
kommenen Vorschlag, den Wagen mit den Dienftmädchen nach
dem bereits von ihm gewählten Gasthaus zu schicken, während
wir ihn begleiten sollten in den nahe gelegenen Garten eines
Freundes, der uns mit Blumen und herrlichem Obst schon er=
wartete. Den nächsten Tag schieden sich unsere Lebenswege
und wir nahmen die kurze Begegnung als ein günstiges Zeichen
für die nächste Zukunft. Unsere Straße führte uns durch die
Provinz Bleningen, auf Deutsch: der Garten, die reizende Ab=
wechslung von Thälern mit laubholzbewachsenen Höhen recht=
fertigt diesen Namen. Die Heuernte versammelte eben die
Landleute in ihrer kleidsamen Tracht, wahre Arkadier des
Nordens.

Auch durch eine Heilquelle ist diese Gegend gesegnet; ein
Bauer zeigte mit Stolz auf einen Bach am Wege als den
Abfluß der Quelle von Bad Ronneby, auf meine Bitte schöpfte
er mit unserm silbernen Becher den kühlen, eisenhaltigen Trank.
Das Endziel dieses Tages war Carlskrona — eine Festung,
von Carl XII. erbaut auf verschiedenen durch Brücken unter
sich verbundenen Inseln. In den Verschanzungswerken vom
Festland aus befindet sich das einzige Eingangsthor und von
da ab führt eine lange Brücke in diese merkwürdige Stadt.

Das Logirhaus einer Wittwe Hultmann nahm uns auf
und im geräumigen Speisesaal, mit der Aussicht auf das Meer,
versammelten sich die verschiedenen Reisenden, unter andern ein
Indienfahrer, welcher sich hier den zwar luxuriösen, aber zweck=
entsprechenden Mundvorrath nebst anderen Utensilien zu seinem
Privatbedarf für die weite Expedition verschaffte. — Diese
sorgsame Vorbereitung gemahnte mich an die Erziehung des
Menschen, welcher durch diese auch zu der Reise für's Erden=
leben ausgestattet wird, die er als Luftfahrt sorglos antritt
und von der sein Lebensschifflein nur allzu oft als leckes Wrack

an der unbekannten Küste landet, nach welcher doch stets der Compaß den Lenker hinwies. Nur im glücklichen Fall wird der überflüssige Ballast über Bord geworfen und nur das zur Rettung in Gefahr Nöthige behalten: der Glaube des Menschen.

Ein Brief meines Mannes an den Admiral P. verschaffte uns in diesem den besten Führer zu den Werkstätten der Marine. Dort entzückten uns vor allem die kleinen Modelle, von dem Weltumsegler an bis hinab zum Canot der Inder und dem Nachen des Lappländers, der, mit Seehundsfell überzogen, den Insassen bis zur Taille wie eine Kapsel umschließt. In diesem Modellsaal steht die Büste des bedeutendsten Förderers der Marine unter Gustav III., Admiral Chapman; eine Gedenk= tafel enthält seinen Namen und darunter ist das schöne Relief eines schlafenden Löwen.

Nichts aber ist staunenswerther als die in die Granit= felsen eingehauenen Räume, zu denen wir auf steiler Treppe hinabstiegen, die Docks, in welchen die mächtigen Seeschiffe gebaut werden, von denen man uns zwölf solcher Hallen zeigte, zwei davon mit eben vollendeten Schiffen besetzt, auf ihren mächtigen Stützen ruhend, hier der Meereswogen harrend, welche von obenher nur durch das Spannwerk einer Schleuse abge= halten sind und bei Öffnung derselben den Raum zum Wasser= becken umgestalten, in dem sich die Schiffe bis zum Meeres= niveau erheben, welches sie durch dieses Felsenthor empfängt. Eine dieser Bauhallen wurde schiffleer als Speisesaal benutzt beim Besuch des jetzt regierenden Königs, als er 1810, zum Kronprinzen gewählt, nach Schweden kam. Es waren dabei alle Offiziere der Festung und der Marine, sowie die Behörden der Stadt und des Landadels anwesend; schon dieses Factum giebt einen Begriff der Größe des Raums. Die Gemahlin des Admirals P., eine geborne Gräfin M., der ich früher in Stock= holms Hofcirkeln begegnet war, suchte mich auf und lud uns zu einer Spazierfahrt auf der Admiralitäts=Schaluppe, bemannt mit militärischen Ruderern in ihrer kleidsamen Seemanns= uniform. So fuhren wir unter gleichmäßig raschen Ruder=

schlägen auf unsern teppichbelegten Sitzen um die Klippeninseln, welche, mit Castellen oder Bastionen gekrönt, die Festung schützen und zugleich verschönern. Wir steuerten Lykeby zu, der grünen Landzunge, wo von Eichen beschattete Quellen das Süßwasser für Carlskrona liefern; wir begegneten einem Zug solcher Kähne mit Wassertonnen. Dort lagerten wir uns im Schatten der mächtigen Bäume zum ländlichen Mahl und genossen die Aussicht nach dem Meere und der stolzen Feste, von deren Höhe die blau und gelbe Fahne wehte. In der Abendkühle kehrten wir heim unter Gesang und heiteren Gesprächen und nahmen Abschied, wohl für immer, von dem gastfreien Paar.

Von hier aus ging die Reise nach Linköping durch eine fast reizlose Gegend mit steifen dunklen Tannenwäldern und einsamen Stationshäusern als Nachtquartier. Endlich erreichten wir das Gasthaus zu Linköping, buchstäblich wahr, „Zur guten Stunde“; denn indem wir vorfuhren — brach die angeknickte Achse, welche große Reparatur uns hier wenigstens gemacht werden konnte und wo ich einen sorgsameren Kutscher engagiren wollte für die bergige Weiterreise nach Stockholm. Dieses letztere Geschäft besorgte mir gütigerweise Graf Cronstät, ja noch mehr, wir fanden eine gastliche Aufnahme in den Familienkreis dieses Gouverneurs der Provinz. So wenig prunkvoll das Schloß von Linköping sich darstellt, so fand ich das Innere hell und dessen hohe Gemächer geschmackvoll eingerichtet. — Schöne Kreidezeichnungen nach Abgüssen von Antiken zierten die Wände, die Arbeiten von drei holden Töchtern, welche die noch anmuthvolle Mutter umgaben. Der Stickrahmen, der Zeichentisch, das geöffnete Piano verliehen dem Familienzimmer jenen Zauber, den allein die Spuren geistiger Thätigkeit selbst über unbelebte Gegenstände zu verbreiten vermögen. In diesem Kreise fand ich auch den geschätzten schwedischen Künstler Sandberg wieder, der, als Gast des Hauses während des Sommers hier ausruhend, die Studien der jungen Damen leitete.

Auf dem Gymnasium dieser Stadt wurde der Dichter Atterbom für die Universität Upsala vorbereitet, wo er wenige Jahre darauf so bedeutend auftrat. Auch der früher bei der

Gesandtschaft in Constantinopel als Prediger angestellte Dr. Lind=
mann wurde, nach zweimaliger Reise in die Levante, hier zum
Lector befördert, auch er als Dichter in seinem Vaterland
rühmlich bekannt.

Die Ungeduld trieb uns, das Ziel der schwierigen Aufgabe
bald zu erreichen, wie man einen Gegenstand, der uns ein er=
schreckendes Phantom erscheint, muthvoll berühren muß, um sich vor
der Furcht zu schützen und die Thatkraft wieder zu gewinnen.
Doch uns erwartete noch ein Freundesgruß in dieser Stimmung.
— Ich hatte Frl. Sophie von Silfersparre von der Reise=
route genau unterrichtet, da eine der Poststationen nahe dem
Schlosse Tullgarn lag, wo sie mit ihrer Prinzessin weilte.
Meine Hoffnung hatte mich nicht betrogen. In der größten
Mittagshitze stand unsre Freundin vor dem niedren Posthaus,
wie das Mädchen aus der Fremde, mit großem Korb voll
der schönsten Kirschen, durch frischgepflückte Rosen umkränzt.
So konnten wir auch der gnädigen Einladung der Fürstin nicht
widerstehen, einen Tag auf Tullgarn zu verweilen; unvergeßlich
bleiben mir diese Stunden des Beisammenseins, die uns wohl
Gottes Liebe zur Ermuthigung schickte. Das Schloß liegt auf
hoher Küste am Meeresstrand; es gehörte vormals der Familie
Sture und wurde später vom Herzog von Ostgotherland, Bruder
Gustavs III., bewohnt. Es enthält interessante Fresken von
einem schwedischen Maler; unter anderm einen Fries, welcher
Gustav Wasas Leben in fortschreitendem Cyklus darstellt,
naiv, ausdrucksvoll, farbig mit dem Costüm der damaligen
Zeit, wobei besonders lebensvoll die Bauernscenen sind, welche
die Gefahren schildern, denen der König nach seiner Landung
in Calmar ausgesetzt war, auf der Flucht vor Christian II.

Zu später Stunde trafen wir am folgenden Tag in
Stockholm ein, und betraten die vom Portier uns aufgeschlossene
— fremde Wohnung, da durch den Sterbefall unsers früheren
Wirthes unser bewegliches Gut durch fremde Hände umquartiert
wurde und nun chaotisch wie ein Möbelmagazin uns umstand.
Hungrig und ermüdet von der letzten langen Tagereise suchten
wir eilig für die Kinder und uns Lager zusammenzustellen und

wußten nun, daß nach kurzem Genuß die ernste Anforderung
der Arbeit an uns gestellt sei." —

Amaliens Gabe sich treue Freunde zu gewinnen, brachte
ihr auch in dieser schwierigen Lage unerwartete Hülfe. Ein
früherer Bekannter aus Helvigs Kreis hatte sich inzwischen
verheirathet und seiner jungen Frau eine Villa gebaut auf
einem kleinen Landgut, am See gelegen, durch bewaldete Hügel
geschützt gegen rauhe Winde, eine halbe Stunde von Stockholm,
Alby benannt. Aber die einsame Idylle behagte der verwöhnten
Frau nicht; sie bestimmte ihren Gatten, auf zwei Jahre nach
dem Süden, ihrer zarten Gesundheit wegen, zu reisen. In
dieser Verlegenheit, Haus und Hof unversorgt zu lassen, hörte
der Besitzer von Amaliens Ankunft und schlug ihr vor, sein
Heim zu beziehen, wie es stehe und liege, mit Domestiken, Vieh-
bestand für Haus- und Feldbedarf, sammt elegantem Einspänner
und Reitpferd. Amalie nahm das Anerbieten dankbar an, von
der Zeit ab, wo ihre Quartier-Angelegenheit demgemäß geordnet sein würde. Somit war die Sorgenlast erleichtert und
der Blick in die Zukunft freier.

                         Amalie an Helvig.
19. August.

    „Ich habe seit vorgestern alle Deine letzten Briefe erhalten
und dadurch einen klaren Einblick gewonnen; die Folge davon
ist meine heutige Beantwortung.
    Wenn Du keine hinlängliche Ursache in Deiner Meinung
über mich findest, um eine Trennung zu wünschen, so wird es
Dir lieb sein, die Versicherung von mir zu empfangen, daß ich —
eine solche niemals suchen werde. — Ich schlug Dir diese vor,
insofern es mir mit Deinem Ehrgefühl unverträglich schien,
ferner einer Hausfrau Deinen Namen zu lassen, welche ihn
Deiner Meinung nach, wie ich aus allen Anklagen herauslas,
unwürdig getragen. Ich selbst könnte einen Mann nicht achten,
welcher den geringsten Ehrenmakel an seiner Frau duldete. Da
Du nicht auf diese meine Idee eingehst, muß ich annehmen,

daß Du jetzt weißt, daß Deine Beschuldigungen auf falscher
Vorstellung beruhten, und Deine Überzeugung eine andere ge=
worden ist nach nüchterner Prüfung. Somit kann ich mich
freuen, daß Du keinen trennenden Schritt zu thun für gut
findest. Denn wenn ich auch den aufrichtigen Wunsch habe,
Dich mit mir vollkommen auszusöhnen, so könnte ich es un=
möglich durch Geständnisse thun, deren ich keine zu machen
habe. Wäre in meinem Bewußtsein das Gefühl, Dich durch
mein Verhalten beleidigt zu haben, so wäre ich zu stolz gewesen,
um Deine Aufforderung dafür erst abzuwarten. Wenn daher
eine glücklichere Zeit uns vereinen wird, so kann ich mit Freuden
meine Lebensweise nach Deinem Willen einrichten. So wie ich
lebte, da Du mich kennen lerntest und in mir alle Erfordernisse
zum Glück fandest, so habe ich auch in Deiner Abwesenheit
gelebt, weil ich Deinen Tadel wegen des obligaten schrift=
stellerischen Briefwechsels nicht vorher von Dir erfahren hatte.

Verzeihe mir, lieber Freund, wenn ich Dich also unwissend
beleidigte. Hättest Du meinem wiederholten Wunsch, nach Stock=
holm zu Dir zurückzukehren, Gehör gegeben, so wäre nicht
geschehen, wozu mich Noth zwang. Bruder Charles' Hülfe setzte
mich in den Stand, Dich in Berlin aufzusuchen, lieber Helvig,
und hier zu retten, was zu retten ist. Diese Handlung
konnte weder Ruhmsucht noch Eitelkeit mir eingeben, nur das
klare Bewußtsein der Pflichtaufgabe für die Meinigen konnte
mich dazu veranlassen.

Grüße Fouqué recht freundlich von mir, wenn Du ihn
siehst; sein Brief bedarf keiner Antwort, mündlich kannst Du
ihm sagen, daß der zweite Theil des Taschenbuches der „Sagen
und Legenden" auch ohne meine Beiträge erscheinen könne; ich
fände jetzt weder Zeit noch Ruhe zu dieser Arbeit. Du wirst
es, lieber Helvig, verstehen, daß mir eine Beschäftigung, ein
Erwerb zuwider wurde, der mir Deine Mißbilligung zuzog.
Sehr gerne opfre ich Dir das wenige litterarische Verdienst,
welches ich noch etwa zu erwerben hätte, auf, — denn Friede
und häusliches Glück waren mir stets das Wichtigste, wie ich
dieses stets bewiesen, auch bevor ich Dich noch kannte. Da ich

seit meinem 15. Jahre mit Männern in harmlosem Briefwechsel
stehen durfte, so träumte mir nicht, daß Du nach zwanzig Jahren
dieses strafbar finden könntest, was litterarische Verhältnisse
nothwendig veranlassen. Besser also eines mit dem andern
aufgeben und das Ärgerniß aus dem Wege räumen. Bitte,
theile diesen Entschluß auch dem Verleger, Freund Reimer, mit.

Deine treue Amalie."

Helvigs Argwohn war seitdem, wie es scheint, für immer
verbannt, denn er selbst gab die Anregung zu allen späteren
schriftstellerischen Arbeiten seiner Frau.

Helvig an Amalie.

Berlin, 1. September.

„Soeben erhalte ich Deinen Brief vom 19. August und
eile, ihn zu beantworten.

Ich weiß es wohl, daß sich niemand einen richtigeren Begriff
machen kann von den Schwierigkeiten, die Du zu bewältigen hast,
als ich. Keiner fühlt so lebhaft, was Du für ein großes, um=
fassendes Geschäft übernommen und was Du in Ordnung zu
bringen hast, als ich. Dieses würde mich niederdrücken und
muthlos machen, wenn ich nicht zu Deiner Besonnenheit in
zweifelhaften Lagen das vollkommenste Zutrauen hätte. Gar
mancher muß das Seinige wie aus einer Feuersgefahr erretten,
wenn nur gegenseitige Liebe und Achtung stärkt.

Sobald der Baron Wetterstädt, mit welchem ich hier aus=
führlich meine Angelegenheiten besprochen, bei dem König von
Schweden eingetroffen sein wird, hoffe ich, daß mir das Staats=
comptoir mein rückständiges Gehalt auszahlen wird. Der Posten,
den ich als General=Feldzeugmeister der sämmtlichen schwedischen
Artillerie bekleide, soll nach meinem Abgang nicht wieder besetzt,
sondern ganz eingezogen werden. Dieses kann aber nicht eher
geschehen, als bis ich nach abermaliger Eingabe meinen Abschied
werde bewilligt erhalten. Da ich Dir in meinem letzten Briefe
die Abschrift meines Abschiedsgesuches beilegte, so hast Du Dich
von meinem Entschluß überzeugen können, daß ich nicht in

schwedische Dienste mehr treten will. Ich war einige Tage
krank; Dr. Hufeland verordnete mir Aderlaß und schrieb mir
ein Recept, wonach mir besser wurde; auch bekomme ich auf
meine alten Tage noch einen Weisheitszahn. Das kann ja
möglicherweise glückverheißend sein und den Rest meines kindischen
Starrsinns wegnehmen; aber leider Wissen ist noch nicht
Wollen und Wollen noch nicht Thun. Mit dem Fürsten Blücher
habe ich viel gesprochen, was folgenreich werden kann; die
Freimaurer gaben ihm zu Ehren ein großes Gastmahl, ich
ward dazu geladen, nachher habe ich bei zwei kleineren Diners
beide Male neben ihm gesessen und bin auch bei ihm gewesen;
er scheint sich sehr für mich zu interessiren, aber Geduld ist eben
erforderlich. Alles erwartet mit Spannung das Resultat des
Congresses.

Morgen werde ich dem Prinzen August vorgestellt, auf
dessen Bekanntschaft ich sehr gespannt bin nach allem, was ich
von ihm höre.

Der Catalog meiner Bücher lag in dem Schubfach des
großen Tisches, der in der Bibliothek stand, und wird sich dort
vorfinden. Aus Goethes sämmtlichen Werken hat Graf Posse
einige Theile mit noch anderen Büchern geliehen, die Du von
ihm zurückfordern mußt, wie auch einen Magnet, den er von
mir borgte. Du wirst gut thun, eine Anzeige in das Stockholmer Tageblatt einrücken zu lassen mit der Bitte um Rückgabe aller von mir verliehenen Bücher und Gegenstände bis zu
einem genannten Termine. Ein Buch wünsche ich unter keinen
Umständen zu verkaufen: „Grundriß zur Bildung eines Offiziers"
von Nicolai; dieses Buch zeigte mir zuerst den Weg und die
Mittel, um ein brauchbares Glied in der wissenschaftlichen
Kriegskunst zu werden. Mit Magister Widborg kannst Du
verhandeln: er hat die ersten Auflagen von allem, was ich über
Kriegswissenschaft drucken ließ; nimm, was er Dir dafür geben
will, nur einige Exemplare behalte mir zurück. Du mußt Dich
eben jetzt durch ein Chaos durcharbeiten; denn alles, was in so
vielen Jahren gesammelt und für die übrige Lebenszeit ange-
häuft wurde, kann nicht ohne viel Mühe gesondert, verkauft

oder zum Behalten verpackt werden. Meine Erfahrung lehrte mich, nichts zu übereilen, auch nicht leicht beim ersten Mißlingen die Hoffnung aufzugeben. Die Geschäftsleute sind nicht wie die Umgebung von Stockholm Klippen, — sie sind leider mehr den Sandhügeln vergleichbar, die ihre Form verändern durch den Wind; sie sind leichter einnehmbar, als man erst meint.

Unsere jetzige Zeit hat kaum einen ruhigen Platz für die Gegenwart, weil die Vergangenheit und Zukunft sich so eng aneinander schlossen. Daher keine bleibende Ehre, keine fortdauernde Schande, kein beständiges Glück, noch Unglück. Es bleibt dem Individuum überlassen, den Kopf gegen Schwindel zu sichern, das Herz und Gemüth rein zu halten, damit es unbeirrt in sich fest bestehe, daß, wenn der Sturm der Widerwärtigkeit den Wipfel des Baumes beugt, er ihn doch nicht entwurzeln kann, noch auszudorren vermag.

Mein unerschütterlicher Glaube ist, daß Du alles, was ich Dir übergeben habe, vollkommen und besser ausrichten wirst, als ich es zu thun im Stande wäre, daß Du mir stets nur die volle Wahrheit berichten wirst und nichts versäumen, was zur Bewachung meiner Rechte nöthig ist. Ich verspreche hingegen auf meine Ehre, daß ich mich weder mündlich noch schriftlich je in allen diesen Angelegenheiten an eine andere Vermittelung in Schweden wenden werde als nur an Dich allein und mit jedem Deiner Schritte einverstanden sein will. Grüße unsere Bekannten und sprich den Kindern oft vom Vater; ach, wenn ich ihrer gedenke, schwillt mir mein Herz von Sehnsucht und ich bitte Gott, daß er unser Schicksal lenke und uns bald zusammenführe.

Dein treuer Helvig."

Amalie begann die Regelung der Geldangelegenheiten, vermißte aber Quittungen über Geldleistungen an Eisengießereien für neue Geschütze und andere in dieses Fach schlagende Erfindungen. Ebenso fanden sich bedeutende Geldforderungen an einen höheren Offizier, für welchen Helvig gutgesagt und dessen Angelegenheiten dem säumigen Schuldner darauf den schlichten

Abſchied brachten. Die Schwierigkeiten, dieſe Wirren zu ordnen, häuften ſich, doch blieb Amalien dabei der Troſt, in allen Be=ziehungen nur die Ehrenhaftigkeit ihres Mannes zu erkennen, freilich auch eine dem Vermögen nicht entſprechende Opferwilligkeit für andere, zum Nachtheil der eigenen Familie. Die Intereſſen des gelehrten Militärs waren bei den zu erhebenden An=ſprüchen an die Staatskaſſe der Ordnung hinderlich geweſen, was mühſam auszugleichen war.

Helvig an Amalie.
30. September.

„Hierbei ſende ich Dir den offenen Brief an General S., ſobald ich eine Antwort darauf erhalte, werde ich einen Beweis ablegen, wie ein ehrlicher Mann einen Sch . . . behandeln mußte, um zu ſeinem Recht zu kommen; habe die Güte und ſchließe meinen Brief in ein Couvert mit den vollen Titeln des Generals und überſchicke den Brief durch einen zuverläſſigen Mann, der auf Antwort wartet. Das Gleiche bitte ich Dich mit dem Brief an N. N. zu thun. Von J. erhielt ich noch keinen Brief, ich will ihm ſchreiben, daß er ſofort die Sache mit Dir abſchließen muß; daſſelbe gilt für Apelquiſt, auf deſſen Liquidation Du beſtehen mußt. Aus dem Grund meiner Seele bitte ich Dich, Geliebte, ermüde nicht bei den be=ſchwerlichen Geſchäften, die Du übernommen, der Höchſte wird meine Bitte mir erfüllen, Dich zu ſtärken, zu tröſten, zu er=heitern, er wird Dir ſicher ſeinen Segen zu Deinem Tagewerk geben, unſer Schickſal lege ich in Gottes Hand, er weiß was uns freut. Verzeihe Du mir, was Du verzeihen kannſt.

Dein treuer Helvig.“

Amalie an Helvig.
12. October.

„Excellenz Engſtröm war Sonntags hier und ſagte mir, daß Du Deinen Abſchied eingeſchickt; mir war es unerwartet, da ich erſt zwei Tage darauf dieſe Nachricht von Dir erhielt.

Er wird Dir vermuthlich selbst schreiben, denn er meinte, daß es gesetzwidrig sei, während des Krieges seine Demission zu nehmen. Du verstehst besser als ich, ob er Recht hat.

Ich fand hier für die Kinder eine ähnliche Anstalt, wie sie Jahn in Berlin errichtet, bei dem Cadetten = Fechtmeister Ling, beide Knaben gehen dahin, womit Du einverstanden sein wirst. Louise unterrichtet wie bisher Bror in Lesen, Schreiben, Rechnen, Geographie und biblischer Geschichte. Bernhard hat die Anfangsgründe bei mir.

Täglich werden hier Bibliotheken verkauft und zu solch niedrigen Preisen, daß ich jetzt nicht ein Gleiches thun möchte. Brauchst Du Geld, so werde ich es auf andere Weise zu schaffen suchen, um die seltne Büchersammlung zu erhalten. In vollem Gottvertrauen suche ich ruhig zu bleiben, mit dem innigen Wunsch, daß sich das Schicksal zu Deiner Zufriedenheit entscheide.

Deine Amalie."

16. December.

Helvig an Amalie.

„Durch einen Fall vom Pferd verstauchte ich mir den rechten Arm, so daß ich heute noch nicht gut schreiben kann; in einigen Tagen werde ich auf alle von Dir gestellten Fragen ausführlich antworten. Bitte, mache meine Entschuldigung bei Excellenz Engström, daß ich seinen Brief noch nicht beant= wortet habe, worin er mir zumuthet, mein Abschiedsgesuch noch zurückzubehalten, welches ich aber weder will, noch kann. Die Ursachen, die mich zu diesem Schritt veranlaßten, sind noch die= selben, folglich würde meine Lage auch dieselbe bleiben. Diese war schon im vorigen Jahr schwierig; wodurch sollte es sich jetzt bessern. In solchem Verhältniß würde mich der Gram verzehren und meine Umgebung müßte sich dadurch mit unglück= lich und unsicher fühlen. Ich weiß, daß man diesen Entschluß tadeln kann und wird; aber besser ein Ende mit Schrecken als ein Schrecken ohne Ende. Der Congreß soll im October zu Ende sein. — Von einer Entscheidung meiner Bemühungen für eine neue Anstellung kann ich nichts schreiben. — In Wien, wo man das Glück von Millionen gründen soll, tanzt und jubelt man! Ich kann darum als Einzelner nicht erwarten, mehr Beachtung zu finden. Es scheint ziemlich zur Gewiß= heit zu werden, daß Deutschlands Morgenröthe noch einiger Auf= frischung der Farbe durch Menschenblut bedarf. Mein Arm schmerzt, ich schließe mit innigem Gruß für Dich und die Kinder.

Dein Helvig."

Eine Abwechslung in das zurückgezogene Geschäftsleben von Amalie bringt Ende November die Nachricht von der bal= digen Ankunft Sophie Silfersparres.

Amalie an Sophie Silfersparre.

November.

„Gestern Abend brachte Deine Schwester Caroline die frohe Botschaft, daß Du in acht Tagen Dein Exil verläßt und von Tullgarn nach Stockholm mit Deiner Prinzessin übersiedelst. Sei uns herzlich willkommen; auch ohne Deine mahnende Sendung der herrlichen Pensées würden wir Dich nicht vergessen haben. Nun wird sich die Harmonie, die Du einst vorstelltest, ver= nehmbar bei uns hören lassen und alle Kummerseufzer über= tönen. Ich höre, daß Du die Malerei in Tullgarn geübt; auch ich will sie jetzt wieder zur Erholung treiben, nachdem die dringendsten Geschäfte erledigt und die ferneren eingeleitet sind."

Louise an Sophie Silfersparre.

„Wie soll ich Worte finden, um Dir, geliebte Sophie, unsern Jubel auszudrücken über die Nachricht Deiner baldigen Ankunft. Sei uns tausendmal willkommen, Du liebliche Fremde aus dem Thal der Hirten, die Du uns, wenn auch nicht den Frühling, doch die Stimme der Nachtigall bringst. Ich möchte zu Deinem Empfang die Stadt erleuchten, schießen, Trompeten und Pauken erschallen lassen! Ich habe aber vom Himmel nur zwei Lichter zur Disposition empfangen, die sollen vor Freude

wie die Sterne am Himmel funkeln, meine Hände werden statt
der Pauken zusammenschlagen und mein klopfendes Herz die
Stelle der Trommel ersetzen. Eile zu Deinen Freunden und
genieße mit ihnen, was Du selbst mitbringst: Heiterkeit, gute
Laune, die nur bei seelenverwandten Menschen in ihrem vollen
Zauber hervortritt und wie die milde Sonne belebt.

Auf solches Wiedersehn freut sich

Deine Louise."

So findet und schließt sich bald wieder der engere Freundes=
kreis von früher und manche neue Bekanntschaft tritt hinzu.
In der besonnenen Geschäftsfrau lebt auch die Dichterin
unter diesem Einfluß wieder auf; so begrüßt Amalie den
ersten Schnee, als sie am 3. December nach dem Landsitz Alby
übersiedelte:

Der erste Schnee.

Senkst du deinen Schleier nieder
Auf die matt verwelkte Flur,
Legst die warme Decke nieder
Um die schlummernde Natur?
Wie mit leichtem Silberflaume
Sich die graue Luft erfüllt,
Wirbelnd rings im weiten Raume
Die entfärbte Landschaft hüllt.

Breite schützend deine Decke
Auch um meine Hütte her,
Daß sie mich der Welt verstecke,
Die mir quälend oder leer;
Wo in trüglichen Gestalten
Jammer und Verderbniß wohnt,
Deren feindliche Gewalten
Nie ein weiches Herz verschont.

Dort im schimmernden Gewühle
Glüht Begierde, Haß und Lust!
Hier umwallt in reiner Kühle
Stiller Friede meine Brust.

Dort will Hoffahrt blendend prangen
Neid begegnet jedem Glück;
Hier sinkt leise das Verlangen
Schlummernd in die Brust zurück.

Stumm und einsam ist es draußen!
Ohne Farbe, ohne Duft, —
Aber auch der Stürme Brausen
Zähmt die winterhafte Luft.
Starr gefesselt liegt die Quelle,
Draus der Liebe Stern gelacht;
Doch auch die empörte Welle
Ruht, gebannt durch Eises Macht.

Was in herrlichen Gewittern
Auf und ab am Himmel stieg,
Was uns jauchzen macht und zittern
Bei der Kräfte kühnem Krieg;
Jedes schöpferische Streben,
Stets sich neu und selbst genug,
All das warme, volle Leben
Schlummernd unter'm Leichentuch.

Aber wenn die Erd' erwachet,
Jenem starren Band entrückt,
Rings von Hoffnung angefachet
Liebe sich zum Feste schmückt,
Sieht man sich die Decke heben,
Thauend vor der Sonne Blick.
Aber ach, dem Menschenleben
Kehrt kein zweiter Lenz zurück!

Unerbittlich uns geraubet
Bleibt der Hoffnung Frühlingslicht
Und mit frischem Grün belaubet
Sich der Baum des Lebens nicht.
Diesem Herzen strahlt hienieden
Nur ein kurzes Morgenroth,
In Entsagung wird ihm Frieden,
Erdenglücke bleibt es todt.

XLV. Capitel.

Nordisches Geistesleben.

Von Alby aus fuhr Louise von Imhoff, von dem vierjährigen Neffen Bernhard begleitet, nach Stockholm. Bekannte veranlaßten sie, sich mit dem Knaben auf der Eisbahn von einem jungen Gesandtschafts-Attaché Stuhlschlitten fahren zu lassen, der sehr beflissen, aber leider ungeschickt war und die holde Deutsche sammt dem Schützling auf ihrem Schooß auf einem Schneehaufen umstülpte. Bernhard, welcher horchend den lateinischen Stunden seines Bruders beiwohnte, hatte etliche Vocabeln aufgeschnappt; denn als er bedächtig aus dem Schnee aufstand und sich sein Pelzchen gereinigt hatte, sah er den Führer prüfend von Kopf bis Fuß an und sagte mit seinem schmollenden Kinder=mäulchen: Asinus magnus! Die lächerlich verblüffte Miene des Cavaliers war unvergeßlich komisch.

Der Verkehr zwischen Stadt und Land blieb fortan ein reger und gönnte Amalien ungestörte Arbeitsstunden; auch die drückenden Ausgaben für den kostspieligen Haushalt fielen weg. Helvigs Angelegenheiten fesselten die Gattin noch an Schweden. Die litterarischen Arbeiten wurden ihr wieder zur Erholung in der Freizeit: der Vielgeprüften war die Poesie als Gnadengabe verliehen.

Fouqué forderte sie dringend auf, ihre versprochenen Bei=träge für den zweiten Jahrgang des Taschenbuchs der „Sagen und Legenden" zu schicken und Peter Cornelius bat sie um Be=zeichnung der dafür zu liefernden Illustrationen. Sie trat in Verkehr mit ernst gesinnten, geistreichen Menschen und ihre Produktivität wurde mächtig angeregt.

Die neue Dichter= und Künstlerschule Schwedens im An=schluß an den deutschen Aufschwung interessirte sie lebhaft, wie auch sie ein willkommner Gast in Schweden wurde. Sie kam in regen Austausch mit dem Dichter Atterbom, mit Esaias Tegnér, mit Wallin, „der Davids=Harfe im Norden", wie ihn Tegnér

nennt, und dem jungen Professor der Geschichte und Philo=
sophie E. G. Geyer in Upsala. Geyer war vielleicht die Per=
sönlichkeit, die Amalie sich einst erträumte und der sie in ihrer
Jugendzeit nicht begegnet war; Goethe würde diese beiden Seelen
Wahlverwandte genannt haben, in dem Verständniß ohne Worte,
in dem gleichgestimmten Gemüthslaut, in der Ergänzung ihrer
Charaktere.

Geyer war auf dem Lande in einfachen Verhältnissen, aber
in einem gebildeten Familien= und Freundeskreis bis zur akade=
mischen Reife aufgewachsen. Er verlobte sich mit der Tochter
eines Nachbarn, mit welcher er den Schul= und Confirmanden=
unterricht einst genossen hatte. Sehr bald offenbarte sich nach
absolvirtem Examen seines Geistes Bedeutung auf dem Lehr=
stuhl der Universität Upsala, so daß der König dem jungen
Professor die Stelle eines evangelischen Bischofs antrug, welche
Geyer dankend ablehnte, ganz erfüllt von seinem augenblick=
lichen Beruf bei den Studenten. Mißgünstige Stimmen hatten
den Philosophen als Freigeist angeklagt, so daß das Aner=
bieten des Königs eine Genugthuung für ihn war und sein
Verharren auf dem Lehrstuhl ihm eine glänzende Ovation der
Studenten Upsalas brachte: er wurde, im wahren Sinne des
Wortes, auf den Schultern seiner Schüler in's Colleg getragen.
Er ist in der gelehrten Welt wohlbekannt als Geschichtschreiber,
als Componist, als Dichter, als einer der genialsten und viel=
seitigsten Geister seiner Zeit. — Ein bedeutender Gelehrter
Schwedens, Axel Nyblaeus zu Lund, schrieb vor etlichen Jahren
ein in großem Stil angelegtes Werk über Geyer. Nyblaeus
sagt darin: „Zu Geyers Bekannten gehörte während einiger
Zeit eine junge deutsche Dichterin, A. von Helvig, geb. von
Imhoff." Geyer selbst gesteht, „in dem geistreichen Verkehr mit
dieser Dame eine wirkliche Bildungsschule gehabt zu haben",
und in seiner Selbstbiographie äußert er über Amalie: „Wie=
viel habe ich ihr nicht zu verdanken, sie hat meine Augen
für die Schönheit der Kunst geöffnet". Noch ein paarmal
werden wir diesem treuen Freund in Amaliens Lebenslauf
begegnen.

v. Bissing, Am. v. Helvig.

Im Mai 1817 erschien in der Berliner Realschul=Buch=
handlung der zweite Jahrgang der „Sagen und Legenden, heraus=
gegeben von Amalie von Helvig, geb. von Imhoff, und Fr. Baron
de la Motte Fouqué". Amalie lieferte für dieses Werk die
Zueignung, das Vorwort, vier Legenden und eine freie Über=
setzung nach E. G. Geyer: „Der letzte Skalde". Reicher Beifall
belohnte sie, zumal in der „Allgemeinen Literatur=Zeitung", und
noch heute wird man gern diesem deutschen Echo nordischen
Sanges, wie ihn Amaliens Zueignung preist, lauschen.

Neben dem Interesse, das Amalie für die Fortschritte der
schwedischen Litteratur zeigte, nahm sie auch lebhaften Antheil
an der Entwicklung der gesammten bildenden Kunst des Nordens.
Ihre Kritiken aus dieser Zeit hat sie später theilweise in dem
Berliner Kunstblatt 1823 veröffentlicht und nach einem Über=
blick über die Geschichte der von Gustav III. gestifteten Akademie
eine beredte Würdigung einzelner Werke und Künstler ge=
boten.

Gleichzeitig mit dem Aufschwung der Kunst hatte sich auch
seit den letzten zehn Jahren in Bezug auf die Litteratur vieles
verändert. Das nationale Bewußtsein sollte auch in dieser
mehr zur Geltung kommen. Die ersten Früchte dieser Be=
strebungen lieferte A. Alfzelius als Übersetzer der „Edda" 1814
und durch eine Sammlung alter schwedischer Volkslieder. Es
erschien in Upsala eine periodische Zeitschrift, „Iduna" benannt,
welche durch scharfe Kritiken, ähnlich wie an Weimars Musen=
hof, zu wirken suchte. Die deutschen Meisterwerke wurden
durch Übersetzungen bekannt und von den schwedischen Dichtern
in deutscher Sprache studirt. Im Jahr 1812 trat ein Musen=
Almanach an's Licht, herausgegeben von dem Schriftsteller
Atterbom. — Amalie schreibt 1815:

„So viel Neues im Gebiet der Poesie und Philosophie
lockte mich im März dieses Jahres, der Einladung unserer nun
verwittweten Freundin Malla Silferstolpe nach Upsala zu folgen,
wo diese im eignen Hause die großen Geister der Zeit anspruchs=
los und doch verständnißvoll um sich versammelte. Noch war

der Mälarsee im verdeckten Schlitten passirbar; so traten wir mit Freuden die Reise an, die uns nach langer Landeinsamkeit und oft mühevollen Geschäften doppelt verlockte.

Lings Vorträge über die nordische Mythe, welchen ich in Stockholm vergangenen Herbst beiwohnte, hatten mich zweckentsprechend vorbereitet für die Universitäts=Stadt Upsala, wo jeder Schritt an die Geschichte der Vorzeit erinnert und wo eine neue Morgenröthe der Wissenschaft anbrach." — Eine darauf bezügliche Dichtung, „Der Gesang" von E. Tegnér, übersetzte Amalie in dieser Zeit als Vorboten jenes größeren Werkes der Dolmetschkunst, das ihren Ruhm am lebendigsten erhalten hat.

XLVI. Capitel.

Upsala.

Geyer verkehrte viel im Hause der Frau Malla Silferstolpe er belebte diesen Freundeskreis oft durch Mittheilung seiner neuesten Dichtungen, die er meist mit improvisirten Compositionen einführte, von ihm auf dem Piano vorgetragen. Geschäfte riefen den jungen Gelehrten nach Stockholm, von wo er an Amalie nach Upsala schreibt:

Geyer an Amalie.

Ostern.

„Ich will Ihnen doch einmal auch in der fremden Sprache schreiben, wie gut ich's kann, in der verwandten meine ich — und Verwandte sollen einander weniges übelnehmen. Es war sehr lieb von Ihnen, daß Sie schrieben, weil ich Ihretwegen immer in Angst war; Gottlob, daß Ihre Schwester, Fräulein Louise, aus dem bösen Nervenschlaf aufgewacht ist — Dank, daß sie mich grüßen läßt — ihr lieblich trauriges Bild verfolgte mich immer und ich wäre viel lieber in der Nähe geblieben, um zu sehen, wie lange die Ohnmacht währte. — Sie, meine

liebe Freundin, ſind doch auch ſehr ſtark und ich habe in dieſer
Betrübniß eine rechte Freude an Ihnen, daß Sie ſo tragen und
dulden, was menſchlich iſt, — wir haben alle daran zu tragen.
Gottes Sohn, der für uns alle das Kreuz getragen hat, wird
Ihnen auch zu tragen helfen. — Er verſchmäht ſo was nimmer
und gleicht hierin nicht den Menſchen. Dann werden die
Thränen wie ein lauer Regen durch Ihren Buſen mildreinigend
ziehen wie zur Sommerzeit, wenn die Ernte nicht fern iſt. —
Frühling und Sommer hilft uns der große Gärtner in das
Gemüth hineinzupflanzen — vor dem Winter wird uns der
Hügel decken, wie Goethe einmal ſehr ſchön wo ſagt. Freilich
draußen ſtürmt es auf Erden ſehr und man möchte zuweilen
viel lieber ſchon unter dem Hügel ſein. — Bei General Sparres
bin ich in Stockholm geweſen; da weinten die Leute und meinen
es ſehr gut mit Ihnen, ich will auch noch einmal hingehen.
Auch Ihre alte Dienerin habe ich geſehen und gehe heute nach
Alby, Ekmark mit, der läßt Sie ehrerbietig grüßen. Mit
meinen Affairen hier ſieht's nicht ſchlimm aus. Viele Menſchen
ſind mir gut, wenn auch einige von mir Übles denken und
ſprechen; denn die Parteiungen, die in der Litteratur be=
gannen, greifen täglich weiter, ſo daß die Menſchen bitter
werden. Ob ich am nächſten Mittwoch wiederkehren kann, weiß
ich noch nicht; am Donnerstag gewiß, darum ſchreibe ich auch.
Ich wünſche meinen Aufenthalt ſo viel als möglich zu ver=
kürzen, auch weil ich Sie gar gern ſehen mag. Ungern bin
ich in dieſer heiligen Zeit in Stockholm geweſen, wo die Sonne
das Jahr durch wie an einem gemeinen Werkeltage ſcheint.
Ich wäre viel lieber auf meinen Bergen, bei den Quellen und
den großen Flüſſen, die viel von Gott zu ſagen wiſſen.

Geſchrieben am Tage der Auferſtehung!

E. G. Geyer.

Meine liebe Freundin! Am Charfreitage habe ich recht
herzlich geweint, daß Jeſus Chriſtus geſtorben iſt! Gottlob,
Er iſt auch wieder da! Fühlen Sie nicht, daß alle die bitterſten
Leiden in den Worten der Schrift liegen: „Er kam in ſein
Eigenthum und die Seinen nahmen Ihn nicht auf!"

Es ist ein Abgrund der Trauer in diesen Worten und das Betrübteste, daß sich meist Verschmähung und Hohn so ganz nahe bei der göttlichen Liebe gestellt! — Darum, weil doch Haß und Zwietracht auf Erden sein muß, sollten solche Leute, die über-einstimmen, auch einander ein wenig lieb haben! Denn wie Gott lieben kann doch kein Mensch.

Eine andre Stelle weiß ich auch, die mir fast das Mäch-tigste geschienen, was in der Menschen Sprache geredet worden ist. Das steht Jesaias Cap. 9 V. 2 2c.: „Das Volk, so im Finstern wandelt, siehet ein großes Licht, und über die da wohnen im finstern Lande scheinet es helle!"

Lesen Sie das! Die Propheten, die waren doch Männer! Wir aber sind allzumal Lumpenkerle! —

Sie sehen, ich plaudre vor Ihnen frisch weg wie ein Kind. Das macht, daß ich Sie sehr lieb habe, und trifft sich wohl nicht immer so. Denn weil ich auf fast kindische Weise und übermäßig weich bin und dabei doch auch nicht ohne Gewalt und Heftigkeit, so macht dieses große Mißverhältniß meines Charakters mich oft verworren, verlegen, scheu mit den mehrsten Leuten, die ich weder liebe noch hasse, — welches eigentlich ein Versteckenspielen mit mir selbst ist, weil mir alles, was nach Hohn schmeckt, sehr empfindlich ist, wie gern ich auch ein gutmüthiges Lachen über mich leiden mag. Sie aber sind bei soviel Ver-.stand und Geist doch auch sehr gut, so daß jedes Gemüth sich vor Ihnen wie eine Blume gern aufschließen will. — Freilich was in mir Blumenhaftes sein mag, ist nicht viel, aber dabei viel Unreines und Böses, weßwegen ich Gott oft gebeten habe, daß Er mich verbrennen möchte mit Seinem Feuer! Aus der Asche, denke ich, wollte ich aufgehen wie eine Blume, wär's auch nur wie ein unscheinbares Feldblümchen. Gute Nacht, meine liebe Freundin! Möge der liebe Gottesbote, der Schlaf, Ihnen hold sein; seine Hand berührt am gelindesten eine wunde Brust. Ich war auch heute in Alby, was ich noch erzählen will. Abends elf Uhr! —

Meine liebe Freundin!

Wie geſagt, ich war bei Ihnen, und Sie waren dabei, wiewohl Sie nicht dabei waren; in Alby hat mir auch alles ſehr wohl gefallen im blauen Cabinet, das Ihr Arbeitzimmer iſt, und auf dem Berge, wo ich hinaufgeſtiegen bin. Die Bücher bringe ich, — auch die Noten, wenn's nur die rechten wären. — Ich wünſche, daß Sie dieſes Kauderwelſch leſen können! Verzeihen Sie mir, ich habe alles ſo geſchwind geſchrieben, weil ich wenig Zeit hatte. Grüßen Sie die engelgute Fräulein Louiſe und Frau Malla Silferſtolpe ehrerbietigſt. —

Abieu, meine liebe Freundin, ich liebe Sie ſehr!

E. G. Geyer."

Amalie ſchrieb in Upſala unter dem Einfluß des Verkehrs mit Schweden, für das Taſchenbuch der Sagen die Legende der h. Brigitte. Auch die Überſetzung von Geyers „Letztem Skalden" entſtand dort. — Im Mai kehrte ſie von dieſem genußreichen Aufenthalt nach Alby zurück, um ſich den Geſchäften zu widmen, welche durch die Ankunft der hohen Herrſchaften in Stockholm neue Schritte erforderten. Von Deutſchland hatte ſie inzwiſchen wenig Hoffnungreiches erfahren und war im Gegentheil gedrängt, thätigen Troſt zu ſpenden, auf welche Weiſe dieſes nur für ſie zu ermöglichen war. Helvig ſchreibt aus Berlin nach langer Briefpauſe:

Helvig an Amalie.

Berlin, 30. Juli.

„Geliebte Amalie!

In einer verzweiflungsvollen Stunde erhielt ich heute, wie einen mir von Gott geſandten Troſt, Deinen lieben Brief, der mich mit neuem Muth beſeelt. — Trotz allen Bemühungen konnte ich noch keine Anſtellung wieder erhalten; ich muß dieſes als Fügung anſehen, als ſchwere Schule — thatenlos mein Geſchick zu erwarten. Se. Majeſtät der König von Preußen hielten es ſeiner Politik angemeſſen, den General=Lieutenant Engelbrecht

mit seinem bisherigen Rang und Titel in seinen Dienst zu
nehmen. Politische Rücksichten hinderten ihn, mir die Erlaubniß
zu ertheilen, bei seiner Armee den Feldzug mitzumachen und
mich jetzt für seine Dienste zu engagiren.

Meine Ansprüche waren gering; ich begehrte nur Futter
für vier Pferde, freie Kost für mich und zwei Burschen, es
war dieses weniger als ein Capitän erhält, — es wurde mir
abgeschlagen. Blücher, Gneisenau und der Kriegsminister
wünschten meine Anstellung, der letztere gestand, daß er meiner
bedürfe. — Doch genug hiervon, Du sollst den Briefwechsel
darüber lesen und Dein Urtheil fällen; der Brief des Prinzen
August wird Dir darunter gefallen.

Wenn Du aus meinem langen Schweigen folgern wolltest,
daß ich kein Gefühl für Deine Sorgen hätte, keine Gedanken
für Dich und die Kinder, so würdest Du Dich täuschen — nie
habe ich meine Machtlosigkeit Dir beizustehen schmerzlicher
empfunden als in diesem Zeitraum. Auch die Befürchtung,
Zeit meines Lebens auf den Gebrauch meines rechten Armes
verzichten zu müssen, drückte mich nieder. Diese Besorgniß ist
nun gehoben, und der gnädige Gott, der diese Plage von
mir genommen, wird mich auch ein neues Arbeitsfeld finden
lassen.

Mit tausend Freuden nehme ich Deinen Vorschlag an, nach
beendeten Geschäften heimzukehren; es wird ein glücklicher Tag
für mich sein, Dich auf deutschem Boden wieder umarmen zu
können. Wie lange mußte ich das mir Liebste auf der Welt im
Umgang entbehren!"

Nun theilt er Amalien die Absicht mit, sich vorläufig mit
der Familie in Hamburg niederzulassen und motivirt diesen
Plan durch politische Gründe.

„Deutschland stehen noch große Krisen bevor; der jetzige
Krieg ist kein Krieg für Deutschland; er ist nicht für Nationen,
sondern nur für Fürsten und Dynastien. — Dieses ist ein
Hauptgrund, weßhalb ich keine Residenzstadt wählen will. Heilig
verspreche ich Dir, keine kostspieligen Liebhabereien in neuen

Erfindungen zu treiben. Ich habe jetzt meine Zeit ſo benutzt, daß ich einen Vorrath von Kenntniſſen beſitze, den ich werde verwerthen können.

Es iſt mir lieb, daß meine Bücher ſo vortheilhaft verkauft worden ſind; mögen ſie die todten Buchſtaben in ſchönen Bänden zur Schau behalten, mir bleibt das lebendige Wiſſen als Eigenthum.

Mache nur, Geliebte, daß Du die Summe auf einmal erhältſt. Da Pommern verkauft iſt, kann es an Geld nicht fehlen; ohnedem muß in der von mir geſtifteten Artillerie-Caſſe 27,000 Rth. Banco Beſtand ſein, ſo daß man 2000 Rth. Banco baar davon zahlen kann. — Du vermagſt ſoviel über Excellenz Engſtröm; könnteſt Du ihn nicht beſtimmen, daß mir meine Penſion, da ich ein geborner Pommer bin, auch in Pommern zur Auszahlung angewieſen würde? Nur er könnte dieſes beim König von Schweden auswirken. Ich bitte Dich, nicht eher abzureiſen, bis mein Abſchied in dieſer Weiſe ausge- fertigt iſt. Wenn ich ganz frei bin, werde ich an meine Freunde ſchreiben und ich bin verſichert, daß unſer Einverſtändniß in der Ferne ein deſto innigeres bleiben wird; grüße ſie und ſage ihnen das. Sobald ich Geld erhalte, reiſe ich Dir entgegen; Du könnteſt den Weg über Kopenhagen nehmen, in Helſingör träfen wir zuſammen. Dieſe Reiſe kann von Nutzen ſein, da der däniſche Geſandte, Baron von Eiben, mir Hoffnung machte, daß wir durch ſeine Vermittlung wenigſtens einen Theil der Weberkopſchen Forderung zurückerhalten würden. Nimm vorlieb mit dieſem ſchlecht geſchriebenen Brief; ich kann nicht darſtellen was in mir vorgeht, mir ſcheint mein irdiſches Glück nur auf Dir zu beruhen, daß Du mir alles biſt, daß ich empfinde, wie wenig ich Dir jetzt ſein konnte. — Mein Beſtreben wird nun ſein, Dir zu zeigen, wie aufrichtig ich es meine, wie ich jedes Schickſal annehmen will, das Dir nur Ruhe und Freude giebt. Ich hatte den feigen Wunſch zu ſterben; Gottlob, daß er nicht erfüllt wurde. — Das Glück, das Du mir wieder bereiten wirſt, wird auch von Dir mitempfunden werden, indem Du es giebſt. Grüße Louiſe, auch ſie ſoll mir manche bittre

Stunde vergeben; küſſe die Kinder. — Meine Frau! Meine Kinder!

Dein Helvig."

Abermalige Seufzer:

O Herr! ich bin in Deinen Händen!
Wenn Du es willſt, kannſt Du ihn wenden,
Den Jammer, der die Bruſt mir nagt.
Vom Glauben will ich nie mich wenden,
Noch kannſt Du ja die Hülfe ſenden,
So harr' ich ſtill und unverzagt.

Solch Leid kann nicht von Menſchen kommen!
Ein Werkzeug nur an ſeinen Frommen,
Vollzieht es Gottes ernſten Schluß.
Des Kreuzes Höh iſt bald erklommen,
Dann wird es auch hinweggenommen,
Weil Gott ſein Kind befreien muß.

So durften ſelbſt die, ſo mich lieben,
Mich dennoch alſo tief betrüben,
Damit der Erde Regung ſchweigt.
Nur in Geduld den Geiſt zu üben,
Der ſehnſuchtsvoll aus dieſem trüben
Gewölk des Grams zum Himmel ſteigt.

Gern wär' ich, ach! dem Schmerz entgangen,
Des Herzens irdiſches Verlangen,
Es ſtand nach hold erträumtem Glück. —
Doch wie auch That und Willen rangen,
Zum heitern Ziele zu gelangen,
Kalt wies das Schickſal ſie zurück.

Doch ward ihm erſt ſein Ziel gefunden,
So iſt der Schmerz bald überwunden,
Er weiſt auf einen beſſern Lohn.
Still harr' ich denn die kurzen Stunden,
Von jedem Weh dort zu geſunden,
Der ew'ge Morgen dämmert ſchon.

— 361 —

XLVII. Capitel.

Wendung.

Helvig an Amalie.

Berlin, 4. September.

„Deinen lieben Brief habe ich erhalten, nachdem derselbe achtzehn Tage unterwegs gewesen. Alle meine Hoffnungen sind gescheitert, oder wenigstens so in die Ferne gerückt, daß ich die=selben für jetzt aufgeben muß und Deinen Meinungen und Vorschlägen von Herzen beistimme. Nur durch Dich, unter Deinen Augen kann mein Harm weichen und ein neuer Mensch in mir geboren werden. Noch muß ich hier ausharren und bin froh, Hamburg aufgegeben zu haben, nach dem jetzigen Bild am politischen Himmel; ich würde nur mein knapp zugemessenes Geld verreist haben und hätte Dich von Deinem Posten gelockert. Einerseits, wenn ich meine Anlagen und Erfahrungen mir ver=gegenwärtige, passe ich mehr für einen Staat, der aus Ver=nachlässigung herausgearbeitet werden muß, militärisch reor=ganisirt, — andererseits, wenn ich das Schicksal der Meinigen bedenke, muß mir die weniger interessante, aber gesichertere Lage in meinem neuen deutschen Vaterland wünschenswerther sein. — Gott, in dessen Hand wir sind, kann und wird uns allenthalben schützen; wir müssen eben, jedes auf seinem Platz, der bessern Zukunft harren. Du hattest eine ungeheure Arbeit übernommen und sie möglichst glücklich fast vollendet; meine Dankbarkeit ist unbegrenzt.

Lebe wohl, Geliebteste, und so zuversichtlich ruhig, als Du es nach so vielen Trübsalen verdienst zu sein. — Dieses ist der Wunsch des geächteten, aber Dich treu liebenden

Helvig."

9. December.

„Spät erst danke ich Dir herzlich, liebe Amalie, für die mir abermals geschickten 500 Rth.; sie kamen mir, als wenn der liebe Gott sie mir gesendet hätte, denn der Augenblick scheint gekommen zu sein, daß sich mein Schicksal entscheidet und ich daher nicht durch Schulden beengt sein darf. Der Kaiser von Rußland traf in Berlin ein und viele Festlichkeiten sollten ihm zu Ehren stattfinden. Um geladen zu werden, aus egoistischen Zwecken, machte ich die dazu erforderlichen Visiten und nahm demzufolge an allem theil.

Bei dem großen Diner im Schloß war mein Platz mir angewiesen zwischen dem Fürsten Dolgurucki und Excellenz Alopöus, dem russischen Kaiser vis-à-vis. Da beide Nachbarn mir stets ungeheuchelte Freundschaft bewiesen hatten, konnte es nicht an lebhafter Unterhaltung fehlen. Der Kaiser faßte mich einigemale sehr scharf in's Auge; des Abends auf dem Ball wurde ich ihm vorgestellt.

Am Tag vor des Kaisers Abreise kommt Excellenz Alopöus zu mir und frägt auf Befehl Sr. Majestät, ob ich in russische Dienste treten wolle und unter welcher Bedingung? Se. M. der Kaiser habe geäußert, daß seinerseits keinerlei Hindernisse oder Bedingungen meinem Eintritt im Wege stehen würden. Nach meiner Dir gemachten Selbstkritik war dieses fast eine Versuchung; — jedoch war meine Antwort sogleich zur Stelle: Als ein geborener schwedischer Pommeraner sei ich jetzt ein preußischer Unterthan und demzufolge könne ich das gnädige Anerbieten Sr. M. des Kaisers nicht eher annehmen, bevor ich nicht Sr. M. dem König von Preußen meine Dienste angeboten oder von ihm, meinem Landesherrn, die Erlaubniß erhalten hätte, in fremdherrliche Dienste zu treten. Dieses wurde als der Ordnung gemäß anerkannt. Ich schrieb nun an Se. M. den König einen unterthänigen Brief, worin ich als nunmehriger preußischer Unterthan meine Dienste antrug (ohne irgend welche Bedingung und mit Verschweigung des russischerseits gemachten Antrages).

Gestern erhielt ich eine Antwort: Seine Majestät der König wollten mir den Charakter als General-Major mit der Uniform dieser Charge beilegen und mir bis zur wirklichen Anstellung bei der Armee ein Jahresgehalt von 2000 Rth. Preuß. Courant

aussetzen. Ich habe dieses ohne Widerrede angenommen und
erwarte die gebräuchliche Cabinets=Ordre, um mir die benöthigte
Uniform, deren drei verschiedene gebraucht werden, machen zu
lassen. Wir werden uns eben mit diesem Einkommen einrichten
müssen; dafür können wir die Kinder auf deutschem Boden auf=
wachsen lassen. Ich gestehe, daß ich fast mit beklommnem Gefühle
meine absagende Antwort an Excellenz Alopöus bringen werde;
man hatte mich russischerseits mit Zuvorkommenheiten überhäuft
und ein großes interessantes Arbeitsfeld wurde mir in Aussicht
gestellt. — Lebe wohl; noch ein vereinsamter Winter, dann
führt uns das Jahr 1816 wieder zusammen, bis der Tod
uns scheidet.
                                    Dein treuer Helvig."

Nach langer Briefpause schreibt Helvig Anfang April 1816,
verstimmt durch wiederholte Kränklichkeit, erhöhte Preise in
Berlin, große Ausgaben für Pferde und Equipirung, voll Un=
behagen über die neue Existenz im fremden Land, noch ohne
Freunde und alternd nur à la suite gestellt. Am 30. April
folgt ein zweiter Brief:

                    Helvig an Amalie.
30. April.
    „Hierbei erhältst Du die von Dir gewünschten und erforder=
lichen Papiere zur Hebung meiner nun bewilligten schwedischen
Pension. — Das großmüthige Gnadengeschenk Sr. Majestät
freut mich für Dich und die Kinder; verlange aber keinen Dank
von mir dafür, es ist keine Anerkennung für mich. Gottlob,
die Angelegenheit ist erledigt, Dir und mir zum Trost. —
    Meine Gesundheit bessert sich; die wattirten Uniformen
erhitzen mich nicht mehr so sehr; der Schwindel vermindert
sich, seit ich täglich reite und den häufigen Manövern hier
beiwohne.
    Wider meinen Willen ist mein Name jetzt beinahe in allen
Zeitungen genannt worden; einer meiner Bekannten hatte die
Anfrage des Hamburger Blattes beantwortet: wer der Offizier
gewesen sei, der das durch den Krieg fast zerstörte Denkmal

von Gustav Adolf bei Lützen wieder restaurirt habe. Auch Prinzessin Wilhelm passirte den Platz auf ihrer vorjährigen Reise und hat mir nun ein artiges Compliment darüber sagen lassen. Ich schickte ihr folgende Erklärung nebst dem Kupferstich.

Die Bäume, welche bei Lützen um den Denkstein, wo Gustav Adolf, König von Schweden, den 7. November 1632 gefallen, gepflanzt waren, wurden bei den letzten kriegerischen Auftritten daselbst umgehauen, so daß nur zwei Pappeln stehen blieben. Ich ließ das Denkmal in folgender Weise erneuern:

Neben dem Stein, der die Stelle bezeichnet, wo der König gefallen, ist eine Eiche gesetzt. Von behauenen Steinen ist auf selbiger Stelle in den Erdboden ein Kreuz gelegt, so daß der alte Stein als Mittelpunkt zu betrachten ist. An den Enden des Kreuzes sind Pappeln gepflanzt.

In den alten aufrechtstehenden Stein sind die Buchstaben G. A. 1632 eingehauen und auf einem der flachliegenden Granit= blöcke, welche das Kreuz formiren, steht folgende Inschrift: „Gustav Adolf, König von Schweden, fiel hier im Kampf für Geistesfreiheit am 7. November 1632."

Die Eiche habe ich gewählt, weil sie ein Sinnbild der deutschen Freiheit ist. Der König focht für Deutschlands Glaubensfreiheit, unter einer Eiche wurde die Theilnahme an dem Kriege beschlossen. Er verdient unter dem Schatten des heiligen Baumes zu ruhen.

Sollte es nicht möglich sein einige Eicheln von der Eiche zu bekommen, unter welcher, der Tradition nach, der König dem deutschen Krieg beizutreten beschloß? Lieutenant von Köckeritz, mein gewesener Adjutant, könnte dies besorgen. Ich bin von mehreren Bekannten darum gebeten worden; sie wollen sich Bäume daraus ziehen für Siegesdenkmäler. Ich muß den Brief schließen, damit derselbe mit Baron Taubs Depeschen abgeschickt werden kann. Lebe wohl, bald sollst Du mehr von dem hören, der mit Schmerzen nach Euch verlangt.

Dein Helvig.

Du weißt wohl längst, daß Gneisenau Gouverneur der Rheinprovinz wurde."

Leider brachte der Mai neuen Kummer, beide Knaben
erkrankten an den Masern. Der älteste, Bror, überstand die
Kinderkrankheit leicht, bei Bernhard trat wohl Diphtheritis
hinzu und raubte dem Liebling das vielversprechende Leben.
Amalie singt am Krankenbett:

> Schlafe, schlafe, liebes Leben,
> So erschöpft und schlummerschwer
> Leise Wiegentöne schweben
> Um dein stilles Lager her,
> Mutterthränen fließen linde,
> Die für dich um Heilung flehn,
> Doch von dem geliebten Kinde,
> Dem sie rinnen, ungesehn.
>
> Wie ich vor des Säuglings Wiege
> Seinem Odem lauschend lag,
> An des Knaben Bette liege
> Bang ich wieder diesen Tag;
> Fühle seines Fiebers Gluthen,
> Theile jeden dunklen Schmerz,
> Ach, die Furcht, die Hoffnung fluthen
> Kämpfend durch mein zagend Herz.
>
> Ja, des Jammers bange Stunden
> Steigen neu dem Geist herauf
> Und die kaum vernarbten Wunden
> Brechen blutend wieder auf.
> Da, vom Krankenbett erhoben,
> Fleht der thränenschwere Blick
> Zu dem milden Vater droben:
> Nimm den Liebling nicht zurück.

Sie war auf die schwerste Probe gestellt. Diese Kinder=
seele, der ihren verwandt, ward von ihr zurückgefordert durch
den Todesengel, und der seiner Eigenart nach ihr fremdere Knabe
blieb am Leben! Unerforschlich sind die Wege Gottes mit den
Seinen. Sie genoß die Wohlthat, dem herben Schmerz dich=
terischen Ausdruck zu geben:

Also immer neu verwundet,
Stets von neuem aufgeregt,
Ringt das Herz, das kaum gesundet,
Unter neuen Qualen schlägt;
Und der letzte Tropfen Blut
Starrt in kaltem Zweifelmuth.

Nein, mein Gott, es kann Dein Wille
Nicht mich zu zerschmettern sein!
Mit Ergebung nur und Stille
Soll ich Dir die Seele weihn;
Jede irdische Begier,
Tilgen willst Du sie an mir.

Herr, ich höre! will auch folgen,
Stärke nur dies schwache Herz;
Ach, noch wühlt mit tausend Dolchen
Wild darin der heiße Schmerz.
Treib' die finstren Mächte aus,
Mache Deinen Tempel draus.

Briefe finden sich aus dieser Zeit nicht vor; beide Gatten
aber hatten schwer zu tragen an dem Verlust des reichbegabten,
schönen Kindes, und Helvig litt besonders darunter, weil sein
Schicksal die Veranlassung war, daß die Seinigen abermals
unter so ungünstigen Verhältnissen der nordischen Kälte ausge=
setzt wurden.

Amalie ging nun ein letztes Mal nach Stockholm zu end=
giltigem Abschluß der Geschäfte und zur Verpackung ihres be=
weglichen Eigenthums für die Einschiffung nach Deutschland. Es
scheint, daß sie damals die Gastfreundschaft des General Sparre
in Anspruch nahm, da ihr Mobiliar sich im Lagerraum befand,
seit sie das Landhaus bezog.

Um ihre erschütterte Gesundheit gleichzeitig etwas zu heben,
verordnete ihr der Arzt in Stockholm Seebäder. Sie klagt:

Hast du, o Meer, genug der Wellen,
Um auszulöschen solches Leid?
Um eine Brust, die Seufzer schwellen,
Zu wiegen in Vergessenheit?

Um soviel Thränen abzuspülen,
Die täglich fließen ohne Zahl?
Und um mit deiner Fluth zu kühlen
Des tief entbrannten Busens Qual?

Zurückgekehrt nach Alby erhält sie den folgenden Brief:

Geyer an Amalie.

Upsala, 7. Juni.

„Liebe Freundin! Diesmal nur wenige Zeilen in Erwiderung Ihres lieben Schreibens.

Man sollte doch nie an der Gewalt des geschriebenen
Wortes zweifeln, wie ich letzthin that, denn ich fühle es, die
Ihrigen gehen mir durch die Seele, mag ich sie nun aus
Ihrem Munde entnehmen oder auf dem Papiere lesen. Erinnern
Sie sich des Tages bei den Hünengräbern, wo das Leben und
Leiden einer lang entschwundenen Vorwelt schläft. Ich sagte
dort: „Ich lerne erst an Ihnen den bittern Schmerz verstehen,
den ein Menschenherz fähig ist zu empfinden". Ich bin nur
ein Schüler und darf von meinem Wissen nicht viel Rühmen
machen — will es auch nicht — denn noch kenne ich kaum so
viel als Sie, meine Freundin, das Leben und Leiden dieser
Welt. Es kann wohl noch kommen und mag es in Gottes
Namen.

Daß das Wiedersehen des stillen Hauses in Alby, der
Lieblingsplätze, wo Sie mit dem schönen Kinde, das nach der
Heimath gegangen, so glückliche Stunden verlebten, alle Wunden
neu bluten machen würde, das konnte ich leider erwarten. Der
Mensch belebt so alles, worinnen er lebt oder gelebt hat, daß,
wenn er dahin ist, das alles auch sterben will, — nicht nur die
Herzen, wovon er ein Theil war, auch die Natur, die ihm
lieb war, die Bäume, die Blumen scheinen uns wie in Todes-
gedanken zu stehen; alles Lebendige, was ihn umgab, fühlt mit
und das Leblose erscheint uns nun erst leblos. Das habe
ich auch gefühlt bei Trennungen, die der Tod oder nicht bloß
der Tod macht. Ich habe Ihren Brief mit tiefer Rührung
und soviel Male gelesen, daß mir zum Antworten wenig
Zeit bleibt.

Was soll ich sagen? Ich könnte Ihnen wohl sagen, daß Ihre Ansicht der Dinge, des eignen Lebens finster und leidenschaftlich ist und so nicht wahr — dann sagte ich etwas so Verständiges, was ich aber selbst nicht glaube. Denn das wahre Licht, außer welchem alles hienieden finster ist oder wird, kommt doch nur von oben, wo Ihre gottgeborne Seele es sucht, ja der tiefste Schmerz faßt doch immer am besten die großen Geheimnisse des Lebens und der Zukunft. Es fällt einem dann auch bei, wie vermessen es ist, wenn bei den schwersten Verlusten, die eine Seele erfährt, ein Mensch den andern mit etwas anderem als dem reinen Mitgefühl trösten will.

Der ist der beste Tröster, der selbst fühlt, wie arm er ist, wie er so gar nichts geben kann und dann sein Herz giebt — der sich in den Thau des Himmels verwandeln möchte, um heiß . geweinte Augen zu kühlen; das wollte ich wohl, liebe Freundin.

Ich kann von hier nicht so geschwind fort, als ich es, wie gerne, wollte. — Akademische und eigne Geschäfte halten mich fest bis zum 14. Juni, dem Tag wo der Termin schließt, dann gehe ich nach Stockholm und zum Abschied nach Alby. Sagen Sie Fräulein Louise Grüße von mir, auch Bror. — Die Poststunde ist da — noch werden Sie mehr von mir hören, bevor wir uns sehen.

Ihr Freund E. G. Geyer."

Nachdem Amalie Abschied genommen hatte von ihren Stockholmer Freunden, schmerzte die Künstlerin noch eine Trennung: von einem alten Bilde der Stockholmer Kirche, welches sie in der Küsterwohnung hatte copiren dürfen. Es stellt den Engel Michael[1] vor, der mit der Wage zum Weltgericht erdwärts fliegt. Leider blieb Amaliens 1804 begonnene, 1816 vollendete Copie nicht im Besitz der Familie, nur eine sehr schöne Zeichnung auf Ölpapier.

---

[1] Nach dem Bild in Danzig für Stockholm copirt (das Weltgericht von Memling, das Denon 1807 nach Paris entführte, woselbst es die Deutschen 1815 wieder dem Louvre entrissen).

Als man das Bild aus ihrem improvisirten Atelier nach der Kirche zurücktrug, schrieb sie einen bewegten „Abschied vom Bilde des heiligen Engel Michael", worin es heißt:

Ach, du hattest mich so mild empfangen
In der neuen, unbekannten Welt,
Wo verschlossen, unter stummem Bangen,
Tiefer Schmerz den wunden Busen hält.
Scheu vor diesen Menschen, deren Freuden
Ich ein Fremdling noch wie ihrem Gram,
Denen meine Züge nichts bedeuten,
Meine Stimme nie zum Herzen kam.

Du nur tratest wie aus sel'gen Tagen
Mir ein längst bekanntes Bild heran,
Schienst ein tröstlich ernstes Wort zu sagen,
Lächeltest mich mild bedeutend an.
Wußtest alles, was ich nicht gesprochen,
Wie ein lang vertrauter Freund es pflegt,
Wenn sich, nicht von Worten unterbrochen,
Still der Geister Einklang wechselnd regt.

Und im engen Stübchen saß ich nieder
Vor dem Liebling immer schön und neu,
Fand der Kindheit frohes Staunen wieder
Und der Jugend Gluth und süße Scheu.
Denn an solchem Werke sich zu messen,
G'nügt nicht langen Fleißes Kunst=Gewinn,
Das Gelernte muß der Geist vergessen,
Einzig folgen frommer Andacht Sinn.

Aber wenn an jenem großen Tage,
Dessen Dämm'rung ahnend dich umwebt,
Einst in deiner Hand des Richters Wage
Sich zu strenger Prüfung senkt und hebt,
Schau' ich dann im ew'gen Morgenrothe
Ähnlich deinem irb'schen Bilde dich.
O dann neige, ernster Gottesbote,
Mild, wie heut', dein Angesicht auf mich!

XLVIII. Capitel.

Louisens Heirath.

Am 16. Juli 1816 ward die Rückreise nach Berlin ange=
treten, wo Helvigs mit dem ihnen verbliebenen Knaben Bror
einen neuen Hausstand begannen. Die in Schweden verheirathete
Madame de Ron folgte Amaliens Beispiel und suchte Heilung
von hartnäckigem Fieber in Heidelberg; sie bat ihre jüngste
Schwester Louise nach deren Ankunft in Berlin, bei ihr nun
wenigstens ebensoviele Wochen zu verweilen, als sie Jahre mit
Frau von Helvig verlebt hatte, und diese Einladung wurde an=
genommen.

Inzwischen bildete sich in dem Helvigschen Hause wieder
ein ungezwungener, anregender Cirkel der bedeutendsten Per=
sönlichkeiten Berlins. Geheimrath Hufeland wurde auch ihr
Arzt und präsentirte in diesem Kreis den jungen Freiherrn
von Kloch, einen schlesischen Gutsbesitzer, der Jura studirt, Reisen
durch Frankreich und England gemacht, dann als Freiwilliger
während der Feldzüge im Lützowschen Corps gestanden hatte
und nun noch einige Semester Medicin treiben wollte, um sich
für seinen Beruf als Landwirth vorzubereiten. Er wurde bald
täglicher Gast bei Helvigs und sprach der Generalin den Wunsch
aus, sich eine Gefährtin für seine einsame, oft mühevolle Lebens=
stellung zu wählen. Frau von Helvig machte ihn in einer Gesell=
schaft mit einer, wie sie meinte, passenden Partie bekannt und
war gespannt am nächsten Tag sein Urtheil darüber zu hören.
— Doch wie erstaunte sie über eine ganz unerwartete Eröff=
nung: der Baron bat ihn bei Madame de Ron in Heidelberg
anzumelden als Bewerber um die Hand Schwester Louisens, deren
von Amalie in Aquarell gemaltes Portrait er gesehen und
deren Briefe an den kleinen Bror er gelesen hatte; er hoffe nun,
das Ideal seiner Wünsche verwirklicht zu finden und ein volles
Lebensglück zu gewinnen. Die Reise wurde in nächster Zeit

angetreten, die Braut „Lützows wilder, verwegener Jagd" zu
Ehren im Sturm erobert und am 1. Mai 1817 auf das Gut
Maffel bei Breslau heimgeführt.

Die nordischen Freunde schrieben vereint ihre Gratulation
in schwedischer und deutscher Sprache an die Braut, und der
Dichter Atterbom sendete einen besonderen Gruß, der aus solcher
Feder geflossen hier nicht vorenthalten werden soll:

Upsala, Mai.

„Welchen warmen Antheil nehme ich an dem Ereigniß!
Ja, ich wage es nun das Bekenntniß eines ewig Entfernten
auszusprechen, gleichsam wie das Vermächtniß eines Verstorbenen. Warum soll ich jetzt nicht noch offenherzig gestehen,
wie tief ich Sie immer verehrte und bewunderte, als Sie uns
noch im ersten Flügelkleide eines kindlichen Engels entgegen-
traten. War ich doch wenigstens darin ein echter Dichter, daß
ich von Ihrem eigenthümlichen Werthe und den angebornen
Reichthümern Ihres Geistes und Gemüthes so bestimmt, so frühe
weissagte, während Ihre Alltags-Umgebungen solche noch gar
nicht zu ahnen schienen. — Der seltene Mensch hat Genie,
Talent oder Kunstfertigkeit zum Schaffen, Ausbilden, zum
Wirken, — der höhere, das wahre Kind des Himmels, ist ein
Genie! Was er wirket und darstellt, lebt und thut, ist nicht
von dieser Welt, aber doch veredelt und verschönert er diese
tiefer und lebendiger, als solches je durch sogenannte unsterb-
liche Werke und Worte geschieht. Nur diese Gastfreunde des
Himmels sind das Salz der Erde, welches die verwahrloste
Masse der Menschheit noch frisch erhält und vor einem all-
mäligen Verdumpfen bewahrt. — Wer könnte mit euch, be-
geisterte Kinder der Unschuld, auch nur spielen, ohne sich ange-
weht zu fühlen von einer reineren Lebensluft! — Gönnen Sie
also auch mir den Stolz, daß ich einst Ihren kleinen Theetisch
in Stockholm nie verließ, ohne mich geläuterter zu fühlen und
mit dem dringenden Wunsch, der eignen Veredlung und Ihrer
Freundschaft würdiger zu werden. Nehmen Sie nun auch meinen
lebhaften Antheil daran, daß Sie in Ihrem lieben Deutschland

gefesselt bleiben. Wenn auch dort noch manches anders zu wünschen wäre! Aber doch lassen Sie uns keinen Augenblick vergessen, daß Deutschland das Herz von Europa ist und daß alles, was die neuere Bildung noch von Tiefe des Gefühls und Heiligkeit der Gesinnung aufbewahrt hat, einzig und allein unter den vaterländischen Eichen Schutz gefunden. Ja! wer könnte wohl in unsern Tagen wieder frei athmen, ohne mit Ehrfurcht und Liebe dem Heldenvolke zu huldigen, das diese Freiheit mit solcher Begeisterung und Ausdauer errungen hat. — Was meinen Sie wohl, verdient ein Skandinavier, der so empfindet, nicht das Bürgerrecht bei Ihnen?

Nun zum Schluß — Gottes Segen über Sie und Ihren deutschen Befreiungshelden, der auch Ihr stilles, festes Herz eroberte.

Ewig unveränderlich

Ihr dankbarer Atterbom."

XLIX. Capitel.

Berliner Freundeskreis. Kunststudien.

Der Feldmarschall Graf von Gneisenau war, wie erwähnt, nach dem Friedensschluß zum Gouverneur am Rhein ernannt und hatte, überhäuft mit Geschäften, längere Zeit nicht an Helvigs geschrieben. Die ihm von dem König verliehene Dotation bestimmte Gneisenau nun sein Gut Erdmannsdorf im schlesischen Gebirge zum Familiensitz zu erwählen; von dort erhielt Amalie folgenden Brief:

Gneisenau an Amalie.

Erdmannsdorf, 13. März.

"Hochverehrte gnädige Frau!
Schon seit Langem hatte ich meinem ehemaligen Adjutanten, dem Major von Hansen, aufgetragen, mir über Ihren Aufent-

halt, Sein und Wesen Nachricht zu verschaffen; die Ausbeute seiner Forschungen ist indessen nur gering gewesen, wie wohl oder wehe Sie sich in Ihrem wiedergewonnenen Vaterlande befinden. Sie werden demjenigen, der Ihnen von seiner ersten Annäherung an Ihre Person mit Ehrfurcht gehuldigt hat und seitdem stets mit Erinnerungen der Dankbarkeit Ihrer gedenkt, diese Gunst nicht versagen: ob Sie mit Ihrem jetzigen Zustand zufrieden sind? was Frl. Louise thut und treibt? ob Sie seit den herben Verlusten, die Sie gehabt haben, von Unglücksfällen unheimgesucht geblieben sind? ob Ihr Herr Gemahl mit der Welt sich ausgesöhnt habe? Möchte ich viel Erfreuliches er= fahren! —

Am Rhein befand ich mich an Kräften geschwächt. Ich gedachte nicht lange mehr zu leben und wollte demnach den mir übrigen Lebensrest in Gesellschaft meiner Kinder verthun. Darum begehrte ich meine Entlassung und sie ward mir gewährt. Der Gebrauch der Carlsbader Quellen indessen hat meine kranken Eingeweide sehr gestärkt, obgleich ich noch an Gicht und — am Alter leide, für welches letztere Übel es freilich eine Quelle nicht giebt. Meine Wohnung ist nun in einer paradiesischen Gegend. An Gesellschaft, sofern ich deren nur will, ist kein Mangel und ich vermag sogar aus dem Halbmesser einer Meile ein Dutzend Philosophen und Dichter und noch ein anderes Dutzend Litteratur= freunde um mich her zu versammeln, was man auf dem Lande anderwärts mir so leicht nicht nachthun wird. Da lebe ich denn im Genuß der Litteratur und des Umganges mit meinen Kindern ein heiteres und fast sorgenfreies Leben. — Herr Raabe ist bei mir, malt für mich und unterrichtet meine Kinder.

Nun, hochverehrte Frau, leben Sie wohl! Sie wollen mich den Ihrigen zu Wohlwollen empfehlen und meiner mit Güte eingedenk sein. Mit der reinsten Verehrung

Ihr treuergebener Diener

Gr. N. von Gneisenau."

Helvigs gaben im Sommer 1817 ihren Sohn Bror zu einem tüchtigen Gymnasiallehrer in Pension, um dem Knaben für den Schulbesuch die noch nöthige Nachhülfe angedeihen zu lassen. Der General hatte mehrere Festungswerke zu prüfen, und während dieser Zeit begleitete Amalie eine Freundin, Frau von Barbeleben, nach Dresden, um in der Bildergallerie zu copiren. Sie meldete von dort aus ihrem Mann verschiedene neue Bekanntschaften und Begegnungen mit alten Freunden. Unter den ersteren rühmte sie besonders eine verwittwete Frau von Unruh mit ihrer Tochter, Schwägerin des Ministers von Brockhaus, bei welcher sich Gleichgestimmte zu Landpartien oder Leseabenden sammelten. Amalie traf dort Öhlenschläger, der sich auf der Durchreise nach Berlin befand und eben ihre „Pförtnerin" aus dem ersten Theil der „Sagen und Legenden" in's Dänische übersetzte. Sie lernte den Minister Ompteda mit seiner Gemahlin kennen und rühmt sie als vornehme, schlichte Menschen, wie man ihnen jetzt nur selten begegne. Atterbom verweilte, von Schweden kommend, in Dresden und Amalie machte ihn mit Steffens bekannt, welcher Carlsbad gebrauchte und auf der Heimreise nach Breslau Dresden passirte. Beide Herren wurden sehr befreundet und der Dichter Atterbom begleitete Steffens nach Schlesien. Der schwedische Freund besuchte das junge Klochsche Ehepaar auf deren Landgut und ließ sich dann längere Zeit in Breslau fesseln durch den Grafen Gröben und dessen Gemahlin, denen er durch Baron Kloch und Freiherrn Fritz von Stein näher trat. Letzterer, der Freund und Vetter, zählte nachmals zu den Pathen der Klochschen Kinder. So wirbt ein schöner Bund immer neue Glieder.

Mit dem Maler Professor Hartmann traf Amalie bei Frau Seidelmann zusammen. Von der Bekanntschaft des Fräulein Winkel schreibt sie wenig befriedigt, sie sei ungenießbar für gegenseitige Mittheilung: „Ihre Seele sitzt Vormittags im Pinsel und Nachmittags in der Harfe, doch muß man ihr die fast vollendete technische Fertigkeit in Musik wie Malerei zu= erkennen".

Im japanischen Palais hörte Amalie Vorlesungen von
Böttiger, erfreute sich des Wiedersehns mit dem Weimaraner
und die Gesellschaft fuhr mit Böttiger nach Schachwitz, einem
reizenden Schlößchen, von einem russischen Fürsten erbaut;
Böttiger giebt eine ausführliche Beschreibung davon in dem
„Dresdner Abendblatt“. Amalie besuchte mit Frau von Unruh
Pillnitz und begegnete dort dem hessischen Chargé d'affaires von
Malsburg, welcher nach der Rückkehr in Dresden bei ihr eine
Übersetzung aus Calderon vorlas; das Stück ist betitelt: „Fürst,
Frau, Freund“. Tags darauf trug er bei Frau von Unruh
ein zweites von ihm übersetztes Stück vor: „Es ist besser, als
es war“. — „Anwesend waren außer mir: Baron Gaudin mit
Familie, die Winkel, Herr von Quandt (ein sehr geschätzter
Herr und Kunstverständiger), Graf Löben und Dr. Witte.“
— „In der Kirche traf ich Gräfin Fritsch, Hofdame der Groß=
fürstin Marie von Weimar, auch Gräfin Stosch von dort,
welche den Winter in Dresden verleben will; sie ist eine ange=
nehme, gebildete Frau und wir freuten uns des Beisammen=
seins.“ —

Die Vormittage arbeitete Amalie ungestört in der Gallerie.
Der Maler Professor Hartmann hatte ihr für die Ölmalerei
die Theorie der Mengsschen Palette mitgetheilt und sie befolgte
die Rathschläge des Akademikers; — sie schrieb darüber an
Helvig:

„Die Ölmalerei hat etwas Bindendes durch das schnelle
Trocknen der Farben; ich muß oft Deiner gedenken, um Aus=
dauer zu behalten als Dank für Deine Aufmunterung zu dieser
Kunstleistung. Ich copire Meyers Skizzen nach Baroccio,
einen Christus=Kopf des Hannibal Caracci und eine wunder=
liebliche Madonna von Palma Vecchio. Du wirst zugeben, daß
ich die fünf Wochen meines Aufenthaltes fleißig ausgenutzt habe.
Ich hoffe Dir mit den Bildern einen Zimmerschmuck und dadurch
eine Freude zu machen und bin glücklich über das, was ich mir
für die Kunst dadurch aneignete, um mich selbständig darin
auszubilden.

Das Theater besuchte ich hier einmal und sah dort unter dem Titel „Vandyks Landleben" einen Cyklus lebender Bilder dargestellt; zuletzt Vandyk auf dem Schimmel sitzend, als er von Rubens Abschied nimmt."

Amalie wünscht sich eine ähnliche Aufführung auf der großen Bühne des Berliner Schauspielhauses zu sehen und ihr Wunsch ging einige Jahre später in Erfüllung; ich greife darum der Zeit vor und theile den darauf bezüglichen Brief mit.

Amalie an den Kgl. Intendanten Grafen Brühl.

Berlin, 10. März 1826.

„Erlauben Sie mir, geehrtester Graf, Ihnen die Freude auszusprechen, welche mir die Darstellung der lebenden Bilder gemacht hat, so warm wie ich noch den Wiederschein in meiner heitern aufgeregten Phantasie empfinde. Gewiß alles Gute und geistig Schöne, was wir durch das Medium der Bühne nur immer erhalten mögen, ist als Ihr Geschenk anzusehen; allein diese letzte Gabe scheint mir ganz besonders aus Ihrer Hand zu kommen, denn es gehört Ihre Kenntniß des Publicums dazu und der ruhmwürdige Muth, diesem auf jeden Fall etwas zu lehren, um das, was im gewählten Kreis erfreuen mußte, auch vor so gemischten Zuschauern einzuführen; aber freilich so uneigennützigem Unternehmen fehlte der Lohn nicht. Viele ergötzten sich schon daran und das allgemeine Interesse wird auch ferner nicht fehlen.

Erlauben Sie mir, daß ich Ihnen meinen Liebling nenne, was die technische Ausführung und harmonische Zusammenstimmung betrifft; es ist dieses das Wandgemälde von Herculanum. Die schöne Victoria so herrlich, treu drapirt, die Nebengestalten, die gefällige Malerei der Wandverzierung — alles entzückte mich und gab den heitersten Eindruck. Neben dieses stelle ich das Rembrandtsche Bild als unvergleichlich schön, sowohl durch die Wahl der Personen als besonders die Färbung und Beleuchtung des Ganzen. Vielleicht würde diese treffliche Darstellung noch bedeutend gewinnen, wenn die Brustwehr,

welche das Gemälde zum Kniestück macht, etwas motivirt wäre
durch eine Mauer oder sonst eine bestimmte Form, am besten
freilich durch einen Rahmen, der das Bild enger concentrirte.

Allerliebst ist der Violinspieler, die Zuhörer trefflich costü=
mirt, und in dem hübschen sitzenden Mädchen wird recht fühlbar,
wie gut sich alle Gegenstände solcher Bilder ausnehmen, worin
Ruhe ausgedrückt ist; dieser Nacken und dieses Profil bringt
eine reizende und zugleich behagliche Wirkung hervor. Daß
grade die eben angeführten Eigenschaften dem Bilde von
Chriemhilde mangeln, ist wohl die Ursache, warum dieser sonst
so schöne Gegenstand seine Wirkung verfehlt. Da müssen Sie
schon helfen und weniges genügt, um ein schönes Gemälde
daraus zu machen. Criemhildens Gesicht muß einmal, wie es
auch Cornelius gedacht, aufgegeben werden; sie muß Siegfried
ansehen, sonst ist alle Wirkung verloren. Dazu ist des fliegen=
den Haares zuviel und bedeckt auf verwirrende Art die Gestalt.
Ein schöner Nacken, auf welchen kaum die letzten Ringel der
um goldne Nadeln gelegten Flechten fallen, wird hier Wunder
der Wirkung thun; die noch jetzt am Rhein übliche reichbestickte
Halbhaube paßt dazu und ich kann Ihnen ein von dort mit=
gebrachtes Modell dazu liefern. Wäre es noch möglich, so
müßte die freie unruhige Aussicht mit dem Hintergrund von
Cornelius' Bild vertauscht werden; die Ruinen des Stolzenfels,
der doch damals kaum Neubau war, stören, indem die Umrisse
in die Linien der Hauptpersonen eindringen. — Wie herrlich
alles Abgeschlossene, nicht zuviel Ansprüche auf Perspective
Machende sich ausnimmt, beweist die wunderliebliche Gruppe
von Raphael und seiner Geliebten. Dies ist wahrhaft Raphaels
Erklärung, sein reiches, zwischen Kunst und Liebe getheiltes
Leben, und das ätherische Abendroth um die Kuppel der Peters=
kirche erinnert daran, daß es außerhalb dieses Zauberkreises
für ihn noch eine Welt giebt. — Das Bild von Joseph vor
Pharao, welches in meinem Zimmer hängt, sah ich mit großer
Freude; daß Joseph aber im reinen Profil stehe, scheint mir
durch des großen Malers Autorität geboten, nur so haben seine
beiden Hände Ruhe und Bedeutung. Eine mehr nach dem Gemälde

geordnete Perücke wünschte ich ihm, indem sein erhelltes Haupt symbolisch bedeutend ist und treu copirt werden muß; die rothen Flecken auf dem Stoff seines Kleides stören, das Einfachste ist gewiß das Treffendste. Die Magiergruppe ist schön und bedeutsam vermehrt und bewegt; dagegen muß ich sehr gegen den vorge= schobenen Finanzminister protestiren, indem seine Gestalt grade in die Contours des Pharao trifft und so den bedeutsamen Eindruck dieser Gestalt schwächt; warum kann er nicht, wie in der Raphaelschen Auffassung, hinter seinem Gebieter nachdenkend stehen? Wenn die ägyptische Leibgarde für nöthig befunden wird, um den Glanz des Thrones zu vermehren, so genügte im Bild doch wohl, wenn zwei so behelmte Köpfe hinter den Schultern des Ministers mit ihren Piken hervorsehen. Daß aber zu der Glorie des Pharao eine rothe Fußdecke gehöre, kann ich nicht glauben und muß feierlich dagegen ankämpfen, da der große rothe Fleck das ganze Gemälde niederschlägt; kein guter Maler würde seine Composition so zerstören. Die einfach erhöhte graue Stufe, wie die Sitzwürfel in dem Herculanumschen Gemälde, würde wohl die zweckmäßigste Farbe auch hier sein. — Lieblich und großartig zugleich ist das Bild von der Auf= findung Mosis; der Hintergrund trefflich, die Königstochter aber sollte nicht mit bunten Bändern und blitzenden Palettchen über= putzt sein; eine goldne Spange an dem ägyptischen Kopfputz, ein mattgoldner Gürtel und Einfassung des Gewandes würde zarter und vornehmer aussehen; auch die begleitenden Mädchen würden besser nach dem Originalbild gruppirt sein, dort trägt auch die das Kind aufnehmende Figur ein aufgeschürztes Gewand mit andersfarbigem Futter, welches einen malerischen Effekt macht. Neben der in Weiß gekleideten Prinzessin sollte keine Frauengestalt in Braun stehen, und der lang ausgestreckte Arm einer dritten vorwärts gebogenen Figur giebt eine häßliche Linie. Vor allem bitte ich recht schön um eine Ufereinfassung von Schilfrohr, welches sich gewiß in Ihrer künstlichen Natur vorfindet, um einen Vordergrund des Nilgestades plausibel zu machen. — Vortrefflich kann man die Krönung Apolls nennen, wo zumal die knieenden Mädchen wunderlieblich sind. Allein das

Wagnersche Basrelief bietet gar keine ausgezeichnete, noch weniger schöne Gruppe dar. Der gute Apoll geht, ich weiß nicht warum, gebückt und mir schien Zwang ohne Ruhe und Geberden ohne Leben auf alle ein beengendes Gefühl zu verbreiten; ein lieb= liches Gemälde von Herculanum würde ein günstiger Ersatz für dieses Bild sein: die Ariadne am Felsenufer sitzend, vor ihr Amor weinend, das Meer mit dem entfliehenden Schiffe im Hintergrund, es würde von schöner Wirkung sein.

Dieses meiner aufrichtigen Weise gemäß das Resultat der sehr vergnügten Stunden, welche die neue Erscheinung mir schaffte. Möchten Sie darin keine vorlaute Zudringlichkeit finden, sondern lediglich das Bedürfniß über das zu sprechen, was wahrhaft ergötzt hat und mit nebensächlichen Modifica= tionen fast vollkommen genannt werden dürfte. Seitdem diese Kunstbilder im Bereich Ihrer Autorität sich befinden, glaube ich in Ihrem eignen Sinn zu handeln, indem ich dasjenige berichte, was ein offenes Auge daran Schönes gesehen und noch ein wenig vom Vorbilde Abweichendes entdeckt hat.

Sie werden meine Bemerkungen selbst prüfen, sie ver= werfen oder denselben eine freundliche Anerkennung angedeihen lassen, wie es Sie am besten dünkt; auf keinen Fall aber darf ich zweifeln, daß Ihre gewöhnte Nachsicht mir das Überfließen des kunstliebenden Herzens verzeihen werde. Helvig, der nie= mals in's Theater geht, hat uns versprochen ausnahmsweise die schönen Bilder zu sehen; so nehme ich dankbar Ihre Loge an, was ihn doppelt locken wird, zum ersten und wohl letzten Mal das Schauspielhaus zu betreten.

Seien Sie ferner gütig gesinnt gegen

Ihre alte Freundin und Dienerin

Amalie von Helvig, geb. von Imhoff."

Doch wir wenden uns zu Amaliens Heimkehr aus Dresden im September 1817 zurück. Gute Aussichten in Helvigs Stel= lung wirkten erfreulich und sie billigte sehr, daß der Gatte als

Mitglied der Naturforscher=Gesellschaft zweimal wöchentlich die Abende im Gelehrtenkreise verbrachte.

Gneisenau an Amalie.

Erdmannsdorf, 13. October.

„Hochverehrte, gnädige Frau!

Mit Vergnügen habe ich die Züge Ihrer Hand in dem mir im September zugesendeten Schreiben erblickt. Die Betrachtung, daß Sie mir um 20 Meilen näher gerückt waren, hätte wohl eine Versuchung für mich werden können, nach Dresden zu gehen und dort die Kunstschätze unter Ihrer Leitung anzuschauen, wenn nicht ein weitläufiger Bau, die Beaufsichtigung einer verwahrlosten Landwirthschaft und der Besuch alter Jugendgenossen die Befriedigung meines Wunsches verboten hätte. So versagte ich mir, was mir nicht leicht so günstig geboten werden wird, seltene Kunstwerke mit gesteigerter Sehkraft zu schauen. Ein französischer General hat ein Buch geschrieben: L'art de voir dans les beaux arts; Sie, gnädige Frau, würden mir ein solches Buch zehnfach ersetzt haben und die Annehmlichkeit Ihres geistreichen Umgangs würde ich noch obendrein genossen haben.

Übrigens habe ich mich über den gehofften Besuch in Erdmannsdorf durch die Beruhigung meines Gewissens getröstet, daß ich nicht die Pein der Verlegenheit fühlte, Sie zwischen dem Getöse und dem Schmutz von zweihundert Männern, Zimmerleuten, Handlangern, altem Gebälk und neuem Zimmerwerk, zwischen Schutthaufen und Sandhügeln zu wissen; denn wirklich, es sieht in meiner nächsten Umgebung mehr nach Zerstörung als Erschaffung aus. Meistens haben wir, wenn es die Witterung erlaubte, unsere Zuflucht unter ein paar Bäume genommen und dort bivouaquirt. — Um diesem lärmenden Aufenthalt zu entgehen, haben wir uns einige Male nach den nahen Bergen und Engthälern geflüchtet. In Gesellschaft des Herrn von Riedesel, Weimarschen Landmarschalls, und einer Gräfin Lina Egloffstein, einer jungen Dame von Talent für Dichtkunst und

— 381 —

Malerei, haben wir eine Wanderung auf den Rücken des Riesen=
gebirges und von da auf die Schneekoppe angetreten, die vom
Wetter begünstigt war. Noch einige Freunde hatten sich uns
angeschlossen. Alle hatten eine volle Ladung heiterer Laune
mitgebracht; wir freuten uns über das, was wir genossen,
und über das, was wir entbehrten. Alles war unsrer fröh=
lichen Stimmung zinsbar. Dabei stieg aber doch oft der sehn=
süchtige Wunsch in mir auf, daß grade Sie mit uns sein möchten,
die Sie uns Allen — und es sind unser nicht wenige — so
sympathisch gegenwärtig sind.

Wann wird Ihr Roman „Helene von Tournon" erscheinen?
Ich bin sehr ungeduldig um meinet= und meiner Töchter willen;
es ist so weniges, was man jungen Mädchen getrost in die
Hände geben kann. Meine älteste Tochter bleibt ihrem Vorsatz
treu, den Major von Scharnhorst heirathen zu wollen; so will
ich meine Einwilligung nicht versagen, wenn sie ihr achtzehntes
Jahr vollendet hat; im nächsten Sommer muß demnach ihre
Ausstattung bereit sein. — Ihre liebe Schwester Louise habe
ich durch unsern Freund Graf Gröben begrüßen lassen und Sie,
verehrte Frau, sind wohl so gütig meine Grüße zu wiederholen.
Ihrem Herrn Gemahl wollen Sie mich in freundliche Erinnerung
bringen, Sie aber meiner mit Wohlwollen eingedenk sein. —
Bald werde ich mündlich Ihnen die Versicherung meiner Ehr=
furcht wiederholen, die ich Ihnen gewidmet habe.   G."

Im Laufe des Winters 1817—1818 siedelte Gneisenau
nach Berlin über und 1818 wurde er zum Gouverneur der
Residenz ernannt. Billets an Amalie zeugen von dem regen
Verkehr.

Gneisenau an Amalie.

November.

„Gnädige Frau!

Soeben als ich eine Einladung an Sie abgesandt hatte,
erhalte ich Ihre gütige Zuschrift und nehme die Ihrige an.
Der Fürst von Schaumburg=Lippe=Bückeburg und seine Damen,
auf der Durchreise begriffen, sollten heute bei mir essen, und

aus diesem Grunde richtete ich meine Einladung an Sie, gnädige
Frau, weil ich meinen Gästen ebenfalls eine Merkwürdigkeit
von Berlin zeigen wollte. Nun hat der Fürst die Einladung
weder erhalten, noch angenommen und bloß seine Schwester,
Gräfin Caroline von Schaumburg-Lippe-Bückeburg, wird hier
erscheinen. Niemand anders wird bei uns außer ihr speisen.
Es kommt also darauf an, ob Sie sich langweilen wollen,
indem Sie unser Essen theilen. Daß in diesem Falle die Gäste
sich nicht langweilen, dafür verbürgt sich

Ihr treuer Diener

Gneisenau."

Neujahr.   „Gnädige Frau!

Frau von Barbeleben hat mir gestern gesagt, daß die
Gräfin Voß heute hier sein würde, und ich habe durch sie letztere
bitten lassen, den Abend etwa bei mir zuzubringen, und daß
ich deßhalb daheim bleiben wolle. Auch hatte ich auf Sie,
gnädige Frau, dabei gerechnet. Unter solchen Umständen kann
ich mich demnach nicht füglich von Haus entfernen und will
also die Entscheidung der Damen abwarten. Zu jeder Stunde
soll die Damen heißes Theewasser und andre Erfrischungen
erwarten.   Verehrungsvoll

Ihr geh. Diener G."

Januar.   „Gnädige Frau!

Meine wohlgemeinten Neujahrs-Glückwünsche habe ich am
Abend jenes ersten Tages Ihnen, verehrte gnädige Frau, darbringen
wollen, als ich vernahm, daß Ihr Haus uns selbigen Abend
verschlossen bleiben sollte. Ich bringe sie also am 3. Januar
als Spätlinge nach; verderben können sie nicht, denn sie sind
stets frisch und stets sich erneuernd; mögen sie daher eine gute
Aufnahme finden.

Herr und Frau von Clausewitz werden morgen Abend
hier zubringen. Wir wollen aber in ganz kleiner Gesellschaft,

kurz unter uns sein; ich erlaube mir demnach die Anfrage, ob Sie uns die Freude machen wollen ebenfalls zu erscheinen; dann würde ich auch Herrn und Frau von Arnim zu uns bitten, sowie Madame Lorent aus Schweden, vielleicht auch Rauch und Tieck, wenn Sie es genehmigen. Daß auch an den Herrn General von Helvig die Einladung gerichtet sei, versteht sich. Mit allgewohnter Huldigung

Ihr treu ergebener
Gr. N. von Gneisenau."

16. Januar.

„Noch haben Sie, verehrte gnädige Frau, mich nicht wissen lassen, ob Sie die neulich verabredete Einladung annehmen wollen oder können. Soll ich daraus schließen, daß Ihr leiden=der Zustand noch fortdauert? Wenn Sie sich gestimmt fühlen zu erscheinen, so schlage ich außer einer Anzahl Frauen folgende Männer vor, Ihnen überlassend, welchen Sie die Ausschließung geben wollen: Fouqué, Schleiermacher, Savigny, Schinkel, Hirt und deren Frauen, dann die Gräfinnen Voß und Münster, Frau von Bardeleben, von Reden, Gräfin Carmer.

Ihre mir gütig zugedachte Arzenei (Isländisches Moos) ist nach der Krankheit gekommen; ich bin also von zwei Übeln befreit worden, denn das Volumen Ihres Heilmittels ist nicht gering. Ich sende Ihnen einstweilen das Gefäß zurück und erwarte Ihre Befehle über den Inhalt, ob etwa eine andere hustende Brust deren bedürfen möchte. Mit treuer Verehrung

Ihr geh. D. Gneisenau."

L. Capitel.

Kind, Freund und Freundin.

Am 1. Februar 1818 wurde Helvigs ein Töchterchen ge=
boren und von Schleiermacher auf den Namen Dorothea getauft;
Prinzessin Wilhelm und Gneisenau waren ihre Pathen.

Amalie nahm eine junge Frau zur Amme und entdeckte
in ihr wunderlicherweise ein naturwüchsiges Dichtertalent, welches
sie aber nicht hinderte, der Kleinen Nahrung und Pflege ange=
deihen zu lassen, so daß sie gern zwei Jahre behalten wurde;
während ihr Mann, ein Flößer, sich mit der Hülfe seiner
Mutter begnügte und dankbar den guten Verdienst annahm.

Diese Wilhelmine Päckel schrieb an Dorotheas erstem Ge=
burtstag dem Liebling folgenden Wunsch:

> Gott mög' heut' zwiefach dir, o Kind,
> Den besten Segen weihen,
> Wie wir, ob immer treu gesinnt,
> Heut' doppelt dein uns freuen.
>
> Hast eine schwere Stufe nun
> Wie spielend überstiegen,
> Da sollst du heut' bir gütlich thun,
> Will auf dem Arm dich wiegen.
>
> Da sauge dann den Lebenssaft
> Aus meinen Liebesbrüsten,
> Dich mit des warmen Lebens Kraft
> Für deinen Weg zu rüsten.
>
> Der Weg ist schwer, der Weg ist weit,
> Bald kömmt des Mittags Schwüle,
> Dann sei bir andre Milch bereit,
> Die deine Lippen kühle.
>
> Noch magst du unter Bildern frei,
> Du selbst ein Bildlein, wohnen
> Und bei der Englein Conterfei
> Als Schwesterenglein thronen.

Die Mutter malet also schön,
Wird dich gewiß gestalten;
Muß nun die Amme scheidend gehn,
Dürft' sie dein Bild erhalten?

Sie wird noch für ein Jahr gemiethet und schreibt:

An Dora von Helvig.

1. Februar 1820.

Als vor einem Jahr voll Leide
Ich „Ade" dir wollte klagen,
Wußt' ich nicht, daß ich voll Freude
Heut' „Gegrüßt" dir würde sagen.

Doch der Himmel hat's gefüget,
Daß ich bis zu dieser Stunde
Dich gewartet und gewieget
Und geküßt mit meinem Munde.

Und das will ich fromm erkennen
Und das will ich dankbar preisen
Und als Amme dir mich nennen
Und als Mutter mich erweisen.

Ja, zwei Mütter wirst du haben,
Welche beide liebend pflegen,
Eine spendet Geistesgaben
Und ich gebe Leibessegen.

Nun, so mußt du ja gedeihen,
Reich an Kraft und Anmuth sprießen
Und als Blümlein uns erfreuen,
Die als Gärtner dich begießen.

Dich begießen mit des Lebens
Linden, lauen Liebesfluthen,
Drum so bleib' in Lust des Strebens,
Gutes Kind! die Lust der Guten.

Da wir uns so lange in-der Kinderstube aufhielten, wollen
wir nun auch hören, was Amalie zu ihrem blonden Mädchen sagt:

Das erste Lied an Dora.

1818.

Wie sucht dein blaues Aug' mit Sehnen,
Mein süßes Kindlein, doch das Licht,

Wie klagst du lallend unter Thränen,
Wenn dir der helle Glanz gebricht!
Dem vollen Tage zugewendet
Und gierig nach der Flamme Schein
Saugt fest dein Blick und ungeblendet
Den holden Schimmer freudig ein.

Wie deut' ich, Dora, dies Begehren
Nach also herber Klarheit Strahl?
Wird es dem Weibe nicht erschweren
Des Schicksals streng bedingte Wahl? —
Zu kennen oder zu genießen, —
Nur eins von beiden steht uns frei:
Dem Licht mußt du dein Aug' verschließen,
Damit dein Busen ruhig sei.

Der Adler nur hebt kühne Blicke
Zum Tag, dem er entgegenfliegt,
Wenn sich zum stillen Liebesglücke
Die Taub' im Myrthendunkel wiegt.
So sucht auf vielverschlungnen Bahnen,
Im Irrthum selbst, der Mann das Licht,
Es lebt das Weib in zartem Ahnen,
Sie glaubet und erforschet nicht.

Und wird sich strenger dir gestalten
Die Welt, als in der Mutter Geist?
Wirst du die kühle Ruh erhalten,
Die nur ein Ungeliebter preist? —
Ach, nimmer darf ich's dir erbitten
Das Herz, gestählt für Lust und Qual!
Denn was empfindend ich gelitten,
Genoß ich auch zu tausendmal.

Ja, also wird auch dir es werden,
Wenn sich der junge Busen hebt,
Von allen Wonnen dieser Erden,
Von ihrem Leide gleich durchbebt,
Wenn dir ein süßes Wort erklungen,
Das Freud' und Schmerzen in sich faßt,
Von warmer Liebe du durchdrungen
Nicht Raum für kalte Zweifel hast.

Wenn dann die Wahrheit ohne Schonen
Dem gern betrognen Blick sich weist

25*

Und unerbittlich alle Kronen
Dem theuren Götterbild entreißt,
Wenn sie entlarvt den Freund uns zeiget,
Der zu verderben schmeichelnd spricht
Und streng ein Ruf, der nimmer schweiget,
Uns mahnet an die schwere Pflicht,

Dann wendest du die scheuen Blicke,
Von allzu bittern Thränen blind,
Wohl vom verhaßten Licht zurücke,
Das dich vernichtend trifft, o Kind! —
Wie darf ich dies dem Liebling sagen?
Entsetzt sich nicht das Mutterherz?
Ach, ist sie doch vom Weib getragen,
Und so verfallen jedem Schmerz.

Schau denn, mein Kind, getrost zur Helle
Mit deinen Äuglein blau und klar,
Du schöpfest aus des Lichtes Quelle
Nur Strahlen dir gar manches Jahr,
Bis du der Kindheit Traum entrissen,
Doch mit dem Herzen ewig jung,
Die Klarheit suchest in dem Wissen,
In den Gefühlen Dämmerung."

Während das Töchterchen froh gedieh, blieb Amalie in regem Verkehr mit den Freunden.

Gneisenau an Amalie.

Berlin, 14. März.

„Sowie ich Hoffnung habe, ein von Ihnen, verehrte gnädige Frau, gebrauchtes und mit der Bezeichnung Ihrer Aus= wahl des Besseren versehenes Exemplar der Schlegelschen Gedichte zu erhalten, werde ich mich sicherlich recht beeilen, mir eines derselben zu kaufen. Der Vortheil ist zu einleuchtend und doppelt so, wenn ich die Kürze des Lebens und die Länge der Geschäfte betrachte, welche einem nicht viel Zeit zu litterarischen Beschäftigungen lassen. Ungeduldig erwarte ich den wieder= kehrenden Frühling und zwar Ihretwegen, damit Sie sich besser bei Ihrer nun wiedergekehrten Gesundheit erfreuen mögen.

Empfangen Sie, verehrte gnädige Frau, die Huldigung
meiner Verehrung.

Gr. N. von Gneisenau."

30. April.

„Sonnabend oder Sonntag wird das Dampfboot von hier
nach Hamburg wieder abgehen. Ich sage Ihnen also zu Ihrer
Benachrichtigung, daß ich auf Ihre neuliche Zusage bauend
ganz ernstlich Anstalt mache, unter der Bedingung schöner
Witterung Plätze für uns zu bestellen. Ihr Herr Gemahl
wird diese Fahrt doch nicht verschmähen? Wenn ihm auch die
Havel- und Spreeufer nicht gefallen, so kann er doch physi-
kalische Bemerkungen über die Kräfte des Dampfes und den
Gang des Schiffes machen.

Ich fahre alsbald nach Glienicke und lasse die bestaubte
Hauptstadt hinter mir, aber nicht meine Berliner Erinnerungen.
Ohne diese Reise würde ich Sie im Thiergarten aufgesucht
haben.

Sie wollen, gnädige Frau, meine Huldigungen empfangen.

Gneisenau."

10. Juni.

„Hier, gnädige verehrte Frau, sende ich Ihnen der Frau
von Staël Considérations sur la révolution française, wenn
Sie etwa Lust haben, die Fluren, Berge und Haine Ihrer Reisebeschreibung zu verlassen und in die grundlosen Tiefen der
Politik einzutauchen. Doch da ich Ihnen wohl einigen Repu-
blicanismus abgemerkt habe und Sie namentlich hier in Berlin
zur Opposition gehören, so erwarte ich wohl, daß Sie neugierig
sein werden zu lesen, was eine andere geistreiche Frau über
solche Begebenheiten sagt. — Empfangen Sie meine Huldigung.

Gr. N. Gneisenau."

„Mit Vergnügen werde ich die Ehre haben nächsten Montag
bei Kämpfer zu erscheinen. Zu welcher Stunde, werde ich wohl
morgen erfahren. Mit meinem Angriff wegen des Republi-
canismus war es nicht ernstlich gemeint. Dem Herrn General

— 389 —

sende ich beifolgendes Buch, weil, wenn er ein solches noch
nicht gesehen hätte, es Interesse für ihn haben könnte.

Gr. N. Gneisenau."

19. Juni.

„Was meinen Sie, gnädige Frau, zu meinem Vorschlag,
heute Nachmittag, wenn es etwas kühler geworden, nach Tegel
zu fahren? Es soll hübsch da sein. Aber freilich würden wir
uns mit geringer Kost begnügen, was auf „Gut Glück" die
Reiseunternehmer müssen. Wenn Sie und Ihr Herr Gemahl
einwilligen, so sende ich Ihnen meinen Vierspänner-Reisewagen,
in welchem fünf Plätze sind, die Sie demnach denjenigen anbieten können, welche Sie zur Gesellschaft erwählen. Ich für
mein Theil werde reiten. Zu welcher Stunde im Fall der
Einwilligung der Wagen vor Ihrer Thüre sein soll, darüber
erwarte ich Ihre Befehle. Sie wollen die Versicherung meiner
Verehrung empfangen.

Gr. N. von Gneisenau."

25. Juni.

„Gnädige Frau!

Sollten wir nicht die jetzigen schönen Mondabende benutzen,
um nach Stralau zu fahren? Wenn Ihnen, verehrte Frau,
dieses für heute genehm wäre, so biete ich Ihnen meinen Wagen
an. Sie können dann außer Ihrem Herrn Gemahl noch drei
Personen nach eigner Wahl mitnehmen, weil ich wieder reiten
werde. Soviel finden wir wohl daselbst, einen bescheidenen
Hunger zu stillen — hartes Brot, saures Bier und Vetter Michel.
Die Abfahrtstunde wäre wohl am bequemsten 6 Uhr? Ihre
Befehle erwartend mit unverbrüchlicher Verehrung

Ihr treuergebner Diener

G. von Gneisenau."

Aus dem Bekanntenkreise schieden Achim und Bettina von
Arnim, um sich auf ihrem Landgut Wiepersdorf vom Stadtleben
zu erholen. Ein Gedicht Amaliens, das sie am 4. April 1818
zu Bettinas Geburtstag mit einem Strauß Maiglocken schickte,

möge die Freundin wie ein ähnliches Portrait denen in Er=
innerung bringen, welche sich ihrer treuen, aufopfernden Liebe
zu erfreuen hatten. Zwei darauf folgende Briefe Bettinas an
Amalie werden das Bild vervollständigen.

An Bettina.

4. April.

Wo Veilchen unter Hecken sprießen,
Dran Düfte hauchend Weißdorn blüht,
Aus allen Schluchten Bäche fließen,
In unsers Deutschlands liebem Süd;

Mit jenem ersten Schmuck der Auen
Zuerst einst lachte dort ein Kind,
Warm wie ein Sonnenstrahl zu schauen,
Und schelmisch wie der Frühlingswind.

Mit Südens Gluth im tiefen Blicke,
Mit Lenzes Füll' in Herz und Haupt,
Theilt es doch seines Mondes Tücke,
Der neckend Mädchenschleier raubt.

Denn wenn aus unbequemer Helle
So Fehler gern, als Neigung flieht,
Trifft sie ein Blick, der scharf und schnelle
In seinen Brennpunkt alles zieht.

Entzücke denn auf deine Weise,
Du reges Lichtkind des April! —
Nur laß gewähren, was sich leise
Wie Maienglocken öffnen will.

Schau! wie in schillernd goldnem Strahle
Papilios Azurflügel blinkt! —
Der, brichst du seine dunkle Schale,
Farblos in Staub zusammensinkt.

Nicht jeder Schmerz läßt sich beschreiben,
Nicht nennen läßt sich jede Lust,
Erschließe, wie sie wechselnd treiben,
Still ihren Wellen deine Brust!

Bettina von Arnim an Amalie.

Wiepersdorf, Frühjahr.

„Ich muß nur gleich am obersten Rand des Papiers an=
fangen, um Ihnen Porto für meine unnützen Schreibereien zu
ersparen. Zu erzählen habe ich genug, nur erst Ihnen mein
Schreibcabinet zu beschreiben: Eine breite Tanne, deren unterste
Zweige beinahe mit den Spitzen die Erde berühren, die aber
am Stamm doch so hoch stehen, daß ich bequem auf dem dicken,
trocknen Moosteppich sitzen kann; ein Maulwurfshügel zur
Rechten ist der Stand vom Tintenfaß und rings umher regnet's,
daß es patscht, ich aber kriege nur dann und wann einen
Spritzer. Die Vorbereitungen zum Fest der Natur, zur Blüthe
sind schon ziemlich weit; mir gegenüber ist eine ganze junge
Welt, die nächstens ihre Frühlingspracht in Duft aushauchen
wird und sie läßt sich den Regen gefallen. Wenn ich gen
Himmel schaue, die Tausende von Bäumen betrachte, die ihre
Gestalt am Horizont anschreiben, alle die Blätter, die wieder
an jedem Ast ihre Bewegung und ihr Geflüster haben, die
Blüthen, die alle bald losbrechen, die Bienen und Millionen
Insekten, die im goldnen Sonnenschein sich nächstens noch be=
rauschen werden — unter all dieser Herrlichkeit legt der Mensch
sein Haupt hin, die Thautropfen und die Blüthen fallen auf
ihn nieder, er sieht die Bienen in vollen Zügen dahinschwärmen
und er ruht und nennt diese Erscheinung Natur. Dies ist
eines jener Worte, die man im Verkehrsleben gebraucht, ja die
nothwendig sind, um sich gegenseitig verständlich zu machen und
die doch nie erklärt sind, die keiner versteht im Sinne des
andern und die doch oft das Maß unserer engsten Gedanken
ausfüllen müssen. Wenn wir aber diese Natur selbst sprechen
hören, so deucht uns, ein einziger Ausspruch ihres Daseins ist
eine Wiege, um eine Welt unsers Wissens und unsrer Erfah=
rungen in den Schlaf zu singen. Ihr Philosophen, wo wollt
ihr hin? Warum nicht in den Hain der Eichen? Warum seht
ihr nicht zu, wie die Knospe schwillt, wie die Sonne mit Sorg=
falt den Umriß jedes Blattes entwickelt, wie alle Gegenstände
des Lebens ihr Werden vor dem Himmelslichte ausbreiten?

Warum hört ihr nicht, wie das Licht der Erde predigt und die Erde wieder dem Licht? O, ihr Elementchen, ihr Zeugen, daß ein Gott sei, euch hört man nicht predigen! Wenn der Wind braust, zieht man die Nachtmütze über's Ohr, und wenn die Nacht ihren Geistermantel ausbreitet, so zündet der Mensch seine Nachtlampe an, damit sich kein höherer Geist bei ihm verirren kann, und des Menschen Geist wird in die schweren Fesseln des Schlafes geschmiedet. —

Nun aber will ich von einem wirklichen Bett reden. Ich habe ein herrliches hier gefunden! Es ist zweimal so breit, als eine schlanke, zierliche Dame wie Sie es bedarf. Es ist für Sie, ich schlafe nur einstweilen darauf, um mir Ihre Behaglichkeit dabei recht zu vergegenwärtigen; ja, ja, Sie können immer kommen, es ist hier eine Welt von Bequemlichkeit, Herrlichkeit, Ruhe, Gedankenraum, kurz, Sie können sich anbauen wie Sie wollen. Hier steht eine Linde am Wasser, mehr hoch als breit, die gilt mir für Gneisenau! Warum? Weil nicht weit davon eine Weide steht, die mir für den Major Eichler gilt, und so sind der Bäume und Büsche genug, um Ihren ganzen Sonnabendcirkel zu vergegenwärtigen.

Heute will ich Ihnen eine kleine Tagesskizze von mir hinwerfen. Es ist Gerichtstag; Diebstähle, Straßenraub machen den Hintergrund, davon brummen nur einzelne Töne in meine Lebensmelodien; deutlicher höre ich das Knarren des Bratspießes, an dem ein ungeheurer Truthahn steckt, denn schon zweimal wurde ich consultirt, was man ihm statt des Herzens nun in die Brust fülle. Am Webstuhl war ich auch schon und habe eine halbe Elle Packleinwand gefertigt, den Kindern Pfeifen geschnitzt. Heute Nachmittag werde ich mir ein Reithabit zuschneiden, im Stall war ich auch und habe den Gaul helfen striegeln, auf dem ich in Zukunft reiten werde; ich habe ihm in seine großen schwarzen Augen geguckt. Bei der Gelegenheit habe ich die Bemerkung gemacht, daß es doch ein ganz ander Ding ist in Menschenaugen zu schauen. Die Menschenaugen sind wie tiefe Schachte, ein einsamer, enger Weg, ohne Aussicht, ohne Umgebung; je anhaltender wir hineinblicken,

desto tiefer dringen wir in den Schacht ein und gelangen am Ende
dahin, die verborgensten Geheimnisse aufzulösen im Gefühl und
im Herzen, deren Auflösung vielleicht nie einem Philosophen
in der Erkenntniß, weniger noch in der Sprache möglich war.
Es ist dieses eine mächtige Erkenntnißquelle; die Pforten des
äußeren Lebens, der Sprache, thun sich vor ihr nicht auf, sie
strömt in sich zurück und muß abermals ihren Ausweg in der
Tiefe suchen!

Halten Sie mich nicht für toll, daß ich vom Blick in das
Pferdeauge so plötzlich in die Mysterien meiner eignen Seele
versenkt wurde. Wie oft habe ich unter den Menschen ge=
standen, die Zunge schwer belastet mit Gedanken, die ich nicht
wagte auszusprechen, um nicht dadurch sagen zu müssen: seht,
ich bin nicht mitten unter euch, sondern weit, weit entfernt,
wo keine deutliche Sprache tönt, wo noch Verwirrung herrscht.
— Das Dasein ist nicht das große Ereigniß des Lebens, aber
das Sein zu gleicher Zeit, dieser Menschenseelen Hohlspiegel,
hinter deren jedem ein gottgegebener Geist auf= und nieder=
wandelt in eignem Geschäft, die einander gewahr werden und
aufnehmen und einander zur Nahrung der Seele, zum klaren
Gedanken verhelfen. In diesem Sinne ist die Augenblicklichkeit
das Leben, das Höchste, was der Zeit angehört, ihre Grenze ist
da, wo der Horizont sich auf den Boden senkt. Die Erinnerung,
daß solche Menschen, an die ich nie die geringsten Ansprüche
wagte, mir und meiner äußerlichen Unart gut geworden sind,
wie Frau von Clausewitz und andere, von denen ich glaube,
daß sie mir wohlwollen, hat diesen Ideengang mir eingeleitet;
es giebt im Gegensatz andre Menschen, von denen ich glaube,
daß ihre Erscheinung in meinem Kreise eine Entwicklung in
meiner Seele befördert, oder daß durch mich in ihnen ein
inneres Gewahrwerden befördert werde. An solchen hänge ich
ungemein im Geiste, ich lebe mit ihnen, ob Zeit und Entfer=
nung sich zwischen uns drängen, mein Auge schärft sich und
sieht in die weiteste Weite und erkennt sein Eigenthum und
weil ich sie sehe mit dem Auge des Geistes und weil ich sie
umfasse mit einer geistigen Gewalt, so glaube ich an die Ewig=

keit nach meinem irdischen Sinn und daß dieses Band, welches mich an solche Menschen fesselt, ein von Gott gegebenes ist; an die Ewigkeit glaube ich, weil dieses Verhältniß sich außer dem irdischen Sein bewegt. — So hol' mich doch der Kukuk, wenn ich noch einmal in's Philosophiren gerathe.

Da kommen eben die Kinder und wollen, daß ich ihnen Trompeten von Weidenbast mache; nun sie fertig sind, machen sie ein solches Geschmetter auf dem Vorsaal, daß mir Hören und Sehen vergeht. — Unser Justizrath von Meusebach ist ein Mann, mit dem sich ein Wörtchen von Gneisenau sprechen läßt; er kennt ihn schon seit zwanzig Jahren oder vielmehr er kannte ihn vor zwanzig Jahren, als er beim Füsilier=Bataillon Rabenau stand, das man nur schlechtweg die Raben nannte; die Offiziere hatten noch ihre Beinamen und so hieß Gneisenau: der Finstere, der Schöne, der Brummrabe, weil er selten lachte und weil er der Schönste war. Er holte bei unserm Justizrath, mit Vornamen Hanno, damals oft des Abends seine Frau ab, die dort zum Besuch war. Kein Mensch sah ihm damals an der Nase an, was noch aus ihm werden würde. Diese Leute hatten zum wenigsten keine feine Nase und keinen scharfen Blick. —

Tausend Grüße an die Barbeleben und lassen Sie ihr meinen Brief mit einsehen, wenn Sie glauben, daß es ihr die Zeit nicht verdirbt.

Ich habe eben meinen Brief wieder durchgelesen und sehe, was ich voraus hätte wissen können, weil es meine Art ist, daß ich mich sehr ungenießbar ausgedrückt habe. Es bedarf Ihrer ganzen Nachsicht, um über die holprigen Stellen wegzukommen; geben Sie sich nicht die Mühe mir darauf zu antworten, diese Träume und Geistertänze sind gewiß dann schon tief im Reich der Vergessenheit untergesunken und ich wüßte dann nicht, von was die Rede wäre. Aber was ich jetzt schreibe sind Artikel, die ich bis zu Ihrer Antwort gewiß nicht vergessen werde: 1. Können Sie sich entschließen mich in meiner Einsamkeit mit Ihrem Töchterlein zu besuchen? Wenn es Ihnen auch nicht so wohl bekommt, so wird es gewiß dem Kinde doppelt zu Gute kommen. Der schöne Wiesenplan, der dicht vor dem Hause

liegt und eigentlich mehr mit einem durchsonnten Moosteppich
überzogen ist, wie mit Gras, ist so recht zur Seligkeit der
Kinder eingerichtet und, wenn wir wie Kinder sein wollen, auch
zu der unsrigen. 2. Sagen Sie Ihrem Herrn Gemahl viel
Schönes von mir, seine Güte gegen mich veranlaßt mich zu
glauben, daß er in einem schönen Wahn über mich war; erhalten Sie ihn in diesem Wahn, damit ich ihn einst so freundlich
nachsichtig wiederfinde. 3. Frage ich: Fragen denn die Leute
nach mir? Sagen sie: Es thut mir leid, daß die Bettina
fort ist, sie ist nicht böse, ihre Fehler bellen einen zwar an,
wie die unartigen Hunde, aber wenn man dieses Gebläffe ver-
achtet, so findet man eine freundliche Herberge?

So wünsche ich, daß man von mir denke, ja ich wünsche,
daß man mich sehr lieb habe, aber nicht, daß man mir Eigenschaften andichte, die ich nicht besitze, sondern daß die Nachsicht
und das Wohlwollen der Besseren, dieser Schatz der Großmuth,
mir zu Gute kommen möge. Unterdessen ich hier sitze und
schreibe, brennt ein ganzer Abendhimmel in rothem Feuer gegen
mir über ab. Die schwarzen Fichten lassen nichts lückenweise
wahrnehmen; das sind rechte Riesen, die vor dem Abendgolde
wie die Wächter vor der Schatzkammer stehen.

Nur noch eine Bitte: Leben Sie wohl und ohne Trübsinn,
Ihnen fehlt nur höchstens ein bischen irdisches Gut, das die
himmlischen Güter vermehrt, wenn man es entbehren lernt;
Sie besitzen dafür so vieles, was andere vermissen. Ihre
Kinder sind reich, denn sie haben eine treffliche Mutter und
einen liebreichen, geistreichen Vater, das ist ein großer Schatz,
den kein irdisches Gut aufwiegt. Ich sage oft zu meinen
Kindern: wenn sie ihren besten Segen nicht daraus ziehen, daß
Arnim ihr Vater ist, so sind sie nicht werth, daß ihnen das
Glück sonst noch wohlwolle.			Bettina."

Bettina an Amalie.

Wiepersdorf, Sommer.

„Gewiß hätte ich schon öfter geschrieben und mehr geschrieben,
aber das Alleinsein und das Berathen mit mir selbst nimmt

meinen Gedanken noch vollends die Eigenschaft des Wortzwanges. Wie manche tiefere Bildungen der Seele treten dem Einsamen entgegen, sie reißen sich aber nicht los, um sich selbständig einem andern hinzugeben. Das Mittheilen ist gewiß eine der bedeutendsten Gewalten der Seele und auch eine der seltensten, es ist ein freiwilliges Entkleiden aller Schleier, die Wissenschaft, Erfahrung, Lebensweise und Sprachgeist gewebt haben und unsre Sinne damit verhüllen. Wer ist aber fähig diese Mittheilung in sich aufzunehmen? und wer sich so mitzutheilen?

Sie mahnen mich in Ihrem Brief, daß meine Idee von Freundschafts = Interesse und Verbindung des gesellschaftlichen Geistes einstens enttäuscht werden wird, während ich mir Wege bahne, die von der Gemeinheit nicht so leicht betreten werden. Denken Sie, wie wenig noch von der Liebe in's Reich des Bewußtseins, des Begriffes und der Mittheilung übergegangen ist! Wir wissen etwas von Leidenschaft, bald machen unsre Verhältnisse gefällig Platz, daß sie sich sichtlich in unserm Leben aussprechen dürfe; damit verflüchtigt sie sich aber auch und wir haben unsern Antheil weg. Bald bewaffnen sich diese Ver= hältnisse gegen die Leidenschaft wie die sieben Schwaben mit einem Spieß gegen den Hasen. Der Hase bleibt sitzen aus Furcht und Verwunderung — die Schwaben bleiben stehen aus Furcht und Verwunderung. So verharrt Leidenschaft auch in= mitten des Anstrebenden und Widerstrebenden, sich selber uner= kannt, unoffenbart und ungenossen. Der eine schreit über unglückliche Ehe, der andre über Treulosigkeit, der dritte über Verführung, das heißt, sie klagen über die Auflösung der irdischen Gestalt eines himmlischen Geistes und ahnen nicht, daß der Freigelassene in tausend Farben um sie spielt und daß es einer höheren Begeisterung bedarf, um den Geist zu fassen; es steht in der Bibel: „Es ist alles euer, das Leben und der Tod, das Gegenwärtige und das Zukünftige, alles ist euer, ihr aber seid des Herrn." Wer kann ein Armer sein oder ver= zweifeln an dem Reichthum des Menschenlebens, der diesen Reichthum überlegt? —

Ihr Brief hat einen schwermüthigen Ton; meine auf=
richtigste Theilnahme sagt Ihnen: Wenn eine Frau zu soviel
Großem und Schönem herangezogen war, so hat der Dank und
die Lust noch immer das Vorrecht bei ihr. Denken Sie, daß
Sie in dem herrlichsten Kreis des Jahrhunderts Ihre Blüthe=
zeit verlebt haben, daß Sie selber ein geehrtes Mitglied dieses
Kreises waren, der noch lange der Mittelpunkt aller Geistes=
bildung sein wird in geschichtlicher Hinsicht. Nun ist's wohl
natürlich, daß, wenn man so lange in üppigem Boden gewurzelt
hat, ein trockner und magerer Boden der Natur nicht so leicht
zu Statten käme. Sie führen aber Ihre beste Wurzelerde mit
sich, wie Sie mir selbst einmal zugestanden haben, sein Sie also
nicht mißtrauisch gegen die Zukunft; Freunde werden sich an=
siedeln und manches wird sich ereignen, was zum Genuß auf=
fordert. Wollen andere weniger Antheil nehmen an uns, so
nehmen wir um so innigeren Antheil an denen, die noch im
Reifen sind. Natur und Kunst haben ihren Comment immer
noch nicht zu Ende gebracht, sie suchen immer neue, abenteuer=
liche Wege, um sich auf's neue zu vermählen. — Aber so soll's
nicht werden, wie Sie mir prophezeihen, daß das Übel des
Lebensüberdrusses mich heimlich innerlich beschleichen werde,
während ich äußerlich noch Antheil erwecke. Ich habe zu wenig
für meine Außenseite gethan, als daß sie etwas anderes dar=
stellen könnte, als einen leisen Abdruck meines Innern, welches
sich somit sehr harmlos erweist; freilich giebt es Momente, wo
unsere Existenz nur durch leidendes Verhalten der Verzweiflung
entgeht. Aber wiederum sind diese die Fruchtknoten aller Ent=
wicklung, wo des Menschen physiologischer Stern in den tieferen
Organismus seiner Natur niedersteigt und ihm die Flügel
wachsen macht, der sich dann zwar fühlt, aber nicht frei bewegen
kann; dieses Gefühl giebt ihm Angst oder Wuth oder Nieder=
geschlagenheit und diese letztere scheinen Sie mir zu meinen
mit dem Übel, das von innen mich beschleichen soll und es ist
Ihnen hierin nicht zu widersprechen. Das tägliche Aufblühen
und Absterben und Bereiten zum Leben, das Aufschweben der
geweihtesten Kräfte der Natur in eine höhere Sphäre, das

Niederſenken derſelben wieder, um das Leben in der Natur von neuem zu wecken, zu erhalten, kurz das unermeßliche Gedränge des ewigen Schöpfungswerkes in der Seele, bringt manchen Geiſt in Noth, der zum Athmen der Himmelsluft berechtigt iſt. Wie tief ich auch durchdrungen bin von dem, was ich hier ſagen will, ſo ſehr fühle ich doch, daß ich es in der Sprache nur als Räthſel aufgebe, aber ich errathe, daß Sie mich gütig errathen. Leben, Wahrheit, Schönheit, Poeſie ſind die vier Säulen, die unſern Tempel ſtützen, die man uns nicht rauben kann; wir wollen fort und fort in dieſem Tempel wohnen und die da eintreten zu unſern Freunden machen.

Vor acht Tagen iſt Herr von Meuſebach in meinen Wiepersdorfer Tempel eingetreten und hat ſich einen Wild=braten und ein Glas Doppelbier bei mir gefallen laſſen. Dieſer Menſchenfreund hat mir geſagt, daß er Sie und zwar mit viel Intereſſe geſehen und geſprochen hat und daß Sie ihm erlaubt haben an den Sonnabendsgenoſſen Theil zu nehmen. Von Herrn von Clauſewitz, mit dem er ſpeciell bekannt iſt vom Rhein her, hat er mir ungemein viel erzählt, daß dieſer nämlich eine warme, innige, tiefe Natur iſt, den man bisher, wie Sie wiſſen, für einen kalten, ſarkaſtiſchen Helden gehalten hat. Von der Frau hat er mir geſagt, daß ſie mich gelobt hat, und das hat mir gefallen. In der Hitze wird die Erdmannsdorfer Herrin viel leiden, denn ſie iſt ſtark und dort wird es wohl nicht gebräuchlich ſein, daß man in ſo urſprünglichem Coſtüm ſpazieren geht wie hier, worüber ſich keiner verwundert, weil einen keiner ſieht; aber die Fliegen ſind hier eine ſpecielle Plage.

Das Briefſchreiben iſt doch nichts gegen das Schwätzen. Packen Sie auf und kommen Sie, vier bis ſechs Wochen iſt mir's grad recht; vierzehn Tage gehe ich noch nach Weimar, aber nicht eher als bis Goethe zurück iſt. Arnim weiß nichts davon, daß er Sie nicht eingeladen; ſeine Beſcheidenheit läßt es gar nicht zu, Ihnen einen Ort vorzuſchlagen, wo er Ihnen keine andere Erheiterung anzubieten hat, als die Ihr eigener liebenswürdiger Geiſt mitbrächte.

Bis jetzt noch ungeſtört die Ihrige. Bettina."

Ein mehrere Jahre später verfaßtes Gedicht zeigt, wie viel Verständniß Amalie für die Eigenthümlichkeit Bettinas besaß und wie sie darum wohl zu jenen Freundinnen zu zählen war, auf deren Zugehörigkeit Bettina solchen Werth in ihren Briefen zu legen scheint. Diese Verse geben die Symbolik eines bunten Wachsstockes, den Frau von Helvig der Freundin als Weihnachts= gabe schickte:

Außen heiter, bunt zu schauen,
Innen reich in sich verschränkt,
Leitend, wo mit leisem Grauen
Einsamkeit die Schritte lenkt.

Niemals prangend, immer helle,
Wie der Freund das Flämmlein braucht,
Schüchtern wieder auf der Stelle
Schon vom Athem ausgehaucht.

Oft auch schneller nur entzündet,
Neu vom raschen Geist geweckt,
Streitend jetzt und jetzt verbündet,
Doch vergebens nie geneckt.

Los in räthselhaften Flechten,
Labyrinthisch vor der Welt,
Holder Schein. in dunklen Nächten,
Wenn die Sorge Wache hält.

Nicht wie mächt'ge Fackel zehrend,
Läng'rer Dauer doch gewiß,
Nicht vertrauter Dämm'rung wehrend,
Aber Feind der Finsterniß.

Niemals mit Philisterschnuppe,
Selbst sich schneuzend, nett und rein,
Grade stets wie eine Puppe,
Fest auf eignen Füßelein.

Also ward auch uns gegeben,
Zartes Räthsel, holdes Licht,
Wer es deutet hat es eben,
Für die andern — ist es nicht.

Wollen's nimmer sehn am Bette,
Wo ein lieber Kranker liegt,
Ob's auch treue Langmuth hätte,
Der die Nahrung nie versiegt.

Nur wie's, unter heitern Scherzen
Leuchtend, auf= und angeregt
Zwischen langen, steifen Kerzen
Frei und reizend sich bewegt.

Der Sommer 1818 hatte den Freundeskreis durch Bade=
reisen auseinandergesprengt, der Herbst vereinte ihn wieder und
Billets des Grafen Gneisenau geben abermals Kunde von dem
regen Verkehr:

Gneisenau an Amalie.

Berlin, 20. October.

„Gnädige Frau!

Jetzt erst mit meinem langsamen Verstand komme ich da=
hinter, weßwegen Sie mir die Ehre erwiesen haben, mich für
morgen einzuladen. Aber, hochverehrte Frau, ich will Ihnen
nur mein Bekenntniß ablegen, daß es mir peinlich ist, der
Gegenstand irgend einer Ovation zu sein, und daß ich diesen
stets aus dem Wege gehe im Gefühl meiner Unwürdigkeit des
zu Vielen, was mir da an Ehre und guter Meinung dabei
widerfährt. Ich habe auch überdies mir bereits vorgenommen
morgen nach Potsdam zu fahren, dort den scheidenden Herbst
in den Gärten von Sanssouci zu beobachten und mich an den
ernsten Gefühlen, die solche Anschauung gewährt, zu laben.
In diesem Vorsatz habe ich auch bereits der Prinzessin Ferdinand,
die mich für morgen eingeladen hat, abgesagt. Sie, gnädige
Frau, die Sie mit Ihrer Freunde Schwächen so gern Nachsicht
haben, werden mir auch die meinige vergeben und zu meiner
kleinen Reise Ihre Genehmigung ertheilen.

Empfangen Sie die Huldigung meiner reinen Verehrung.

Gr. N. von Gneisenau."

Gneisenau hatte sich wohl bei der Ausfahrt erkältet und erkrankte. Amalie schickte dem Reconvalescenten das von ihr in Aquarell gemalte Porträt seiner Tochter Hedwig mit bei=gelegtem Gedicht, das sie am 21. October ihm selbst überreichen gewollt.

Mit Comtesse Hedwig von Gneisenaus Bild.

Wo hohen Ranges prunkend Glanz=Geflitter,
Die nicht'ge Last dir von der Schulter sinkt
Und Colbergs Held, der Deutschen bester Ritter,
Ein müder Mensch, der Ruhe Labsal trinkt,
Wo jedes Bild aus deinem reichen Leben
Matt in des Schlummers Nebelkreis erbleicht,
Und die, so 's Herz dem innern Auge zeigt,
Noch vor geschloffner Wimper gaukelnd schweben —

Hier grüße dich des Mägdleins klares Auge,
So heitrer Abglanz frischer Jugendluft!
Des süßen Mundes kindisch Lächeln hauche
Der Sorgen Wucht dir schmeichelnd von der Brust.
An jene Berge mahn' ihr Bild dich leise,
An jenes Thal, das deine Lieben hegt,
Und zieh dein Herz, von Sehnsucht süß bewegt,
Zurück zu jenem unschuldsvollen Kreise.

Aus dem Gewühl, betäubend Herz und Sinnen,
Dem nicht'gen Spiegel einer nicht'gen Welt,
Wo, ob dich tausend Fäden bunt umspinnen,
Dir in der Noth kaum Einer Farbe hält;
Wo eitle Schwäche dort und feige Tücken,
Neid wie Verehrung nur vom Schein erregt
Die Menschheit, so der Gottheit Stempel trägt,
Ein traurig Zerrbild vor dein Auge rücken.

Im Hauch der Welt welkt jedes Kranzes Frische,
Wie deinen Namen feiernd Deutschland nennt,
Daß er sich nie gemeinern Namen mische,
Bewahrt ihn rein wie reines Element!
Ein Schatz bleibt dein, wie auch in Sturmeswoge
Die Zukunft noch sich über uns entrollt,
Denn dir erblühn vier Rosen wunderhold,
In hohen Lorbeerbaumes Schutz erzogen.

Gneisenau an Amalie.

October.

„Gnädige Frau!

Meine Unpäßlichkeit ist ein Nichts oder fast ein Nichts gewesen, ein rheumatischer Schauer, dessen die Natur sich schnell entledigte. Ich blieb nur aus Vorsicht, aus Abneigung gegen Feste und Bedürfniß ein paar Tage ruhig arbeiten zu können daheim. Mit einigem Fasten war alles und zwar ohne Arzt abgemacht.

Das Gedicht, so schön es ist, macht mich dennoch erröthen, sowohl der Vergangenheit, als der Erwartung wegen. Solcher Meinung bin ich nicht werth. Es hätte vielleicht anders werden können, aber die Schicksalsmächte, die mich unter solchen Einflüssen geboren werden ließen, haben es so gewollt.

Empfehlen Sie mich Ihrem Herrn Gemahl und genehmigen Sie meine treue Huldigung.

G."

29. October.

„Lassen Sie sich eine Geschichte von mir erzählen, gnädige Frau. Als ich noch ein Knabe war und in Würzburg wohnte, war ein Fräulein von Lüttchendorf Nonne in dem Kloster Zell. Die Mäuschen thaten ihr an ihren Büchern Schaden, sie beschloß daher solche lieber zu füttern. Dadurch gewöhnte sie ein Mäuschen so sehr an sich, daß es sich auf ihre Hand setzte und sich füttern ließ. Eine Zeit lang blieb das Mäuschen weg. Dann aber erschien es auf einmal mit seinen jungen Mäuschen, die es unterdessen bekommen hatte. — So geht es mir! Gestern bin ich bei Ihnen ausgeblieben, heute aber werde ich erscheinen und zwar mit meinem Mäuschens weiblichen Geschlechtes; denn zu meinem Erstaunen ist gestern meine Frau nebst drei Töchtern hier angelangt, um mir zum 28. zu glückwünschen und dann noch einiger andrer Zwecke willen; sie wird nur einige Tage hier bleiben und dann nach Schlesien zurückkehren.

Genehmigen Sie die Versicherung meiner Verehrung.

Gneisenau."

21. November.

"Gnädige Frau!

In Schlesien herrschte einst ein Herzog aus dem Geschlechte der Piasten, der einen schiefen Mund hatte und dem die Geschichte den Namen Krzywusti d. i. Schiefmaul beilegte. Wenn ein mächtiger Fürst die ganze Zeit seines Lebens hindurch ein solches Übel an sich dulden mußte, so möge die Dichterin eines solchen nur vorübergehenden Zustandes wegen sich ebenfalls trösten. Daß Sie sich darinnen nicht wollen sehen lassen, begreife ich wohl, denn man kann, wie ich aus Erfahrung weiß, ein solches Gesicht nicht ohne Lachen ansehen. Meine Frau ist einige Male davon befallen worden, der Zustand ist rosenartig.

Zwischen Mahlzeiten und Abendgesellschaften treibe ich mich seit mehreren Tagen unmuthig herum. Gestern durfte ich zum ersten Mal zu Hause bleiben, und ich dankte Gott für den stillen Abend, den er mir geschenkt hatte. Immer mehr und mehr Widerwillen empfinde ich gegen ein solches Leben. Ich werde es einmal schnell ändern. Ob Sie uns in alter Symmetrie empfangen wollen, darüber werde ich heute Abend bei Ihnen anfragen lassen.

Verehrungsvoll

Gr. N. von Gneisenau."

15. December.

"Sicherlich würde ich, gnädige Frau, Ihrem Vorschlag für heute Abend Folge geleistet haben, wenn ich nicht bereits versagt wäre. Der Oberst von Lützow hat mich eingeladen und dieser ist nicht vornehm genug, daß ich ihm absagen möchte. Eine ganze Reihe von Abenden hindurch war es mir vergönnt daheim zu bleiben; ich habe sie dankbar gegen solche Gunst des Schicksals benutzt und habe still und glücklich die Geisterstunde bis zwei Uhr Morgens durchwacht, Geschäfte, Briefwechsel und Berufslitteratur abwartend. Heute geht mein Glück zu Ende. Mit einem Diner beginne ich heute, mit einem noch größeren fahre ich morgen fort. Den folgenden Tag muß ich bei mir Tischgenossen sehen. Dann kommt die Kaiserin von Rußland u. s. w. Ich bin eines solchen Lebens recht über= drüssig und werde nächstens davonlaufen.

Mit alter treuer Verehrung

Ihr gehorsamer Diener G."

22. December.

„Als ich gestern aus dem Theater heimkam, fand ich Ihre gütige Zuschrift, gnädige Frau; ich hätte indessen von der darin enthaltenen Einladung dennoch keinen Gebrauch machen können, da ich mit meinem Freunde, dem General von Dörenberg, spät speisend und dann mich in das Theater verfügend, gerade gerufen wurde, um dem Tumult zu steuern, der eben wieder ausgebrochen, aber auch gerade wieder vorüber war, ehe ich eintrat. Am Ende des Stückes wurde es wieder sehr laut und ich ließ einige verhaften, Studenten und — Handwerksburschen. Die vornehmeren Tumultuanten und ihre noch vornehmeren Beschützer hatten sich in der Krise des Verhaftens still gehalten, sonst hätte ich auch sie ergreifen lassen, ohne Ansehn der Person. So komme ich um meine Abende um eines schändlichen Menschen willen, den ein Theil der allervornehmsten Welt in Schutz nimmt.

Empfangen Sie, gnädige Frau, meine Huldigungen.

Gr. N. von Gneisenau."

4. Januar 1819.

„Mit Vergnügen werde ich heute Abend bei Frau von Bardeleben erscheinen um meiner lieben Bekannten willen. Die Unbekannte [1] allein könnte mich in meinem Entschluß wankend machen, da ich auf meine alten Tage nur ungern neue Bekannt= schaften mache; indessen ist es mir in diesem Fall bei den über= wiegenden Versuchungen unmöglich wegzubleiben.

Es war mir neulich ganz willkommen, daß Sie, gnädige Frau, mir von des Herrn Gemahls Vorhaben, zum Staats=

---

[1] Johanna Schopenhauer.

kanzler zu gehen, Kenntniß gaben, denn da konnte ich diesem
noch vorher von der Angelegenheit eine dem Zweck gemäße Dar=
stellung geben. Gott gebe, daß die Mittwochs=Unterredung gut
ausfalle.

Genehmigen Sie meine Huldigung.

Gneisenau."

28. März.

„Da wäre nun der von Ihnen entworfene Plan gescheitert.
Aber wäre es denn nicht möglich, daß Frau von Arnim ihre
Mutterpflicht früher erledigte und dann dennoch käme, so etwa
in der Mitte unsrer Tafelzeit, welche ungefähr um 4 Uhr sein
wird und dann noch einige Stunden bei uns verweilte? Möchten
Sie doch die Vermittlerin hierzu werden.

Da ich höre, daß Ihr Wagen gebrochen ist, so werde ich
Ihnen den meinigen senden. Auch wollen Sie, wofern Sie
die Vermittlung annehmen, darüber in Hinsicht der Frau von
Arnim verfügen.

In hochachtungsvoller Eile

Ihr treuergebenster G."

4. April.

„Gnädige Frau!

Meine Einladungen sind ergangen an: das Savignysche
Ehepaar und Frau von Arnim, Frau von Barbeleben, den Major
Eichler, an das von Clausewitzsche Ehepaar, das von Grol=
mannsche, das von Hedemannsche, das von Lützowsche, das von
Rühlsche. Wenn ich nicht besorgen müßte den poetischen Wild=
fang (Bettina) scheu zu machen, so würde ich noch einladen:
La Roche, Schinkel, Caniz, Gräfin Neale, Dr. Meyer, Frau
von Redern, Eichhorn, Staatsrath von Rhediger, Schleiermacher,
Gräfin Carmer, Frau von Golz und Nichte. Von Ihrem
gütigen Rath soll es abhängen, wen ich zu streichen habe.

Verehrungsvoll

Ihr treuergebenster Diener Gr. N. von Gneisenau."

11. April.

> „Gnädige Frau!
>
> Da Frau von Arnim in wenigen Tagen von hier abgehen will, so erlaube ich mir bei Ihnen, gnädige Frau, anzufragen, ob es möglich sei, daß Sie noch einen Abend freundlichen Zusammenseins vermitteln, und ich schlage dazu den Abend des morgenden Tages hier bei mir vor, da ich für übermorgen bereits anderwärts meine Zusage gegeben habe. Wenn Frau von Arnim ihre Knaben mitbringen wollte, so würde sie mich sehr verbinden, da ich selbige gern kennen lernen möchte. Ich würde niemand dazu einladen als die Savignyschen Eheleute, C. Brentano und die Clausewitzschen Eheleute und diejenigen, die Sie und Frau von Arnim zu finden wünschen.
>
> Genehmigen Sie meine Huldigungen.
>
> Gr. N. von Gneisenau.“

17. April.

> „Den ganzen Tag über habe ich mich schon gefreut auf den Abend, den ich bei Ihnen, gnädige Frau, zubringen würde. Sie dürfen also nicht, wie Sie sich ausdrücken, furchtsam um meine Unterhaltung sein; wenn auch Brentanos Kunst mich einige Abende hindurch vergnügt hat, so bin ich doch noch mehr beglückt durch trauliche Unterhaltung, wo man sorglos sein Herz aufschließen kann unter voller Nachsicht der Freundschaft. Deßwegen wird Ihnen huldigend nicht fehlen
>
> Ihr treuergebner Diener
>
> Gr. N. von Gneisenau.“

8. Mai.

> „Die Blüthenzeit ist kurz, gnädige Frau, oft wird sie versäumt. Damit man uns diesen Vorwurf nicht machen könne, so erlaube ich mir Ihnen vorzuschlagen, morgen mit Ihrem Herrn Gemahl und Bror eine Fahrt nach Potsdam zu machen und Nachts bei Mondlicht zurückzukehren. Die Clausewitzschen Eheleute sind auch dazu angeworben. Wenn es der Frau von Bardeleben sonstige Sonntagsverpflichtungen nicht hindern, so soll ihr

ebenfalls ein Platz in meinem Wagen angeboten werden. Ihre Beschlüsse erwartend verharre ich verehrungsvoll

Ihr ganz gehorsamster Diener

Gr. N. von Gneisenau." —

Helvig war zwar fortschreitend mit seinen militärwissen= schaftlichen Studien und Erfindungen beschäftigt, aber doch ge= kränkt durch seine bisherige thatenlose Isolirung in der neuen Heimath. Nach den schweren Kriegsjahren sparte man die Kosten jeder neuen Einführung von Waffen, obwohl die Verwerthung des rheinischen Eisens für Kanonen als zweckmäßige Ersparniß für den Staat erschien. Noch wagte man nicht Helvig, den Fremden, trotz seines Rufes von Schweden her, mit dieser Reorganisation zu betrauen, denn auch hier fanden sich Gegner und Neider, wenngleich Helvig durch Fürst Hardenberg und Graf Gneisenau gekannt und seinem Werth nach protegirt wurde. Amalie ging zur Erholung mit ihrem Kind nach Eberswalde und erhielt dort folgenden Brief.

Gneisenau an Amalie.

Erdmannsdorf bei Hirschberg, 31. Juli 1819.

„Gnädige Frau!

Seit ich in meinem reizenden Erdmannsdorf bin und mich der schönen Natur erfreue, fährt von Zeit zu Zeit ein Schauer der Erinnerung an den trostarmen Zustand mir durch die Glieder, worin ich Sie, gnädige Frau, verlassen. Ich richte demnach die Bitte an Sie, mich gütigst unterrichten zu wollen, ob seitdem ein neuer Strahl von Hoffnung Ihnen aufgegangen, und ob es dem Herrn Gemahl gelungen ist eine abermalige Audienz über diesen Gegenstand bei dem Herrn Fürsten von Hardenberg zu erhalten. Auf diesen richte ich eigentlichst in dieser Angelegenheit meine ganze Hoffnung, denn er war billig gesinnt und nahm an dem Herrn General so warmen Antheil wie keiner. Lassen Sie mich daher etwas darüber vernehmen. An Ihren Hoffnungen will ich mich erfreuen und an Ihrem Kummer Theil nehmen. — General und Generalin von Clausewitz

sind hier und sind begeistert von dem herrlichen Grün, von den reichen Fluren und von dem Hintergrund eines weiten Gebirgs=
kreises rund um uns herum. Recht tröstlich wäre es mir, wenn Sie auch zu unserer Gesellschaft gehörten; wir haben hier mit=
unter recht gute Gesellschaft, an geistvollen Zuhörern würde es Ihnen demnach nicht mangeln.

Mit Bedauern habe ich vernehmen müssen, daß der junge Henning ebenfalls unter den wegen demagogischer Umtriebe Verhafteten sich befinde. Er ist ein Mensch von einem reinen Gemüth, und dennoch schlich sich das Gift in seine Seele? Es kann indessen nur ein Verblendeter sein, folglich minder strafbar, und ich glaube nicht, daß er der Lehre: mit Blut allein nur könne eine Constitution besiegelt werden, je ge=
huldigt habe.

Alle diese Berliner Begebenheiten mögen indeß die dortige Gesellschaft noch mehr in Spaltungen bringen, als es bereits der Fall ist; soviel Gutes wird indessen aus der verhängten Untersuchung hervorgehen, daß nur sehr wenige Menschen in staatsverbrecherische Entwürfe verflochten sind und daß keine geheimen Gesellschaften hierzu organisirt sind, daß folglich die Furcht vor ausgedehnten Verzweigungen derselben unbegründet gewesen. Am Ende wird das Vertrauen wiederkehren.

Ihrem Herrn Gemahl wollen Sie mich gehorsamst empfehlen, so auch Frau von Barbeleben, wenn sie zurückgekehrt ist. Sie aber, gnädige Frau, wollen mir Ihr Wohlwollen bewahren als
Ihrem treuergebenen Diener
Gr. N. von Gneisenau."

Amalie an Helvig.
Eberswalde, 1. September.

„Ich eile Deinen lieben Brief vom 28. August zu beant=
worten und Dir für die Freude zu danken, welche mir sein tröstlicher Inhalt bereitet hat. Das Feuer, von dem man Dir thörichterweise als hier stattgefunden gesprochen, war eine Schmelzhütte, welche, von hier eine Stunde entfernt, in der Nacht völlig abbrannte, daher der Feuerschein sehr weit sichtbar

gewesen. v. Brederlow hat einen weitläufigen Brief geschrieben, worin er uns die Umstände von Hennings Befreiung meldet. Ich freue mich wegen seiner armen Mutter, da es mich auch zu Tode geängstigt hätte, wenn ich einen Sohn hätte in der Hausvogtei gefangen wissen müssen. Er wird hoffentlich dadurch eine Warnung behalten, in der Wahl seines Umganges vorsichtig zu sein; Du nimmst wohl gütigst Gelegenheit Brederlow für den Brief zu danken. Das Brunnentrinken und Baden bekommt mir, wie es scheint, gut, da es mich nicht erhitzt und mir nicht den Schlaf nimmt. Dora ergötzt sich ungenirt auf jedem Rasenplatz der Anlagen, da wir und Frau von Barbeleben mit ihrem kranken Knaben fast die einzigen Curgäste noch sind.

Engström hat leider, wie ich höre, taktloser Weise davon gesprochen, daß mir als Dichterin von schwedischen Sagen 2c. und als Übersetzerin eine Pension in Aussicht gestellt ist; mich dünkt, diese Botschaft bezog sich nur auf uns und den Fürsten Hardenberg[1]. — Gott schenke Deinen Bestrebungen ferneres Gedeihen, liebster Helvig, denn wenn ich Dich zufrieden weiß, so wirkt das mehr denn alle Bade=Curen. Dora zupft mich, ist's wohl ein noch unbegriffner Gruß für ihren lieben Vater? Frau von Barbeleben trägt mir beste Empfehlungen auf und ich umarme Dich in Gedanken.

Amalie."

Amalie an Helvig.

15. September.

„Das Wetter begünstigt uns, bester Mann, ich war gestern mit Frau von Barbeleben, ihrem und meinem Kind in der Eisenspalterei, sie hat eine reizende Lage; große Fahrzeuge kamen die Schleusen herab, sodaß Luo und Dora großes Ergötzen hatten an dem rauschenden Wasser und an den Kähnen, auch mit Kindern besetzt. Der Fußsteig von dort zum Kupfer=

---

[1] Amalie erhielt bis an ihr Lebensende diese Pension und legte sie als Capital an, um sie ihrer Tochter Dora zu hinterlassen, welche diese später ihrem Neffen testamentarisch vermachte für dessen Erziehung.

hammer ift einer der reizendften und könnte in einer Novelle
beschrieben werden. Wie schade, daß ich Dir dieses nicht alles
zeigen kann; aber Du wagft wohl mit Recht nicht Berlin jetzt
zu verlaffen. Ich eile Dir auch mitzutheilen, daß Hebing mir
die befte Nachricht aus Schweden schreibt, die Beftätigung der
guten Botschaft. So danke ich Gott dafür, daß mein Aufenthalt in Schweden auch für mich nicht vergeblich war, nun wird
er uns seinen gnädigen Beiftand auch in Berlin geben, wozu
es ja auch jetzt den Anschein hat, wenn man nur tüchtig
treibt und nachhilft; denn so find einmal die Menschen, daß sie
den Harrenden harren laffen, den Geduldigen zur Geduld ver-
weisen und des Bescheidenen Bescheidenheit preisend ihn der
Vergessenheit übergeben. Im „Divan" lieft man die tausend-
jährige Weisheit: Was verkürzt mir die Zeit? Thätigkeit!
Was macht sie unerträglich lang? Müßiggang! Was bringt
in Schulden? Harren und Dulden! Was macht Gewinnen?
Nicht lange Besinnen! Was bringt zu Ehren? Sich wehren!
Das ift auch mein Bekenntniß.

Deine treue Amalie."

Amalie an Helvig.
Ende September.

„Dein Logierbefuch von Berzelius wird Dir angenehm und
anregend gewesen sein, befter Mann; geftern gedachte ich Deiner,
als Dich dieser liebe, alte Bekannte verließ. Es freut mich,
daß fich auch Altenftein des Clenz erinnert hat. Der Sohn
von Ufedom hatte eine sehr liebliche Mutter, die ich von der
Erlanger Penfion her kannte, sie ftarb, als er geboren wurde.
Der Vater ift ein Mittelding von Überbildung und pommer-
schem Edelmann; bleibt der Knabe in Berlin in Penfion, so
wollen wir uns um ihn kümmern. Donnerstag kam der ehrliche Dielitz ganz exaltirt von Berlin zurück; er hatte die
Catalani fingen hören, vergaß darüber aber nicht meine Bilder
zu beforgen, die, wie er verficherte, ihn überrascht hatten. Er
überbrachte uns die Nachricht von Blüchers Tod, der mich tief
ergriff, so daß mir die Reime gleich in die Feder fielen und

ich Dir das Gedicht zur Beurtheilung beilege; wenn Du es billigst, könntest Du es dem Schlesinger für sein Blatt „Der Freimüthige" zum Druck überlassen, mit der Bedingung des Weglassens meines Namens.[1]

In diesen Tagen erhielt ich aus Freundeshand zugeschickt Goethes „West=östlichen Divan". Das Historische darin ist beson= ders interessant, die Gedichte aber wohl Dichtung und Wahrheit. Doch ist das Ganze anziehend und anregend, mir fielen gleich eine Menge Dinge dabei ein, die ich selbst machen oder studiren wollte und sonach hat dieses Buch die Wirkung, die man von einem solchen erwarten kann. Das Beste soll ja eben nur der Anfang, die Einleitung zu unendlichen Büchern sein; wir werden wohl noch manches hierüber zu sprechen haben, denn auch Dir wird der Divan in manchen Stücken gefallen, weil er über den Orient, Mahomed und die Feueranbeter sehr richtige, scharf= sinnige Bemerkungen enthält. Die Nachrichten aus Frankreich über die Anerkennung Deiner Erfindungen haben mich unaus= sprechlich gefreut; ich könnte dafür ordentlich die Franzosen lieb haben, daß sie so praktisch waren auf Deine Ideen einzu= gehen; wären wir nur erst in Berlin soweit.

Auf Wiedersehen den nächsten Donnerstag, freue Dich auf

Deine heitere Amalie."

Blücher ist todt!

Er ist todt! — Es ist geschehen! —
Den wir unter uns gesehen
Rüstig noch in Ruhmesglanz.
Seine schönste Blum', entfallen
Ist sie deutschem Heldenkranz.

Ja, um ihn tön' unsre Klage,
Der gleich einer kühnen Sage
Stehen wird in fernster Zeit.
Wenn die neuesten Geschichten,
Was wir thaten, was wir dichten,
Decket die Vergessenheit.

---

[1] Es wurde gedruckt in diesem Blatt am 2. October.

Er, der rasch und froh entschlossen,
Unverzagt und unverdrossen,
Stürmte blind dem Feinde nach.
Dem, wie hoch sein Säbel blinkte,
Dort das eine Ziel nur winkte
Abzuwaschen deutsche Schmach.

Andre mochten klüglich sinnen,
Vorbereitend Zeit gewinnen,
Tief Geheimniß in der Brust:
Reiften langsam Weisheits=Saaten,
That er seine schönsten Thaten
Unverhofft und unbewußt.

Mann des Volkes, Sohn des Krieges,
Ward dein Name so des Sieges
Stets unfehlbar Unterpfand.
Wo du auch sie wolltest führen,
Deine Schaaren triumphiren,
Zuversichtlich hingewandt.

Denn bei mühvoll heißem Gange,
Denn im blut'gen Kampfesdrange
Warst du stets den Deinen nah;
Hoch voran in Kriegsgefahren,
Konnte der sein Leben sparen,
Der dein Heldenantlitz sah?

Und dem hochbegabten Leben
Ward ein Herrliches gegeben:
Das allmächt'ge Rednerwort!
Mit dem Zauber deiner Zunge
Zogst du in gewalt'gem Schwunge
Auch die Geister mit dir fort.

Weh! — es füllt ein dumpfes Trauern,
Die du schütztest, diese Mauern,
Wo dein Lächeln mild gestrahlt
Und auf tausendfält'ge Weisen
Uns dein Bild in Erz und Eisen,
Marmor sich und Farben malt.

Schau! die Tausende der Krieger
Schwarz umfloret — jene Sieger,
Die der Ruhm gleich dir bekränzt;

Höher doch als Feldherrn-Ehre
Feiert, Vater, dich die Zähre,
Die in jedem Auge glänzt.

Klaget Alter dich und Jugend,
Hat dein König solcher Tugend
Wehmuthopfer selbst gezollt:
Darf wohl Weib und Mädchen weinen,
Sie auch zählen zu den Deinen,
Auch den Frauen warst du hold.

Brannten doch in jenen Jahren
Unsre deutschen Heldenschaaren
Ihm — in Siegesluft vereint.
Lasset heut' in höhrem Finden,
Euch die Thränen neu verbinden,
Unersetzlichem geweint.

Unersetzt! doch unvergessen!
Denn um deiner Gruft Cypressen
Frischer grünt die Eiche dort.
Was ein deutscher Mann vermochte,
Dem ein Herz im Busen pochte,
Wirkt in Zukunft fort und fort.

Mag in fern verhüllten Zeiten
Neuer Kampf sich dann bereiten,
Blücher! — ewig kämpfst du mit!
Den Geschlechtern, die da kommen,
Allen, die von dir vernommen,
„Vorwärts!" tönt's beim Schlachtenschritt.

Gneisenau an Amalie.

Berlin, November.

„Gnädige, hochverehrte Frau!

Nicht allein ein Wust von Geschäften, sondern auch einiges
Übelbefinden hatte mich neulich abgehalten am Sonnabend meine
Verehrung persönlich zu bezeugen und das that mir sehr leid,
zum Theil auch wirklich um der so schön sich entwickelnden
Dora willen. Ich wollte Ihnen dies seit Erhaltung Ihres
Schreibens mündlich sagen, habe aber vor Staatsrath und
socialem Staat noch nicht dazu gelangen können und ich muß

es Ihnen demnach ſchriftlich ſagen, damit ich mich einer Un=
art da nicht ſchuldig mache, wo ich von reiner Verehrung durch=
drungen bin.

Ihr Gr. N. von Gneiſenau."

23. December.

    „Hochverehrte, gnädige Frau!

  Eine Einladung zu einem Ball bei Herrn Schickler, die
ich bereits im vorigen Jahr abgelehnt hatte, in dieſem nicht
abermals ablehnen wollte, hat mich verhindert Ihnen, gnädige
Frau, verwichnen Sonnabend meine Verehrung zu bezeugen.
Ihre gütige Zuſchrift von heute läßt mich hoffen, daß der erſte
Weihnachts=Feiertag Ihren Sonnabend nicht verdrängen werde.
Meinen Kindern hier werde ich durch Mademoiſelle Gruner be=
ſcheren laſſen, jedoch ohne Baum, Lichter und vergoldete Nüſſe.
Mein Pathe Dora fängt in dieſem Jahre an zu verſtehen, was
ein neues Kleid iſt, darum ſende ich ein ſolches mit der Bitte
an die Mutter, daſſelbe zu den übrigen Chriſtgeſchenken hinzuzu=
legen und ihr zu ſagen, daß es der Pathe ſei, der ihr ſolches ſende.
  Genehmigen Sie meine Verehrung.

Gr. N. von Gneiſenau."

  Der Helvigſche Empfangsabend fiel im Jahre 1819 auf
den Weihnachts=Feiertag. Amalie überraſchte die Gäſte nach
ſchwediſcher Sitte beim Thee mit kleinen Gaben, durch Knittel=
verſe erklärt; den Anfang machte ihr zweijähriges Töchterchen
im grünen Jagdkleid, welche ihrem Pathen Gneiſenau einen
friſchen Zweig mit Eicheln übergab:

Ich bin ein kleines Jägerkind
Mit flinkem Fuß und frohgeſinnt;
Zähl' ich auch wenig noch an Tagen,
Laß ich mir manches doch behagen,
Seh' Krieger gern in Reihen ſchreiten,
Auf ſtolzem Roſſe Helden reiten,
Fahr' gern im Wagen weit hinaus,
Wo Vögel, Blumen, Baum und Haus.
Noch fürcht' ich mich, wenn tief im Wald
Des Schützen Flinte luſtig knallt.

Dort reichte jüngst ein hohes Weib
Dies Reis hier, wie zum Zeitvertreib,
Und sprach die Worte: Gieb's, mein Kind,
Dem Pathen, der dir hold gesinnt.
Aus unschuldvoller Hand gereicht,
Grünt ihm kein Zweig, der diesem gleicht.
Er schützt den Krieger, der ihn führt,
Daß ihn nicht Schuß noch Hieb berührt.
Stets wird das Wild von dem erzielt,
Dem auf dem Hut dies Zweiglein spielt,
Und pflanzt es seine Hand im Grund,
Erwächst es ihm zur selben Stund'
Und giebt einst Schatten, giebt ihm Ruh
Sammt all den Seinen mit dazu.
O Kindlein, werde brav und Raum
Erhältst auch du bei diesem Baum!
So sprach die Frau; im Herzen mein
Dacht' ich, es muß für Tata sein,
Der solchen seltnen Zweig verdient,
Daß Kind und Enkel drunter grünt.
Laß sitzen mich in diesen Reihn,
Will auch dein frommes Pathchen sein.

Amalie erhielt ein Neujahrsgeschenk vom Prinzen und der
Prinzessin Wilhelm: eine Glasscheibe für das Fenster ihres
Schreibcabinets (in der neuen Wohnung Behrenstraße) mit dem
bunt gemalten und eingebrannten Imhoffschen Wappen, das
ein Seelöwe bezeichnet.

Gneisenau an Amalie.

Anfang Februar 1820.

„Ja, ja, gnädige Frau! es ist wahr, daß ich undankbar
gegen soviele wohlwollende Freunde bin und mich lange nicht
habe sehen lassen, als da wo ich amt= und pflichtmäßig habe
erscheinen müssen, obgleich selbst da nicht überall. Aber ich
habe theils meinen schuldigen Studien obgelegen, theils ver=
altete und neue Briefwechsel abgeliefert, über verdrießlichen Be=
richten gebrütet und sogar einige Tage hindurch meine wackelnde
Gesundheit gepflegt, auch — ich will es nur gestehen — zu=
weilen meiner Indolenz am Kamin nachgegeben. Nach 60 Jahren

wird man zu einer Art von Dachs, der gern in seinem Baue sitzt. In Betreff des letzten Punktes habe ich sicherlich Unrecht, ich habe mir aber vorgenommen mich zu bessern, was ich mir oft gelobt, aber selten gehalten habe. Wenn ich indeß mit Reu und Leid mich Ihnen darstelle, so bin ich Ihrer gutmüthigen Nachsicht gewiß. Der lieben Dora wollen Sie meine Grüße vorsagen, Ihrem Herrn Gemahl mich zum Wohlwollen empfehlen, Sie aber von der treuen, stillen, wenngleich entfernten Verehrung sich versichert halten, worin ich stets und überall bin

Ihr ganz gehorsamster Diener

Gr. R. von Gneisenau."

3. März.

„Gnädige Frau!

Die Ministerin Gräfin Bernstorff, ihre Mutter die Gräfin Dohna, die Gräfin Neale, Fräulein von Zeuner, Gräfin Pappenheim, die Generalin Gräfin Brühl, der General-Intendant Graf Brühl, Frau von Berg, Graf und Gräfin Muron pp. werden heute Abend zu mir kommen Thee hier zu trinken und das Geburtsfest der von Clausewitzschen Eheleute zu feiern.

Wenn Ihnen, gnädige Frau, diese Gesellschaft gemüthlich ist, so bitte ich Sie und Ihren Herrn Gemahl es sich ebenfalls bei mir gefallen zu lassen.

Sind Sie über die Qualen des Umziehens hinweg? Sobald ich weiß, daß Sie ruhig niedergelassen sind, wünsche ich mir Ihr neues Etablissement anzusehen und Ihnen meine Verehrung zu bezeugen.

In treuer Ergebenheit

Gr. R. von Gneisenau."

LI. Capitel.

Jugenderinnerungen.

Bror wurde am 15. April unter dem Schutz des Professor Buttmann nach Schulpforta geschickt. Die Berliner Pension hatte sich nicht als ersprießlich für des Knaben Fortschritte erwiesen, und so ging nun ein Wunsch Amaliens in Erfüllung, den sie bereits bei der Rückkehr aus Schweden hegte. Leider zeigten sich die in Berlin erworbenen Kenntnisse als noch nicht zu= reichend für die Aufnahme in die Klosterschule, weßhalb Bror erst als Pensionär zu dem dortigen Professor Lange gethan wurde, um durch Privatunterricht das Fehlende nachzuholen. Amalie besorgte im Hause seine Kleider= und Wäscheausstattung und sie mochte sich dabei übermüdet haben, so daß sie in einem Brief an ihre Schwester Louise über Mattigkeit und eine Art Keuchhusten Klage führt. Der Arzt empfahl ihr Luftverände= rung als bestes Heilmittel; die Einladungen von ihren Ver= wandten in Weimar, wie auch von denen in Nürnberg und Bayreuth wurden daher angenommen. Helvig wagte nicht Berlin zu verlassen, um sich an Ort und Stelle zu befinden, im Fall man seine Dienste fordere. So reiste Amalie mit ihrer kleinen Dora im Juni 1820 nach Weimar. Mit einem poetischen Gruß betritt sie die Musenstadt:

Gruß an die Heimath.

Du grünes, frühlingsfrisches Land,
Sei mir gegrüßt zu tausendmalen,
Wo rings am fernen Himmelsrand
Sich Kirchthurm=Spitzen duftig malen,   .
Von sanft gesenktem Thalesgrund
Des Dörfleins Dächer schaun aus Bäumen,
Indeß die nächsten Höhen bunt
Der Saaten breite Streifen säumen.

Wie bist du mir so lieb und traut!
Wie wohlbekannt in jedem Bilde!
Noch nie, wie oft ich dich geschaut,
Empfand ich deine reiche Milde,
Fühlt' ich den Lebenspuls der Luft
So voll durch dich als heute fließen
Und wogend auch in meine Brust
Die warmen Freudenwellen gießen.

O, möge diese schöne Kraft
Sich heilend hier an mir vollenden!
Was Sorge, Schmerz und Zeit entrafft,
Mir mütterlich von neuem spenden.
Was schwüle Stürme mir geraubt,
Was dürre Fläche mir versagte,
Was früh des Wipfels Schmuck beraubt,
Indeß ein Wurm die Wurzel nagte —

Das gieb mir, theures Land, zurück!
Wo ich gewurzelt, wo ich blühte,
Wo reg in frischem Jugendglück
Begeist'rung meine Brust durchglühte;
Wo hehr in vollem Wechselklang
Mich Deutschlands Dichterchor umtönte
Und meinen schüchternen Gesang
Ihr Lob weit mehr als Lorbeer krönte.

Noch bebt um mich in diesem Hain
Ein Nachhall jener frühen Lieder,
Hier bin ich nicht mit mir allein,
Geliebte Schatten steigen nieder.
Was fern in alle Welt zerstreut,
Was grüner Rasen längst bedecket,
In erster Kraft und Liebe heut'
Schau ich vereint hier und erwecket.

Und Weisheit, die mich ernst anregt,
Und Neigung, die mich zart berühret,
Was nur am Busen mächtig schlägt,
Uns einer engen Welt entführet.
Hier fühl' ich's tief, hier fühl' ich's ganz,
Was mich gehärmt, was mich entzückte,
Wie Gegenwart den vollen Kranz
Auf jugendliche Stirne drückte.

O, nicht vergebens aufgeregt
Mög' sich dies neue Sein entfalten
Und alles, was es in sich trägt,
Zum Bild mir oder Lied gestalten!
So, scheu mit erstem Strahl, durchbricht
Der junge Tag des Haines Gipfel
Und färbt mit letztem Purpurlicht
Verklärend noch — dieselben Wipfel.

Sie feiert schwärmerisch den sonntäglichen Frieden in den
Laubgängen des Parkes, widmet warme poetische Wünsche und
Prophezeihungen zum Geburtstage des kleinen Prinzen Carl
Alexander, der heute auf dem weimarischen Thron das reiche
Bildungserbe fürstlich hegt und mehrt, huldigt der Kaiserlichen
Mutter Maria Paulowna, als der hohen Kunstfreundin und der
Wohlthäterin des Landes, und wendet sich schmerzlich zurück,
um beim Andenken der geliebten Prinzessin Caroline zu ver-
weilen, die, einst von ihr als Braut besungen, in der Blüthe
der Jahre abgeschieden war:

Zum Andenken an die Prinzessin
Caroline von Weimar,
vermählte Erbgroßherzogin von Mecklenburg-Schwerin.

Geliebter Schatten, den ich überall
Auf diesen wohlbekannten Pfaden finde,
Dort auf der Höh, hier tief am Wasserfall,
Wo ähnlicher dem Engel als dem Kinde
Du mir erschienst bei Früh= und Abendstrahl,
Umschwebt vom Glanz der schneeigen Gewänder,
Wenn fernhin kenntlich hell durch's grüne Thal
Gleich Schwingen flatterten die seidnen Bänder.

So sah ich dich im ersten Flügelkleid,
Ich selbst ein Kind, um jene Büsche gaukeln
Und, noch der Furcht ein Fremdling wie dem Leid,
Auf schwankem Kahn in heiterm Muthwill schaukeln,
Sah bald erblüht zur Lilie glänzend rein
In jungfräulicher Anmuth dich entfalten,
Der innern Schönheit geistigen Verein
In irb'scher Form bezaubernd mir gestalten.

Mit dir durchwallt' ich jene Wiesenflur,
Ihr Frühlingsreiz schien dann sich zu verklären,
Wie oft sah ich gerührt die stille Spur
Von meinem Wort in deinen sanften Zähren.
Wenn Pflicht und Schönheit, Tugend und Natur
Verwandte Strahlen der Begeist'rung regte
Und alles Höchsten reine Sehnsucht nur
Das feste Band um unsre Seelen legte.

Dann bräutlich mit der Myrthe schön geschmückt
Begrüßt' ich dich auf's neu nach langem Sehnen,
Wie du geliebt, so hofft' ich dich beglückt,
Mit Abschiedsworten flossen meine Thränen.
Als du entwichst, blieb zwar dies Thal verwaist,
Doch wahrer Liebe muß die Sehnsucht weichen,
Schwand hier der schönste Stern, wie alles kreist,
Doch nur um dort belebend aufzusteigen.

Und schon verwelkt! — Was sag' ich? — nein, gereift
Entrangst du früh dich diesem Schlummerleben,
Um hier, die schwere Hülle abgestreift,
Zum Himmelreich die Schwingen zu erheben!
Auf Erden schon ein Seraph anzuschaun,
Hält meinem Herzen dich kein Grab gefangen.
Wo du voran gewandelt, wohnt kein Graun,
Ein Lichtreif glänzt der Pfad, den du gegangen!

Amalie sandte diese Lieder und ihre Reiseberichte an Helvig.
Er schrieb vorher:

Helvig an Amalie.

Berlin, 27. Juni.

„Geliebte Amalie!

Für Deine lieben Briefe aus Wittenberg, Kösen, Schul=
pforta danke ich Dir recht herzlich, meine Nachrichten, nach
Weimar gerichtet, wirst Du auch erhalten haben. Deine Schreiben
sind so inhaltsvoll und interessant, daß ich sie in gleicher Weise
nicht beantworten kann und ich bei dem kalten Regenwetter hier
sozusagen nur in dem Aufräumen und Ordnen meiner Bücher
und Sachen eine Erholung finde. Mit vollem Herzen stimme
ich dem bei, was Du mit den Herren in Schulpforta über Bror

beschlossen haft — möge nur die Geduld der Lehrer und der Eifer des Schülers nicht nachlassen.

Gestern Vormittag besuchte mich Dein Vetter Fritz von Stein, er bedauerte recht herzlich, daß Du nicht hier seist, er hatte sich so gefreut, Dich einmal wieder zu sehen; er kann nur eine Woche hier bleiben. Deine Ölbilder aus Dresden gefielen ihm sehr. Er sprach auch von Deiner Schwester Louise, die er öfter auf dem Landgut besucht, auch von ihrem Mann, Baron Kloch, den er als einen sehr achtungswerthen Menschen schildert und als einen vorzüglichen, musterhaften Landwirth und Louise als eine Hauswirthin und Frau wie sie sein soll — mündlich weitläufiger davon. Stein kam von Breslau nach Berlin wegen Blüchers Statue, die nun von Rauch zum Gießen abgeliefert wurde. Es ist eine kräftig schöne Arbeit, ganz das Gegen=theil von der nach Rostock geschickten. Da es Schwierigkeiten macht ein passendes Fußgestell für das schöne Standbild zu er=halten, so habe ich den Vorschlag gemacht, eines in Schweden von Granit oder Porphyr anfertigen zu lassen, ich glaube daß es von dort, den Transport mit eingerichtet, billiger und mit besserer Politur zu erhalten ist; im Fall einer Bestellung schreibe ich an Berzelius. Am Montag war ich beim Kriegs=minister; ich stellte ihm meine Lage dar, er war sehr artig, aber ich erfuhr was ich erwartete, daß es schwer sei mich bei jetzigen Umständen zu placiren; er wolle sich meiner erinnern, ich solle in Berlin das Weitere abwarten; es müssen noch Erspar=nisse gemacht werden. — Ich möchte bei dem niedrigen Gehalt das theure Berlin verlassen — Dein und der Kinder wegen will ich Geduld haben. — Der Dichter Atterbom soll einen Monatsgehalt von dreihundert Thalern beziehen und klagen, daß er nicht auskomme, der Poet! Bald mehr.

Dein Helvig."

4. Juli.

„Deinen lieben Brief erhielt ich am Sonnabend, eben als Dein Vetter und die beiden jungen Söhne Steins, von Arnim und Seebeck bei mir zum Thee eintrafen. Ich konnte mithin gleich die Nachrichten von Dir aus Weimar mittheilen, sie schienen sich sehr daran zu freuen und grüßen Dich einstimmig. Vergangenen Sonntag speiste ich bei Graf Rechberg (der sich Dir bestens empfehlen läßt) in Gesellschaft des Staatsministers Baron Altenstein, Alopöus, Nagler, Generallieutenant Rühle, Werther, Hensel. Die Veranlassung zu diesem Diner war die Ausstellung des neuen Portraits des Grafen, das Hensel endlich vollendet hat und welches ich gelungen finde. Ich erzählte Altenstein, daß Du die Absicht habest, als Gegenstück zum Bild des Grafen Münster, Baron Knebel zu malen, er läßt Dich bitten Dein Vorhaben auszuführen; die Größe des Pendantrahmens ist: 16 rheinländisch Zoll breit und 21¼ hoch. Gneisenau ist nach Erdmannsdorf abgereist, er läßt Dich und sein Pathchen herzlich grüßen. Dein Wohlbefinden bei Deinem hoffnungsvollen Zustand beruhigt mich, schone nur Deine Gesundheit und verliere den Muth für die Zukunft nicht. Dein Reiseprojekt, wenn Du es ausführen kannst, gefällt mir — es kann in mancher Beziehung wichtig für uns sein, wenn Du mit den Bayreuther Verwandten einmal wieder in Beziehung trittst. Lebe wohl, einzig Geliebte! Küsse unsere Dora. Unverändert bin ich

Dein treuer Helvig.

Nachschrift. Wenn Du, Geliebteste, hören wirst, daß ich einige Tage beschäftigt gewesen bin Acten zu lesen, die mir vom Kriegsminister zugeschickt wurden, und daß ich das Glück habe, wieder einmal das Präsidium bei einem Kriegsgericht zu führen, dann wirst Du begreifen, daß ich in veränderter Stimmung Aufenthalt, Wohnung, alles reizend finde und an keinen Fortzug denke."

Amalie an Helvig.

Weimar, 25. Juli.

„Es wird Dir lieb sein, bester Mann, zu hören, daß ich seit der Abreise der Herrschaften nach Dornburg ein recht ruhiges, unabhängiges Leben geführt habe. Um sechs Uhr frühstücke ich schon mit Dora, dann wandern wir in den Park, wo Dora Reste des Frühstücks mitnimmt und ruft: „Pom her Fau", worauf die schönen Thiere sie umringen, zu ihrem größten

Jubel. Nach dem Tagewerk gehe ich meist zur Tante Stein, die ich angenehmer als jemals finde, mild, theilnehmend auf die Weise, wie man es von ihrem Alter erwarten konnte. Wenn man eine Weile bei ihr ist, erschließt sich ein Blatt nach dem andern ihres geistigen Lebens wie eine Blume, die der Abend schon geschlossen, noch von dem Strahl einer geistigen Morgenröthe sich wieder aufthut. Der Onkel ist weit älter an moralischen Kräften, aber mit besserem Magen und Augen — er hält nicht lange aus im Gespräch und klagt, daß er vergißt, was er am Morgen gelesen hat. Es ist mir noch nie so lebendig als hier und eben jetzt der Spruch eingefallen, der ungefähr heißt: „Arbeite ohne Unterlaß, denn es kommt die Nacht, da niemand wirken kann". — Vorgestern kam die Generalin Egloffstein, mich zu einer Fahrt nach Dornburg einzuladen, die ich gern annahm für den folgenden Tag. Die freundlichen Thäler und Höhen des sächsischen Landes entzückten mich, es war als grüßten mich lauter bekannte Gedanken der Jugend von den Bergen herab. Als wir zu dem Schlößchen aufgefahren kamen, fanden wir die Großherzogin allein mit Gräfin Henkel auf dem mit Orangerie besetzten Vorhof. Die Frau Großherzogin führte uns nun selbst an alle schönen Punkte der Terrasse, wo sich wirklich ein ländliches Paradies dem Auge darbietet, auch hat es eine hübsche Wirkung, daß zu beiden Seiten des Schlößchens zwei alterthümliche Gebäude gleichsam dem Blick einen Vorgrund setzen, zu dem er alles beziehen kann. Besonders ist die Seite linker Hand herrlich und, wenn Gott mir Gesundheit verleiht, will ich sie noch einmal zeichnen. Wir tranken Chocolade bei der Großherzogin — dann machten wir Besuche bei den Hofdamen und endlich Dinertoilette, die wir uns mitgebracht hatten. Die noch hier anwesenden Herren waren: Freund Einsiedel, Herr von Wolfskeel, Herr von Bielke und Herr von Spiegel, die sich weniger als die Damen an der schönen Natur zu erfreuen schienen. Balb nach der Tafel ging man auseinander, doch zeigte mir Frau Großherzogin vorher noch ihre Zimmer, die klein, aber sehr behaglich eingerichtet sind und durch die mannigfachen Fensteraussichten einer Laterna magica gleichen. Als ich mich eben bei Comtesse Egloffstein umgezogen hatte, ließ sich noch der Erbgroßherzog melden und plauderte mit uns, bis wir fortfuhren gegen sieben Uhr nach dem lieben Weimar. Diesen Augenblick erhalte ich aus Bayreuth einen Brief von Jean Paul Richter, der mich willkommen heißt und mir mittheilt, wie sehr sich die Verwandten und Freunde auf meine Ankunft freuen; so entschließe ich mich kurz und reise morgen mit Dora unter Deinem Segenswunsch gen Süden. Zuerst nach Gotha zu den Imhoffs, wo ich auch meinen Vetter, den Maler von Haller treffen werde und hoffe, daß er mich nach Nürnberg begleitet, um dort mein bester Führer zu sein. Auch Rückert schrieb mir von Gotha, daß er mir zu begegnen wünsche, so begleitet er mich vielleicht zum alten lieben Truchseß. Schicke Deine Briefe nach Nürnberg an den Banquier Merkel, den Sohn von meines Vaters Freund, er wird sie mir einhändigen oder nachschicken. Die Professorin Hegel bitte ich um eine Einführung zu ihrer Mutter, Frau von Tucher, in oder bei Nürnberg. Wärst Du mit mir, könnte ich jetzt fröhlich sein, so trübte es mir die Freude, Dich in Berlins Sandwüste gefesselt zu wissen; doch hoffe ich Dich zu erheitern durch meine Mittheilungen und vielleicht manches werthvolle Stück, das ich Dir zu Deinen alten Waffen bringen kann; Du weißt, daß ich nicht nutzlos reise. Ich bringe das Reisegeld, das ich von meiner Pension nehme, zehnfach ein durch Anregung zu neuem Schaffen. Hensel bestelle viele Grüße vom Erbgroßherzog von Weimar.

Lasse mich bald von Dir hören und gedenke gern

an Deine treue Amalie."

Helvig an Amalie.

Berlin, 1. August.

„Dein letzter Brief hat mir viel Freude gemacht, die Nachricht von Deinem Gesundheitszustand hat mich beruhigt und hoffnungsvoll dem lieben Gott vertrauend sehe ich der Zukunft entgegen. Du hast auch in dieser Beziehung recht gethan Deine Reise zu beschleunigen. Die Professorin Hegel ist bereits in

Nürnberg und sie wird sich freuen, Dich in dem Hause ihrer Mutter zu begrüßen. In Coburg, wo Du so viele Deiner Verwandten treffen wirst, grüße auch Herrn von Haller und danke ihm verbindlichst für die mir überschickte echt alte Armbrust; sollten sich in Nürnberg alte Maschinen finden, die niemand zu gebrauchen versteht, so gedenke an mich. Vergangenen Sonntag war ich bei Professor Wolf auf Bellevue zu Tisch geladen, mit Zelter, Maler Schadow nebst einem Generalmajor Rummel. Zelter las uns zum Kaffee im Garten Auszüge aus seiner Lebensbeschreibung vor, wie er von einem Maurergesellen zu einem Tonkünstler verwandelt worden wäre. Er hat seine Schrift mit viel launigen Einfällen gewürzt, sie soll in der Akademie deponirt werden. Die Gesellschaft wurde durch die Lectüre sehr erheitert, alle trugen mir angelegentlich Empfehlungen für Dich auf. Kürzlich war ich auf der Bibliothek und machte dort eine interessante Bekanntschaft: den englischen Major Hamilton Smith, er hat auf seinen weiten Reisen naturhistorische Gegenstände gezeichnet und gemalt, eine ganze Sammlung von ausländischen Säugethieren. Auch aus der Schweiz und Thüringen zweihundert Aquarell-Landschaftsskizzen und vom 25. Juni eine Partie aus dem weimarschen Park, als Staffage: zwei Damen auf einer Bank sitzend, ganz ähnlich — ich kannte Dich sogleich mit Tante Stein. Dieser Major Smith ist sehr gut bekannt mit Deinem Bruder Sir Charles Imhoff! ich bat ihn mit Professor Lichtenstein den Thee bei mir zu trinken. Er bewunderte Deine letzten Ölcopien und ich zeigte ihm auch die indischen Bilder. Der alte Zauber unseres Heims wirkte, so daß die Herren bis Mitternacht blieben.

Mit Spannung erwarte ich Briefe von Dir.

Dein treuer Helvig."

26. August.

„Schwer kann ich Dir, geliebteste Amalie, meine Freude schildern, die mir Deine drei Briefe machten, welche ich auf einen Tag erhielt. Gottlob, daß Du Dich wohl und zufrieden bei Deinen Verwandten befunden hast. Es muß ein stolzes Glück erregen, im Kreise einer so zahlreichen Familie sich zu

befinden, wovon man sich keines Mitgliedes zu schämen braucht —
ich wäre gern zu diesem Verein getreten. Ich bin Dir, mit
Hülfe des Nürnberger Taschenbuches und seinem Stadtplan,
Straße für Straße gefolgt. Diese Woche besuchte mich Mol=
bech, der von seinen Reisen durch England, Frankreich, Italien
und Deutschland kam und in drei Tagen nach Kopenhagen heim=
kehrt. Er war frappirt von Deiner so treuen Copie Carls V.
Das Original hatte er gestern in dem Museum hier gesehen.

In freudiger Erwartung Deiner Rückkehr

Dein treuer Helvig."

LII. Capitel.

Freudvoll und leidvoll.

Diesen reichen Eindrücken folgte abermals ein schneller
Wechsel von Freud' und Leid, denn als Neujahrsgeschenk ward
Helvigs noch eine Tochter geboren und auf den Namen Agnes
getauft; ein wohlgebildetes Kind, das man mit der Schwester
Dora einer Kinderfrau anvertraute. Sei es, daß diese nicht
umsichtig gewesen, oder daß die Kleine doch nicht ganz gesund
war, kurz, ein von der Wärterin geläugneter Fall aus der
Wiege veranlaßte wahrscheinlich die Gehirnkrämpfe, an denen
das kaum fünf Monat alte Kind im Mai 1821 starb.

Amalien war es vergönnt ihren tiefen Schmerz in Versen
auszusprechen, aus deren Fülle wir folgende herausheben:

Nicht um Glück komm' ich zu bitten,
Herr! — ich flehe nur um Ruh,
Schließ' vor meinen scheuen Schritten
Diesen Schmerzensabgrund zu,
Oder kann es nimmer sein,
Senk', o senke mich hinein!

Jahre kommen, Jahre gehen
Manchem ohne Gram und Schmerz;
Bin denn ich nur auserfehen,
Ift ein Ziel nur diefes Herz,
Drauf das Unglück nimmer fatt
Pfeile ftets gerichtet hat?

Ach, in kurzen Zwifchenräumen
Athmet' ich aus froher Bruft,
Schmeckt' in felig kurzen Träumen
Diefes Dafeins höchfte Luft,
Schöpft' in Freundfchaft und Natur
Meine beften Freuden nur.

Aber fieh, von meiner Seite
Reißeft Du das Liebfte los,
Treibft es von mir in die Weite
Oder legft's in Grabesfchooß.
Soll ich, Vater, denn allein
Hier fo ganz verlaffen fein?

Müffen Gaben, mir verliehen,
Feindlich wider mich fich brehn?
Feinde mich und Freunde fliehen,
Hoffnung wie ein Rauch verwehn?
Trauerbilder nur allein
Künftig mir Gefährten fein?

Ach! noch träumt mein Geift Gewährung,
Ach! noch ringt mein Herz nach Glück.
Alle Leiden der Entbehrung
Sinken hinter mich zurück,
Kann ich faffen Deine Hand,
Die mich führt in's Vaterland.

Amalie wurde aufgefordert, Beiträge für die laufenden
Jahrgänge der „Kunftblätter" zu liefern. Sie fchrieb unter
anderem Kritiken über Wilhelm Schadow, das Schaufpielhaus,
über das Deckengemälde Vogels von Vogelftein im Pillnitzer
Schloß. Auch fuhr fie fort Ölcopien nach Bildern alter Meifter
im Berliner Mufeum zu malen. Diefe Regfamkeit erklärt fie
durch das Gedicht:

Der Trost in der Kunst.

Geliebte Kunst! du Trost so vieler Schmerzen,
Der Seele Mohnsaft, wenn die Ruhe flieht,
O, sing' auch jetzt dem bang gequälten Herzen
Mit sanfter Stimm' ein frommes Wiegenlied!

Wie träufelst, ach, in neu gerißne Wunden
Du heilend mir den lautern Balsam ein!
Und kann ich nicht wie sonst durch dich gesunden,
Doch linderst du der kranken Seele Pein.

Auf! trockne muthig unfruchtbare Zähren!
Noch beut dir Kunst den Trost mit fester Hand,
Bis alle Lebensbilder sich verklären
Dort in des Schönen ew'gem Heimathland.

Wenn klar sich die Gesichte mir entfalten,
Von denen hier ich ahnungsvoll geträumt,
Empfangt mich, Kinder=Engel, Lichtgestalten,
Die Flügel hell vom Morgenroth umsäumt.

Zu zart und schön, um dürftig hier zu reifen,
Zog göttlich heil'ge Liebe dort euch groß,
Sie schenk' aus Gnade mir nach bangem Schweifen
Die Rast mit euch in ihrem ew'gen Schooß.

LIII. Capitel.

Helvig in Engers.

Im Jahr 1822 war man in Preußen mit der Verbesserung
der Festungen beschäftigt. Der Bedarf von neuen Kanonen=
rohren trat in den Vordergrund und da deren Beschaffung in
Bronze die Mittel des Staates überstieg, so erinnerte man
sich der Helvigschen Resultate in Schweden und seine Erfah=
rungen darüber kamen in Frage. Er glaubte mit dem Eisen
in Sayn ein Gleiches erzielen zu können und wurde, diesem
Ausspruch zufolge, mit dem Auftrage solcher Versuche an den

Rhein gesandt, wo er in dem unbewohnten Schloß Engers, den
Schmelzöfen nahe, Posto faßte.

Auszüge aus Briefen an Amalie gewähren einen Einblick
in die Schwierigkeiten, die sich dem Fremden entgegenstellten, als
er eine andere Construction der Schmelzöfen und eine von der
bisherigen abweichende Gattirung der Erze verlangte. Leider
wollte man den Gründen, welche den General leiteten, kein
Vertrauen schenken: daß nämlich jedes andere Roheisen zwar
frisch den größten Anstrengungen widerstehe, aber nach kurzer
Zeit sich innerlich verändere und bei der geringsten Ladung
auseinanderfliege. Dieser Kampf der Meinungen mußte bei
dem unbeugsamen Willen Helvigs zu häufigen Reibungen Veran=
lassung geben, und mit so gebundenen Händen konnte Helvig
von seinen praktischen Erfahrungen über Guß und Construction
eiserner Geschütze seinem jetzigen Vaterland nicht den von ihm
erstrebten Nutzen schaffen.

Helvig klagt: „Meine Geschäfte gehen den Schneckengang
hier, endlich wurde eine von den sechs Kanonen fertig und der
General Braun hat sie vorschriftsmäßig sprengen lassen — er
triumphirte und ich schwieg, da ich die Art der Probe so
bald nach dem Guß nicht für sicher halten kann. Ein fremder
Hüttendirector war anwesend und pflichtete meiner Anforde=
rung des Umbaues der Öfen bei; ich hoffe meine Neider
zum Schweigen zu bringen und werde mich abermals an den
Kriegsminister wenden, trotz der Gefahr, deßhalb abberufen zu
werden."

Helvig erhielt hierauf die vorläufige Ordre zu bleiben
und nach seinen Erfahrungen arbeiten zu lassen, dem zufolge er
Amalie mit dem Töchterchen für Sommer und Herbst nach Engers
einlud. Der General stellte sich den Herrschaften in Neuwied
vor und besuchte in Sayn Graf und Gräfin Boos, welche in
herzliche Beziehung zu Helvigs traten. Auch Arndt suchte er
in seinem Landhaus bei Bonn auf, fand ihn sehr gealtert, aber
von einer angenehmen Frau gepflegt und durch nette Kinder
erheitert. Durch Amaliens Zusagebrief erfuhr er zu seinem
großen Bedauern den Tod der Frau von Scharnhorst, geborenen

Gräfin Gneisenau, welche am Wochenfieber starb und Mann und Töchterchen verwaist zurückließ — ein schmerzlicher Verlust für den General Graf Gneisenau. Amalie sandte ihrem Gatten den Brief eines Major Borkenstein, worin dieser sich dank=bar ausspricht über das von Helvig ihm mitgetheilte Material für sein militärisches Buch. Er gesteht, daß ihm der General der einzige Lehrer bei der Artilleriewissenschaft gewesen sei. Den Druck dieses Buches übernahm Reimer, Borkenstein em=pfing 500 Exemplare, Reimer behielt 1000 Exemplare zum Ver=kauf, und so trug dieses Werk Borkenstein 3000 Rthlr. ein. „Durch dergleichen Unternehmungen, schreibt Helvig, kann man ohne eigenes Verdienst reich werden! — Ich gönne jedoch dem Major, manche Bürde dadurch los zu werden, er hat meine Ideen, so viel ich ihm mitgetheilt, verstanden und ohne alle Phantasie aufgefaßt, das ist mir um der Sache willen lieb. — Aufsehen wird die Arbeit machen, und sie würde es noch mehr, wenn alles, was ich im Brouillon hatte, wäre benutzt worden. Aber (setzt er seiner Frau gegenüber entschuldigend hinzu) das war gegen meinen Plan — ich wollte durch Borkenstein nur zeigen, daß, was man als eine Normaleinrichtung bei der Artillerie betrachtet, nichts weniger als normal sei. Meine noch vorhandenen Manuscripte in dem kleinen Schrank sind nun um 20 Prozent gestiegen an Werth". Diese großmüthige Ansicht eines Genies war etwas bedenklich in solcher Lebenslage. —

Amalie brachte den Sommer mit ihrer Kleinen in Engers zu und sie scheint eine sehr beglückte und beglückende Zeit mit ihrem Mann verlebt zu haben, den sie durch ihre Liebenswürdig=keit in nähere Beziehung zu den dortigen Familien brachte. Nach ihrer Heimkehr erhielt sie in Berlin einen Brief von Helvig, worin dieser seinen warmen Dank dafür ausspricht. Er gratulirte Amalie zum Vorwärtsschreiten der Übersetzung von Tegnérs „Frithiof=Saga" und hoffte, daß wie diese Dich=tung nach und nach in Schweden entstehe, auch Amalien die Übersetzung gelingen möge, die große Schwierigkeiten biete durch die verschiedenen Versformen des Originals.

Helvig klagt über die kalten Räume in Schloß Engers und freut sich, Amalie und Dora in Berlin geborgen zu wissen, er dankt ihr für warme Friesdecken, die sie ihm zu Portièren geschickt, und schreibt: „Es ist fast kindisch, wie ich jetzt im November schon anfange nachzurechnen, wie viele Wochen noch hingehen, bis ich Dich wieder umarmen kann. Gott erhalte Dich nur heiter und gesund bei Deinem Fleiß."

Durch die gütige Vermittelung der Frau Professor Herman Grimm erhielt ich zur Benutzung folgenden Brief, aus Berlin datirt 1823, geschrieben von Afzelius an W. Hemsen in Stuttgart, von dessen Sohn 1884 aufgefunden:

„Die interessantesten, schönsten Stunden bringe ich bei der Frau Generalin von Helvig zu, ihr Mann war lange in schwedischen Diensten. Sie spricht noch sehr gut schwedisch und hat Gedichte von Tegnér, Geyer und Atterbom übersetzt in's Deutsche. Sie wohnt gerade mir gegenüber in der Behren= straße und ich kann, wenn ich will, täglich zu ihr hingehen. Sonnabend ist gewöhnlich ein größerer Kreis bei ihr. Sie be= lebt alles durch ihren schönen dichterischen Geist und thut es, ohne es zu wissen, denn die Poesie hat ihr eine ewige Un= schuld gegeben. Bruder, warum lebst Du nicht hier, ich würde Dich gleich zu ihr führen und Du würdest die liebenswürdigste Frau auf dieser Welt kennen lernen."

Nachdem der lebhafte Correspondent Seiten lang von anderen Berühmtheiten und Merkwürdigkeiten Berlins gesprochen hat, hebt er wieder an: „Und doch, Bruder! ich muß noch ein= mal darauf zurückkommen, — alles ist mir nichts hier gegen die Helvig, oder wie sie sich lieber unter ihren Gedichten schreibt: Amalie von Imhoff. Die Bekanntschaft mit ihr macht eine neue Periode in meiner Lebensgeschichte. Sie kennt, sie liebt mein Vaterland, mit ihrem dichterischen Geist hat sie es auf= gefaßt und in ihren Gedichten verklärt. Ach! ihrer Dichtkunst Blumen! sie sind Doppelrosen des deutschen und schwedischen Gemüthes. — Sie hat neulich Gesänge aus der Frithiof=Saga von Tegnér übersetzt, im Morgenblatt sind sie gedruckt; sie

correfpondirt noch mit ihm, Geyer und Atterbom. Ich bin
jetzt fo bekannt mit ihr, daß ich die Briefe, die ich von
Haufe erhalte, ihr zeige. Sie hat mich gebeten, wenn es auch
täglich wäre, zu ihr zu kommen. Sie ift auch zugleich Malerin
und hat mehrere Gemälde der Dresdener Galerie dort copirt,
auch Gegenden in meinem Vaterlande während ihrer Reife
aufgenommen. — Doch ich habe einen Gegenftand berührt,
der unerfchöpflich ift, und muß fchließen ohne gefchloffen zu
haben."

Hierher gehört noch ein Brief vom fchwedifchen Dichter

Upfala.   **Atterbom an Amalie.**

„Sie haben wohl längft, theuerfte Freundin, die beiden
Sendungen von Büchern bekommen, deren erfte ich durch Herrn
Hallftröm, die zweite durch Herrn de Ron beftellte. Hall=
ftröm ift ein byzantinifcher Stipendiat, ich gab ihm auch ein
ähnliches Portrait vom Prinzen Oscar mit, um es Ihnen
einzuhändigen; ich bekam es zum Gefchenk von dem Kupfer=
ftecher felbft, einem jungen Offizier und braven Freund von
mir, Major Södermark. Der von Geyer verlangte Auffatz
über Upfalas Univerfität war auch dabei. Malla Silferftolpe
erzählt mir, daß Sie wieder einmal von Ihren malerifchen
Höhen zu uns andern gezwackten und geplackten Schriftftellern
herunterfteigen wollen. Von Ihrem herrlichen Gedicht: „Kennft
du des hohen Nordens inn're Seele", hat einer von meinen
hiefigen Freunden, der Magifter Docens G., eine recht ge=
lungene Überfetzung in's Schwedifche gemacht und fie dem neuen
Poetenkalender einverleibt; ich werde Ihnen ein Exemplar zu=
fchicken von diefem meinem jüngften Mufen=Almanach. Ein
neuer Dichter, der fich Vitalis nennt (Sjöberg), ift hier mit
zwei Heften von Gedichten aufgetreten. Er hat Genie und
zeigt befonders viel Talent für Humor und Jronie, eine feltene
Pflanze in Schweden. — Wunderfchöne Romanzen fchreibt
Tegnér, Fragmente aus einer Bearbeitung der kühnen, lecken
Frithiof=Saga. Wenn ihm, und ich zweifle nicht daran, das

Ganze in eben dem Maße gelingt, so können wir Schweden uns rühmen, ein dichterisches Kunstwerk zu besitzen, dessen Ähnliches an Werth selbst die Deutschen nicht aufzuzeigen vermögen. Ich habe soeben eine Recension davon für die hiesige Litteratur-Zeitung angefangen: Tegnér und das schwedische Publicum sollen daraus ersehen, daß bei mir Beneiden, Bewundern und Lieben ein und dieselbe Sache ist. Ihnen kann ich es ja unverhohlen bekennen, daß ich diesen Mann für meinen gefährlichsten Mitbewerber um die Dichter-Krone Schwedens ansehe, und ad interim für meinen Besieger; denn das ist er jetzt durch die genannten Romanzen geworden. Aber ich fühle mich seit einiger Zeit wie erwacht aus düsterer Abspannung und mehr wie je angeregt zum Vorwärtsschreiten mitten durch das feindliche Lager der Parteien in der Litteratenwelt. — Jetzt schreibe ich an einer lateinischen Abhandlung über: „Rienzis Versuch 1346 die römische Republik wieder herzustellen". Meine deutsche Reise ist fast zum Druck fertig, dann soll auch der vielbesprochene „Blaue Vogel" endlich vollgefiedert ausfliegen; den Plan zu meinem Heldengedicht in Romanzen (oder heroischen Legenden) „Erich der Heilige" habe ich großentheils schon entworfen. In die Stockholmer Polemik habe ich mich nicht wieder nutzlos eingelassen. Ich habe eine Gesellschaft von jungen Männern organisirt, wo man sich über alles, was in irgend einem Sinne schön und groß ist, gemeinschaftlich berathschlagen soll, einander Versuche in Versen und Prosa mittheilen, Deutsch, Italienisch, Spanisch und Isländisch lesen kann, dabei essen und trinken mit Maß, musiciren ohne Maß und die leere Alltäglichkeit so viel als möglich vergessen. Mehr davon künftighin. —

Wissen Sie, ob sich Schelling schon in Erlangen niedergelassen hat? Haben Sie Hjort in Berlin gesehen? Was machen Baron Klochs, was Graf Gröbens, was Steffens u. s. w., vor allem unsere Berliner Freunde und Freundinnen und der Held Graf Gneisenau? — Die Malsburgsche Übersetzung ist leicht und zierlich, ich fange jetzt an, den Calderon spanisch zu lesen, und werde dann erst urtheilen können. Geyer hat soeben ein vortreffliches philosophisches Buch herausgegeben.

Er ist rüstig, gesund und über alle Beschreibung fleißig — ja glücklich. Grüßen Sie herzlich Ihren Mann und Ihre Kinder. Ewig Ihr treuer

Atterbom."

Noch schreibt die treuste Freundin

Malla Silferstolpe an Amalie

über den gemeinsamen Freund E. G. Geyer:

Il est heureux avec sa charmante épouse et son fils. Il est toujours le même enfant chéri de la nature qui l'a doué de ses plus rares talens, en un mot, il est tout ce qu'il promettait de devenir, comme homme publique il remplit sa place de la manière la plus distinguée et il est adoré à l'Université.

Malla.

LIV. Capitel.
Amaliens Schwanengesang.

Dieser stete Zusammenhang mit den schwedischen Freunden erklärt das Interesse, womit Amalie die ihr gebotene Hand ergriff, Tegnérs Saga zu übersetzen. Sein Enkelsohn Dr. Elof Tegnér, Bibliothekar in Stockholm, hatte die große Güte, mir für diese Lebensbeschreibung Amaliens einige Briefe derselben an den Frithiof=Sänger mitzutheilen; sie befinden sich in der Universität zu Lund und geben Zeugniß von dem Ernst, mit welchem Amalie diese Arbeit betrieb. Schon im Jahr 1819 schrieb Amalie an Tegnér und übersandte ihm die Übersetzung einer früheren Dichtung.

Amalie an Esaias Tegnér.

Berlin, 10. December 1819.

„Ein gemeinschaftlicher Bekannter sagte mir noch vor meiner Abreise von Schweden, daß die Übersetzung, welche ich von Ihrem schönen Gedicht „Skibbladner" gewagt, Ihnen nicht

28 *

mißfallen habe und Sie eine Abschrift derselben wünschten.
Angehäufte Geschäfte mancher Art verhinderten mich damals —
doch ich kann unmöglich eine Gelegenheit vorübergehen lassen,
welche sich mir durch einen Reisenden darbietet; ein Schüler
Ihres genialen Berzelius übernimmt meinen Brief auf seiner
Fahrt nach Stockholm und Lund. — Möge die beigefügte Über=
setzung, wenn auch spät, Sie von dem Werth überzeugen,
welchen Ihr Urtheil für mich hat. Die Kürze der schwedischen
Sprache macht jedes Unternehmen dieser Art sehr schwierig.

Wann kann man hoffen, eine Sammlung Ihrer sämmt=
lichen poetischen Arbeiten zu erhalten? Ihre inhaltreiche Rede
am Jubelfest der Reformation hat einen Übersetzer und dadurch
in Deutschland die verdiente Würdigung erhalten. Möchte die
Zeit bald kommen, wo germanische Kunst und Litteratur in
Eins zusammenschmelzen und das Schwedische hier, wie dort
über der Ostsee die deutsche Sprache, nur als ein bekannter
Dialekt der eigenen erscheint.

Von Norden her beginnt die frische, lebendige Quelle aufzu=
sprudeln, welche dem theils versiegenden, theils labyrinthisch
abgeleiteten Born unserer deutschen Dichtung freudige Nahrung
in klaren, vollen Wellen zuzuführen bestimmt ist, nachdem wir
uns vielleicht schmeicheln dürfen, daß der elektrische Funke des
verwandten Genius diese Geistesquelle aus dem Schacht seiner
Tiefen geweckt hat.

Es gehört zu den lebhaften Wünschen, die mir für dieses
Leben bleiben: das Meinige nach den mir verliehenen Kräften
beizutragen zu einer Vereinigung, welche allein es vermag,
der germanischen Sprache und Litteratur eine dauernde Form
zu geben. Möchte ich mich bald neuer Werke Ihres Geistes
erfreuen und Sie, hochgeschätzter Mann, von der aufrichtigen
Achtung überzeugen können, mit welcher ich die Ehre habe zu
verbleiben

Amalie von Helvig."

Diesem Auszug eines früheren Briefes folgt nun die
weitere Correspondenz, die Übersetzung der Frithiof=Saga be=
treffend.

Amalie an Esaias Tegnér.

20. December.

„Ich sende Ihnen heute nur die Übersetzung von Rings Drapa, da es mir unmöglich ist die übrigen Gesänge vor jetzt abzuschreiben, und erbitte mir Ihr aufrichtiges Urtheil darüber. Sie werden selbst die Schwierigkeiten empfinden, welche mir die deutsche Sprache hierbei entgegenstellte. Ich habe in diesem wie in den übrigen Gedichten absichtlich einige Worte umschrieben, die Sie in der Voraussetzung gebrauchen durften, daß die Majorität Ihrer Leser damit bekannt sei. Anders ist es mit dem deutschen Publikum, welches in der Terminologie des nordischen Helden=thums noch allzuweit zurück ist. Mir selbst sind einige Worte und Benennungen zwar in der allgemeinen Bedeutung bekannt, allein ich besorge, das eigentliche Wort dafür doch zu ver=fehlen und habe diese der Reihe nach aufgeschrieben, indem ich Sie ersuche, mir deren Erklärung freundlich beizusetzen. Habe ich dann gefehlt, so ist's noch Zeit, es zu verbessern. Lassen Sie mich nicht lange auf Antwort warten, besonders aber ver=sagen Sie sich nicht meiner Bitte: alles, was Ihnen von der Frithiof=Saga seitdem gelungen, sollte es auch nur handschrift=lich sein, mir gewogen mitzutheilen. — Ich habe den Plan, wenn das ganze Gedicht vollendet, durch einen sehr geistvollen Zeichner P. Cornelius einige Darstellungen daraus zu der Übersetzung machen zu lassen und so würdig, wie das Original dies verdient, ausgestattet, dieselbe erscheinen zu lassen, wogegen Sie wohl nichts einzuwenden finden dürften.

Die vier ersten Romanzen hat Herr Afzelius aus Upsala (ich glaube, dort bei der Bibliothek angestellt), in Göttingen als den Beleg für den hohen Standpunkt seiner vaterländischen Poesie, wie er mir sagte, vorgelesen; ich muß stolz darauf sein, daß ich, obschon wohl unvollkommen, der Dolmetscher für das Vortreffliche heißen darf. Möchten Sie doch auch die Fort=setzung mit gleicher Liebe umfassen.

Amalie."

Januar.

„Ich habe die Freude erlebt, daß unser Veteran Goethe dem Geist öffentlich huldigt, welcher diese Romanzen schuf. Im ersten Heft des dritten Bandes „Über Kunst und Alterthum" spricht er dies aus, indem er zugleich meine Übersetzung der „Königswahl" abgedruckt als Probe darbietet, daß mein Be= streben, den Charakter des Gedichtes wiederzugeben, nicht miß= lungen sei. Vielleicht ist diese Anerkennung Ihnen selbst gleich= gültig, geehrter Herr; allein wenn es Ihnen nicht ganz das= selbe ist, Ihren Dichterruhm über ganz Deutschland verbreitet zu wissen, so darf ich sagen, daß Goethes Zeugniß Ihnen da= für Bürgschaft leistet, da sein Urtheil als das competenteste von uns geachtet wird.

Zwei andere Romanzen „König Bela und Thorsten Wikings= sohn" und „Frithiof und Ingeborg", die ich kürzlich übersetzt und dem Dichter Gustav Schwab für das Morgenblatt zugesendet, haben diesen so lebhaft ergriffen, daß er mir schreibt: „Ich beuge mich vor diesen herrlichen Gedichten; die Übersetzung ist meisterlich und auch ein Gedicht" — welche Worte ich nur her= setze, damit Sie sehen, daß die ersten Ihnen ganz allein gelten.

In Folge der Ihrem Gedichte so glänzend widerfahrenen Gerechtigkeit hat Cotta bereits mir den Antrag, das Ganze herauszugeben gemacht.

Es fehlen aber vor's erste Ihre übrigen Romanzen und ich zittere: daß der Bischof den Dichter erdrückt haben mag mit dem schweren Gewicht geistlicher Würde. Sie schrieben mir, daß außer den mir so freundlich im Manuscript mitgetheilten noch mehrere Romanzen fertig wären; bitte, senden Sie mir diese ungesäumt. So viele wackere und kluge Menschen sehnen sich heutzutage nach gesunder geistiger Kost und möchten aus dem narkotischen Nebel persischer und spanischer Nachäfferei in der reinen frischen Luft echter Poesie unseres germanischen Stammes die Brust erweitern; Ihr Gedicht wird mithin eine wahre Wohlthat werden für unsere Litteratur, wie es schon jetzt in seinen Fragmenten lebhaften Antheil erweckt hat. Ich

sage Jhnen nicht, wie stolz ich darauf sein würde, diese klare
Morgenröthe vom Norden herüberzuführen und meinen Namen
neben den Jhrigen zu stellen, indessen leider so viele unserer
besten Köpfe in weichliche Versplitterei verfallen sind und weder
Kraft noch Geist genug übrig haben, ein Ganzes zwischen diese
süßliche Almanachs=Krämerei hinzustellen. Helfen Sie mir recht
bald den Vorsatz in's Werk richten zu können, welches sowohl
Jhrem Vaterlande zur Verherrlichung, als zum edlen Muster
denen gereichen soll, welche Sinn und innere Fähigkeit haben,
das Beste zu wählen. Eine deutsche Frau hat den Sinn Jhrer
Poesie geahndet und auf Jhrem Wege Jhnen zu folgen ge=
wagt — glauben Sie, daß es viele deutsche Männer giebt,
welche Sie zu erkennen würdig sind.

Bei Jhren vielen neuen Berufsgeschäften darf ich kaum
Antwort fordern; jedoch läßt mich Jhre bisher mir bezeugte
Güte hoffen, daß Frithiof mir ein Fürsprecher bei Jhnen sein
werde, da meine aufrichtige Liebe zu diesem Jhren Geisteskinde
Jhnen doch wohl nicht gleichgültig sein kann.

Lassen Sie mich Jhnen sagen, daß es mir schwer sein
würde, dem neuen Bischof mehr Ehrfurcht zu zollen, als ich
bereits dem Dichter und Menschen bisher gewidmet.

Jhre ergebenste A. von Helvig geb. von Jmhoff."

April.

„Jch ergreife den ersten ruhigen Augenblick, der mir seit
dem Empfang Jhres geschätzten Briefes vom 15. Februar zu
Gebote steht, um Jhnen für die schöne und reiche Gabe zu
danken, die Sie in meine Hände mit so schmeichelhaftem Ver=
trauen gelegt haben. Gewiß, ich fühle den ganzen Umfang
Jhrer Güte und meiner Verbindlichkeit. Ein Gedicht, das Sie
als ein Lieblingskind mit frohem Stolz zu betrachten berechtigt
sind, erlauben Sie mir einem andern Lande zu schenken, so
gut, als es die Verschiedenheit der Sprache und mehr noch
meine eigene Fähigkeit im Verhältniß zu der Jhrigen zuläßt.
Glauben Sie mir, daß ich stolz darauf bin im Namen meines

Geschlechtes, daß es einer Frau verstattet ward, diese männ=
lichen, tiefernsten Klänge der nordischen Muse nachzusingen.

Es bedurfte einer so erfreulichen Sendung, als es die=
jenige war, welche ich durch Herrn Brinkmanns Vermittelung
erhielt, um mich in fast fortwährendem Zustand des Leidens
zu erheitern, der diesen Winter hindurch mit wenig Unter=
brechungen mich in meinem Zimmer gefangen hielt. Ein nervöser
Husten und die größte Reizbarkeit der Sprachorgane verdammte
mich zur Einsamkeit und zum Schweigen, und ich müßte keine
Frau sein, wenn diese Aufgabe mir leicht geworden wäre. Ein
reicher Trost waren mir Ihre Romanzen, von denen ich eben
die vierte übersetzt hatte, als Brinkmanns Paquet ankam —
dieses herrliche Gedicht, welches mit Homerischer Einfalt und
dem Tiefsinn der alten Skalden uns inmitten jener Zeit und
ihrer äußeren wie inneren Lebensgestaltung zaubert. Die erste
Romanze unter den neu angelangten, die ich übersetzte, war die
sechste oder Frithiofs Schachspiel, die nächste fünfzehnte Wikinger
Recht, die ich in zwei Tagen vollendete. Mit dem Gedanken
eines möglichen nahen Todes war und ist es mein Wunsch,
daß ich noch das ganze Werk vollende, um es mit den noch
nöthigen Verbesserungen in die Hände des Publicums übergeben
zu können. Sie irren, wenn Sie sagen, daß Ihr Werk kein
Ganzes bilde — es ist ein solches für jeden, dessen Gedanken=
kreis ausreicht, um die dürftigen Verbindungsglieder gewöhn=
licher epischer Gedichte sich selbst zu ersetzen. Übrigens sind wir
Deutsche schon mehr an diese Form gewöhnt, die sich aus den
frühesten Zeiten her, auch aus dem Süden, in dem herrlichen Ge=
dicht, dem „Cid“, uns zeigt, dessen Übersetzung Herders Namen
schon allein der Nachwelt bewahren würde. Gewiß kennen Sie
dieses Werk, welches eben so gediegen freisinnig und volksthüm=
lich merkwürdig ist, als Ihr „Frithiof“, wenn es auch nicht in
eine Urzeit zurücksteigt. Cids Leben bezeichnet den Blüthe=
punkt spanischer Größe und Ritterlichkeit.

Innig freut es mich, daß Brinkmann Ihnen die Worte
unseres verehrten Veteranen Goethe über „Frithiof“ mitgetheilt
hat. Die Vorstellung, daß Sie gleichgiltig für Lob sind, gab

mir gerechte Scheu, Ihnen die Huldigung des deutschen Dichter=
königs als Erstling der Anerkennung darzubieten, die unfehl=
bar Ihres „Frithiof“ wartet.

Amalie.“

5. October.

„Noch immer ganz mit Ihrem „Frithiof“ beschäftigt, ge=
nieße ich jetzt der Freude meiner schwedischen Freundin Malla
Silferstolpe eine Romanze nach der andern vorzulesen und kann
mich ihrer Entscheidung bei zweifelhaften Worten doppelt er=
freuen. Eine große Ermunterung ward mir vor wenigen Tagen
zu Theil, indem Prinzessin Wilhelm, welcher ich bereits einige
Romanzen vorgetragen, mich mit dem Befehl beehrte, in ihren
Zimmern auch unserm Kronprinzen (Friedrich Wilhelm IV.) und
dessen Gemahlin dieselben vorzulesen. Der lebendige Sinn,
welchen dieser Fürst für alles Alterthümliche hat, machte ihn
für das Gedicht doppelt empfänglich; ich mußte vieles vom
Norden erzählen und die ungeduldige Frage, wann meine Über=
setzung herauskommen werde, wiederholte sich durch alle auf=
merksamen Zuhörer. Ich hoffe, daß in diesen nächsten Wochen
schon zum Druck geschritten wird.

Ihre ergebene Freundin
Amalie von Helvig.“

Zueignung an Goethe.

Was dir ein überschwänglich reiches Leben
An Lust und Leid, an Bild und Wort gegeben,
Das gabst du, von der Muse schön verklärt,
Der Mitwelt hin, die dreimal sich erneuend,
Des nie erschöpften Reichthums sich erfreuend,
Dir dankbar bildsam mehr und mehr gewährt.

Wer zählte wohl die Fülle deiner Spenden?
Die Edelsteine, so aus vollen Händen,
Mit Blumen wechselnd, königlich vertheilt,
Hell funkelnd dort in Diademen glänzten,
Süß duftend hier ein liebend Paar bekränzten,
Als linder Balsam wunde Brust geheilt.

Wo ift der Raum, zu dem du nicht gedrungen,
Wo das Gebiet, das du dir nicht errungen,
Weit in der Geifter unbegrenztem Reich! —
Wenn noch fein Adlerfittich uns umraufchte,
Saß los verfteckt dein Genius und laufchte
Dem Lied der Nachtigall im Blüthenzweig.

Die Frucht, die föftlichfte von allen Zonen,
Brach deine Hand, aus allen Dichterfronen
Flocht höchfte Gunft der Götter dir den Kranz;
Zum Lorbeer, den des Südens Lüft' umfofen,
Schlang fie die Myrth' und, an des Oftens Rofen
Gedrängt, fchwoll üpp'ger Trauben Purpurglanz.

So fchaut' ich dich in männlich reifer Schöne
Und ftimmte, horchend in die mächt'gen Töne,
Die Leier mir mit fcheuer Mädchenhand.
Sah wunderfam gemifcht mit Stolz und Zagen
Im Heiligthum als Priefter dort dich ragen
Dem Gott, auf deffen Tempelfchwell' ich ftand.

Rafch freift die Zeit, die braunen Locken bleichen
Vor ihrem Hauch, doch frevelnd nicht erreichen
Kann fie die Hoheit-blickende Geftalt.
Einft Lehrer uns, bift du ein Meifter worden,
Der ewig junge Greis, wie ihn der Norden
Tieffinnig denft, vom Silberhaar umwallt.

So wende deinen Blick der Heldenfage
Gefällig zu, bei der du felbft als Brage
Mich muthbegeiftert — dir fei fie geweiht!
Erprobt ift von Idunens Frucht die Tugend,
Dem Dichter beut die Göttin ew'ger Jugend
Die goldnen Äpfel der Unfterblichkeit.

Inzwifchen folgte Amalie mit Intereffe den Zeitereigniffen.
Die Erhebung in Griechenland, der Aufftand der Hellenen gegen
das Türkenjoch begeifterte fie zu einem Cyklus enthufiaftifcher
Gefänge und fie fandte Helvig das Manufcript. Diefer lobte
die Lieder, fand aber den Gegenftand des Sanges nicht werth;
er hatte auf feiner Reife nach dem Orient ungünftige Urtheile
über Griechenland und vortheilhafte über das türkifche Heer
gefammelt, darum konnte er die ideale Auffaffung feiner Frau

nicht theilen. Dieser Zwiespalt schmerzte die Dichterin; sie erwidert:

Sommer 1824.

An Helvig.

Dort am Rhein, wo dir zur Seiten
Die Erinn'rung großer Zeiten
Manches Bild heraufbeschwor,
Sang ich leis an schönem Strande
Lieder einem fernen Lande,
Dir nur sang ich sie nicht vor.

Die, aus tiefster Brust entsprungen,
Schmerzlich süß sich ihr entrungen,
Möcht' ich jetzt, o Freund, dir weihn!
Flöße dir, was so viel Thränen
Mir gekostet, der Hellenen
Loos ein gleiches Mitleid ein.

Doch mit bessrem Grund als viele,
Die den heißen Kampf zum Ziele
Kühlen Spottes nur gewählt,
Kannst du offen schlicht erklären,
Wie zu jenen Griechenheeren
Dir Vertrauen noch gefehlt.

Da, im Schutz der Janitscharen,
Jene Küsten du befahren,
Von der Knechtschaft Joch bedrückt,
Überall mit innerm Grimme
Fandst der bessern Menschheit Stimme
Feig im Sklavensinn erstickt.

Doch ich sah dich männlich trauern,
Als von Pallas' heil'gen Mauern
Kund uns ward des Briten Raub;
Steine wurden nur entführet —
Sähst du weniger gerühret
Ein zertretnes Volk im Staub?

Nicht denn stör' es unsern Frieden,
Daß mein Geist von dir verschieden
Jenes Kampfes Ausgang träumt —
Männerblick schaut kühl zur Ferne,
Frauenauge frägt die Sterne,
Wenn die Erdenhülfe säumt.

Ihre warme Theilnahme für das Schicksal der Unterdrückten
veranlaßte sie 1826 ihre Gedichte bei L. W. Krause in Berlin
herauszugeben und den Ertrag der reichlich abgesetzten Exemplare
zum Besten der Wittwen und Waisen Griechenlands einzuschicken.
Hier eine Probe mit der durch Frau Gisela Grimm gütig mit=
getheilten Composition ihrer Mutter Bettina:

Weihe an Hellas.

Ah! Greece! — they love the least who owe the most.
Byron.

Die du an der Kindheit Grenzen
Standest mit den tausend Kränzen
Vor dem kaum erwachten Geist;
Mit dem Ernste der Geschichte,
Mit dem Zauber der Gedichte
Lehrend, was man würdig preist.

Hellas — Beistand brauchst du heute,
Blutend, wie des Tigers Beute,
Rufst umsonst nach Hülfe du! —
Ach, und alles scheu verdrossen,
Matt, gerührt und halb entschlossen,
Sieht dem Todeskampfe zu!

Wer von Jenen hochgeehret
Lebet, den du nicht gelehret,
Nicht erzogen seiner Zeit?
Den mit Tugend du verbündet,
Früh zu Thaten nicht entzündet,
Würdig der Unsterblichkeit?

Hehre Namen! die uns allen
Aus des Nachruhms Götterhallen
Ahnungsvoll in's Herz getönt;
Sollt ihr nicht zum Dank uns mahnen,
So den Zorn erhabner Ahnen
Durch der Enkel Muth versöhnt?

Wär' ich Herrscher — Heere zögen,
Flotten kriegsgerüstet flögen,
Der Bedrängten Schutz, herbei.

— 444 —

Hätt' ich Schätze, Wehr und Waffen,
Wollt' ich Hellas Kämpfer schaffen,
Ihre Kinder kauft' ich frei.

Was ich immer wär', ich weihte
Jede Kraft dem heil'gen Streite
Dort in rühmlicher Gefahr;
Arzt — Verwundete zu heilen,
Krieger — kühn voran zu eilen,
Führer der erlesnen Schaar.

Doch von allen seinen Spenden
Fiel mir aus des Glückes Händen
Nur der Frau beschränktes Loos,
Und dem Kummer früh vertraute
Legt' ein güt'ger Gott die Laute
Mild der Weinenden in Schooß.

Und so reich' ich euch die Rechte,
Griechen, die ihr nicht als Knechte
Fürder leben wollt in Schmach,
Folge, wie ihr neu belebet
Tief vom Staub euch kühn erhebet,
Mit Gebet und Wünschen nach.

Wie an seinem Hirtenstabe
Einst vor Goliath der Knabe,
Steht der Riesen Macht ihr bloß.
Er, beß Hand die Schleuder lenkte
Und des Trotz'gen Stirne senkte,
Hält auch jetzt des Todes Loos.

Wie es falle, wie es liege,
Ob dort Christ, ob Heide siege,
Gottes Wille wird geschehn. —
Doch mir werden sonder Wanken
Alle Sinne und Gedanken
Stets dahin gerichtet stehn.

Tönt indeß, ihr goldnen Saiten;
Kann ich Hülfe nicht bereiten,
Geb' ich, was die Muse gab;
Und wenn alle kalt-frohlocken,
Halle leis wie Trauerglocken
Du, mein Lied; um Hellas' Grab.

der Ge = dich = te leh = rend, was man würdig preist.

Amaliens schwache Gesundheit erforderte den Besuch des schlesischen Bades Salzbrunn. Auf dem Wege dahin besuchte sie die Geschwister Kloch in Massel, wo sie gleichzeitig mit ihrem Bruder Charles und seiner Gemahlin zusammentraf. Mitten in diesem heiteren Familienkreis erhielt sie durch Helvig die Nachricht von dessen Abschied. Er schrieb ihr: „Vor zwei Tagen war ich bei Hof geladen, Se. Majestät der König war sehr gnädig zu mir und sagte, daß ich seiner vollen Hoch=achtung versichert sein könne — heute erhielt ich beifolgende amtliche Zuschrift:

Potsdam, 13. Juni.

Da die nothwendigen Beschränkungen des Militäretats die Verminderung der außeretatsmäßigen Stellen gebieten und die Feststellung der neuen Pensionsgrundsätze Mir die Gelegen=heit giebt, gute Dienste durch verbessertes Gnadengehalt zu be=lohnen, so will Ich Sie hierdurch mit der gesetzlichen Pension in den Ruhestand versetzen, wobei Ich, zur Anerkennung Ihrer Verdienstlichkeit, Ihnen den Charakter als Generallieutenant beilege und überdies den hierneben erfolgenden Rothen Adler=orden verleihe.

F. W.“

Amaliens erste Angst machte sich in frommen Versen Luft:

> Hilft Gott die Last mir tragen,
> So will ich nicht verzagen
> Und sei sie noch so schwer.
> Er wird, wenn sie erschlaffen,
> Mir neue Kräfte schaffen,
> Von ihm allein kommt Stärke her.

Dann aber schrieb die treue Gefährtin an ihren Mann:

Massel, 16. Juni.

„Ich brauche Dir wohl nicht erst zu sagen, daß alle meine Gedanken bei Dir sind und, was ich nur sinne und überlege, sich auf Dich und die Lage bezieht, welche das Schicksal uns künftig anzunehmen bestimmt. Ich habe seither wie unter dem aufgehobenen Beil gelebt, — jetzt, da es gefallen, ist das Ärgste geschehen und die heimlich fortwährend genährte Besorgniß für Deine Stellung hat sich wie eine schwere Gewitterwolke entleert, der Regenbogen wird dabei nicht fehlen. Das Schicksal kann uns zum Segen werden, wenn wir uns dadurch erkennen lernen und unsere Kräfte an ihm ermessen. Ich danke Gott für die mir innewohnende Überzeugung, daß weder unser eigener Werth noch unser zeitliches Glück von einem größeren oder schmaleren Einkommen abhängig sein kann. — Was auch Deine Zukunftspläne sein mögen, bester Helvig, so bitte ich Dich, daß wir unsere nach außen gehende Wirksamkeit als beschlossen erachten und nur uns und unseren Kindern leben wollen. Deine und meine Pension werden uns sogar gestatten, in Berlin wohnen zu bleiben, wenn wir allen überflüssigen Luxus aufgeben, welcher doch nur auf Deine Stellung sich bezog, so auch Equipage und Reitpferd.

Morgen sage ich meinen lieben Klochschen Geschwistern für's erste Lebewohl! Am Beschluß meiner Brunnenkur in Salzbrunn wollen sie mich von dort abholen und mich zu unserem Freund Gneisenau nach Erdmannsdorf begleiten. In Salzbrunn hoffe ich mit Bestimmtheit auf Nachricht von Dir, geliebter Mann.

Deine Amalie."

Gneisenau an Amalie.

Erdmannsdorf, 6. August.

„Diesen Morgen erst von Sommerschraburg heimkommend, wo mich unausweisliche Geschäfte, länger als ich erwarten durfte, festgehalten hatten, erfahre ich, daß Ew. Excellenz meinem Hause haben die Ehre erzeigen wollen, dasselbe zu besuchen. Ich beeile mich Ihnen, verehrte Frau Generalin, meine Ankunft am hiesigen Ort anzuzeigen und bitte Sie und Ihre Frau Schwester nebst Angehörigen uns Ihre Gesellschaft zu schenken. Aus meiner Reise nach Dresden kann nichts werden; meine hiesige Heimath nimmt mich in Anspruch.

Genehmigen Ew. Excellenz die Versicherung meiner treuesten Verehrung.

Ihr ganz gehorsamster Diener

Graf N. v. Gneisenau."

Leider hatte der Gebrauch von Salzbrunn nicht den gehofften Erfolg. Amaliens Gesundheit blieb schwankend, wie ein Lebenslicht, das in zu scharfe Zugluft gestellt zu verlöschen droht.

Noch einmal lockte es sie, in Dresden Gemälde alter Meister zu copiren. Dort traf sie mit den schwedischen Freunden Malla Silferstolpe und Professor E. G. Geyer zusammen, welche auf der Rückreise von Carlsbad Station machten und Amalie dann nach Berlin, für einen längeren Aufenthalt daselbst, begleiteten. Amalie führte Geyer in die Bildergallerie, und er schrieb darüber:

„Mit einem eigenen Gefühle, mitten zwischen Hören und Sehen, folgte ich Amalien, denn ich gestehe, daß ich so gern ihrer Stimme und den schönen Gedanken zulauschte, welche mit deren Laut gleichsam zwischen mir und den Gemälden schwebten, so daß ich fast bloß sah, was ich hörte." —

1828.

Amaliens intimere Beziehungen zur Familie Radziwill
veranlaßten diese, ihr den Garten am Palais der Wilhelm=
straße zur täglichen Benutzung anzubieten, was mit Dank an=
genommen wurde, da Helvigs in der Behrenstraße wohnten und
somit der kurze Weg keine Anstrengung für die Leidende war.
Der öftere Verkehr erhöhte Amaliens Verehrung und Interesse
für die Glieder des fürstlichen Hauses und sie trug das Schick=
sal der Prinzessin Elisabeth in treuem Herzen. Das nächste
Jahr brachte die Kunde von der Verlobung des Prinzen Wil=
helm aus Weimar und bald darauf, am 11. Juni 1829, er=
folgte seine Vermählung mit der Prinzessin Augusta.

Wie bei allem, was Amalie im Innern bewegt, spricht
auch diesmal die Dichterin aus ihr:

Berlin, 11. Juni 1829.

Ahnungsvoll erwartet, still gezählet,
Kündend, daß ein Königsohn vermählet,
Horch! wie des Geschützes Donner schallt.
Zeugniß einem heilig ernsten Bunde,
Während zu gekrönter Schloßrotunde
Hoch empor des Rauches Wolke wallt.

Wie viel Hoffnung, wie viel Leid umhüllen
Diese Schwüre, die sich jetzt erfüllen!
Wie viel Thränen, so in Lust als Schmerz
Ungezählet dieser Stunde fließend,
Wünsche, vor dem Höchsten sich ergießend,
Glück erflehend, Trost für manches Herz.

Ach! der Traumgebilde giebt's so viele!
Mancher Schatten, der im Luftgewühle
Lieblich blaß aus Nebelfernen taucht,
Lilienhände zum Gebet erhebend,
Hold erschloffner Mund, der wehmuthbebend
Segen und Verzeihn im Seufzer haucht.

Wenn für Sterbliche die Engel beten,
Muß ihr reines Flehen sie vertreten,
Die so schuldlos nicht zum Himmel schaun!

Und vom bang beklommnen Zweifel freier,
Grüßt getröstet dieses Tages Feier
Meine Seel' in Hoffnung und Vertraun.

Illumination.

Berlin, 11. Juni, Abends.

Kaum dem Gepräng' des Tages folgt die Nacht,
Die zögernde, vom Liebesstern verkündet,
Flieht sie auf's neu' vor hellen Lichtes Pracht,
Das sich nach allen Seiten hin entzündet.

In langer Reih, wohin mein Auge blickt,
Erglänzet Straß' an Straß' in Feuerzeilen,
Bunt strahlend oder sinnreich ausgeschmückt,
Dem mannigfach ergötzten Blick zu weilen.

Und in des Lichtmeers Mitte wälzt sich's fort:
Ein Menschenstrom, erbrausend, festlich heiter,
Stockt an geschmückter Pforte staunend dort,
Drängt, nie gesättigt, hier zur nächsten weiter.

Wo zwischen Myrth' und Rosen Amor steht,
Gafft lang erwartungsvoll umsonst die Menge.
Die Halle schließt sich; wie vom Wind verweht,
So unter Scherz zerstiebt auch das Gedränge.

Gefahrlos rasseln rings die Wagen hier,
Wo Baum und Standbild gastlich uns beschützen,
Indeß gemalter Scheiben reiche Zier
Gleich muntern Augen durch das Dunkel blitzen. —

Aus also heitrer Reihe finster hebt
Nur ein Palast[1] sich hinter'm Eisengitter,
Der grasbewachsne Hof, wo Schweigen webt,
Weckt in der Brust Erinn'rung süß und bitter.

Eintönig hallt allein der Wachen Schritt,
Wo gastlich bunt Gewühl den Raum beengte,
Und des geschmeid'gen Höflings leiser Tritt
Zur Huldigung sich jüngst noch drängte.

---

[1] Das Palais Radziwill.

Im hohen Saal verstummte Red' und Klang,
Die seelenvoll verschwistert hier gewaltet,
Wo jede Kunst im heitern Wettstreit rang,
Sich jede schöne Neigung zart entfaltet.

Nur hoher Bäume grüne Wipfel sehn
Herüber wie betrübt von jener Mauer,
Sie säuseln in der Abenblüfte Wehn,
Wie leise Seufzer fromm ergebner Trauer.

Trüb wie ein Auge, das in Thränen schwimmt,
Steigt dort der Mond, vom Lichtgewölk getragen,
Und aus des Gartens grüner Nacht vernimmt
Mein Ohr — der Nachtigall melodisch Klagen.

Im Herbst desselben Jahres erhielt Amalie einen letzten Brief von ihrem treuen Freund Gneisenau; er schrieb:

Erdmannsdorf, 14. September.

„Verehrte Excellenz!

Die Züge Ihrer Handschrift und der freundliche Aus= druck Ihrer Gesinnungen haben mich sehr erfreut und es liegt mir die Pflicht ob, Eurer Excellenz hierfür meinen tiefst empfundenen Dank auszudrücken. Noch ist der Nachklang des Lobes in meinen Ohren, das vor einer Stunde in meiner Frauen Wohn= stube von mehreren Personen über Ihre Tochter Dora aus= gesprochen wurde, vorzüglich von dem Clausewitzschen Ehepaar. Man rühmte ihre Schönheit und den Ausdruck der Freundlich= keit und Gutmüthigkeit, der in ihren blauen Augen liegt. Es würde Ihrem mütterlichen Herzen sehr wohlgethan haben, wenn Sie diese ungeheuchelten Lobsprüche hätten hören können. Ich bitte Sie, die liebe Tochter herzlich von mir zu grüßen.

Einige empfangene und erwiderte Besuche ausgenommen, leben wir hier im engeren Kreise. Zu Ausflügen nach den bekannten ausgezeichneten Punkten ist das Wetter mit Aus= nahme zweier Tage nicht günstig gewesen. In Ruhberg liegt die Prinzessin Elise krank darnieder, in dieses Haus kehrt Krankheit nur allzu oft ein. In Fischbach indessen ist alles

im Wohlbefinden. Ihre schutzbefohlene Fräulein von Kalb hat
uns heute mit ihrem Besuch erfreut. — Mein Schwiegersohn
Scharnhorst ist aus Griechenland wieder zurückgekehrt und in
Rom angelangt, von wo aus er noch einen Durchflug nach
Sicilien beabsichtigt. Er hat in Morea den Krieg gesucht
und den tiefsten Frieden gefunden, denn die Franzosen hatten
bereits gute Polizei geübt und die Ägypter entfernt. Bei
meinem hohen Alter, wo ich stets besorgt sein mußte, meine
Enkelsöhne verwaist zu sehen, ist mir diese Wiederkehr sehr er=
freulich.

Ihrer Frau Schwester und Herrn Schwager Baron Kloch
wollen Sie gütigst mich zu freundlichem Wohlwollen empfehlen
und die liebe Dora herzlich von mir grüßen. Ihnen, verehrte
Excellenz, bleibt in unwandelbarer Verehrung gewidmet, womit
ich zu sein die Ehre habe

Ihr gehorsamer Diener

Graf N. von Gneisenau, Feldmarschall."

Die von der Mutter ererbte Schwindsucht hatte schwere
Leiden im Gefolge. Im Herbst 1830 besuchte sie mit Dora
noch einmal ihre Schwester Louise in Schlesien und schrieb
dort in das Stammbuch, das sie ihrer kleinen Nichte Henriette
für die Zukunft schenkte:

6. September 1830.

„Benutze und genieße den heutigen Tag, mein liebes
Jettchen! als die höchste Aufgabe der Gegenwart, als das beste
Geschenk, das einzige, das Dir gewiß ist. Der morgende Tag
ist dunkel, seine Freuden und Schmerzen liegen noch jenseits
Deiner Träume. Was Du zu thun hast, das thue heut,
aber verspare nicht auf die Zukunft den unschuldigen Genuß,
den Dir die günstige Stunde bietet.

Ziehe nichts herüber in dieses beschränkte Gebiet Deines
Schaffens und Empfindens, was einem andern Lebenstag ge=
hört — es droht Dich mehr zu verwirren als zu belehren.

— 453 —

Sieh mit Deinen klaren, blauen Augen die geliebten Eltern, Bruder, die künftige Jugendfreundin und alles, was auf Dein Leben einzuwirken bestimmt ist, immer als neue Erscheinungen an, denen Du freudig alles Liebe zu danken bereit bist, was sie Dir erzeigen mögen, dann werden sie Dir dieses Zutrauen danken und selbst gern das Unrecht vergessen, das sie Dir etwa vorher erzeigt haben könnten; denn der räthselhafte Mensch rächt gern seine eigene Schuld an dem unschuldigen Opfer seiner Härten. Sei Du gleichmüthig, so wirst Du die Wankelmüthigen festhalten. Zeige Dich nicht gekränkt, so werden diejenigen Dich schonen, die einen Reiz darin finden, andere zu kränken. Liebe treu, aber lasse Deinen Verstand Dein Herz beleuchten, daß es da nichts suche, wo nichts zu finden ist. Das Gefühl, Deine Pflicht treu erfüllt zu haben, erhebe Dich über den uns so oft nahetretenden Schmerz nicht erkannt zu sein.

Dieses ist der Rath, den Erfahrung und herzliche Liebe hier für alle Zeit, mein liebes Jettchen, niederlegt.

Deine treue Freundin und Tante

Amalie von Helvig, geb. Freiin von Imhoff."

Am 1. Februar 1831 schenkte Amalie ihrer Tochter Dora an deren dreizehntem Geburtstag das erste Tagebuch. Wie in dem eben gelesenen Eintrag stellt sie auch ihrem Kind die strengste Selbstprüfung vor Augen und verlangt dieselbe täglich vor Gottes Angesicht mit aufrichtigem Herzen abgelegt und dem Tagebuch anvertraut; sie fährt dann fort:

„Du bist mir, obgleich noch Kind, bisher stets wahr gewesen, bleib' es Dir selbst, wenn ich nicht mehr bin! — Wenn nicht die mütterlich dringenden Fragen mehr das Bekenntniß kindischen Vergehens Dir zu entlocken hier vernehmbar sind — wenn das Mutterauge nicht mehr forschend in das Deine blickt — alsdann, meine Dora, sei Dir selbst ein ernster Mahner, daß für alle Zeiten Wahrheit Dir und Liebe heilig sei. — So allein ehrst Du Gottes Gebot und dadurch auch das Andenken

Deiner treuen Mutter."

Es waren Abschiedsworte, die sie der Tochter hinterließ, denn immer rascher verzehrte das Lungenleiden ihre Kräfte. Von Mitte November an konnte sie nur selten Bett oder Sopha verlassen. Ihre treuesten Freundinnen Fräulein von Mühlenfels und Frau Bettina von Arnim lösten sich mit größter Hingebung in der Pflege, ja zuletzt bei den Nachtwachen ab. Am 17. December 1831 schrieb Dora in ihr Tagebuch:

„Ein neuer, der traurigste Abschnitt meines Lebens beginnt jetzt — denn heute Abend um acht Uhr entschlief zu einem besseren Leben meine theure, mir unvergeßliche Mutter an Entkräftung im sechsundfünfzigsten Jahre. Sie schlief sanft ein, ich las eben mit der treuen Pflegerin Fräulein von Mühlenfels im Gesangbuch, als uns die Jungfer Caroline, welche an Mutters Bett gesessen hatte, ängstlich rief, sie höre keinen Athem mehr — auch wir horchten — vergeblich — meine Mutter hatte diese Welt verlassen. Sie lag so friedlich unverändert da, noch mit leiser Röthe auf den Wangen — nicht wie ich mir eine Leiche gedacht hatte, der Friede auf ihren Gesichtszügen zeugte von dem engelgleichen Charakter! Ach, ich habe keine Mutter mehr!" —

Ein Bekannter der Familie, der Maler Hensel, zeichnete die sanft Entschlafene auf ihrem Sterbelager und Schleiermacher hielt die Grabrede.

Vater und Tochter blieben vereinsamt in dem sonst so belebten Haus, dessen Freude ausgestorben schien. Auf Anrathen der Prinzessin Wilhelm, ihrer Pathe, brachte man Dora zur Vollendung ihrer Erziehung in das Adlige Fräulein = Stift zu Altenburg. Nach ihrer Heimkehr von dort wurde sie zur Erzieherin der Prinzessin Anna Karl erwählt, starb aber schon mit 28 Jahren am Gallenfieber. Ein Testament wurde gefunden, worin sie ihr Geldvermögen dem Sohn ihres Bruders Bror vermacht hatte. Die dabei liegenden Codicille waren leider noch nicht unterschrieben, mithin gerichtlich ungültig. In diesen waren alle Familien = Werthsachen: Briefe, Bilder 2c., ihrer Cousine, der Verfasserin Dieses, vermacht. Glücklicher=

weise kannte ich die meisten Handschriften und behielt, was ich vor den Flammen retten konnte.

So entstand diese Familien=Chronik, welche ich mit Freuden einem viel geprüften Ehepaar zum Ehrengedächtniß schrieb.

Beide wurden wohl zu gutem Guß gefördert, wie das harte schwedische Eisen sich mit den weicheren Stoffen ver= schmelzen mußte, um ein Vollkommenes zu werden und seine Bestimmung zu erreichen.

Die Gatten ruhen mit ihrer Tochter Dora auf dem Luisen= städtischen Kirchhof in Berlin und das Grab wurde mit rühren= der Treue von den Prinz Karlschen Herrschaften bis heute gepflegt.

Ein letzter Sprosse, der Erbe und Neffe Doras, lebt in München hochgeehrt als General in der bayerischen Armee. Ihm gelte mein letzter Gruß und Dank dafür, daß durch ihn das Andenken der Helvigs und Imhoffs erhalten wird: legte er doch einen frischen Eichen= und Lorbeerkranz auf das ein= same Grab der Großeltern.

Als Amaliens Scheidegedicht fand ich:

> Schreibt, wenn mich Grabesruh umschlossen,
> Im Stein, der meinen Hügel schmückt:
> Sie hat geliebt, doch nie genossen,
> Sie ward geliebt, doch nie beglückt.

Das waren ihre letzten Verse, aber nicht ihre letzten Ge= danken, denn sie ist bei ernstem Streben nach Vervollkommnung, durch den Glauben erlöst, freudig wie ein Kind in das Vater= haus heimgekehrt.

Helvig überlebte Amalien um vierzehn Jahre. Die Er= innerung an sie blieb unauslöschlich und übte eine stärkende Macht über den Wittwer, denn er wurde ein sparsamer Haus= herr, ein liebevoller, zugänglicher Vater für seine Tochter, die bei herben Prüfungen der Trost seines Alters war. Dora, die Schwägerin Louise und deren Tochter haben ihn treulich gepflegt. Auch sein Lebensende war ein friedevoller Abschied nach kurzer Krankheit.

In seinem Nachlaß wurde ein Bild gefunden, das er sich vor Jahren hatte malen lassen, mit der Umschrift „Unsere Zeit oder mein Portrait": eine Weltkugel, auf der ein verhüllter Mann dem Nordpol zuschreitet und Seifenblasen macht, auf deren größter das Wort „Ich" steht. Seine Erklärung lautet: „Ich habe mich darstellen lassen, wie ich und jeder Mensch dem Nordpol zuschreitet zu den Hyperboräern, wo ewige Nacht herrscht. Unsere Beschäftigung ist: Seifenblasen machen, d. h. philo= sophische Systeme aufstellen, aber unter allen prädominirt immerdar „Ich", und wenn man das Ganze besieht, so ist es eben — eine Seifenblase! Was ist Erde und Leben mehr?" — Mit besserer Erkenntniß starb der Generallieutenant v. Helvig am 5. Mai 1845.

Verlag von **Wilhelm Hertz** in Berlin.
(Besser'sche Buchhandlung.)

Goethes Briefwechsel mit einem Kinde. (Bettina von Arnim.) Seinem Denkmal. Dritte Auflage. Herausgegeben von **Herman Grimm.** Elegant geheftet 8 Mark. In Leinwand gebunden 9 Mark 20 Pf. In feinsten hellen Halbkalblederband gebunden 11 Mark.

Goethe. Vorlesungen von **Herman Grimm,** gehalten an der Königlichen Universität zu Berlin. Vierte durch einen Vorbericht vermehrte Auflage. 1887. Geheftet 7 Mark, gebunden 8 Mark 20 Pf., gebunden in Halbkalbleder 10 Mark.

Briefe Goethes an Sophie von La Roche und Bettina Brentano nebst dichterischen Beilagen, herausgegeben von **G. von Loeper.** 8°. Elegant geheftet 6 Mark. Gebunden 7 Mark 20 Pf.

Goethe und Gräfin O'Donell. Ungedruckte Briefe mit dichterischen Beilagen, herausgegeben von **R. M. Werner.** Mit zwei Porträts. 8°. Elegant geheftet 6 Mark. Gebunden in Leinwand 7 Mark 20 Pf., in fein Halbkalbleder 11 Mark.

Erinnerungen und Leben der Malerin Louise Seidler. Aus handschriftlichem Nachlaß zusammengestellt und bearbeitet von **Hermann Uhde.** Zweite umgearbeitete Auflage. 8°. Elegant geheftet 7 Mark. Gebunden 8 Mark 20 Pf.

Jugenderinnerungen eines alten Mannes. (W. v. Kügelgen.) Zwölfte Auflage. Volksausgabe. Elegant geheftet 3 Mark. Nett gebunden 4 Mark.

Goethes und Carlyles Briefwechsel. 1887. Geheftet 6 Mark, in Leinwand gebunden 7 Mark 20 Pf., in Halbfranzband gebunden 9 Mark.

Otto Brahm, Schiller. In zwei Bänden. Band I. 1888. Geheftet 4 Mark. Gebunden 5 Mark.

Verlag von **Wilhelm Hertz** in Berlin.
(Besser'sche Buchhandlung.)

Geschichte der deutschen Litteratur von Leibnitz bis auf unsere Zeit, von **Julian Schmidt.** (Wird 5 Bände umfassen.) Erschienen sind Band I bis III. Lexikon-8°. Preis jedes Bandes geheftet 7 Mark. Gebunden in Leinwand 8 Mark. Gebunden in fein Halbfranzband 10 Mark.

Frau Gottsched und die bürgerliche Komödie. Ein Kulturbild aus der Zopfzeit, von **Paul Schlenther.** 8°. Geheftet 5 Mark. Gebunden in Leinwand 6 Mark 20 Pf.

Henriette Herz. Ihr Leben und ihre Erinnerungen. Herausgegeben von **J. Fürst.** Mit dem Portrait der H. Herz, gemalt von Graff, gestochen von Teichel. Zweite durchgesehene und vermehrte Auflage. 8°. Geheftet 5 Mark 60 Pf.

Oscar Schmidt, Goethes Verhältniß zu den organischen Naturwissenschaften. Vortrag, gehalten im wissenschaftlichen Verein zu Berlin. Groß 8°. Geheftet 50 Pf.

Adolf Schöll, Goethe in Hauptmomenten seines Lebens und Wirkens. Gesammelte Abhandlungen. Groß 8°. Elegant geheftet 9 Mark. In Leinwand gebunden 10 Mark 20 Pf. In feinsten Halbkalblederband gebunden 12 Mark.

R. M. Werner, Lessings Emilia Galotti. Broschirt 1 Mark 60 Pf.

R. M. Werner. Aus dem Josephinischen Wien. Geblers und Nicolais Briefwechsel während der Jahre 1771—1786. Geheftet 3 Mark 60 Pf. Gebunden 4 Mark 60 Pf.